BÜCHMANN · GEFLÜGELTE WORTE

BÜCHMANN

GEFLÜGELTE
WORTE

NEU BEARBEITET
UND HERAUSGEGEBEN
VON
HANNS MARTIN ELSTER

2. AUFLAGE

PHILIPP RECLAM JUN. STUTTGART

Universal-Bibliothek Nr. 8020
Alle Rechte, auch die des auszugsweisen Nachdrucks, der photo-
mechanischen Wiedergabe und der Übersetzung vorbehalten.
© Philipp Reclam jun. Stuttgart 1956. Gesetzt in Petit Gara-
mond-Antiqua. Printed in Germany 1977. Satz: Walter Rost
Druck: Reclam Stuttgart
ISBN 3-15-008020-7

Seitdem es im Humanismus während des 15. und 16. Jahrhunderts unter den damaligen Gelehrten üblich wurde, aus den Werken der antiken Klassiker und der Bibel ganze Sätze, einzelne Worte und Aussprüche zu zitieren, ein Brauch, der sich schnell auch auf alle gebildeten Kreise ausdehnte, wurde es ein fast selbstverständliches Kennzeichen des geistigen Wissensbesitzes, mit „Zitaten" zu arbeiten, ja auch zu prunken. Je breiter sich die Bildung ausdehnte, desto allgemeiner wurde auch die Verwendung von „Zitaten" jeder Herkunft. Im neunzehnten Jahrhundert, als die Bildung und das „Gebildetsein" jedermann erfaßte und den Ausdruck allgemeiner Kultur bedeutete, wurde das Zitat zu einem überall und bei jeder Gelegenheit verwendeten Umgangs- und Verständigungsmittel in der täglichen wie wissenschaftlichen und literarischen Welt. Man nehme nur einmal die Werke des für das 19. Jahrhundert besonders kennzeichnenden Dichters Wilhelm Raabe (1831–1910) zur Hand, so wird man feststellen, daß es wohl kaum einen zweiten deutschen Dichter gegeben hat, dessen Werke so reich mit Zitaten durchsetzt sind. Wilhelm Raabe verwandte die Zitate, um mit seiner Belesenheit und seinem Wissen zu prunken, sondern als gewichtiges Ausdrucksmittel seiner Erzählungskunst, um mit Hilfe der fremden Geistesblitze und der literarischen Anspielungen anschaulicher, nachdrucksvoller zu wirken und „wichtige Dinge unter einem Symbol verhüllt zu sagen", wie Fritz Jensch, der Bearbeiter von Wilhelm Raabes Zitatenschatz, formuliert hat. Hier wird deutlich, daß das Zitat nicht nur ein Losungswort ist, nicht nur zum Schmuck der gebildeten Rede und um irgendwelcher Eitelkeit willen verwandt wurde, sondern um durch die einmalige Prägung von Gedanken, Bildern, Sinnbildern und Erinnerungen, Erkenntnissen und Erfahrungen, von Phantasievorstellungen und Seelenregungen, die eine bleibende Fassung in früheren Generationen und Kulturzeitaltern erhalten haben, ganz prägnant zu wirken, auszudrücken, was ist, was wirklich gemeint wird. Dazu kam noch, daß das Zitat sich oft vorzüglich dazu eignete und immer wieder eignet, durch Anspielungen, durch einen dem Zitat untergelegten Sinn überraschend und klärend, abkürzend und konzentrierend zu sprechen, ja humorvolle Abwandlungen und Auslegungen, Wendungen ins Ironische und Parodistische, Scherzhafte und Listig-Kluge, ins Geistvolle und Geistreiche vorzunehmen, bis ins Spielerische hinein.

In dieser Hochzeit des Zitats konnte es nicht ausbleiben, daß sich ein gelehrter Kopf einmal wissenschaftlich mit dem Zitat auseinandersetzte. Es war der Berliner Philologe Georg Büchmann, der 1863 in einem Vortrage im Herrigschen „Verein für neuere Sprachen" über „Gefälschte Zitate" sprach und den gleichen Vortrag, nun mit dem erweiterten Thema „Landläufige Zitate" 1864 im Saale des Berliner Schauspielhauses wiederholte, bei dem er schon den von ihm erfundenen Ausdruck „Geflügelte Worte" verwandte. Ein kluger Verleger, Friedrich Weidling, der Inhaber der Haude und Spenerschen Buchhandlung, hörte den Vortrag und regte Büchmann an, seine Ausführungen zu einem Buche auszugestalten. Dies Buch kam noch im gleichen Jahre heraus, unter dem seither unsterblich gewordenen Titel „Geflügelte Worte" und hatte sofort den größten und immer anhaltenden Erfolg. Das Buch kam im rechten Augenblick. England und Frankreich hatten ähnliche Werke schon früher herausgebracht, ohne daß Büchmann darauf zurückgegriffen hat, wenn auch Büchmann sich von Anfang an nicht nur auf deutsche Zitate beschränkte, sondern die ganze alte und moderne Weltliteratur und Weltgeschichte heranzog. Er machte einen klaren Unterschied zwischen „Zitaten", zu denen man ja alle wörtlich angeführten Stellen aus den Werken oder Reden, Äußerungen aller Art von Dichtern, Schriftstellern, Wissenschaftlern und sich öffentlich oder privat aussprechenden Menschen aller Gattungen rechnet, ganz gleich ob es sich dabei um das Anführen (Zitieren) von einzelnen kleineren Stellen oder größeren zusammenhängenden Absätzen handelt, und den von

ihm so genannten „Geflügelten Worten", unter denen
Büchmann „solche Worte" verstand und wir mit ihm
verstehen, „welche, von nachweisbaren Verfassern ausgegangen, allgemein bekannt geworden sind und allgemein wie Sprichwörter angewendet werden". Die eigent-
lichen Fremdwörter, Sprichwörter, Redensarten, Devisen schloß Büchmann von seiner Untersuchung und
Sammlung ausdrücklich aus. Sie sind keine „geflügelten
Worte" für ihn und sind es auch bis heute nicht geworden. Ihm kam es darauf an, für jedes „geflügelte Wort"
den Urheber oder den historischen Ursprung genau
nachzuweisen. Er suchte die Quellen der geflügelten
Worte auf und belegte sie urkundlich. Sein Werk hatte
um so größeren Erfolg, als er es von Auflage zu Auflage erweiterte und verbesserte. Während die erste Auflage nur 750 Nummern brachte, hatte es in der drei-
zehnten Auflage, die er noch selbst bearbeitet hat, im
Jahre 1882 schon 2519. Es sank dann bei der Neubearbeitung durch seinen Nachfolger Walter Robert-Tornow
bei der 17. Auflage im Jahre 1892 durch Ausscheiden
inzwischen in Vergessenheit geratener geflügelter Worte
auf 2260 Nummern, stieg dann aber wieder an, so daß
es bei der 20. Auflage im Jahre 1900 über 592 Seiten
Text enthielt und bis zur 27. Auflage, die Bogdan Krieger im Jahre 1925 herausbrachte, fast zu einem Lexi-
konband anschwoll, obwohl immer Büchmanns Vorbild
beachtet blieb, daß nicht der philologische Sammel- und
Forschungseifer für die Aufnahme in das Buch ent-
scheidend sein soll, sondern nur die lebendige Beziehung zum Gebrauch in der Gegenwart.
Durch diese Lebensbeziehung wurde „der Büchmann"
selbst zu einem geflügelten Worte. Man fragt „den Büchmann" um Rat, wenn man die Herkunft oder die Richtigkeit eines geflügelten Wortes feststellen will. Und
man wird nur in den seltensten Fällen enttäuscht werden, denn das universale Wissen dieses Handbuches ist
wirklich einmalig. Es steckt jetzt in dem Buche nicht nur
die Lebensarbeit eines Mannes, eben Georg Büchmanns,
sondern nach ihm aller Gelehrten und Sammler, die sich
um die Wissenschaft der Zitate gemüht haben und

mühen. Seit Büchmann ist nicht nur das geflügelte Wort
an sich interessant und lebendig, sondern auch die Frage
nach den einzelnen Urhebern und Ursprüngen. Seitdem
gilt nur das als „geflügeltes Wort", dessen Wesen, nach
Walter Robert-Tornows Definition im Sinne Büchmanns, „ein in weiteren Kreisen des Vaterlandes dau-
ernd angeführter Ausspruch, Ausdruck oder Name,
gleichviel welcher Sprache, ist, dessen historischer Urheber oder dessen literarischer Ursprung nachweisbar
ist". Auf dieser Grundlage haben alle Nachfolger von
Georg Büchmann, zuerst noch zusammen mit ihm der
spätere Bibliothekar des Königlichen Hauses in Berlin
Walter Robert-Tornow (1857–95), sodann Friedrich
Streißler (1860–1917), nach ihm dessen Sohn Alfred
Streißler, der auch schon gestorben ist, weiterhin Konrad Weidling, der Sohn des ersten Verlegers von Büchmann, Eduard Ippel, der Bibliothekar Bogdan-Krieger,
Walter Heichen, bis zu den Bearbeitern in der Gegenwart wie Dr. Roger Diener, Josef Falkenberg, Professor Fritz Martini u. a. Büchmanns Leistung immer weiter betreut, verbessert und erneuert, damit sie für jede
Zeit und Generation lebendig blieb und bleiben kann.
Denn Georg Büchmanns „Geflügelte Worte" sind nicht
nur ein „klassischer Zitatenschatz", wie man sie getauft hat, nicht nur ein Wissens- und Bildungslexikon,
sondern ein Buch des geistigen, historischen und sprach-
lichen Lebens.
Dabei erwuchs dies Wunder geistiger Arbeit ursprünglich aus einem rein sachlichen philologisch-historischen
Wissenschaftsstreben. Georg Büchmann war von Haus
aus ein trockener Gelehrter, ein typischer Philologe und
Gymnasialprofessor, dem das genaue Wissen um des
Wissens willen heilig ist, ohne an psychologische Folgen
und Zusammenhänge zu denken. Am 4. Januar 1822 in
Berlin geboren, studierte er nach dem Besuch des Joa-
chimsthaler Gymnasiums zuerst an der Berliner Universität Theologie, die er bald gegen die klassische Philo-
logie und Archäologie austauschte. 1844 ging er als
Hauslehrer in die Nähe von Warschau und lernte bei
dieser Gelegenheit Polnisch. Er konnte nun eine Disser-

tation „über die charakteristischen Differenzen zwischen den germanischen und slawischen Sprachstämmen" schreiben, mit der er im Oktober 1845 in Erlangen zum Dr. phil. promovierte. Er ging dann nach Paris, wo er bis 1848 Unterricht an einem Collège erteilte. Nach Berlin zurückgekehrt, bestand er sein Lehrerexamen, war dann in Brandenburg an der Saldernschen Privatschule tätig, bis er 1854 Oberlehrer¹ an der Friedrich-Werderschen Gewerbeschule in Berlin wurde. Hier hat er fast 24 Jahre gewirkt und sich besonders in der von Professor Herrig gegründeten „Gesellschaft für neuere Sprachen" einen Namen gemacht, denn Büchmann war ein Sprachgenie, das Griechisch, Lateinisch, Hebräisch, Französisch, Englisch, Italienisch, Spanisch, Polnisch, Dänisch und Schwedisch beherrschte. Er wurde, wie damals üblich, Professor und erhielt den Roten Adlerorden „vierter Güte", wie der Berliner sagte. 1877 ging er in Pension, da ein unglücklicher Sturz ihm die Gesundheit geraubt hatte, und lebte nun nur noch seinen „Geflügelten Worten", die er bis zur 13. Auflage betreute und für die er in Walter Robert-Tornow noch einen klugen Nachfolger heranzog, der seine Arbeit fortführte, als der Tod am 24. Februar 1884 ihm die Feder aus der Hand nahm. Wie Walter Robert-Tornow haben alle seine Nachfolger in seinem Geiste fortgearbeitet. In gegenseitiger Gemeinschaft, im gegenseitigen Geben und Nehmen, nach dem schönen Goethewort:

> Selbst erfinden ist schön,
> doch glücklich von andern Gefundenes
> fröhlich erkannt und geschätzt,
> nennst du dies weniger dein?

So lege ich denn meine Bearbeitung von Büchmanns „Geflügelten Worten", die Homer schon ebenso – epea pteroenta – nannte und damit freilich nur „rasch von den Lippen des Redenden zum Ohr des Hörenden eilende Worte" meinte, hier vor. Ich bin auf die letzte von Büchmann selbst bearbeitete „dreizehnte vermehrte und umgearbeitete Auflage" im Jahre 1882 zurückgegangen und habe alle seitdem erschienenen Auflagen und

Bearbeitungen verglichen und herangezogen, um den Text auf die Gegenwart abzustimmen. Gewiß gehören eine große Anzahl geflügelter Worte gleichsam zum eisernen Bestand unseres Wissens und Wortschatzes. Aber jede Zeit hat ihre eigene Sprache und ihren eigenen Ausdruckswillen, läßt Altes fallen und in Vergessenheit geraten, greift Neues auf und leitet es in die Zukunft fort. Auch im Reich der geflügelten Worte gibt es Moden und Wandlungen, die fremd erscheinen lassen, was unsern Vätern und Großvätern noch selbstverständlich und natürlich erschien. Dazu entstehen in jeder Generation neue geflügelte Worte. Die Sprache ist ein lebendiger Organismus, der sich ständig abnutzt und erneuert. Darum muß jede Neubearbeitung des „Büchmann" Veraltetes, Überholtes, Fremdgewordenes ausschalten und in den letzten Jahrzehnten Neuentstandenes aufnehmen. Hierbei wurde von dem Standpunkt einer universalen Bildung ausgegangen und nicht etwa eine Beschränkung daher entnommen, daß die allgemeine Bildung in der Gegenwart sich verengt hat. Der „Büchmann" dient gerade der Erweiterung der allgemeinen und persönlichen Bildung, weil er einen Kernbestand an klassischem Wissensgut enthält, den keine Generation entbehren kann. An diesen Kernbestand rührt meine Neubearbeitung nicht. Sie hat nur das wirklich Überholte gestrichen, das allzu Weitschweifige gekürzt und den wissenschaftlichen „Apparat" auf das sachlich Notwendige konzentriert. Eine Erweiterung ergab sich dort, wo neue geflügelte Worte in Gebrauch gekommen oder auch im Werden sind. Nach dem Worte der Dichterin Marie von Ebner-Eschenbach: „Viele Worte sind zu Fuß gegangen, ehe sie geflügelt geworden sind."
Ich hoffe also, den lieben alten „Büchmann" wieder zu einem brauchbaren Nachschlagewerk für alle gemacht zu haben, die es täglich um Rat über die Richtigkeit und Herkunft eines geflügelten Wortes befragen wollen, weil sie noch Verantwortung für ein reines Sprachgefühl in sich tragen und es als peinlich und komisch empfinden, wenn ein Zitat falsch gebraucht oder gar verballhornt wird. Der Büchmann dient der besten Bildungstradition

zu allen Zeiten und schafft fruchtbar an der gesunden
Erhaltung des geistigen Erbes der ganzen Welt mit, ohne
das keine Kultur im deutschen, im europäischen Sinne
denkbar ist. Da Büchmanns Einteilung sich seit Jahrzehnten praktisch bewährt hat, hielt ich daran fest.
Ebenso behielt ich das Namenregister und Zitatenregi-
ster bei, um die Auffindung der einzelnen geflügelten
Worte zu erleichtern.

Schon Georg Büchmann hat es, wie alle seine Nachfolger, begrüßt, „mit Rat und Tat, mit Beiträgen und
Berichtigungen" von seinem Leserkreise gefördert zu
werden. So geht denn meine Bitte an alle Benutzer
meiner Bearbeitung zum Schluß dahin, mich bei der
weiteren Ausgestaltung und bei dem immer Lebendig-
erhalten aller geflügelten Worte durch quellenmäßigen
Nachweis von Zitaten, Aussprüchen und durch Kritik
unterstützen zu wollen. Ihnen sei im voraus schon
herzlicher Dank gesagt, wie ich auch allen früheren
Bearbeitern zu Dank verpflichtet bin und besonders
meinem Mitarbeiter an dieser Neuausgabe, Herrn
Oberstudiendirektor i. R. *Dr. Ernst Metzger.*

Düsseldorf 1956   *Hanns Martin Elster*

VORWORT ZUR 2. AUFLAGE

Die Notwendigkeit dieser neuen Auflage beweist, daß
unser Festhalten an Büchmanns Grundsatz wissenschaft-
licher Darlegung der Zusammenhänge jedes geflügelten
Wortes dem Bedürfnis nach gründlichem Wissen ent-
spricht. Der Text der Neuauflage wurde überarbeitet
und ergänzt. Wir verzichten darauf, um der Tages-
aktualität willen vorübergehend auftauchende und in
Gebrauch genommene Modeworte und Zitate hier schon
als „geflügelte Worte" aufzunehmen. Nur die Zitate
sind nach Büchmann aufnahmewert, die ihre dauernde
Geltung bewiesen haben.

Gräfelfing, 1964   *Hanns Martin Elster*

I

BIBLISCHE ZITATE

Da die Bibel unter allen Büchern der Erde am weitesten verbreitet ist, so sind fast alle Sprachen mit volkstümlichen Ausdrücken aus ihr reichlich getränkt. So auch die deutsche.

Der Mensch wird *nackt geboren wie Adam,* er ist *keusch wie Joseph, weise wie Salomo, stark wie Simson, ein gewaltiger Nimrod, der wahre Jakob, ein ungläubiger Thomas;* er ist *ein langer Laban,* ein *Riese Goliath,* ein *Enakskind;* er *lebt wie im Paradiese, dient dem Mammon* und *hat Mosen und die Propheten,* oder er stimmt *arm wie Lazarus, ein blinder Tobias, Jeremiaden* an, sehnt sich zurück *nach den Fleischtöpfen Ägyptens,* bekommt eine *Hiobspost* über die andere und muß *Uriasbriefe* bestellen, wobei er *von Pontius zu Pilatus zu laufen* hat. Vielleicht ist er *ein Saul unter den Propheten, ein barmherziger Samariter* oder *ein Pharisäer,* der *Judasküsse* gibt; noch schlimmer, wenn er *ein Kainszeichen an der Stirn* trägt oder *zum Stamm Nim* gehört; dann muß man ihn *zur Rotte Korah* zählen; aber möglicherweise gehört er zu dem unschädlichen Geschlechte der *Krethi und Plethi,* oder er ist nichts als ein gewöhnlicher *Philister.* Jedenfalls müssen ihm *der Text, die Epistel und die Leviten gelesen* werden, damit er *den alten Adam ausziehe,* und er nicht länger wie *in Sodom und Gomorrha lebe, in ägyptischer Finsternis* und *babylonischer Verwirrung.* Doch wie dem auch sei, er sehnt sich danach, *alt zu werden wie Methusalem,* und wenn es mit ihm *Matthäi am letzten* ist, wird er *aufgenommen in Abrahams Schoß.*

Es braucht wohl kaum erwähnt zu werden, daß „*wahrer Jakob*", „*langer Laban*", „*von Pontius zu Pilatus*" (statt: von Herodes zu Pontius Pilatus), „*der Stamm Nim*" Anlehnungen oder Entstellungen sind.

Neben solchen der Bibel entnommenen Redensarten sind eine Menge biblischer Sprüche im Munde des Volkes.

Ich zitiere die *Luther*sche Bibelübersetzung; denn sie allein ist seit mehr als drei Jahrhunderten Volksbuch, und auf ihr beruhen alle späteren Übersetzungen.
Einen wüsten Zustand der Verwirrung nennen wir nach 1. Mos. 1, 2 ein

> *Tohuwabohu*

nach den hebräischen Ausdrücken für „wüste und leer", und den Menschen nach 1. Mos. 2, 7 einen

> *Erdenkloß.*

1. Mos. 1, 3 steht

> *es werde Licht! Und es ward Licht*

und 1. Mos. 1, 10. 12. 18. 21 und 25

> *Und Gott sah, daß es gut war.*

> *Die verbotene Frucht*

bilden wir nach 1. Mos. 2, 17, und ebendaher kommt

> *vom Baum der Erkenntnis des Guten und Bösen essen.*

Nach 1. Mos. 2, 18 zitieren wir

> *Es ist nicht gut, daß der Mensch allein sei,*

und nach 2, 23

> *Bein von meinem Bein und Fleisch von meinem Fleisch*

und

> *Mann und Frau sind Eins,*

nach 1. Mos. 2, 24: „Darum wird ein Mann seinen Vater und seine Mutter verlassen und an seinem Weibe hangen, und sie werden sein Ein Fleisch." (Vgl. Matth. 19, 5.)
1. Mos. 3, 5 steht das von Goethe in der Schülerszene des „Faust" angewendete

> Eritis sicut Deus, scientes bonum et malum.
> *Und werdet sein wie Gott und wissen, was gut und böse ist.*

Der bildhafte Ausdruck für schamhafte Verhüllung

> *Feigenblatt*

stammt aus 1. Mos. 3, 7, wo es nach dem Sündenfall von Adam und Eva heißt „Da wurden ihrer beider Augen aufgetan, und sie wurden gewahr, daß sie nackend waren; und sie flochten Feigenblätter zusammen und machten sich Schürzen". 1. Mos. 3, 9 „Und Gott der Herr rief Adam und sprach zu ihm: Wo bist du?" Daher

Adam, wo bist du?

1. Mos. 3, 16 sagt Gott zu Eva

. . . du sollst mit Schmerzen Kinder gebären

und dein Verlangen soll nach deinem Manne sein, und

er soll dein Herr sein.

1. Mos. 3, 19 heißt es dann

Im Schweiße deines Angesichts sollst du dein Brot essen

und

denn du bist Erde und sollst zu Erde werden.

Soll ich meines Bruders Hüter sein?

fragt Kain, 1. Mos. 4, 9. Der Ausdruck

himmelschreiend

beruht auf 1. Mos. 4, 10; 18, 20; 19, 13; 2. Mos. 3, 7; 22, 23; Jakobi 5, 4. Die alte Dogmatik hatte aus diesen Stellen den Begriff der „schreienden Sünden", der „peccata clamantia" gebildet und dieselben in folgenden Versen zusammengefaßt

Clamitat ad coelum vox sanguinis
et Sodomorum,
Vox oppressorum, viduae,
pretium famulorum.

Es schreit zum Himmel
die Stimme des Bluts und der Sodomiter,
die Stimme der Unterdrückten,
der Witwe, der Arbeiter Lohn.

Nach 1. Mos. 4, 15 reden wir von einem

Kainszeichen,

das aber nicht einen Mörder, wie irrtümlich angenommen, kennzeichnet, sondern Schutzzeichen für Kains Flucht ist.

1. Mos. 5, 24 heißt es von Henoch: Und dieweil er ein göttlich Leben führte, nahm ihn Gott hinweg

und ward nicht mehr gesehen.

Das Wort ist oft dichterisch verwendet worden, z. B. von Goethe in seiner Ballade „Der Fischer".

Zur Bezeichnung eines sehr hohen Alters dient

Methusalah, gewöhnlich: *Methusalem,*

der nach 1. Mos. 5, 27 das Alter von 969 Jahren erreichte.

1. Mos. 6, 12. 13 wird für „sterben" gesagt

den Weg alles Fleisches gehen.

Nach 1. Mos. 6, 17 sprechen wir von einer

Sündflut,

was aber richtiger Sintflut (Sin-Fluot, d. i. große Flut) heißen muß und Madame de POMPADOUR (1721–64), die Geliebte Ludwigs XV. von Frankreich, zu dem Ausspruch veranlaßte

nach uns die Sintflut.

Das

Ölblatt,

das nach 1. Mos. 8, 11 die zweite von Noah ausgesandte Taube heimbrachte, gilt bis heute als Zeichen der Beschwichtigung, der Versöhnung und des Friedens; häufig gebraucht als

Ölzweig.

Das Dichten und Trachten des menschlichen Herzens ist böse von Jugend auf

steht 1. Mos. 6, 5 und 8, 21.

1. Mos. 9, 6 steht

> *Wer Menschenblut vergießt, des Blut soll auch durch Menschen vergossen werden.*

Zur Bezeichnung eines leidenschaftlichen Jägers dient

> *Nimrod*

nach 1. Mos. 10, 9 „Daher spricht man: Das ist

> *ein gewaltiger Jäger vor dem Herrn*

wie Nimrod".

> *Kinder und Kindeskinder*

steht 2. Mos. 34, 7 und an anderen Stellen.

> *Babylonische (Sprach-)Verwirrung*

stammt aus 1. Mos. 11, 9.

> *Babel,*

als Bezeichnung einer sittenlosen Stadt, kommt wohl eher aus Offenbar. 14, 8 u. 17, 5; es wird mit der Abwandlung

> *Seinebabel*

nach M. CONSTANTINS Buch „Paris", Leipzig 1855 S. 101, auf die französische Hauptstadt angewandt.

> *Gnade vor deinen (meinen) Augen finden*

beruht auf 1. Mos. 18, 3; 19, 19; 2. Mos. 33, 12. 13. 16. 17;

> *Sodom und Gomorrha,*

als oft in der Bibel wiederkehrende Bezeichnung lasterhafter Stätten, auf 1. Mos. 19.

> *Mit Blindheit geschlagen werden*

steht 1. Mos. 19, 11 und „Weisheit" 19, 16.

> *Zur Salzsäule werden*

für „vor Entsetzen erstarren" geht auf 1. Mos. 19, 26 zurück.

Nach 1. Mos. 25, 34 nennen wir etwas Wertloses, für das etwas Wertvolles hergegeben wird, ein

> *Linsengericht,*

weil Esau seine Erstgeburt dafür verkaufte.

> *Die Kinder Israel,*

1. Mos. 32, 32, ist häufig in der Bibel.

> *Behalte, was du hast,*

steht 1. Mos. 33, 9, was sich Offenbar. Joh. 3, 11 in der Form „Halte, was du hast" wiederholt, während es ebenda 2, 25 heißt „(Doch) was ihr habt, das haltet, (bis daß ich komme)".

Der 1. Mos. 34, 1 von einem Mädchen gebrauchte Ausdruck,

> *ausgehen, um die Töchter des Landes zu besehen,*

wird von Männern auf Freiersfüßen gesagt.

Als Bezeichnung für nächste Angehörige verwenden wir den Ausdruck

> *unser Fleisch und Blut*

nach 1. Mos. 37, 27, wo Juda Jakobs Söhnen rät, sich nicht an „unserem Bruder, unserem Fleisch und Blut", an Joseph zu vergreifen.

1. Mos. 37, 35 steht für „sterben" der oft in der Bibel wiederkehrende Ausdruck

> *in die Grube fahren.*

> Habeat sibi
> *meinetwegen*

ist aus 1. Mos. 38, 23 entlehnt.

> *Keusch wie Joseph*

ist entwickelt aus 1. Mos. 39 und bezieht sich auf den Widerstand Josephs gegen die Verführungskünste der

> *Frau Potiphars.*

Aus Pharaos Traum (1. Mos. 41) von den „sieben schönen, fetten Kühen" und den „sieben häßlichen, mageren

Kühen", die Joseph auf „sieben reiche" und „sieben magere Jahre" deutet, stammt das Wort von den

fetten und mageren Jahren.

Benjamin,

als Bezeichnung des jüngsten Kindes und Lieblingssohnes, beruht auf 1. Mos. 42 und 43.

Wie Sand am Meer

steht 1. Mos. 41, 49 und Jesaias 10, 22; „wie der Sand am Meer" 1. Kön. 4, 20; Hosea 1, 10; Römer 9, 27; „wie den Sand am Meer" Gebet Asariae 12; außerdem kommen 13 ähnliche Stellen in der Bibel vor.

In Ägyptenland machten freilich nach 2. Mos. 1, 14 die Ägypter den Kindern Israel das Leben sauer, weswegen wir von

einem das Leben sauer machen

sprechen, ebenso wie von einem

gesegneten Lande, darinnen Milch und Honig fließt,

nach 2. Mos. 3, 8. Die Bibel verwendet den Ausdruck oft, der dann auch in die klassischen Sprachen überging. Der Ausdruck

das gelobte Land

stammt aus 1. Mos. 12, 7 und zahlreichen anderen Bibelstellen,

Land und Leute

aus Sirach 10, 3.

Gutes mit Bösem vergelten

findet sich ebenfalls zuerst 1. Mos. 44, 4 (und 1. Sam. 24, 18; 25, 21) und ist dann in 1. Petri 3, 9 mit „Vergeltet nicht Böses mit Bösem" abgewandelt in

Böses mit Bösem vergelten.

Zeichen und Wunder

2. Mos. 7, 3, wiederholt sich oft im Alten wie im Neuen Testament an vielen Stellen, z. B. Matth. 24, 24.

2. Mos. 7, 13 wird vom „Herzen Pharaos, das ver-
stockt ward", gesprochen, daher der Ausdruck

> *ein verstocktes Herz.*

> *Der Finger Gottes*

beruht auf 2. Mos. 8, 19 und Lukas 11, 20.
Wir sprechen von der

> *Ägyptischen Finsternis*

nach 2. Mos. 10, 22 „Da ward eine dicke Finsternis in
ganz Ägyptenland drei Tage". Auf 2. Mos. 16, 15. 33.
35 beruht

> *Manna in der Wüste,*

vgl. Psalm 78, 24; Joh. 6, 31. 49. 58.
Die beliebte Redensart

> *seinen Mut (oder sein Mütchen) an jemandem*
> *kühlen*

nach 2. Mos. 15, 9 und

> *sein Herz verhärten*

nach 2. Mos. 7, 3 und anderen Bibelstellen sowie

> *Ehre einlegen*

nach 2. Mos. 14, 17. 18 und Psalm 46, 11 haben ebenso
ihren Ursprung im Alten Testament.
Wollen wir bezeichnen, daß sich jemand nach einer
äußerlich besseren Lage zurücksehnt, so sagen wir mit
Anlehnung an 2. Mos. 16, 3, daß er sich zurücksehnt
nach

> *den Fleischtöpfen Ägyptens.*

> *Auge um Auge, Zahn um Zahn*

steht 2. Mos. 21, 24; 3. Mos. 24, 20; 5. Mos. 19, 21;
Matth. 5, 38. Die Verehrung des Reichtums und die
Sucht nach Besitz bezeichnen wir fälschlich nach 2. Mos.
32 mit

> *Anbetung des goldenen Kalbes;*
> *Tanz ums goldene Kalb,*

denn in der betreffenden Stelle handelt es sich um ein Götzenbild, zu dessen Herstellung sich die Israeliten ihres goldenen Geschmeides entäußert hatten.

> *Du sollst keine anderen Götter haben neben mir*

ist das erste Gebot 2. Mos. 20, 3. Und aus 2. Mos. 23, 6 wie aus anderen Bibelstellen stammt der Ausdruck

> *das Recht beugen.*

Aus dem Vulgata-Text 5. Mos. 27, 19 „maledictus, qui pervertit iudicium" (verflucht, wer das Recht verdreht) kommen Ausdrücke wie

> *das Recht verdrehen,*
> *Rechtsverdreher*
> und *Rechtsverdrehung.*

Der Herr aber redete mit Mose

> *von Angesicht zu Angesicht*

nach 2. Mos. 33, 11.
„Gürte ein jeglicher sein Schwert um seine Lenden" in 2. Mos. 32, 27 führte zu den Redensarten

> *seine Lenden mit dem Schwerte gürten,*
> *sich mit dem Schwerte gürten,*
> *seine Lenden gürten.*

Das *3. Buch Mosis* wird *Leviticus* genannt und bringt religiöse Gesetze, vor allem für die Priester und die Leviten, die Söhne aus dem Stamm Levi, die den Priestern z. T. gleichgestellt waren. In der kathol. Kirche werden die Diakone und Subdiakone in der Liturgie, die Gehilfen des Bischofs und der Pfarrer, Leviten genannt.

> *Jemandem die Leviten lesen,*
> *jemandem das Kapitel lesen,*
> *jemandem den Text lesen,*
> *jemanden abkapiteln,*

d. h. einen Verweis erteilen, geht auf den von Bischof Chrodegang von Metz um 760 eingeführten Brauch zurück, daß jeden Morgen der Bischof oder sein Stellvertreter den Geistlichen ein Kapitel aus der Bibel, bes. aus dem Leviticus, vorlas, und Ermahnungen und Rügen daran knüpfte.

Auf 3. Mos. 16, 21 beruht der Ausdruck

Sündenbock.

Hier heißt es „Da soll denn Aaron seine beiden Fäuste auf sein Haupt legen und bekennen auf ihn alle Missetat der Kinder Israel und alle ihre Übertretung in allen ihren Sünden und soll sie dem Bock auf das Haupt legen".

Einem Moloch opfern

kommt von dem schrecklichen Gott der Kanaaniter,

Moloch,

nach 3. Mos. 18, 21 und anderen Bibelstellen.

Ebenso 3. Mos. 19, 18 steht der Satz „Du sollst deinen Nächsten lieben wie dich selbst", woraus dann im Neuen Testament (Matth. 5, 43; 22, 39; Mark. 19, 31; Luk. 10, 27; Röm. 13, 9 und Gal. 5, 14) die

Nächstenliebe

und das Gebot

liebe deinen Nächsten wie dich selbst

entstanden sind.

Ein graues Haupt ehren

heißt der Vorschrift in 3. Mos. 19, 32 folgen, und ebenda 19, 35 neben Matth. 7, 2 ist die Quelle für die Redensart

mit gleichem Maß (oder gleicher Elle) messen.

Für gegen jemanden nachsichtig sein steht in 3. Mos. 20, 4

durch die Finger sehen.

Wenn die kathol. Kirche seit 1300 alle 50 Jahre, seit 1475 alle 25 Jahre, ein Jubel- und Gnadenjahr feiert, so geht das auf 3. Mos. 25 zurück, wo unter der Überschrift: „Feier- und Jubeljahre" den Kindern Israel jedes fünfzigste Jahr als ein Erlaßjahr mit dem Schall der Posaune (hebr.: jobel) anzukündigen befohlen wird. Schon im 6. Jahrh. n. Chr. nennt Avator dies Jobeljahr „annus jubilaeus". Seitdem sprechen wir von Wiederholungen

> *alle Jubeljahre.*

4. Mos. 12, 3 lesen wir das Bekenntnis

> *ein geplagter Mensch.*

4. Mos. 13, 23. 29 wird wie an anderen Stellen des Alten Testaments von Riesen, riesig starken Menschen als

> *Enakskindern*

gesprochen.

4. Mos. 6, 25 steht der Segensspruch

> *der Herr lasse sein Angesicht leuchten über dir!*

Die Bezeichnung eines Haufens wüster Polterer durch

> *die Rotte Korah*

ist 4. Mos. 16, 5 entnommen.

> *Den Raub unter sich teilen*

stammt aus 4. Mos. 31, 26. 27; Josua 22, 8 und Richter 5, 30.

> *Dorn im Auge*

ist aus 4. Mos. 33, 55 gebildet, wo es heißt: „Werdet ihr aber die Einwohner des Landes nicht vertreiben vor eurem Angesicht, so werden euch die, so ihr überbleiben lasset, zu Dornen werden in euren Augen..."

> *Himmel und Erde zu Zeugen anrufen*

kommt von 5. Mos. 4, 26 her und

> *von ganzem Herzen und von ganzer Seele*

von 5. Mos. 4, 29; und Matth. 22, 37 hat dann hinzugefügt

> *und von ganzem Gemüte.*

Aus 5. Mos. 8, 3 ist

> *der Mensch lebt nicht vom Brot allein*

entnommen und wird Matth. 4, 4 angeführt.
Aus 5. Mos. 15, 11 (Psalm 104, 28; 145, 16) stammt die Redensart

> *seine milde Hand auftun.*

5. Mos. 17, 6 steht

> *auf Eines Zeugen Mund soll er (der Mensch) nicht sterben.*

Und wenn 5. Mos. 22, 26 von der „Sünde, des Todes wert" (wie 1. Joh. 5, 16. 17 von der „Sünde zum Tode") spricht, haben wir daraus die

> *Todsünde*

gemacht.

> *Du sollst dem Ochsen, der da drischet, nicht das Maul verbinden*

geht auf 5. Mos. 25, 4 und auf die morgenländische Sitte zurück, mit einem ochsenbespannten Stuhlschlitten über das ausgebreitete Getreide hin und her zu fahren.

> *Ja und Amen sagen*

geht auf 5. Mos. 27, 15–26, Matth. 5, 37 und Offenb. 22, 20 zurück wie

> *im dunkeln tappen*

auf 5. Mos. 28, 29, wo dem, der nicht auf des Herrn Stimme hört, gesagt wird „Und wirst tappen am Mittag, wie ein Blinder tappt im Dunkeln".
Ebenso hat uns 5. Mos. 28, 35 zusammen mit 2. Sam. 14, 25 und Hiob 2, 7 die Redensart

> *vom Scheitel bis zur Sohle*

beschert, wenn auch in der Bibel richtiger von der Fußsohle bis auf den Scheitel steht.

In 5. Mos. 28, 37 und an anderen Stellen der Bibel können wir

> *zum Sprichwort werden,*
> *zur Fabel werden*

oder gar 5. Mos. 32, 5 zum

> *Schandfleck.*

> *Jemanden wie seinen Augapfel behüten*

ist aus 5. Mos. 32, 10 und Psalm 17, 8 (Sacharja 2, 8 „Wer euch antastet, der tastet seinen Augapfel an"). Die poetische Bezeichnung des Weins als

> *Traubenblut*

steht 5. Mos. 32, 14;

> *die Rache ist mein*

steht in 5. Mos. 32, 35 und wird Röm. 12, 19 zitiert.

> *Mann Gottes*

steht 5. Mos. 33, 1 und wiederholt sich immer wieder im Alten Testament.

> *Groß vor den Leuten*

ist eine Wendung auf biblischer Grundlage; Josua 3, 7 verspricht der Herr, „Josua groß zu machen vor dem ganzen Israel", und 4, 14 steht „An dem Tage machte der Herr Josua groß vor dem ganzen Israel". In der „Historie von der Susanna und Daniel" 64 heißt es „Und Daniel ward groß vor dem Volk".

> *Streitbare Männer*

finden sich in Jos. 1, 14 und an anderen Stellen, ebenso wie Jos. 17, 1 und öfter

> *ein streitbarer Mann.*

Dazu mit Jos. 10, 24

> *einen mit Füßen treten*

und für unehrliche Handlungen begehen

> *krumme Wege gehen*

in Richter 5, 6 und Psalm 125, 5.

Den Raub unter sich teilen

stammt aus einer Ansprache Josuas (22, 8) an den
halben Stamm Manasse bei der Landverteilung, und

zu seinen Vätern versammelt werden

geht auf Richter 2, 10 zurück.
Josua 24, 15 steht

*Ich (aber) und mein Haus wollen dem Herrn
dienen.*

Schiboleth

als Bezeichnung des Losungswortes für eine Partei gebrauchen wir nach Richter 12, 5. 6. Die Gileaditer hatten sich bei einer Furt des Jordan aufgestellt und rich-
teten an jeden Ephraimiter, der hinüber wollte, die
Frage: Bist du ein Ephraimiter? Wenn er dann antwortete: Nein! So hießen sie ihn sprechen: Schiboleth;
so sprach er: Siboleth und konnte es nicht reden. So
griffen sie ihn usw.
Löst jemand eine Aufgabe mit fremder Hilfe, so nennen wir das

mit fremdem Kalbe pflügen

nach dem Vorgange Simsons, dessen Braut die Auflösung eines von ihm aufgegebenen Rätsels ihm entlockt
und den Ratenden mitgeteilt hatte, worauf er zu ihnen
nach Richter 14, 18 sprach „Wenn ihr nicht hättet mit
meinem Kalbe gepflügt, ihr hättet mein Rätsel nicht
getroffen".

Brandfuchs

wird nach HASES „Ideale und Irrtümer", Leipzig 1872,
S. 116, der Verbindungsstudent im zweiten Semester genannt, weil ihm, dem Fuchs, dann einige Haare hinter
dem Ohre mit einem Fidibus abgebrannt wurden, damit
er von nun ab ein Brandfuchs im Kampfe gegen die
Philister würde, wie (nach Richter 15) Simson gegen die
Felder, Gärten und Weinberge der Philister dreihundert
Füchse aussendete, von denen je zwei einen Brand zwischen ihren Schwänzen hatten.

Philister

für Nichtstudent, Widersacher des Studententums und
Spießbürger soll darauf beruhen, daß, als am Ende des
17. Jh. bei Händeln in Jena zwischen den Studenten
und den Einwohnern der Johannisvorstadt ein Student
erschlagen worden war, der Oberpfarrer und General-
superintendent Lic. theol. Götze ihm die Leichenrede
über den Richter 16 viermal vorkommenden Text gehalten habe:

Philister über dir, Simson

(Ernst Basilius Wiedeburg „Beschreibung der Stadt
Jena", Jena 1785 S. 155). In „Jena und Umgegend, Taschenbuch für Fremde" von H. Ortloff wird das Jahr
1624 angegeben. Nach Oscar Justinus, „Schlesische Zeitung" Nr. 520, 1879, haben diejenigen Häuser der ehe-
maligen Universitätsstadt Helmstedt, welche in irgend-
einer Beziehung zur Universität gestanden haben, Tafeln
mit einem Simson, welcher einem Löwen den Rachen
aufreißt. Dies vom Kaiser Maximilian verliehene Siegel
hätte zuwege gebracht, daß man alle, welche nicht unter
diesem Zeichen standen, also alle Nichtakademiker, mit
dem Namen der von Simson bekämpften Philister belegte.

Wie Ein Mann

steht ein Volk auf nach Buch der Richter, 20, 1.
1. Sam. 1, 15 und Psalm 42, 5 ist entlehnt

sein Herz ausschütten.

Nach 1. Sam. 3, 13 die Redensart

sauer dazu sehen.

Das von Goethe am Ende von „Wilhelm Meisters Lehrjahren" angewendete

Saul, der Sohn Kis, ging aus, seines Vaters
Eselinnen zu suchen, und fand ein Königreich

erklärt sich aus 1. Sam. Kap. 9 u. 10.

Wie kommt Saul unter die Propheten?

hat folgenden Ursprung: Einer Prophetenschar begeg-
nend und vom Geiste Gottes ergriffen, fing Saul auch an,

unter ihnen zu weissagen, und sie sprachen (1. Sam. 10, 11): Ist Saul auch unter den Propheten? und „Daher", heißt es 1. Sam. 10, 12, „ist das Sprichwort kommen: ist Saul auch unter den Propheten?" (Vgl. 1. Sam. 19, 24.)

Ein Mann nach dem Herzen Gottes

beruht auf 1. Sam. 13, 14 und Apostelgeschichte 13, 22. Nach 1. Sam. 17 nennen wir einen großen, hochgewachsenen Mann einen

Goliath oder *einen Riesen Goliath.*

Die Ohren gellen oder *klingen*

stammt aus 1. Sam. 3, 11 u. ö.,

einen großen Rumor machen

aus 1. Sam. 5, 9 und 11.

Ein junger schöner Mann

ist Saul in 1. Sam. 9, 2. Samuel ist in 1. Sam. 12, 2

alt und grau

geworden.
Auch in 1. Sam. 14, 45 wie bei Paulus kommt die Redensart vor

das sei ferne (von mir).

Ebenso 1. Sam. 16, 7

Gott sieht das Herz an.

Innige Freundesliebe stellen nach 1. Sam. 18, 1–4 u. ö.

David und Jonathan

vor, und David klagt nach Jonathans Tod in der Schlacht bei Gilboa (2. Sam. 1, 26): Es ist mir leid um dich,

mein Bruder Jonathan.

Aus 1. Sam. 25, 17, 25 und 2. Sam. 20, 1 stammt die Redensart

ein heilloser Mensch (Mann),

und in 2. Sam. 8, 13 kann man schon

sich einen Namen machen.

Krethi und Plethi,

d. h. die Kreter (nach anderen die Karer) und Philister, welche die Leibwache des Königs bildeten, steht 2. Sam. 8, 18; 15, 18; 20, 7. 23; 1. Könige 1, 38. 44; 1. Chron. 18, 17. Als nach 2. Sam. 10, 5 und 1. Chron. 20, 5 der Ammoniterkönig Hanon den abgesendeten Dienern des Königs David hatte den Bart scheren lassen, ließ David ihnen sagen: „Bleibet zu Jericho, bis euer Bart gewachsen", woraus jene volkstümliche Abfertigung an einen frühklugen Unbärtigen:

Gehe nach Jericho und laß dir den Bart wachsen.

Nach 2. Sam. 11, 15 wird ein Brief, der dem Überbringer Unheil bringt,

Uriasbrief

genannt.

Kind des Todes

steht 2. Sam. 12, 5; Kinder des Todes 1. Sam. 26, 16 Psalm 79, 11; 102, 21.
Aus 2. Sam. 13, 20

sich etwas zu Herzen nehmen.

Der Ausdruck

Bluthund

geht nach 2. Sam. 16, 7 auf Sauls Nachkommen Simei zurück, der David verfluchte „Heraus, heraus, du Bluthund, du heilloser Mann".

Sei ein Mann

ermahnte der sterbende David seinen Sohn Salomo (1. Kön. 2, 2), und Goethe verwandte das Wort als Motto für „Die Leiden des jungen Werthers".

Von dem mit den Haaren an einer Eiche hängengeblie-
benen Absalom (2. Sam. 18, 9) stammt die Redensart

zwischen Himmel und Erde schweben,

und Absaloms starker Haarwuchs veranlaßte die Charakteristik

Haare wie Absalom,

so Schiller, „Wallensteins Lager", 6. Auftritt „Und wär'
er so dick wie Absalons Zopf".
Aus 2. Sam. 18, 33 und 19, 4 stammt

o mein Sohn Absalom.

Salomonisches Urteil

beruht auf 1. Könige 3, 16—28; 4, 29 ff., 2. Chron. 1,
10 ff., Luk. 11, 31 und dem Titel des apokryphischen
Buches „Die Weisheit Salomos".

Es kostet den Hals

stammt aus 1. Chron. 12, 19 „Wenn er zu seinem Herrn
Saul fiele, so möchte es uns unsern Hals kosten".
Aus 2. Kön. 4, 40 ist der

Tod im Topf.

Aus 2. Kön. 22, 20 stammt der Ausdruck

zu seinen Vätern versammelt werden,

vgl. 1. Mos. 25, 8 und 2. Chron. 34, 28; in Goethes
„Wahlverwandtschaften", T. 2, Kap. 2 „Aus Ottiliens
Tagebuch" heißt es „Zu den Seinigen versammelt wer-
den ist ein so herzlicher Ausdruck".

Mit Skorpionen züchtigen

stammt aus 1. Kön. 12, 11 und aus 18, 21

auf beiden Seiten hinken.

Wir sagen nach 1. Chron. 12, 18

Friede sei mit dir!

1. Chron. 16, 34; Psalm 106, 1; 107, 1; 118, 1. 29;
1. Makkab. 4, 24; Gesang der drei Männer im Feuer-
ofen, 65 steht

> *Danket dem Herrn, denn er ist freundlich und*
> *seine Güte währet ewiglich,*

vgl. 2. Chron. 7, 3; Psalm 136, 1; Esra 3, 11.

> *Lückenbüßer*

ist von „die Lücken büßen" (veraltet für ausbessern),
Nehemia 4, 7, gebildet.

> *In Sack und Asche (trauern)*

beruht auf Esther 4, 1 und 3; vgl. Jesaias 58, 5; Jere-
mias 6, 26; Jona 3, 6; 1. Makkab. 3, 47; Matth. 11, 21,
Luk. 10, 13.
Hiob wird Hiob 1, 1 gekennzeichnet als

> *schlecht* (d. i. schlicht) *und recht.*

Nach Hiob 1, 14. 16. 17 u. 18 heißt eine unglückliche
Botschaft eine

> *Hiobspost.*

> *Arm wie Hiob*

stützt sich auf das ganze Buch, besonders auf 17, 6 „Er
hat mich zum Sprichwort unter den Leuten gemacht".

> *Der Herr hat's gegeben, der Herr hat's genom-*
> *men, der Name des Herrn sei gelobt!*

steht Hiob 1, 21. Hiob 8, 9 heißt es „Denn

> *wir sind von gestern*

her und wissen nichts".
Aus Hiob 15, 32 „und sein Zweig wird nicht grünen"
ist wahrscheinlich die Redensart entnommen

> *auf keinen grünen Zweig kommen.*

Auf Hiob 25, 3; Psalm 97, 11; 112, 4; Matth. 4, 16
beruht

> *es geht mir ein Licht auf.*

Staub und Asche

steht Hiob 30, 19. Vgl. 1. Mos. 18, 27; Sirach 10, 9; 17, 31.

Des Herrn Worte an das Meer

Bis hieher sollst du kommen und nicht weiter; hie sollen sich legen deine stolzen Wellen

finden sich Hiob 38, 11. Gewöhnlich wird verkürzt zitiert

bis hierher und nicht weiter.

Die Worte „und nicht weiter" sind sowohl in der von Franzosen und Engländern richtig angeführten Übersetzung: Nec plus ultra, wie in der Umformung, die wir damit vorgenommen:

Non plus ultra

eine Bezeichnung des höchsten Grades einer Eigenschaft geworden.

Aus Hiob 4, 15 stammt auch, daß uns im Schrecken

die Haare zu Berge stehen,

und aus Hiob 4, 19 und Sir. 10, 13:

von den Würmern gefressen werden

sowie aus Hiob 15, 27 und Psalm 73, 7:

ein fetter Wanst,

weiter aus Hiob 16, 2:

ein leidiger Trost,

aus Hiob 16, 22:

den Weg gehen, den man nicht wiederkommt,

aus Hiob 19, 24:

mit einem ehernen Griffel schreiben,

aus Hiob 21, 18:

Spreu im Winde,

aus Hiob 15, 35:

> *mit etwas schwanger gehen,*
> *unglücksschwanger,*

aus Hiob 21, 23:

> *frisch und gesund,*

aus Hiob 27, 2:

> *so wahr Gott lebt,*

aus Hiob 27, 6:

> *Gewissensbisse,*

aus Hiob 29, 10 u. ö.:

> *es klebt einem die Zunge am Gaumen,*

aus Hiob 29, 16:

> *ein Vater der Armen, Armenvater,*

aus Hiob 36, 26 für Gott:

> *der große Unbekannte,*

der nach James Ballantynes Ausdruck „The great Unknown" für den anonymen Verfasser des Romans „Waverley" (1814) auch auf Walter Scott und von Joseph Görres 5, 298 (1826) auf den Teufel angewandt, später in Strafprozessen gebraucht wurde.

Aus Hiob 42, 3

> *das ist mir zu hoch.*

Die Psalmen wurden auch zu einer reichen Quelle für geflügelte Worte. So Psalm 1, 1

> *sitzen, wo die Spötter sitzen,*

oder

> *auf der Bank der Spötter sitzen.*

Aus Psalm 2, 1 „Warum toben die Heiden und die Völker reden so vergeblich?" der Ausdruck

> *Heidenlärm.*

Aus Psalm 4, 9

> *Requiescat in pace.*
> *Er ruhe in Frieden.*

Aus Psalm 22, 2 (Matth. 27, 46):

　　von Gott verlassen sein,

aus Psalm 12, 7:

　　Reden ist Silber,

während der Zusatz

　　Schweigen ist Gold

wahrscheinlich aus dem Koran herkommt.

Aus Psalm 22, 7:

　　zum Spott der Leute werden,

aus Psalm 23, 1:

　　der Herr ist mein Hirte,

aus Psalm 25, 7:

　　Jugendsünde,

aus Psalm 39, 3:

　　sein Leid in sich fressen,

aus Psalm 40, 13:

　　mehr Schulden als Haare auf dem Kopfe,

aus Psalm 41, 9:

　　Bubenstück,

aus Psalm 42, 2:

　　wie der Hirsch schreit nach frischem Wasser,

aus Psalm 52, 6; 120, 2 u. ö.:

　　falsche Zunge (Zungen),

aus Psalm 105, 43 für die Juden:

　　das auserwählte Volk.

Aus Psalm 106, 23:

　　vor den Riß treten,

d. h. Verluste durch Einsatz der eigenen Person wiedergutmachen.

Aus Psalm 107, 9:

　　eine durstige (hungrige) Seele,

aus Psalm 107, 42:

> *einem das Maul stopfen,*

aus Psalm 118, 8:

> *sich nicht auf Menschen verlassen,*

aus Psalm 130, 1, De profundis:

> *Aus der Tiefe rufe ich, Herr, zu dir,*

aus Psalm 137, 1:

> *An den Wassern zu Babel saßen wir und weinten.*

Aus Psalm 143, 2:

> *mit einem ins Gericht gehen.*

Aus Psalm 4, 4 „Erkennet doch, daß der Herr seine Heiligen wunderlich führet" stammt

> *wunderliche Heilige*

und

> *Gott führt seine Heiligen wunderlich.*

> *Herzen und Nieren prüfen*

steht Psalm 7, 10 und Jeremias 11, 20; vgl. Psalm 26, 2; Jeremias 17, 10; 20, 12; Offenbarung 2, 23.

> *Seine Hände in Unschuld waschen*

ist nach Psalm 26, 6, oder besser Psalm 73, 13 gebildet und beruht auf 5. Mos. 21, 1–9; s. Matth. 27, 24.
Es heißt Psalm 34, 20

> *der Gerechte muß viel leiden,*

Psalm 35, 20:

> *die Stillen im Lande,*

Psalm 37, 3:

> *bleibe im Lande und nähre dich redlich,*

Psalm 73, 19:

> *ein Ende mit Schrecken nehmen.*

Aus Psalm 75, 9 ist der Scherz

> *die Gottlosen kriegen die Neige*

oder

> *der Rest ist für die Gottlosen*

entwickelt, wonach der Herr unter dem Bilde eines Weinschenken dargestellt wird, der uns aus einem Becher starken Weines tränkt; aber „die Gottlosen", heißt es weiter, „müssen alle trinken und die Hefen aussaufen".

> *Jammertal,*

Psalm 84, 7, war längst vor Luther gebraucht worden. Hugo von TRIMBERG (1260–1309) wendet es in „Der Renner", Vers 235 und 896 an.

Psalm 90, 10 steht

> *unser Leben währet siebzig Jahr, und wenn's hoch kommt, so sind's achtzig Jahr, und wenn's köstlich gewesen ist, so ist es Mühe und Arbeit gewesen;*

in diesem Zusammenhang sprechen wir vom

> *Alter des Psalmisten*

oder vom

> *biblischen Alter.*

Aus Psalm 90, 12:

> *Lehre uns bedenken, daß wir sterben müssen, auf daß wir klug werden.*

> *Auf Händen tragen,*

Psalm 91, 12, wird mit Berufung auf diese Stelle Matth. 4, 6 und Luk. 4, 11 wiederholt; es wird von den Engeln gesagt, die dafür sorgen, daß der Fuß des Getragenen nicht an einen Stein stoße; es bedeutet daher, mit Engelsgüte behandeln.

Psalm 94, 15 steht

> (Denn) *Recht muß* (doch) *Recht bleiben.*

Das nach Psalm 104, 15 „Und daß der Wein erfreue des Menschen Herz" gebildete

> *der Wein erfreut des Menschen Herz*

ist der Anfang eines Trinkliedes von Gleim.

> *Augen haben und nicht sehen, Ohren haben und nicht hören*

beruht auf Psalm 115, 5. 6; 135, 16. 17; Weisheit 15, 15; Jes. 6, 10.

Psalm 116, 11 steht „Omnis homo mendax"

> *alle Menschen sind Lügner.*

Im Texte von Psalm 127, 2 „Denn seinen Freunden gibt er's schlafend" liegt das Sprichwort

> *Den Seinen* (oder *dem Gerechten*) *gibt's der Herr im Schlafe.*

Aus Psalm 111, 10

> *die Furcht des Herrn ist der Weisheit Anfang,*

aus Psalm 119, 19

> *ich bin ein Gast auf Erden,*

aus Psalm 126, 5

> *die mit Tränen säen, werden mit Freuden ernten.*

> *Viel Kinder, viel Segen*

kann man als Umgestaltung von Psalm 127, 3 ansehen: „Siehe, Kinder sind eine Gabe des Herrn."
Das Tischgebet

> *aller Augen warten auf dich und du gibst ihnen ihre Speise zu seiner Zeit. Du tust deine Hand auf und erfüllest alles, was lebt, mit Wohlgefallen*

steht Psalm 145, 15/16.

Daß der weise Salomo, der dreitausend Sprüche redete (1. Kön. 4, 32) und den Sprichwörtern die allgemeingültige Bezeichnung der

> *Weisheit auf der Gasse*

(nach Sprüchen Salomos 1, 20: „Die Weisheit klagt draußen und läßt sich hören auf den Gassen") verschafft hat, hier nicht leer ausgeht, beweisen
Spr. 1, 10: Mein Kind,

> *wenn dich die bösen Buben locken, so folge (ihnen) nicht.*

Spr. 3, 12:

> *welchen der Herr liebt, den straft er,*

was sich Hebräer 12, 6 ähnlich wiederholt; auch Offenbar. 3, 19.

> *Lästermaul*

in Spr. 4, 24 „Laß das Lästermaul ferne von dir sein". Nach Spr. 9, 17:

> *Gestohlenes Wasser schmeckt süß.*

> *Unrecht Gut gedeiht nicht*

nach Spr. 10, 2 „Unrecht Gut hilft nicht"; vgl. Sirach 5, 10.
Spr. 12, 10:

> *der Gerechte erbarmt sich seines Viehs.*

Nach Spr. 16, 9 (Vulgata) „Cor hominis disponit viam suam, sed Domini est dirigere gressus eius", bei Luther „Des Menschen Herz erdenkt sich seinen Weg, aber der Herr allein gibt, daß er fortgehe", ist gebildet:

> *Der Mensch denkt, Gott lenkt.*

Aus Spr. 16, 18

> *Hochmut kommt vor dem Fall.*

Nach Spr. 24, 29 „Wie man mir tut, so will ich wieder tun", wurde

> *wie du mir, so ich dir.*

Aus Spr. 24, 8

Erzbösewicht,

aus Spr. 25, 11:

ein Wort, geredet zu seiner Zeit, ist wie goldene Äpfel auf silbernen Schalen.

Wer andern eine Grube gräbt, fällt selbst hinein

ist gebildet nach 26, 27 „Wer eine Grube macht, der wird hineinfallen".

Alles ist eitel

oder vielmehr „Es ist alles ganz eitel", ruft der Prediger Salomo 1, 2 und 12, 8. Auch der lateinische Text

Vanitas vanitatum, et omnia vanitas

wird zitiert, z. B. von Goethe in der Überschrift des Gedichtes „Ich hab mein Sach' auf nichts gestellt". Pred. 1, 7 heißt es

alle Wasser laufen ins Meer,

vgl. Sirach 40, 11;
Pred. 1, 9:

und geschieht nichts Neues unter der Sonne.

Pred. 1, 18:

wo viel Weisheit ist, da ist viel Grämens; und wer viel lernt, der muß viel leiden.

Pred. 3, 1:

ein jegliches hat seine Zeit,

was die Sprache abgeschliffen hat zu

alles zu seiner Zeit,

Pred. 9, 4:

ein lebendiger Hund ist besser als ein toter Löwe,

Pred. 10, 15:

es wird einem sauer (saure Arbeit),

Pred. 10, 16:

> *wehe dir, Land, dessen König ein Kind ist.*

> *Das sind Tage, von denen wir sagen: sie ge-*
> *fallen uns nicht*

beruht auf Pred. 12, 1 „Gedenke an deinen Schöpfer in
deiner Jugend, ehe denn die bösen Tage kommen und
die Jahre herzutreten, da du wirst sagen: sie gefallen
mir nicht".

> *Viel Büchermachens ist kein Ende*

steht Pred. 12, 12 „Hüte dich, mein Sohn, vor andern
mehr; denn viel Büchermachens ist kein Ende, und viel
Studieren macht den Leib müde".

Aus Pred. 1, 8 der Ausdruck

> *Nimmersatt*

und aus Pred. 3, 12

> *sich gütlich tun*

sowie Pred. 3, 13

> *eine Gabe Gottes* oder *eine gute Gabe Gottes*

mit der Berliner Dialektredensart: „Eine jut jebratne
Jans ist eine jute Jabe Jottes." Dazu aus Pred. 5, 18

> *Gottesgabe,*

und aus Pred. 4, 9 „So ist's ja besser zwei als eins"
und 4, 12 „eine dreifältige Schnur reißt nicht leicht
entzwei"

> *doppelt hält besser.*

Aus dem Hohenlied Salomos 1, 15; 4, 1 und 5, 12
kommen die

> *Taubenaugen*

und ebenda 8, 6

> *Liebe ist stark wie der Tod,*

von Guy de Maupassant 1889 als Titel für seinen Roman „Fort comme la mort" benutzt.

Aus Weish. Sal. 1, 6

> *Gott ist Zeuge über alle Gedanken.*

Nach Jesaias 5, 7 sprechen wir vom

>*Weinberg des Herrn.*

>*Stein des Anstoßes*

findet sich Jes. 8, 14 und 1. Petri 2, 8, während Römer 9, 32 und 33 „Stein des Anlaufens" gesagt wird. Wenn die christliche Poesie den Fürsten der Finsternis

>*Lucifer*

nennt, so stützt sie sich auf Jes. 14, 12 „Wie bist du vom Himmel gefallen, du schöner Morgenstern!", da die lateinische Bibel für „Morgenstern" „Lucifer" setzt. Auch

>*ein gefallener Engel,*
>*vom Himmel gefallen,*
>*aus allen (seinen) Himmeln gefallen sein*

wird auf Jes. 14, 12 zurückgeführt, der

>*Grund- und Eckstein*

auf Jes. 28, 16,

>*Treu und Glauben*

auf Jes. 33, 8 und

>*Tag der Rache*

auf Jes. 63, 4.

>*Lammesgeduld*

und

>*geduldig wie ein Lamm*

kommen aus Jes. 53, 7 und anderen Bibelstellen. Aus Jes. 53, 7

>*er tut seinen Mund nicht auf.*

Aus Jes. 6, 10 (dazu Matth. 13, 13–15) stammt wohl die Wendung

>*tauben Ohren predigen,*

die aber auch vom lateinischen Sprichwort „surdis auribus dicere" oder „ . . . canere" abgeleitet wird.

Aus Jes. 38, 1

> *sein Haus bestellen,*

aus Jes. 58, 5; Jerem. 48, 39 u. Sir. 19, 23:

> *Kopfhänger, kopfhängerisch.*

Wer in den Wind spricht, den nennen wir einen

> *Prediger in der Wüste*

nach Jes. 40, 3 „Es ist eine Stimme eines Predigers in der Wüste",

> *vox clamantis in deserto,*

was, gedeutet auf Johannes den Täufer, Matth. 3, 3, Mark. 1, 3, Luk. 3, 4 und Johannes 1, 23 wiederholt wird. Genaugenommen wäre zu übersetzen „Es ist die Stimme eines Rufenden: In der Wüste" (bereitet dem Herrn den Weg, auf dem Gefilde machet eine Bahn unserem Gotte). Aus Jes. 48, 4 „und deine Stirn ist ehern" ist entnommen

> *eherne Stirn,*

LESSING („Miss Sara Sampson" 2, 4; 1755) danach

> *eiserne Stirn.*

> *Mohrenwäsche, einen Mohren weiß waschen*

beruht auf Jeremias 13, 23 „Kann auch ein Mohr seine Haut wandeln oder ein Parder seine Flecken?". Die Griechen sagten sprichwörtlich „einen Äthiopier abreiben". S. Aesop „Der Äthiopier" (Fab. 13 bei Halm), Lucian „An den Ungebildeten", 28 und Zonaras 15, 4. Aus Jer. 7, 11 sowie Matth. 21, 13, Mark. 11, 17 und Luk. 19, 46 wird abgeleitet

> *aus seinem Herzen eine Mördergrube machen,*

aus Jer. 5, 27 und Sir. 11, 31:

> *Lockvögel,*

aus Jer. 16, 5:

> *(ohne) Gnade und Barmherzigkeit,*

Jer. 31, 34 gab Anlaß zu

> *vergeben und vergessen,*

Arthur Schopenhauer hat in seinen „Aphorismen zur Lebensweisheit" daraus gemacht „Vergeben und vergessen heißt gemachte kostbare Erfahrungen zum Fenster hinauswerfen".

Jer. 17, 9 steht

> *es ist das Herz ein trotzig und verzagt Ding,*

Jer. 32, 44 gab Anlaß zu

> **verbrieft und versiegelt,**
> *Brief und Siegel geben,*

Jer. 50, 43 zu

> *angst und bange werden,*

was in Sir. 4, 19 abgewandelt wird in

> *angst und bange machen,*

aus Jer. 51, 39. 57 noch

> **der ewige Schlaf.**

Nach „Klagelieder Jeremiae" bilden wir

> *Jeremiade,*

und daher stammen Klagl. 2, 11

> *sich die Augen ausweinen,*

und Klagl. 2, 12 (Apost. 5, 5 u. 10; 12, 23)

> *den Geist aufgeben.*

Nach Klagl. 3, 41

> *Sursum corda!*
> *Empor die Herzen!*

bei Beginn der „Praefatio", die die Konsekration von Brot und Wein durch den katholischen Priester einleitet. Aus Hesekiel 17, 21 stammen

> *in alle Winde zerstreut,*

Hes. 31, 18:

> *Pracht und Herrlichkeit,*

Hes. 33, 14. 16. 19:

> *tun, was recht und gut ist.*
> *Koloß mit tönernen Füßen*

beruht auf Daniel 2, 31–34.

Mene Tekel

für „Warnungsruf" ist aus Dan. 5, 25. König Belsazar gab ein wüstes Mahl. Plötzlich sah er zu seinem Entsetzen an der gegenüberliegenden, hell bestrahlten Wand des Saales eine unheimliche Erscheinung. Finger einer Menschenhand bewegten sich wie schreibend die Wand entlang und verzeichneten an ihr die Wörter „Mene, Mene, Tekel, Upharsin." Daniel, zur Deutung dieser rätselhaften Ausdrücke herbeigerufen, las den Untergang des Reiches heraus. Der König starb in der folgenden Nacht. Von Heinrich Heine in seinem berühmten Gedicht gestaltet. Die in Dan. 5, 27 enthaltene Verdolmetschung des Wortes „Tekel" hat der deutschen Sprache die Wendung zugeführt: In einer Waage

gewogen und zu leicht gefunden

werden.

Nach Dan. 9, 37 und Matth. 24, 15 zitieren wir

Greuel der Verwüstung.

Wer Wind säet, wird Sturm ernten

beruht auf Hosea 8, 7.

Aus Joel **2**, 13 und Psalm 7, 3 kommt der Ausdruck

herzzerreißend,

und aus Amos 5, 7. 24; 6, 12 die Wendung

Recht und Gerechtigkeit.

Ebenfalls bei Amos 5, 12 zum erstenmal das Wort

Blutgeld,

das Matth. 27, 6 für die 30 Silberlinge von Judas gebraucht, während Hosea 4, 2 von

Blutschuld

spricht.

Es (eine Sache) drehen, wie man will,

geht auf Micha 7, 3 und Sir. 19, 22 zurück.

Habakuk 1, 3

es gehet Gewalt über Recht,

von Luther, „Auslegung des Habakuk", als ein „gemein

Sprichwort" bezeichnet, findet sich in der Form „Gewalt geht für (vor) Recht" seit Johannes Agricola (1494 bis 1566) in den Sprichwörtersammlungen (1528–48).
Zephanja 1, 11 spricht von

> *Krämervolk,*

das Adam Smith 1776 für die Engländer als eine „Nation of shopkeepers" populär machte.
Von Zeph. 1, 14–18 stammt auch

> *dies irae, dies illa*

(nach Luther: „Dieser Tag ist ein Tag des Grimmes" und der Anfang des latein. Hymnus, den der Franziskaner Thomas von Celano im 13. Jh. gedichtet haben soll und den als Bestandteil des Requiems Gretchen in Goethes „Faust" vernimmt).
Aus Haggai 2, 7; 2, 22 und Ebr. 12, 26 stammt die Redensart

> *Himmel und Erde in Bewegung setzen,*

Aus Sacharja 5, 2 die Bezeichnung

> *ellenlanger Brief,*

aus Maleachi 3, 16 (Matth. 23, 5)

> *Denkzettel,*

aus Judith 6, 3:

> *sterben und verderben,*

aus Weisheit Salomonis 12, 19:

> *guter Hoffnung sein,*

und ebenda 15, 12:

> *Jahrmarkt des Lebens,*

wie ein deutscher Übersetzer Thackerays berühmten Roman „Vanity Fair" (Jahrmarkt der Eitelkeit; 1847/48) betitelte.
Aus Tobias 5, 6 kommt der Ausdruck

> *ein guter Gesell,*

und aus Tob. 5, 29 (2. Makk. 15, 23)

> *der gute Engel,*
> *einem als guter Engel zur Seite stehen.*

Ein alter Reimspruch

Was du nicht willst, daß dir geschicht,
das tu auch keinem andern nicht,

oder

Was du nicht willst, daß man dir tu,
das füg auch keinem andern zu,

ist die Umarbeitung von Tob. 4, 16 „Was du nicht
willst, daß man dir tue, das tue einem andern auch
nicht". Der Spruch ist vielleicht auf den Synedrialvor-
sitzenden und Mischnalehrer Rabbi Hillel zurückzuführen, der von 70 vor bis 10 n. Chr. lebte. Nach dem
Talmudtraktat Sabbath fol. 31 a hat er einst einem
Heiden, der ins Judentum aufgenommen werden wollte,
gesagt „Was dir unlieb ist, füge deinem Nebenmenschen
nicht zu; das ist das ganze Gesetz." Lampridius, 51, erzählt vom Kaiser Alexander Severus († 235 n. Chr.)
„Er rief öfter aus, was er von einigen Juden oder Christen gehört und behalten hatte,

Quod tibi fieri non vis, alteri ne feceris,

ließ es, wenn er jemanden rügte, durch den Ausrufer
ausrufen und liebte diesen Spruch so, daß er ihn sowohl
an seinen Palast wie auch an öffentliche Gebäude an-
schreiben ließ". Matth. 7, 12 wendet den Spruch ins Po-
sitive: „Alles nun, das ihr wollt, das euch die Leute tun
sollen, das tut ihr ihnen auch." Vgl. Luk. 6, 31 und
Seneca, ep. 94.
Die Worte aus Tob. 6, 3

O Herr, er will mich fressen

wendet man im gewöhnlichen Leben an, um ein unver-
stecktes, unhöfliches Gähnen damit zu rügen; da man
nun da gähnt, wo es langweilig ist, so kritisiert man
auch eine Gesellschaft, in der es langweilig hergeht, entweder mit obigen Worten oder mit den Worten

Tobias sechs, Vers drei.

Aus Jesus Sirach 3, 11

des Vaters Segen baut den Kindern Häuser,
aber der Mutter Fluch reißt sie nieder,

aus Sirach 3, 24:

> *was deines Amts nicht ist, da laß deinen Vor-*
> *witz,*

und nach Sir. 3, 27 „Denn wer sich gern in Gefahr gibt,
der verdirbt darinnen" wird zitiert

> *wer sich in Gefahr begibt, kommt darin um.*

> *Wider den Strom schwimmen*

ist entnommen aus Sir. 4, 31 „Strebe nicht wider den
Strom".
Aus Sir. 7, 15 „Wenn du betest, so mache nicht viele
Worte" (dazu Matth. 6, 7) kommen die Ausdrücke

> *viele Worte machen,*
> *nicht viele Worte machen.*

Sir. 7, 40 steht

> *was du tust, (so) bedenke das Ende.*

Ist nach diesem Spruch der lateinische gemacht

> *quidquid agis, prudenter agas et respice finem,*
> *was du tust, tu es klug und bedenke das Ende,*

der schon im Mittelalter, z. B. in den „Gesta Romano-
rum", c. 103, zitiert wird? Aesop (Fabel Nr. 45 und
Nr. 45 b bei Halm) und Herodot kommen hier als
Quelle in Betracht.
Hans SACHS erzählt in dem 1557 geschriebenen

> *Mensch, was du tust, bedenk das End,*
> *Das wird die höchste Weisheit genennt*

I, 4, daß ein Philosoph aus Athen diese Weisheit für
tausend Goldstücke zu Rom dem Kaiser Domitianus
verkauft habe.

> *Das Werk lobt den Meister*

steht Sir. 9, 24 und wird von SCHILLER in der „Glocke"
verwandt

> *Von der Stirne heiß*
> *Rinnen muß der Schweiß,*
> *Soll das Werk den Meister loben.*

Auf Sir. 11, 11 beruht

sich's sauer werden lassen.

Aus Sir. 11, 29 „Rühme niemand vor seinem Ende" stellen wir um

du sollst niemand rühmen vor seinem Ende.

Solon sagte (Herodot 1, 32) „Vor dem Ende eines Menschen muß man sich wohl hüten, ihn glückselig zu nennen, man kann nur sagen, es geht ihm wohl".

Aus Sir. 11, 34 stammt

nichts Gutes im Sinn haben,

aus Sir. 12, 19:

sich ins Fäustchen lachen,

aus Sir. 13, 9 (Psalm 22, 8):

den Kopf schütteln über jemand,

aus Sir. 22, 4:

eine sitzen lassen,

aus Sir. 25, 18:

es ist keine List über Frauenlist,

oder mit Bürgers „Weiber von Weinsberg"

Weiberlist.

Aus Sir. 30, 12:

einem den Rücken bleuen,

aus Sir. 33, 30:

halte Maß in allen Dingen!

aus Sir. 38, 23:

heute mir, morgen dir,

aus Sir. 39, 6:

früh aufstehen.

Auf Sir. 10, 12 „Heute König, morgen tot" beruht:

Heute rot, morgen tot.

Wer Pech angreift, (der) *besudelt sich* (damit) steht Sir. 13, 1.

Seine Worte auf der Goldwaage wägen

stützt sich auf Sir. 21, 27 und 28, 29.

Alles, was aus der Erde kommt, muß wieder zu Erde werden

steht Sir. 40, 11;

Gut machet Mut

Sir. 40, 26.

Nun danket alle Gott

steht Sir. 50, 24. Martin Rinckart († 1649) dichtete danach sein bekanntes Kirchenlied.

Rechtes Maß und Gewicht halten

stammt aus Sir. 42, 4.
Es gibt Petschafte mit der Inschrift „1. Makkabäer 12, 18", weil dort steht

Und bitten um Antwort.

Nach 2. Makk. 3, 31 sagen wir

in den letzten Zügen liegen.

Auf der „Historie von der Susanna und Daniel" beruht der Ausdruck

ein Daniel

für „weiser Richter", der durch Shakespeares „Der Kaufmann von Venedig" 4, 1 volkstümlich geworden ist. Shylock nennt die in Gestalt eines Richters auftretende Porzia einen Daniel, und Graziano wiederholt das Wort: „Ein Daniel kommt zu richten, ja ein Daniel", den Shylock verhöhnend.
Aus der Historie von Susanna und Daniel stammt auch die Wendung

ein Auge auf jemand werfen.

Wir stellen nun die Zitate aus dem Neuen Testament zusammen, die merkwürdigerweise im Verhältnis nicht so reichhaltig wie aus dem Alten Testament sind. Das Matthäus-Evangelium war noch am häufigsten die Quelle für Zitate.

Auf Matthäi 3, 10 (vgl. Lukas 3, 9) beruht

> *die Axt an die Wurzel legen,*

auf Matth. 3, 12 „Und er hat seine Worfschaufel in der
Hand; er wird seine Tenne fegen und den Weizen in
seine Scheune sammeln; aber die Spreu wird er verbrennen mit ewigem Feuer",

> *die Spreu vom Weizen sondern.*

Matth. 3, 17 lesen wir

> *dies ist mein lieber Sohn, an welchem ich Wohl-
> gefallen habe*

vgl. Jes. 42, 1, Matth. 17, 5, Mark. 1, 11, Luk. 3, 22,
2. Petri 1, 17.

Matth. 4, 10 steht das Wort Jesu zum Teufel

> *Hebe dich weg von mir, Satan!*
> *Apage, Satana.*

Auf Matth. 3, 11 stützt sich das Wort

> *Feuertaufe*

und auf Matth. 5, 13 die Wendung

> *das Salz der Erde,*

Matth. 5, 3:

> *„Μακάριοι οἱ πτωχοὶ τῷ πνεύματι"*

„Selig sind die am Geiste Armen" gab Anlaß zu

> *arm am Geist; geistig arm; Geistesarmut.*

Matth. 5, 14 der Ausspruch Jesu zu seinen Jüngern: „Ihr
seid das Licht der Welt" zu

> *Licht der Welt* oder *lumen mundi.*

Matth. 5, 15 und 16 folgen dann die Ausdrücke

> *sein Licht unter den Scheffel stellen*

und

> *sein Licht vor den Leuten leuchten lassen.*

MATHESIUS, „Luther" 150, 211 b nennt die Wittenberger
Theologen

> *Kirchenlichter.*

Auf Matth. 5, 18 beruht dann das berühmte

Kein Jota oder *Nicht ein Jota*

das Luther mit „der kleinste Buchstabe" übersetzte, obwohl im griechischen Text steht „*ἰῶτα ἕν οὐ μὴ παρέλθη*" „Nicht ein Jota wird zergehen". Die griechischen Worte für Gottgleichheit und Gottähnlichkeit unterscheiden sich nur durch ein Jota. Der Presbyter Arius lehrte auf dem von Konstantin d. Gr. 325 berufenen Konzil zu Nicaea die Gottähnlichkeit Christi, der Bischof Athanasius dagegen die Gottgleichheit. Der Streit hat also sprachlich nur ein Jota zum Untergrunde. Mit Matth. 5, 26 sagen wir

der letzte Heller.

Matth. 5, 37 steht

eure Rede aber sei: Ja, ja, nein, nein; was drüber ist, das ist vom Übel,

Matth. 5, 44:

Liebet eure Feinde, segnet, die euch fluchen.

Matth. 5, 45 veranlaßt das Wort

seine Sonne scheinen lassen über Gerechte und Ungerechte.

Und Matth. 6, 2 legt uns nahe, daß wir uns hüten sollen, alles prahlerisch

auszuposaunen in den Schulen und auf den Gassen,

ebenda und Vers 5 und 16 das Wort

seinen Lohn dahin haben.

Laß deine linke Hand nicht wissen, was die rechte tut,

lesen wir Matth. 6, 3.
Matth. 6, 9–13 steht das

Vaterunser (Paternoster)

(vgl. Luk. 11, 2–4), Vers 13 enthält die siebente Bitte „Erlöse uns von dem Übel". Daher sagt man im Volke von einem bösen Weibe: „Sie ist aus der siebenten Bitte", oder man nennt sie kurzweg

> *böse Sieben.*

Nach andern soll der Ausdruck von den sieben Todsünden entlehnt sein. Auch werden an manchen Stellen der Heiligen Schrift böse Sieben angeführt, so: Sprüche 26, 25; Matth. 12, 45; Mark. 16, 9; Luk. 8, 2. Andere leiten „böse Sieben" von einem im 15. Jh. erwähnten Kartenspiele, Karnüffel, Kanöffel, Karnuffel oder Karnoffel genannt, her. Darin war die 7. Karte von oben der Teufel, der alle anderen Karten abstach. Man nannte diese Karte die „böse Sieben". Cyriacus Spangenberg veröffentlichte „Wider die bösen Sieben ins Teufels Karnöffelspiel", Jena 1562.
Ich schließe

> *im siebenten Himmel sein*

an, was gebraucht wird, um den höchsten Grad freudiger Erregung auszudrücken. Abraham Geiger in der gekrönten Preisschrift: „Was hat Mohammed aus dem Judentum aufgenommen?" (Bonn 1833, S. 65/66) sagt: „Die Anzahl der Himmel – wurde ihm [Mohammed] aber wohl von den Juden überliefert, und ihre Ansicht von sieben Himmeln, welche durch die verschiedenen Namen, die vom Himmel angegeben sind, herrührt, ging auch auf ihn über." Im Koran werden die sieben Himmel erwähnt, Sure 2, 17, 41, 65, 67, 71; sieben Wege werden sie genannt Sure 23 und sieben Festen Sure 78. Es wird angenommen, daß in der Nacht vom 23. auf den 24. des Monats Ramadan der Koran durch den Engel Gabriel aus dem siebenten Himmel herabgebracht wurde. „Entzückt bis in den d r i t t e n Himmel" steht im 2. Korinther 12, 2.

Matth. 6, 21 (vgl. Luk. 12, 34) steht der Spruch

> *denn wo euer Schatz ist, da ist auch euer Herz.*

Der Spruch Matth. 6, 24

> *niemand kann zween Herren dienen*

hat Luk. 16, 13 die Form erhalten „Kein Knecht kann
zween Herren dienen". Aus Matth. 6, 24 sind auch

Mammon und *Mammonsdiener*

für „Reichtum" und „Geldmensch" entnommen. Es heißt
dort „Ihr könnt nicht Gott dienen und dem Mammon"
(d. h. dem syrischen Gott des Reichtums).

Der ungerechte Mammon

wird erwähnt Luk. 16, 9. 11.
Matth. 6, 19:

ihr sollt euch nicht Schätze sammeln auf Erden,
da sie die Motten und der Rost fressen und da
die Diebe nachgraben und stehlen.

Matth. 6, 26 veranlaßt das Zitat

sie säen nicht, sie ernten nicht,

Matth. 6, 27:

seiner Länge eine Elle zusetzen,

Matth. 6, 28:

die Lilien auf dem Felde,

Matth. 6, 30:

o ihr Kleingläubigen!

Matth. 6, 34 lesen wir: „Es ist genug, daß ein jeglicher
Tag seine eigne Plage habe", daraus

jeder Tag hat seine Plage.

Bei Lessing XI, S. 672 (Lachmann) wird ‚Ein jeder Tag
hat seine Plag' als alter deutscher Reim angeführt. In
Goethes „Wilhelm Meisters Lehrjahren" (5. Buch 10.
Kap.) beschließt Philine das Lied:

Singet nicht in Trauertönen,

mit dem Vers:

Jeder Tag hat seine Plage
Und die Nacht hat ihre Lust.

Matth. 7, 1 (vgl. Luk. 6, 37) steht

richtet nicht, auf daß ihr nicht gerichtet werdet.

Der Ausdruck

Splitterrichter

gehört nach „Gesammelte Schriften" von Dr. Zunz, Bd. 3, Berlin 1876, dem Priester und Mischnalehrer TAR-FON (Tryphon) an; vgl. Matth. 7, 3. 4. 5. und Luk. 6, 41.

Die Perlen vor die Säue werfen

ist gebildet nach Matth. 7, 6.

suchet, so werdet ihr finden,

findet sich Matth. 7, 7 und Luk. 11, 9. Aus Matth. 7, 9 „Welcher ist unter euch Menschen, so ihn sein Sohn bittet ums Brot, der ihm einen Stein biete?" entnehmen wir

einen Stein statt Brot geben.

Wölfe in Schafskleidern

beruht auf Matth. 7, 15, wo auch der Ausdruck

falsche Propheten

vorkommt.
Matth. 7, 16 u. 20 steht

an ihren Früchten sollt ihr sie erkennen.

Ein griechisches Sprichwort sagt

ἐκ τοῦ καρποῦ τὸ δένδρον

Aus der Frucht erkennt man den Baum.

Matth. 7, 26 Jesu Gleichnis von dem „törichten Manne", der

sein Haus auf den Sand baute.

Matth. 8, 12; 13, 42. 50; 22, 13; 24, 51 u. ö. steht

Heulen und Zähneklappen,

Matth. 8, 20:

nicht haben, wo man sein Haupt hinlege,

Matth. 8, 22 sowie Luk. 9, 60:

laß die Toten ihre Toten begraben,

Matth. 9, 12 und fast ebenso Mark. 2, 17 und Luk. 5, 31:

Die Starken (d. h. *die Gesunden*) *bedürfen des Arztes nicht, sondern die Kranken,*

Matth. 10, 14:

den Staub von den Füßen schütteln,

Matth. 10, 16:

seid klug wie die Schlangen und ohne Falsch
wie die Tauben.

Nach Matth. 10, 27 und Luk. 12, 3 wird zitiert

auf (von) *den Dächern predigen.*

Nach Matth. 10, 38 (vgl. 16, 24; Mark. 8, 34; 10, 21;
Luk. 9, 23; 14, 27; Joh. 19, 17) sagen wir von jeman-
dem, der ein Leid zu tragen hat,

er trägt sein Kreuz.

Matth. 11, 15 befindet sich das häufig wiederholte

wer Ohren hat zu hören, der höre.

Matth. 11, 28 heißt es „Kommet her zu mir alle, die ihr

mühselig und beladen

seid, ich will euch erquicken" (lat.: Venite ad me omnes,
qui stomacho laboratis, et ego vos restaurabo). Diese
Worte setzte ein gewisser Boulanger 1765 in Paris über
sein Speisehaus. Danach das Wort

Restaurant.

Nach Matth. 12, 24. 27 sowie Luk. 11, 19 sagt man

den Teufel durch Beelzebub austreiben

vgl. Matth. 9, 34 und Mark. 3, 22.
Matth. 12, 30 und Luk. 11, 23 steht

wer nicht mit mir ist, der ist wider mich,

dagegen Luk. 9, 50

wer nicht wider uns ist, der ist für uns.

Mit Matth. 12, 32 sprechen wir von der

Sünde wider den heiligen Geist.

Das vor Luther sprichwörtliche und deshalb, wie er im
„Sendbriefe vom Dolmetschen" vom 3. Sept. 1530 mitteilt, von ihm zur Übersetzung des Urtextes (ἐκ γὰρ τοῦ
περισσεύματος τῆς καρδίας τὸ στόμα λαλεῖ)

Matth. 12, 34 und Luk. 6, 45 gewählte

wes das Herz voll ist, des geht der Mund über,

in der Vulgata

ex abundantia cordis

lautet wörtlich übersetzt im Französischen:

De l'abondance du coeur la bouche parle.

Wer da hat, dem wird gegeben,

Matth. 13, 12; 25, 29; Mark. 4, 25; Luk. 8, 18; 19, 26 hat seinen französischen Schliff gefunden in:

On ne prête qu'aux riches.

Matth. 13, 21 sowie Mark. 4, 17 übersetzt Luther

προόσκαιρος mit

wetterwendisch

d. h. unbeständig, sich wendend und ändernd wie das Wetter. Vor Luther läßt es sich in dieser übertragenen Bedeutung nicht nachweisen. Nach Matth. 13, 25 zitieren wir

Unkraut zwischen den Weizen säen.

Matth. 13, 57 „Ein Prophet gilt nirgend weniger denn in seinem Vaterland und in seinem Hause" wird fast stets gekürzt in

der Prophet gilt nichts in seinem Vaterlande,

s. Mark. 6, 4; Luk. 4, 24; Joh. 4, 44.

Matth. 15, 11 (vgl. Mark. 7, 15) enthält

was zum Munde eingeht, das verunreinigt den Menschen nicht.

Aus Matth. 15, 27 ist

Brosamen, die von des Herren Tische fallen.

Brosamen, die von des Reichen Tisch fallen,

beruht auf Luk. 16, 21.

Aus Matth. 16, 3: „Könnt ihr denn nicht auch über die Zeichen dieser Zeit urteilen?" ist entlehnt

Zeichen der Zeit.

Aus Matth. 16, 24 Jesus zu seinen Jüngern „Will mir jemand nachfolgen, der verleugne sich selbst" die Wendung

sich selbst verleugnen,
Selbstverleugnung.

Aus Matth. 17, 4 „Herr, hie ist gut sein; willst du, so wollen wir hie drei Hütten machen, dir eine, Mose eine, und Elia eine", und den ähnlichen Stellen Mark. 9, 5 und Luk. 9, 33 hat sich der Volksmund die Redensart

hier ist gut sein, hier laßt uns Hütten bauen,

zurechtgelegt. Matth. 19, 6 und Mark. 10, 9 steht

was (nun) *Gott zusammengefügt hat, das soll*
der Mensch nicht scheiden,

Matth. 19, 24:

Es ist leichter, daß ein Kamel durch ein Nadel-
öhr gehe, denn daß ein Reicher ins Reich
Gottes komme,

Matth. 19, 30: Aber viele, die da sind

die Ersten werden die Letzten und die Letzten
werden die Ersten sein,

vgl. Mark. 10, 31 und Luk. 13, 30. Auf Matth. 20 beruhen die

Arbeiter im Weinberg.

Elfte (nicht: zwölfte) *Stunde*

für „späte Zeit", beruht auf Matth. 20, 6 und 9.

Des Tages Last und Hitze getragen haben

steht Matth. 20, 12. Matth. 20, 16 und 22, 14: Denn

viele sind berufen, aber wenige sind auserwählt.

Nach Matth. 22, 11 entschuldigen wir uns, daß wir

kein hochzeitlich Kleid anhaben.

Matth. 22, 21, Mark. 12, 17, Luk. 20, 25 liest man: So

gebet dem Kaiser, was des Kaisers ist,
und Gott, was Gottes ist.

Matth. 23, 12, und ähnlich Luk. 14, 11; 18, 14 steht:
Denn

> *wer sich selbst erhöht, der wird erniedrigt, und*
> *wer sich selbst erniedrigt, der wird erhöht.*

(Vgl. Hesek. 21, 26 und Sprüche Salomonis 29, 23.)
In der Strafpredigt wider die Schriftgelehrten und Pharisäer (Matth. 23, 15) sagt Christus: „Weh euch, Schriftgelehrte und Pharisäer, ihr Heuchler, die ihr Land und Wasser umziehet, daß ihr einen Judengenossen machet." Im Griechischen steht das Wort προσήλυτον, das Luther mit Judengenossen übersetzt. Daher kommt der Ausdruck

> *Proselytenmacherei.*

Auf Matth. 23, 23 und Lukas 11, 42 „Dies sollte man tun und jenes nicht lassen" beruht

> *eines tun und das andere nicht lassen.*

Matth. 23, 24 sagt Jesus zu den Schriftgelehrten und Pharisäern: „Ihr verblendeten Leiter, die ihr Mücken seihet und Kamele verschluckt." Daher

> *Mücken seihen* (d. h. durchsieben) *und Kamele*
> *verschlucken.*

Matth. 23, 27 enthält

> *übertünchte Gräber.*

Nach Matth. 24, 2

> *es wird kein Stein auf dem andern bleiben.*

Matth. 24, 28 sowie Lukas 17, 37 lesen wir

> *wo* (aber) *ein Aas ist, da sammeln sich die*
> *Adler,*

vgl. Hiob 39, 30 und Habakuk 1, 8.
Matth. 24, 31 zeigt uns den

> *Posaunenengel.*

Auf Matth. 25, 15–28, beruht der Ausdruck

> *Talent,*

das griechische τάλαντον, in der Vulgata *talentum,* von Luther in diesem Kapitel mit „Zentner" übersetzt, ist

späterhin zu einem allen westeuropäischen Völkern ge-
meinsamen Ausdrucke für geistige Anlagen geworden.
Auf Matth. 25, 18. 25 beruht

sein Pfund vergraben,

auf Matth. 25, 32. 33 der Vergleich zwischen

*den Schafen zur Rechten und den Böcken zur
Linken,*

auf dem ganzen 26. Kapitel:

der Verräter schläft nicht,

auf Vers 10:

ein gutes Werk an einem tun,

auf Vers 15 „Ich will ihn euch verraten. Und sie boten
ihm dreißig Silberlinge" der Ausdruck

Judaslohn.

Wenn wir in bitterem Leiden wünschen,

dieser Kelch mag an mir vorübergehen,

so wenden wir ungenau Worte Christi an, die Matth.
26, 39. 42, Luk. 22, 42, Mark. 14, 36 angegeben werden.
Matth. 26, 41 und Mark. 14, 38 lesen wir

der Geist ist willig, aber das Fleisch ist schwach.

Auf Matth. 26, 49 (vgl. Luk. 22, 48) beruht der Ausdruck

Judaskuß,

und einen falschen, verräterischen Menschen nennen wir
einen

Judas.

Nach Matth. 25, 58 „Petrus ... setzte sich zu den
Knechten, auf daß er sehe, wo es hinaus wollte"

sehen, wo es hinaus will.

Matth. 26, 73: Wahrlich, du bist

auch einer von denen,

danach der Titel von Fr. Th. Vischers Roman (1879)

Auch einer.

Matth. 26, 75:

> *und ging hinaus und weinte bitterlich.*

Matth. 27, 24 schildert die Handwaschung des Pilatus mit der Erklärung, daß er an dem Blute Christi unschuldig sei, und veranlaßte die Redensart

> *seine Hände in Unschuld waschen*

(dazu auch 5. Mos. 21, 6—8).

> *Matthäi am letzten sein,*

in der Bedeutung „seinem Ende oder seinem Verderben nahe sein", beruht auf dem Schlusse des Evangeliums Matthäi „(bis an der Welt) Ende". W. Wackernagel „Kleine Schriften", 1, 119, hält es für eine Erweiterung von „matt sein".

Mit Matth. 27, 29; Mark. 15, 17 und Joh. 19, 2 sprechen wir von der

> *Dornenkrone*

und

> *einem die Dornenkrone flechten.*

Aus Markus 1, 7, Luk. 3, 16, Joh. 1, 27 (vgl. auch Apostelgesch. 13, 25) entnehmen wir die Redeweise

> *nicht wert sein, einem die Schuhriemen zu lösen,*

aus Mark. 3, 30 und anderen Stellen der Evangelien

> *unsauberer Geist.*

> *Ihre Zahl ist Legion*

beruht auf Mark. 5, 9 und Luk. 8, 30;

> *das Scherflein der Witwe*

auf Mark. 12, 42 und Lukas 21, 1—4;

> *Kreuzige ihn!*

auf Mark. 15, 13;

> *Gehet hin in alle Welt*

auf Mark. 16, 15;

> *der Glaube macht selig*

auf Mark. 16, 16, „Wer's glaubt, wird selig", sagt das
Volk zu einer wenig glaubwürdigen Erzählung;

    mit Zungen reden

auf Mark. 16, 17; auch kommt es Apostelgesch. 2 öfter,
Apostelgesch. 10, 46 und 1. Korinth. 14 vielmals vor.
Lukas 1, 37 steht: Denn

    bei Gott ist kein Ding unmöglich,

vgl. Jeremias 32, 17, Matth. 19, 26, Mark. 10, 27, Luk.
18, 27 und Cicero „Vom Wesen der Götter": Nihil est,
quod deus officere non possit.
Luk. 1, 66:

    was wird aus dem Kindlein werden?

Luk. 2, 10:

    siehe, ich verkündige euch große Freude!

Luk. 2, 13:

    die Menge der himmlischen Heerscharen.

Die Weihnachtsbotschaft

    Ehre sei Gott in der Höhe und Friede auf
    Erden und den Menschen ein Wohlgefallen

steht Luk. 2, 14, und Maria spricht Luk. 2, 48 zu Jesus

    mein Sohn, warum hast du uns das getan?

Aus Luk. 2, 52

    Zunehmen an Alter und Weisheit,

und aus Luk. 4, 23

    Arzt, hilf dir selber,

was bereits dort als sprichwörtlich angegeben wird; vgl.
Sirach 18, 20: „Hilf dir zuvor selber, ehe du andere arz-
neiest." Aus Luk. 6, 38 stammt

    Gebet, so wird euch gegeben.
    Ein voll, gedrückt, gerüttelt und überflüssig
    Maß (wird man in euren Schoß geben; denn
    eben)
    mit dem Maß, mit dem ihr messet, wird man
    euch wieder messen.

Aus Luk. 16, 8 (Luk. 20, 34) stammt „Die Kinder dieser
Welt sind klüger als die Kinder des Lichts", daraus

Kinder der Welt, Weltkinder,
weltklug, Weltklugheit,

Paul Heyse nannte seinen ersten Roman 1873 „Kinder
der Welt".
Nach Luk. 9, 55 „welches Geistes Kind" zitiert man

wes Geistes Kind.

Luk. 10, 7 und 1. Tim. 5, 18 heißt es: Denn

ein Arbeiter ist seines Lohns wert,

während es Matth. 10, 10 „seiner Speise" lautet.
Das Gleichnis vom

barmherzigen Samariter,

Luk. 10, 30–37, schließt Jesus: So

gehe hin und tue desgleichen.

Darum sprechen wir von einem

Samariterdienst.

Nach Luk. 10, 34 zitieren wir

Öl in die Wunden gießen,

und nach Luk. 10, 40. 41 sprechen wir von der

geschäftigen Martha.

Wenn wir sagen, daß wir

das bessere Teil erwählt haben,

so gestalten wir den Ausdruck in Luk. 10, 42 um:
„Maria hat das gute Teil erwählt."
Luk. 10, 42 steht auch

eins aber ist not.

Danach das Kirchenlied von Albert Knapp (1798–1864):
Eins ist not, ach Herr, dies eine lehre mich erkennen
doch!

Nun hat die liebe Seele Ruh'

beruht auf Luk. 12, 19: „Liebe Seele, ... habe nun
Ruhe."

Das „Nötige sie, hereinzukommen", Luk. 14, 23, übersetzt die Vulgata mit

> *compelle intrare,*

in dieser Form wurde es zur Rechtfertigung der gegen die Ketzer angewendeten Gewalt gebraucht und dient noch heute dazu, um die Ausübung irgendeines Zwanges auszudrücken. Viel wird gebraucht das sich unmittelbar an diese Worte anschließende

> *auf daß mein Haus voll werde.*

Auf Luk. 15, 11–32 beruht

> *der verlorene Sohn*

und auf Luk. 15, 23–30

> *ein fettes Kalb schlachten.*

> *Pater peccavi*

d. i. „Vater, ich habe gesündigt", wird als Schuldbekenntnis aus Luk. 15, 18. 21 angewendet.

Aus Luk. 16, 19 ist

> *herrlich und in Freuden leben,*

aus Luk. 16, 20:

> *arm wie Lazarus*

(der Name Lazarus ist verewigt in den Benennungen „Lazarett" und „Lazzaroni" = neapolitanische Gelegenheitsarbeiter, siehe Schilderung in Goethes „Ital. Reise); aus Luk. 16, 22. 23:

> *in Abrahams Schoß,*

aus Luk. 16, 26:

> *eine große Kluft.*

Das jüdische Wort „Moos" für „Geld" ist der schlecht gesprochene Pluralis eines hebräischen, nur im Junghebräischen der Mischna vorkommenden Wortes, welches im Singular eine kleine Münze = $1/6$ Denar bedeutet (Buxtorf. Lexikon Talmud. S. 1236). Das Wort hat sich in der Zusammenstellung

> *Moos haben*

verbreitet. Es wird scherzhaft zu

> *Moses und die Propheten haben*

erweitert, mit Anlehnung an Luk. 16, 29 „sie haben Mose und die Propheten".

Aus Luk. 18, 10 ff. und anderen Evangelienstellen

> *Pharisäer,*

aus Luk. 18, 11:

> *ich danke dir, Gott, daß ich nicht bin wie andere Leute,*

aus Luk. 18, 13:

> *Gott, sei mir Sünder gnädig!*

und

> *an seine Brust schlagen.*

Man pflegt einen Menschen, den man bei allen öffentlichen Lustbarkeiten findet,

> *Zachäus auf allen Kirchweihen*

zu nennen, weil der kleine Zachäus, der aus Drang, Jesum zu sehen, auf einen Baum steigt, im Evangelium des Tages der Kirchweihe, Luk. 19, 1–10, vorkommt, also regelmäßig am Kirchweihtage genannt wird. Aus dem Gleichnis Luk. 19, 12–27 ist entnommen

> *mit seinem Pfunde wuchern*

und

> *anvertrautes Pfund.*

Aus Luk. 19, 21. 22

> *ernten, wo man nicht gesät hat.*

Luk. 19, 40 heißt es

> *wo diese* (werden) *schweigen,* (so) *werden die Steine schreien.*

In der „Legenda aurea" des Jacobus a Voragine (2. Hälfte des 13. Jh.) wird von Beda Venerabilis († 735) erzählt, er habe sich im hohen Alter, als er blind geworden, führen lassen, und sein Führer habe ihm in einem steinigen Tale vorgeredet, es harre dort eine große Menschenmenge seiner Predigt. Am Ende derselben hätten die Steine Amen gerufen. L. Th. Kosegarten erzählt diese Legende unter dem Titel: „Das Amen der Steine" und sagt darin

> *wenn Menschen schweigen, werden Steine schrein.*

Luk. 21, 26 steht

> *warten der Dinge, die kommen sollen,*

Luk. 21, 35 das Jesuswort: Wie ein

> *Fallstrick*

wird er kommen über alle, die auf Erden wohnen. Aus Luk. 23, 6–12 erklärt sich die Redensart

> *von Herodes* (fälschlich: *Pontius*) *zu Pilatus schicken* oder *laufen.*

Das Luk. 23, 16. 22 enthaltene

> *züchtigen und loslassen*

ist ein unter Handwerkern üblicher Ausdruck. Der Küfer sagt, er könne züchtigen und loslassen, d. h. zum Wein Wasser zusetzen oder nicht.

> *Denn so man das tut am grünen Holze, was will am dürren werden?*

steht Luk. 23, 31.
Aus Luk. 23, 34 ist entnommen

> *(Vater) vergib ihnen, (denn) sie wissen nicht, was sie tun.*

Nach Luk. 24, 29 das Zitat

> *(denn) es will Abend werden*

und

> *der Tag hat sich geneiget.*

Nach Luk. 24, 36 (Joh. 20, 19. 21. 26) spricht Jesus

> *Friede sei mit euch,*
> *Pax vobiscum.*

Joh. 1, 29. 36 mit „Siehe, das ist Gottes Lamm" schuf

> *Lamm Gottes* oder *Gotteslamm,*

lateinisch ein Gebet der Meßliturgie
> *Agnus Dei.*

Joh. 1, 46 steht
> *was kann von Nazareth Gutes kommen?*

Joh. 1, 51; vgl. Hesekiel 1, 1, Apostelgesch. 7, 55 und 10, 11
> *den Himmel offen sehen.*

Joh. 2, 10:
> *Jedermann gibt zum ersten guten Wein, und wenn sie trunken geworden sind, alsdann den geringen.*

Joh. 2, 15 heißt es
> *zum Tempel hinaustreiben*

(vgl. Matth. 21, 12; Mark. 11, 15 und Luk. 19, 45).
> *Wie Nikodemus kommen bei der Nacht*

beruht auf Joh. 3, 2; 7, 50 und 19, 39.
Joh. 3, 10 steht
> *bist du ein Meister in Israel und weißt das nicht?*

Joh. 6, 20:
> *fürchtet euch nicht, ich bin es!*

Papst Leo XIII. (1878–1903) zitierte diesen Ausspruch Jesu vor einem schlechten Porträt.
> *Den ersten Stein auf jemanden werfen*

beruht auf Joh. 8, 7.
Vom Rhein wird berichtet, daß nach Joh. 8, 57 „Da sprachen die Juden zu ihm: Du bist noch nicht fünfzig Jahr alt und hast Abraham gesehen?" am ganzen Rheine für „er ist über fünfzig Jahre alt" die Redeweise
> *er hat schon Vater Abraham gesehen*

gebräuchlich ist.
Von Joh. 8, 23 u. 18, 36 stammt
> *nicht von dieser Welt,*

und Joh. 9, 34 bringt die Wendung

in Sünden geboren.

Joh. 9, 4, steht

es kommt die Nacht, da niemand wirken kann,

Joh. 10, 12:

ein guter Hirte,

Joh. 12, 31 u. 14, 30:

der Fürst dieser Welt.

Joh. 13, 27:

Was du tust, das tue bald!

Joh. 18, 38 stehen die Worte des Pilatus

was ist Wahrheit?

Die Worte des Pilatus, Joh. 19, 5, „Sehet, welch ein Mensch!" sind in ihrer lateinischen Form

ecce homo

ein Substantivum geworden, womit man in der Kunst die Darstellung eines leidenden Christus mit der Dornenkrone bezeichnet. Joh. 19, 22 stehen die Worte des Pilatus

was ich geschrieben habe, das habe ich geschrieben.

Joh. 19, 30 Jesu letzte Worte

es ist vollbracht,

lateinisch nach der Vulgata

Consummatum est.

Die Worte des auferstandenen Jesu zu Maria aus Joh. 20, 17 lauten in der Vulgata

noli me tangere,
rühre mich nicht an.

Joh. 20, 29 steht

selig sind, die nicht sehen und doch glauben!

Dies Wort Jesu zitierte Friedrich der Große beim Einspruch des Vorstandes der Katharinenkirche in Potsdam gegen einen verdunkelnden Umbau.

Ungläubiger Thomas

ist aus Joh. 20, 24–29 entwickelt. Joh. 21, 23 steht

dieser Jünger stirbt nicht.

Aus der Apostelgeschichte 2, 5 und 10, 35 ist entlehnt

allerlei Volk,

Apostelg. 2, 11:

Juden und Judengenossen,

Apostelg. 2, 13:

voll süßen Weines sein.

Apostelg. 4, 20 steht

non possumus,
wir können nicht.

Apostelg. 4, 32:

ein Herz und eine Seele,

Apostelg. 5, 29:

man muß Gott mehr gehorchen denn den Menschen.

Nach dem Zauberer Simon, Apostelg. 8, 9–24, der die Gabe der Mitteilung des Geistes durch Händeauflegen von den Aposteln für Geld erhandeln zu können glaubte, wird Schacher mit geistlichen Ämtern als

Simonie

bezeichnet. Apostelg. 9, 5 u. 26, 14 steht das auch bei Griechen und Römern (Euripides „Bakchai" V. 795; Plautus „Truculentus" 4, 2; Terenz „Phormio" I, 2; Ammianus Marcellinus 18, 5) bekannte Sprichwort

wider den Stachel löcken.

„Löcken" ist soviel wie „mit den Beinen ausschlagen".

Aus einem Saulus ein Paulus werden,

oder

seinen Tag von Damaskus erleben

erläutert sich aus dem Anfange des 9. Kapitels der Apostelgeschichte.

Apostelg. 9, 15 ist Saulus dem Herrn

ein auserwähltes Rüstzeug.

Wie Schuppen von den Augen fallen

ist der Bekehrung des Saulus, 9, 18, entlehnt.
Apostelg. 20, 35 steht

Geben ist seliger denn Nehmen.

Paulus lehrt uns Apostelg. 22, 3

zu den Füßen seines Lehrers sitzen

und sagt ebenda: Ich bin

ein jüdischer Mann,

wie Petrus Apostelg. 10, 28.
Apostelg. 26, 24 steht

Paule, du rasest,

und

die große Kunst macht dich rasen.

Der Römerbrief enthält 1, 20

also daß sie keine Entschuldigung haben.

Röm. 3, 23 „Sie sind allzumal Sünder" in der Wendung

wir sind allzumal Sünder.

Auf Röm. 3, 28

sola fide
allein durch den Glauben

gründete sich der Hauptgedanke der Reformation von
der Rechtfertigung allein durch den Glauben.
Röm. 5, 5 steht

Hoffnung (aber) *läßt nicht zuschanden werden.*

Nach Römer 6, 6, Epheser 4, 22, Kolosser 3, 9, wo
„der alte Mensch" gebraucht wird, ist der Ausdruck

der alte Adam

gebildet, welcher auf der Anschauung und Sprachweise
des Paulus beruht (Röm. 5, 14 ff. und 1. Korinth. 15,
45), wonach dem ersten Adam als Urheber der Sünde
und des Todes in Christus der zweite Adam als Ur-

heber des Lebens und der Unsterblichkeit gegenüber-
gestellt wird. Das hebräische Wort „Adam" heißt auf
deutsch „Mensch". Ist „alter Adam" zuerst von Luther
gebraucht worden? Es kommt im 4. Hauptstück des
Katechismus vor; in seiner Predigt am Sonntag Lätare,
die andere Predigt; in der 9. Passionspredigt; in der
anderen Predigt am Tage der heiligen Dreifaltigkeit;
in der Predigt am 16. Sonntag und in der am 19. Sonntag nach der Dreifaltigkeit.

Röm. 7, 22 (Eph. 3, 16)

> *der inwendige Mensch,*

Röm. 8, 31:

> *ist Gott für uns, wer mag wider uns sein?*

Lateinisch nach der Vulgata:

> *Si Deus pro nobis, quis contra nos?*

Röm. 10, 2 „Ich gebe ihnen das Zeugnis, daß sie eifern
um Gott, aber mit Unverstand", daher

> *eifern mit Unverstand.*

Aus Röm. 11, 25 und Eph. 4, 17

> *Heidenblindheit* und *blinder Heide.*

Röm. 12, 11 steht

> *schicket euch in die Zeit,*

dagegen Epheser 5, 16 und Kolosser 4, 5

> *kaufet die Zeit aus.*

Röm. 12, 15 „Freuet euch mit den Fröhlichen und wei-
net mit den Weinenden", danach

> *sich freuen mit den Fröhlichen.*

Röm. 12, 20 steht

> *feurige Kohlen aufs Haupt sammeln,*

was soviel heißt, als durch Wohltaten gegen Untaten
auf dem Gesicht Röte der Beschämung hervorrufen,
während es Sprüche 25, 22 ursprünglich nur heißt
„Kohlen aufs Haupt häufen".

Röm. 13, 7 steht

Ehre, dem (die) *Ehre gebührt,*

und Röm. 14, 22 „Selig ist, der sich selbst kein Gewissen macht in dem, das er annimmt", danach:

Sich kein (oder *ein) Gewissen aus etwas machen.*

Der 1. Korintherbrief bietet:
1. Kor. 1, 19:

der Verstand der Verständigen.

1. Kor. 1, 23 heißt es: Wir aber predigen den gekreuzigten Christus,

den Juden ein Ärgernis und den Griechen eine Torheit.

Griechisch: σκάνδαλον für Ärgernis. Daher das Wort

Skandal

für eine anstößige Sache.
1. Kor. 3, 8:

einer wie der andere,

1. Kor. 3, 10:

von Gottes Gnaden,
Dei gratia.

In der Geschichte tritt der Ausdruck zum erstenmal auf, als Theodolinde (592) nach ihrer zweiten Vermählung zu Monza eine Johannes dem Täufer geweihte Basilika bauen ließ, in deren Schatz sie eine goldene Krone mit der Umschrift niederlegte: Agilulf, von Gottes Gnaden König von Italien usw.
1. Kor. 4, 13:

Abschaum oder *Auswurf der Menschheit.*

1. Kor. 5, 6 heißt es

euer Ruhm ist nicht fein,

was gegen die Orthographen, welche das dehnende h zu vertilgen wünschen, in der Form „euer Rum ist nicht fein" angewendet wird.

Aus 1. Kor. 5, 7. 8 entnehmen wir
> *den alten Sauerteig.*

1. Kor. 7, 38 steht
> *welcher (ver)heiratet, der tut wohl; welcher aber nicht (ver)heiratet, der tut besser,*

1. Kor. 11, 3 und Eph. 5, 23:
> *der Mann ist des Weibes Haupt,*

1. Kor. 13, 1:
> *mit Menschen- und mit Engelszungen reden,*

und
> *ein tönend Erz oder eine klingende Schelle.*

Nach 1. Kor. 13, 2:
> *der Glaube versetzt Berge,*

vgl. Matth. 17, 20; 21, 21 und Markus 11, 23.
1. Kor. 13, 9 bietet: Denn
> *unser Wissen ist Stückwerk.*

Auf 1. Kor. 13, 11 wird zurückgeführt
> *Kinder sind Kinder und kindische Spiele treiben die Kinder,*

meist lateinisch zitiert
> *sunt pueri pueri, pueri puerilia tractant.*

1. Kor. 13, 13:
> *Nun aber bleibet Glaube, Hoffnung, Liebe, diese drei; aber die Liebe ist die größte unter ihnen*

gewöhnlich in der Form
> *Glaube, Liebe, Hoffnung*

zitiert; vgl. 1. Thessalonicher 1, 3; 5, 8.
Nach 1. Kor. 14, 9
> *in den Wind reden (sprechen, schwatzen).*

Es heißt 1. Kor. 14, 34
> Mulieres in ecclesiis taceant,
> *eure Weiber lasset schweigen in der Gemeinde,*

was mit Umänderung in die Einzahl so zitiert wird

Mulier taceat in ecclesia.

Nach 1. Kor. 15, 33 „Böse Geschwätze verderben gute Sitten", oder wie Chr. K. J. von Bunsen (1791–1860) übersetzt: „Schlechter Umgang verdirbt gute Sitten", sagen wir

böse Beispiele verderben gute Sitten.

φθείρουσιν ἤδη χρηστὰ ὁμιλίαι κακαί,

Vgl. Weisheit Salomos 4, 12 „denn die bösen Exempel verführen und verderben einem das Gute".

1. Kor. 15, 55:

Tod, wo ist dein Stachel?

(Hölle, wo ist dein Sieg?)

1. Kor. 16, 22:

Anathema sit (er sei verflucht).

Der 2. Korintherbrief bietet:

2. Kor. 3, 6: Denn

der Buchstabe tötet, aber der Geist macht lebendig,

daher

der tote Buchstabe.

2. Kor. 7, 15:

mit Furcht und Zittern,

was sich Eph. 6, 5 und Phil. 2, 12 wiederholt (vgl. 1. Kor. 2, 3). 2. Kor. 9, 7 steht

einen fröhlichen Geber hat Gott lieb.

Mit 2. Kor. 11, 11 u. 12, 2. 3 (Gal. 1, 20) sagen wir

Gott weiß es,

oder

weiß Gott.

Und 2. Kor. 11, 26:

falsche Brüder.

2. Kor. 12, 7: mir ist gegeben

ein Pfahl ins (nicht: „im") *Fleisch.*

Aus Galater 6, 7

> *Gott läßt sich nicht spotten.*

Denn

> *was der Mensch sät, das wird er ernten,*

und aus Gal. 6, 9

> *nicht müde werden, Gutes zu tun.*

Aus Epheser 2, 2 stammt

> *der Lauf der Welt,*

aus Eph. 4, 22. 24:

> *den alten Menschen* (oder nach Röm. 6, 6 *den alten Adam) ablegen, einen neuen Menschen anziehen.*

Nach Eph. 6, 6

> *Augendienerei,*

und nach Eph. 6, 16. 17

> *Schild des Glaubens,*

und

> *Schwert des Geistes.*

Nach Philipper 2, 13 sagen wir

> *Wollen und Vollbringen.*

Nach Philip. 2, 14 und 1. Petri 4, 9 „ohne Murmeln"

> *ohne Murren.*

Philip. 4, 3 schreibt Paulus von seinen Gehilfen: welcher Namen sind in dem

> *Buch des Lebens.*

Hiermit ist das 2. Mos. 32, 33 erwähnte „Buch" gemeint, in dem der Herr die Gerechten anschreibt und aus dem er die Sünder tilgt. Hebr. 12, 23 bezieht sich auf dies Buch, in dem die Erstgeborenen „im Himmel angeschrieben sind". Danach

> *gut* (oder *schlecht*) *angeschrieben sein.*

Kolosser 3, 18 steht

> *ihr Weiber, seid untertan euren Männern in dem Herrn, wie sich's gebührt.*

Wie ein Dieb in der Nacht kommen

steht 1. Thessalonicher 5, 2 und 2. Petri 3, 10 (vgl. Matth. 24, 43). 1. Thess. 5, 21: „Prüfet aber alles und das Gute behaltet" wird zitiert in der Form

prüfet alles und das Beste behaltet.

Auf 1. Thess. 5, 22 „meidet allen bösen Schein" beruht

den Schein vermeiden.

Der 2. Brief an die Thessalonicher enthält 3, 10

so jemand nicht will arbeiten, der soll auch nicht essen.

Im 1. Briefe an Timotheus steht:

1, 19:

am Glauben Schiffbruch erlitten haben,

5, 6:

lebendig tot,

6, 5:

Schulgezänk,

6, 9: denn die da reich werden wollen, die

fallen in Versuchung und Stricke,

6, 10:

Geiz ist eine Wurzel alles Übels.

1. Tim. 6, 12 sagt „kämpfe den guten Kampf des Glaubens", danach

einen guten Kampf kämpfen,
Glaubenskämpfe,

im Briefe an Titus 1, 12 „die Kreter sind immer Lügner, böse Tiere und faule Bäuche", daher

fauler Bauch;

das Wort geht auf Epimenides aus Kreta (um 596 v. Chr.) zurück, der den Vers geschrieben hatte:

Κρῆτες ἀεὶ ψεῦσται, κακὰ θηρία, γαστέρες ἀργαί.

Titus 1, 15 schreibt Paulus

den Reinen ist alles rein,

2. Samuelis 22, 27 und Psalm 18, 27 heißt es „Bei den Reinen bist du rein".

1. Petri 1, 17 steht

> *ohne Ansehen der Person,*

was in ähnlichen Wendungen an vielen Stellen des Alten und Neuen Testaments vorkommt. 1. Petri 5, 8 heißt es

> (Der Teufel) *gehet umher wie ein brüllender Löwe* (und suchet, welchen er verschlinge).

Nach 1. Petri 4, 8 (Sprüche Sal. 10, 12) „Die Liebe deckt auch der Sünden Menge"

> *mit dem Mantel der Liebe zudecken.*

Nach 2. Petri 1, 4 „so ihr fliehet die vergängliche Lust der Welt"

> *die weltlichen Lüste,*
> *Weltlust und Weltflucht.*

Nach 2. Petri 2, 18 „sie reden stolze Worte, dahinter nichts ist" die Redensart

> *es ist nichts dahinter.*

1. Johannes 2, 17 steht

> *die Welt vergeht mit ihrer Lust.*

1. Joh. 2, 18; 4, 3 und 2. Joh. 7 heißt griechisch der Teufel

> *Antichrist,* ὁ ἀντίχριστος.

Luther übersetzte „Widerchrist", überschrieb aber Daniel 11 „Vom Antichrist" und Offenbar. 17 „Eine Beschreibung des antichristlichen Reiches".

1. Joh. 2, 19 steht

> *sie sind von uns ausgegangen, aber sie waren nicht von uns,*

1. Joh. 4, 8:

> *Gott ist die Liebe,*

und 1. Joh. 5, 19:

> *die* (ganze) *Welt liegt im argen.*

Hebräer 1, 14 finden wir

> *dienstbare Geister.*

Nach Hebr. 4, 12, „Das Wort Gottes dringt durch, bis
daß es scheidet Seele und Geist, auch Mark und Bein"

> *Mark und Bein durchdringen.*

In Hebr. 6, 1 u. 9, 14 spricht der Verfasser von

> *toten Werken,*

in Hebr. 10, 26, 27 von

> *Feuereifer.*

Aus Hebr. 12, 4 entlehnen wir:

> *bis aufs Blut,*

aus Hebr. 13, 14:

> *keine bleibende Stadt (Stätte) haben,*

und Hebr. 13, 16 lesen wir

> *wohlzutun und mitzuteilen* (vergesset nicht).

Jakobus 1, 22. 23 lesen wir

> *Täter des Worts*

und

> *Hörer des Worts.*

Aus Jak. 1, 26 stammt die Redensart

> *seine Zunge im Zaum halten,*

und aus Jak. 3, 7

> *Meerwunder.*

> *Sub reservatione Jacobaea*

oder

> *sub conditione Jacobi,*

das heißt „unter dem Vorbehalt, wie ihn Jakobus
macht", beruht auf Jak. 4, 15 „So der Herr will und
wir leben, wollen wir dies oder das tun".
Die Offenbarung Johannis liefert

> *das A und das O*

als Bezeichnung einer Sache in ihrer ungeschmälerten
Gesamtheit nach 1, 8. 11; 21, 6; 22, 13; eine Redeweise, die sich daraus erklärt, daß A (Alpha) der erste

und O (Omega) der letzte Buchstabe des griechischen
Alphabets ist. Unser

> *von A bis Z*

geht auf dies Vorbild zurück, was soviel heißt wie
„von Anfang bis Ende".
Offenb. 2, 4 gibt

> *die erste Liebe,*

und Offenb. 2, 10

> *sei getreu bis an den Tod,*

so will ich dir

> *die Krone des Lebens geben.*

Offenb. 3, 15. 16:

> *weder kalt noch warm*

sowie

> *lau.*

Offenb. 4, 8, sowie 14, 11 heißt es

> *keine Ruhe Tag und Nacht,*

was in der Form

> *keine Ruh' bei Tag und Nacht*

in Moscheroschs „Totenheer" (1643) vorkommt, vor
allem aber bekannt ist als Anfang von Mozarts „Don
Giovanni", dessen Libretto von Lorenzo DA PONTE
Georg SCHÜNEMANN ins Deutsche übersetzt hat.
Offenb. 5, 1 steht

> *ein Buch* (beschrieben inwendig und auswendig,
> versiegelt) *mit sieben Siegeln,*

was für ein schwer verständliches Buch, wie überhaupt
für alles schwer Verständliche angewendet wird.
Offenb. 6, 1 steht

> *mit einer Donnerstimme*

und Offenb. 6, 8

> *auf einem fahlen Pferde*

sowie Offenb. 12, 9 u. 20, 2 für den Teufel

> *die alte Schlange.*

Offenb. 14, 13 steht

ihre Werke folgen ihnen nach.

In der Offenbarung 15, 7 heißt es „sieben güldene
Schalen voll Zorns Gottes" und Offenb. 16, 1 „gießet
aus die Schalen des Zorns Gottes", woraus wir entnommen haben

die Schale des Zorns ausgießen.

Aus Offenb. 20, 2 ff. „Und er griff den Drachen, die
alte Schlange, welche ist der Teufel und Satan, und
band ihn tausend Jahr und warf ihn in den Abgrund
und verschloß ihn und versiegelte oben darauf, daß
er nicht mehr verführen sollte die Heiden, bis daß
vollendet würden tausend Jahr; und darnach muß er
los werden eine kleine Zeit" sowie aus Offenb. 20, 7 ist

der Teufel ist los

entwickelt. Der biblisch aussehende Ausdruck

Schlaf des Gerechten

der auch in anderen Sprachen sprichwörtlich ist und
französisch „le sommeil du juste", italienisch „il sonno
del giusto", englisch „the sleep of the righteous" oder
„the sleep of the just", dänisch „de Retfaerdiges
Sóvn" lautet, kommt in der Bibel nicht vor. Er scheint
aus „Sprüche Salomonis", 24, 15 entwickelt: „Laure
nicht, als ein Gottloser, auf das Haus des G e r e c h t -
t e n, verstöre s e i n e R u h e nicht." Andre verweisen auf 3. Mos. 26, 6, auf Psalm 3, 6. 7; 4, 9; 127, 2;
auf Sprüche Salomonis 3, 24.

(Abgemacht), *Sela,* (Punktum)

dies in den Psalmen sehr häufig, im Habakuk dreimal
vorkommende Wort bezeichnet wahrscheinlich die Aufforderung zu einem jubelnden „Zwischenruf" der Ge-
meinde, also eine musikalische Anweisung.

II

AUS DER DEUTSCHEN LITERATUR

Dem 13. Jh. gehört

neue Besen kehren gut

an, was in FREIDANKS „Bescheidenheit" (Wilh. Grimms
Vrîdanc 15 „Von Dieneste" gegen Ende) in der Form
vorkommt

Der niuwe beseme kert vil wol
ê daz er stoubes werde vol.
(Der neue Besen kehrt sehr wohl,
Eh' daß er Staubes werde voll.)

Daselbst („Von dem Hunger") lesen wir auch

Hunger ist der beste Koch,
den's je gegeben und gibt noch.

Aus HERBORT VON FRITZLARS (1. Jahrzehnt des 13. Jh.)
„Liet von Troye" 83 „so zele man mich zem fünften
Rade" oder „Vrîdanc" 41 „Von Guote und Uebele"

Der wagen hât deheine stat
dâ wol stê daz fünfte rat.
(Der Wagen hat keine Stelle,
wo das fünfte Rad wohl angebracht wäre.)

stammt

das fünfte Rad am Wagen.

Aus dem „Sachsenspiegel" (um 1225) EIKES VON REP-
KOW, eines Schöffen aus der Nähe von Magdeburg,
stammt

wer zuerst kommt, mahlt zuerst.

Es heißt in Homeyer: „Des Sachsenspiegels erster Teil
oder das Sächsische Landrecht nach der Berliner Handschrift von 1369", 3. Ausg. Berlin 1861, 2. Buch, Artikel
59 § 4 „Die ok erst to der molen kumt, die sal erst
malen."

Den Mantel nach dem Winde kehren

findet sich in GOTTFRIED VON STRASSBURGS (um 1215)

„Tristan und Isolt" 262, 32 f. (Massmann, Leipz. 1843)
in der Form

> Man soll den mantel kêren,
> als ie die winde sint gewant,

ferner, in der Übersetzung von Karl Simrock (1855),
die vielzitierten Verse

> *Wem nie durch Liebe Leid geschah,*
> *Dem ward auch Lieb' durch Lieb' nie nah;*
> *Leid kommt wohl ohne Lieb' allein,*
> *Lieb' kann nicht ohne Leiden sein.*

Auf WALTER VON DER VOGELWEIDES († um 1128) Gedicht „Gefährdetes Geleite" geht zurück

> *an Gottes Segen ist alles gelegen.*

Der Spruch

> *Wer seinen Kindern gibt das Brot*
> *Und leidet nachmals selber Not,*
> *Den soll man schlagen mit der Keule tot*

befindet sich neben einer an manchem Stadttore Nord-
deutschlands aufgehängten Keule angebracht. Der
Spruch ist einer Erzählung RÜDIGERS VON HÜNCHO-
VER, der in Urkunden 1290 bis 1293 erscheint (Herrigs
Archiv 7, 340), „Der Schlägel" entnommen: „Ein alter
Mann, der sein ganzes Vermögen seinen Kindern überlassen hat und nun von ihnen schlecht behandelt
wird, weiß in denselben den Glauben zu erwecken,
daß er noch einen Schatz zurückbehalten habe, worauf
er wieder von ihnen in Ehren gehalten wird. Nach
seinem Tode finden seine Kinder in der vermeint-
lichen Schatzkiste nichts als einen Schlägel, mit der
Beischrift, daß man einem jeden, der seine ganze Habe
seinen Kindern übergibt und in Folge dessen in Not
und Elend lebt, mit diesem Schlägel das Gehirn ein-
schlagen müsse."
Hans SACHS verwandte 1557 den Stoff in

> *Mensch was du tust, bedenk das End.*
> *Das wird die höchst Weisheit genennt;*

und Martin Luther in seinen „Tischreden" mit der
Formulierung „Welcher Vater das Seine gibt aus der
Gewalt, den soll man totschlagen mit der Keule bald."
Nach Thiele „Danmarks Folkesagn", 1, 107 wird in
Dänemark diese Geschichte von Oluf Bagger in
Odense unter Friedrich II. (1559–88) erzählt.
Auf den Mystiker Ruolman MERSWIN (14. Jh.) bzw.
einen Zusatz in der 1465 verfertigten Abschrift seiner
„Neun Felsen" geht der Vers zurück

> *Wenn mancher Mann wüßte,*
> *Was mancher Mann wär',*
> *Tät' mancher Mann manchem Mann*
> *Manchmal mehr Ehr.*

> *Die Welt will betrogen sein*

steht in der Form „die wellt die will betrogen syn"
im 1494 erschienenen „Narrenschiff" Sebastian BRANTS.
Es wird oft in der lateinischen Form

> *Mundus vult decipi*

angeführt.
In Sebastian FRANCKS (1533 erschienenen) „Paradoxa",
Nr. 236 (247) heißt es „Die Welt will betrogen und
belogen sein und nur mit Wahn geäfft und regiert werden, wie jener Mönch sagt, der für sein Thema hält

> Mundus vult decipi
> darumb bin ich hie,

dem man zu Lohn alle Säcke voll stick". Hierin sieht
Dr. Weinkauff (Birlingers „Alemannia", VI 1 S. 48/49)
die Grundlage von

> Mundus vult decipi, ergo decipiatur.
> (Die Welt will betrogen sein, darum sei sie be-
> trogen.)

Thuanus, Bch. 12, anno 1556, führt dies lateinische
Wort auf den päpstlichen Legaten Caraffa (späteren
Papst Paul IV., † 1559) zurück. Nr. 108 (Ausgabe von
Zarncke S. 104 Sp. 2) des Brantschen Narrenschiffs
trägt die Überschrift „Das schluraffen schiff", und es

kommt darin „das Schluraffenlandt" vor, woraus wir

Schlaraffenland

gemacht haben; schon Sebast. Franck „Sprichwörter",
1541, II, 49 b heißt es „du bist aus dem Schlauraffen-
land". (Vgl. S. 335 f.)

Grobian

ist eine Erfindung Sebastian Brants, die er im „Narrenschiff" (Zarncke S. 71/72) gebraucht. Er spricht
dort von einem „neuen Heiligen, Grobian geheißen",
den er weiterhin „Sankt Grobian" nennt.
Die Redensart

großes Tier

geht wohl auf Kaspar SCHEIDT, 1516, zurück, der von
einer „bestia magna" spricht, was dann bei Philander
von der Linde (1713), bei Pfeffel (1792), Gutzkow
(1852) u. ö. vorkommt.

Die Katze im Sack kaufen

für „sich anführen lassen" beruht auf einem Streiche
TILL EULENSPIEGELS, welcher eine Katze in ein Hasen-
fell nähte, sie in einen Sack steckte und den Kürsch-
nern für einen Hasen verkaufte. Der älteste nach-
gewiesene, aber nicht der erste Druck des Till-Eulen-
spiegel-Volksbuches ist der von 1515, Straßburg, J. Grie-
ninger.

Hanswurst

kommt zum ersten Male in der Form Hans Worst in
der niederdeutschen Übersetzung von Sebastian Brants
„Narrenschiff", Rostock 1519, Nr. 76, 83 (Zarncke
S. 75 Sp. 2) vor. Bei Brant selbst steht hans myst.
Hans Mist ist auch der Name eines Bauern in einem
Fastnachtspiel des 15. Jh. (Keller I S. 342). Hans Wurst
wiederholt sich bei Luther, „Vermahnung an die Geist-
lichen, versammelt auf dem Reichstag zu Augsburg",
1530, im Abschnitte „Vom ehelosen Stande"; in der
Predigt über „Auferstehung der Toten", B. 19, 133; in
„Wider den Meuchler zu Dresden" (1531), 25, 105. In
„Wider Hans Worst", Wittenberg 1541, 26, 4 sagt

Luther „Dies Wort, Hans Worst, ist nicht mein, noch von mir erfunden, sondern von andern Leuten gebraucht wider die großen Tölpel, so klug sein wollen, doch ungereimt und ungeschickt zur Sache reden und tun".

Schon aus diesen Worten – wie aus den kurz darauf folgenden „Wohl meinen etliche, ihr haltet meinen gnädigen Herrn [den Kurfürsten von Sachsen] darum für Hans Worst, daß er von Gottes, dem ihr feind seid, Gaben stark, fett und volliges Leibes ist. Also hab ichs auch oft gebraucht, sonderlich und allermeist in der Predigt." – möchte man schließen, daß Luther an eine volkstümliche Bühnengestalt gedacht hat.

LUTHER liefert mehrere geflügelte Worte. Im dritten Hauptstück heißt es „Vater unser, der du bist im Himmel. – Was ist das? Gott will uns damit locken, daß wir glauben sollen, er sei unser rechter Vater", hiernach ist

> *Er will uns damit locken*

eine weitverbreitete Redensart geworden.

> *Gute Freunde, getreue Nachbarn*

stammt ebenfalls aus dem dritten Hauptstück,

> *Wasser tut's freilich nicht*

aus dem vierten Hauptstück, und aus der Erklärung nach dem 8. Gebot

> *alles zum Besten kehren.*

Aus dem 4. Hauptstück stammt auch

> *Matthäi am letzten,*

was auch auf Matth. 24 Bezug haben kann, wo vom Ende der Welt und dem letzten Gericht am letzten Sonntag des Kirchenjahres gesprochen wird.

> *Die Kunst geht nach Brot*

(d. h. „die Kunst geht betteln"), was in LESSINGS „Emilia Galotti", 1, 2 vorkommt, steht bei Luther „So wohlfeil ist die Kunst, daß sie schier muß nach Brot gehen" und „Kunst gehet itzt nach Brot, aber Brot

wird ihr wieder nachlaufen und nicht finden". Bei
Neander „Ethice vetus et sapiens", Leipzig 1590, steht
S. 338 unter „Proverbia Germanorum" bereits „Kunst
gehet nach Brot". Auch in Simon Dachs (1605–59) Gedichten.

LUTHERS Trutzlied von 1529

> *Ein' feste Burg ist unser Gott*

wird oft zitiert, und daraus besonders die Verse

> *Und wenn die Welt voll Teufel wär'*

sowie

> *Das Wort sie sollen lassen stan*

und schließlich

> *laß fahren dahin,*

von Schiller nachgeahmt im „Reiterlied" (Schillers
Musenalmanach für 1798 S. 137), das den Schluß von
„Wallensteins Lager" bildet: „Laß fahren dahin, laß
fahren!" Bürger hat in Strophe 14 des 1777 entstandenen Gedichtes „Der Bruder Graurock und die Pilge-
rin": „Laß fahren! Hin ist hin!"

Luthers Lied

> *Aus tiefer Not schrei ich zu dir*

ist 1524 nach Psalm 130 gedichtet. Aus demselben
Jahr stammt Luthers Schrift „Wider die Schwarm-
geister", danach

> *Schwarmgeist.*

Für „Legende" braucht Luther Lugenda in seiner
„Predigt am 25. Sonntag nach der heiligen Dreifaltig-
keit, Anno 1537, in templo parochiae", B. 6, S. 244:
„Sonderlich hat die Lugenda von den Wunderzeichen
Franzisci ein Sack voll erlesener, großer, schändlicher
Lügen." Lugende hat Grimmelshausen in „Das wun-
derbarliche Vogelnest" (1672) II, 13. Später wurde aus
Lugenda „Lügende" und „Lüg-Ente". In Christian
REUTERS „Schelmuffskys Warhaftige Curiöse und sehr
gefährliche Reisebeschreibung zu Wasser und zu
Lande ... Gedruckt zu Schelmerode. Im Jahr 1696"

(S. 18) heißt es „so wuste ich allemal so eine artige Lügente vorzubringen". Daraus ist

> Ente

für Zeitungslüge geworden, wobei zu bemerken, daß auch im Französischen „canard" für Zeitungslüge gebraucht wird. Grimm jedoch sagt im „Wörterbuch": „Man nennt eine in Zeitungen verbreitete, gleichsam fortschwimmende, wieder auftauchende Fabel oder Lüge heute gewöhnlich Ente; früher hieß es blaue Ente; blau ist nebelhaft, nichtig; einem etwas Blaues vormachen,

> *blauen Dunst machen*

bedeutet vorlügen."

> *Die Geister platzen aufeinander*

steht in Luthers auf das Münzersche Treiben in Altstadt bezüglichem Briefe (vom 21. August 1524) „an die Fürsten zu Sachsen von dem aufrührerischen Geiste" B. 53, Nr. 108, S. 255 ff. in der Form „Man laß die Geister auf einander platzen und treffen". Allgemein wird, doch ohne jegliche Gewähr, auf Luther der Spruch zurückgeführt

> *Wer nicht liebt Wein, Weiber und Gesang,*
> *Der bleibt ein Narr sein Lebelang;*

auch die Lutherstube auf der Wartburg ist jetzt damit geschmückt. Zum ersten Male, scheint es, tritt er im „Wandsbecker Bothen" von 1775 Nr. 75 in folgender „Devise an einen Poeten" auf

> Dir wünsch ich Wein und Mädchenkuß,
> Und deinem Klepper Pegasus
> Die Krippe stets voll Futter!
> *Wer nicht liebt Wein, Weib und Gesang,*
> *Der bleibt ein Narr sein Lebenlang,*
> Sagt Doktor Martin Luther.

Nach Redlich „Die poetischen Beiträge zum Wandsbecker Bothen", Hamburg 1871, ist wahrscheinlich Joh. Heinrich Voss der Verfasser, also nicht Claudius. Dann teilt Voss den oben zitierten Vers im „Musenalmanach", Hamburg 1777 S. 107, mit der Überschrift „Gesundheit" und der Unterschrift „Dr. M. Luther" mit. Auch sein 1777 gedichtetes Lied „An Luther" (Voss' Sämtliche Gedichte, Königsberg 1802) schließt mit jenen Worten, und aus seiner Anmerkung S. 294 ersehen wir, daß Hamburger Pastoren in dem Abdrucke des Spruches im Musenalmanach eine Verunglimpfung Luthers erblickten und deshalb Voss' Wahl zum Lehrer am Johanneum vereitelten. HERDER „Volkslieder", 1. T., Leipz. 1778, schließt die Zeugnisse über Volkslieder mit

> *Wer nicht liebt Weib, Wein und G'sang,*
> *Der bleibt ein Narr sein Leben lang*

Luther.

Karl MÜCHLER (1763–1857) schließt in dem zuerst in F. W. A. Schmidts „Neuem Berliner Musenalmanach für 1797" S. 48 gedruckten Trinkliede

> *Der Wein erfreut des Menschen Herz*

(Lieder geselliger Freude, herausg. von J. F. Reichardt, 1797, 2. Abt. S. 15, vertont von Zelter 1797) jeden Vers mit:

> — — Was Martin Luther spricht:
> *Wer nicht liebt Wein, Weib und Gesang,*
> *Der bleibt ein Narr sein Lebelang;*
> Und Narren sind wir nicht.

In Methfessels „Allgemeinem Commers- und Liederbuch", Rudolstadt 1818, schließt das letzte Lied „Wo der geist'ge Freudenbringer" von v. LICHTENSTEIN mit

> Drum singt, wie Doktor Luther sang:
> *Wer nicht liebt Wein, Weib und Gesang,*
> *Der bleibt ein Narr sein Leben lang.*

Von MÜCHLER stammt auch das Lied „Der Kritikaster und der Trinker" mit dem Vers

> *Im kühlen Keller sitz ich hier*
> *Auf einem Faß voll Reben,*

das vor 1802 entstanden und von L. Fischer 1802 vertont worden ist.

Dunkelmänner,

wörtliche Übersetzung von „obscuri viri", hat folgenden Ursprung: Reuchlin gab, um sein Ansehen im Streite mit Pfefferkorn, Hochstraten, Arnold von Tongern, Ortuinus Gratius usw. zu stärken, 1514 seinen Briefwechsel mit berühmten Leuten „Epistolae clarorum virorum" heraus. Von ihm befreundeter Seite (es werden Crotus Rubianus, Ulrich von Hutten, Jacob Fuchs, Eobanus Hessus, Petreius Eberbach genannt) erschien 1515 der 1., 1517 der 2. Band der Epistolae obscurorum virorum (Briefe unberühmter Leute), die so abgefaßt sind, als kämen sie von seinen Feinden, und die auch an Ortuinus Gratius gerichtet sind. So bekam „obscuri viri", eigentlich „unberühmt" im Gegensatz zu „clari viri", den Nebensinn von Finsterlingen, von „Dunkelmännern".
Heinrich Heine, „Wintermärchen" (1844), Kap. 4, sagt von Köln

> Ja, hier hat einst die Klerisei
> Ihr frommes Wesen getrieben,
> Hier haben die Dunkelmänner geherrscht,
> Die Ulrich von Hutten beschrieben.

1840 brachte Hoffmann von Fallersleben in „Unpolitische Lieder" 1. Teil, ein Gedicht „Dunkelmannstracht".
Ulrich von Hutten (1488–1523) ist wegen des Wahlspruchs seiner späteren Lebensjahre

Ich hab's gewagt

zu erwähnen, mit dem er das Vorwort zu seinem Gesprächbüchlein (1521) und in demselben seinen Dialog in Prosa „Die Anschauenden" beschließt, und den er fast stets seinen deutschen Versen als Schluß, ohne Zusammenhang mit dem Vorhergehenden, anhängt. Im Zusammenhang steht es am Schluß seiner „Klag und Vormahnung gegen den übermäßigen unchristlichen Gewalt des Bapsts zu Rom", wo es heißt

Wohlauf, wir haben Gottes Gunst,
Wer wollt in solchem bleiben d'heim?
Ich hab's gewagt, das ist mein Reim.

Auch beginnt ein 1521 gedrucktes Lied von ihm

Ich hab's gewagt mit Sinnen,

dessen 6. Strophe schließt

Bin unverzagt,
Ich hab's gewagt,
Und will des Ends erwarten.

Er mochte in diesem deutschen Wahlspruch eine Übersetzung seines lateinischen, auch erst in späteren Lebensjahren, jedoch nicht häufig, z. B. in der Vorrede
„an alle freien Männer Deutschlands" (ad liberos in
Germania omnes) von ihm angewendeten Wahlspruchs
sehen

Iacta est alea.
Gefallen ist der Würfel.

Ulrich von Hutten gab auch in einem Brief an Pirk-
heimer vom 25. Oktober 1518 die Worte

O Jahrhundert! O Wissenschaften!

und

Es ist eine Lust zu leben,

im Lateinischen „O saeculum! O literae! Juvat
vivere!" – Nach dem Buchdrucker Johann BALLHORN,
der seit 1531 in Lübeck tätig war, heißt

ballhornisieren oder *verballhornen*

soviel wie „verschlimmbessern" oder „lächerliche Veränderungen in einem Schriftstück anbringen". Man
leitet „verballhornen" von dem durch Johann Ballhorn gedruckten Buche „Lübeckische Statuta usw., von
neuem übersehen und verbessert" ab, weil die darin
vorgenommenen Verbesserungen allseitigen Tadel gefunden hätten.

Wenn wir, um die Richtigkeit einer von uns angestellten Rechnung zu bekräftigen, hinzusetzen, sie sei
richtig

nach Adam Riese,

so erwecken wir damit das Andenken des Vaters der
modernen Rechenkunst, des Bergbeamten Adam RYSE
oder RIES in Annaberg (1492–1559), dessen Rechen-
buch 1523 zu Erfurt erschien. Unter seinem Namen
läuft auch der alte Spruch

> *Do Adam reutte und Eva span,*
> *Wo was do ein Edelman?*

Ob der Ausdruck für einen lächerlichen Streich

> *Schildbürgerstreich*

und für seine Urheber

> *Schildbürger*

wirklich auf die preußisch-sächsische Kleinstadt Schil-
dau (auch Schilda genannt) zurückgeht, zweifelte schon
Langner 1742 an. Zweifellos ist er aber auf Hans
Friedrich VON SCHÖNBERGS († 1614) zum Volksbuch
gewordenes Buch „Die Schildbürger" (1597) zurückzuführen, das später auch unter dem Titel „Lalen-
buch" nach der fingierten Stadt *Lalenburg* herausgegeben wurde und viele ähnliche Schwänke und Geschichten vereinigt, die man dann auch auf *Buxtehude, Krähwinkel, Schöppenstedt* als Eulenspiegels Geburtsort,
Teterow, Schrobenhausen, Trippstrill und andere Orte
übertrug.
Auf einen Ort und das 13. Jh. geht auch die Redensart

> *aussehen wie die Mutter Gottes von Treuen-*
> *brietzen*

zurück.

> *Nürnberger Trichter*

beruht auf dem Titel des HARSDÖRFFERschen Buches:
„Poetischer Trichter, die Teutsche Dicht- und Reim-
kunst, ohne Behuf der lateinischen Sprache, in VI Stunden einzugießen", das 1648 ohne Namen in Nürnberg
erschien. Das Bild vom Trichter ist nicht seine Erfindung, da er sich in der Vorrede auf „H. Schickards
Hebreischer Trichter", Tübingen 1627, bezieht und ein
solcher Trichter schon in der lateinischen Komödie
„Almansor, sive ludus literarius" des Mart. Haynec-

cius (Lpz. 1578) 5, 5 genannt wird. „Mit einem Trichter eingießen" steht bereits bei Sebast. Franck „Sprichwörter", 1541 II 107 b. „Eintrichtern" sagen wir jetzt. Franz Trautmann gab 1849/50 in Nürnberg ein humoristisches Blatt „Der Nürnberger Trichter" heraus.

Wenn das Wort eine Brücke wäre

rufen wir einem Aufschneider oder Lügner zu. Wir ergänzen das Wort in Gedanken also: „über welche ein Lügner ohne Lebensgefahr nicht hinwegschreiten könnte, so würdest du dieses Wort zurücknehmen". Diese Redensart stützt sich auf eine Fabel des Burkhard WALDIS in „Esopus" (1548) 3, 88, welche oft wiederholt worden ist; so hat sie auch Gellert, „Fabeln" (Leipz. 1746) 2. Buch „Der Bauer und sein Sohn", wiederholt und umgeändert. Ein von der Reise zurückgekehrter Bauernsohn will seinem Vater weismachen, er habe einen Hund so groß wie ein Pferd gesehen, nimmt aber sein Wort zurück, als Vater und Sohn vor einer Brücke ankommen, von welcher ersterer erzählt hat, ein darüberschreitender Lügner bräche auf derselben ein Bein. Aus GELLERT zitiert man

Die Brücke kommt.

Fritz, Fritz! wie wird dir's gehen?

was auch umgestaltet wird zu

Fritz, Fritz! Die Brücke kommt.

Aus Burkhard WALDIS' „Esopus" 4, 62 stammt auch

Das ist für die Katze

d. h. das lohnt nicht, das bringt nichts ein. Der Ausdruck ist ein Rest der dort befindlichen Erzählung „Vom Schmied und seiner Katze". Ein Schmied nahm sich vor, von seinen Kunden nichts für seine Arbeit zu verlangen, sondern die Bezahlung ihrem eigenen Willen anheimzustellen; sie begnügten sich aber mit dem bloßen Danke. Nun band er seine fette Katze in der Werkstatt an, und wenn ihn die Kunden mit leeren Worten des Dankes verließen, sagte er: „Katz, das geb ich dir!" Die Katze verhungert, und der

Schmied beschließt, es zu machen wie die anderen Handwerker.

Auf Johann FISCHARTS (1547–89) „Gargantua" geht

> *freue dich, liebe Seele, jetzt kommt ein Platz-*
> *regen*

und ebenso

> *Jesu-wider*

für Jesuiten auf sein „Jesuitenhütlein" (1580) zurück.

> *Lehrstand, Nährstand, Wehrstand*

wird bei ERASMUS ALBERUS zum ersten Male angedeutet. In „Ein Predigt vom Ehestand" aus dem Jahre 1546 heißt es: „Der Priester muß lehren, die Oberkeit wehren, die Bauerschaft nähren" und in seinem „Buch von der Tugend und Weisheit, nämlich neunundvierzig Fabeln" Franfurt a. M. 1550, Fabel 47, Morale

> Fein ordentlich hat Gott die Welt
> Mit dreien Ständen wohl bestellt.
> Wenn die sich nur wüßten zu halten,
> So ließ Gott immerdar hin walten.
> *Ein Stand muß lehrn, der andre nährn,*
> *Der dritt' muß bösen Buben wehrn.*

In LUTHERS Tischreden, 1560 (B. 59, S. 207), heißt es

> *Amt eines treuen Seelsorgers.*

Nähren und wehren muß in einem frommen, treuen Hirten und Pfarrherrn beisammen sein ... sonst wenn das Wehren nicht da ist, so frißt der Wolf die Schafe desto lieber, da sie wohl gefüttert und feist sind ... Ein Prediger muß ein Kriegsmann und ein Hirte sein. Nähren ist lehren, und das ist die schwerste Kunst; darnach soll er auch Zähne im Maule haben und wehren oder streiten können." In den Tischreden (ed. Förstemann, Abt. 3 S. 415) heißt es Kap. XXXVII § 118 „Eim Lehrer gebührt, daß er gewiß lehre, nähre und wehre."

In Erasmus Alberus „Ein Dialogus oder Gespräch etlicher Personen vom Interim" (1548) heißt es

(Gehe hin, und) *tu, was du nicht lassen kannst.*

Lessing wiederholt es in „Emilia Galotti" (1772) 2, 3;
v. Hippel in „Lebensläufe nach aufsteigender Linie"
I 5 (1778) sagt „Er tue, was er nicht lassen kann";
Schiller in „Wilhelm Tell" 1, 1 läßt Tell sagen „Ich
hab' getan, was ich nicht lassen konnte."

Den gestrigen Tag suchen

erklärt sich aus Wolf BÜTTNERS „627 Historien von
Claus Narren", Eisleben (1572) 4, 51, wonach der Hofnarr Claus († 1515) den Kurfürsten Johann Friedrich,
welcher klagt „Den Tag haben wir übel verloren",
also tröstet „Morgen wollen wir alle fleißig suchen und
den Tag, den du verloren hast, wohl wieder finden."
Aus dem griech.-didaktischen Gedicht „Froschmeuseler" (1595) von dem Magdeburger Rektor Georg
ROLLENHAGEN (1542–1602) blieb (B. 1, T. 2)

Wenn die Katze nicht ist zu Haus,
So hat frei umlaufen die Maus.

Johannes Olorinus VARISCUS erzählt in „Ethnographia
Mundi", 1609 1. T. 17. Regel unter andern Lügengeschichten, daß jemand, ans Ende der Welt gekommen, dort

die Welt mit Brettern vernagelt

oder, wie er sagt, verschlagen gefunden habe.

Verzage nicht, du Häuflein klein

soll der schwedische König Gustav Adolf nach der
Schlacht bei Leipzig (1631) gesungen haben. Gedichtet
hat es aber der Pfarrer Jakob FABRICIUS († 1654).
Von dem Ostpreußen Simon DACH (1605–59) stammt
das Hochzeitslied Anke von Tharaw

Ännchen von Tharau ist's, die mir gefällt,

das Herder 1778 aus dem Samländischen ins Hochdeutsche umformte und Fr. Silcher 1825 komponierte.

1636 hat Martin RINCKART († 1649) in seinem Lied
„Nun danket alle Gott"

> *Von Mutterleib und Kindesbeinen an*

gedichtet, und aus Friedrich VON LOGAUS († 1655)
„Sinngedichten" stammt unser

> *bewaffneter Friede*

und die Charakteristik des Monats Mai

> *Dieser Monat ist ein Kuß,*
> *Den der Himmel gibt der Erde,*
> *Daß sie jetztund seine Braut,*
> *Künflig eine Mutter werde*

sowie

> *Gottes Mühlen mahlen langsam,*
> *Mahlen aber trefflich klein.*

Das Weihnachtslied von Johann RIST († 1667) beginnt

> *Ermuntre dich, mein schwacher Geist*

mit der Abwandlung

> *Erhebe dich, du schwacher Geist.*

Philipp VON ZESEN wendete

> *lustwandeln, Lustwandel*

in „Adriatische Rosemund" (1645) zum ersten Male
für „spazierengehen" und „Spaziergang" an. Mit seinen
anderen, S. 366 zusammengestellten Verdeutschungen
drang er nicht durch; „lustwandeln" erhielt sich, weil
es den Spott ganz besonders hervorrief. Zesen schuf
auch

> *Gotteshaus* (für Tempel) und
> *Gottestisch* (für Altar).

Aus Paul GERHARDTS Kirchenliede

> *Nun ruhen alle Wälder*

in „Geistliche Lieder und Psalmen", Berlin 1653, ist

> *Wo bist du, Sonne, (ge)blieben?*

Aus seinen Liedern stammen auch

> *Wach auf, mein Herz, und singe!*

Wie soll ich dich empfangen?

Nun laßt uns gehn und treten;

Warum soll ich mich denn grämen?

und aus dem großen „O Haupt voll Blut und Wunden"

Wer so stirbt, der stirbt wohl.

Aus „Sollt ich meinem Gott nicht singen"

Alles Ding währt seine Zeit,

Gottes Lieb in Ewigkeit

sowie die Schlußstrophe des „Befiehl du deine Wege"

Mach End', o Herr, mach Ende.

Der Schluß der 2. Strophe im Liede Erdmann NEU-
MEISTERS († 1756) „Herr Jesu Christ, mein Fleisch und
Blut" lautet

Herr Jesu Christ! wo Du nicht bist,

Ist nichts, das mir erfreulich ist.

Dieser Strophenschluß ist scherzhaft umgestaltet worden in

Wo du nicht bist, Herr Organist,

Da schweigen alle Flöten.

Von ihm stammt auch

Mein Gewissen beißt mich nicht,

was Fritz Reuter in „Ut mine Stromtid" verwandte.
Die Bezeichnung

Gassenhauer

begegnet uns 1561 zum ersten Male in dem bedeuten-
den Wörterbuch des Zürichers Josua MAALER als „ein
gemein und schlächt Gassenlied, carmen triviale" und
stammt vielleicht aus der Studentensprache, in der
Bummeln auf der Gasse „gassatim gehen" heißt.
Als die kaiserlichen Pfalzgrafen das Recht bekamen,
Personen zu kaiserlichen Dichtern zu krönen, wurde
Jakob Vogel aus Stößen in der Provinz Sachsen, seines
Berufs ein Bader, zu dieser Würde erhoben. Seine Rei-
mereien in der Zeit von 1618–30 waren überaus form-

und geistlos. Heinrich Kurz „Geschichte der deutschen Literatur" 2. Aufl. 2. Bd. S. 229 vermutet, daß man später alles unsinnige Gewäsch mit Beziehung auf seinen Beruf und seine Heimat

Salbaderei

genannt habe. Dagegen erzählt Adrian Bayer „Architectus Jenensis" (1681) S. 127, daß in Jena in einer an der in die Saale mündenden Mühllache gelegenen, 1369 zu frommen Zwecken gestifteten Baderei der Bader Hans Kranich gewohnt habe, der beim Ausüben seines Handwerks seinen Kunden albernes Zeug zu erzählen pflegte, so daß die Jenenser Studenten alles Gewäsch nach ihm Salbaderei zu nennen anfingen. Andere leiten „Salbadern" von dem zu häufigen Gebrauch des Wortes „Salvator" in Predigten ab.

Von Jakob Vogel (1625) als Schlußstrophe in seiner „Ungarischen Schlacht" (1626) stammt

> *Kein seliger Tod ist in der Welt*
> *Als wer vom Feind erschlagen.*

Um 1820 umgebildet

> *Kein schönrer Tod ist auf der Welt,*

1836 von Fr. Silcher komponiert.

Aus Paul Flemings († 1640) „Teutschen Poemata" stammen

> *Es kann mir nichts geschehen*

und

> *Ein getreues Herze wissen*

und von Georg Neumark (1621–81) das geistliche Lied

> *Wer nur den lieben Gott läßt walten,*

daraus

> *Wer Gott dem Allerhöchsten traut,*
> *Der hat auf keinen Sand gebaut*

(Vgl. Goethe in „Gott, Gemüt und Welt"

> *Wer Gott vertraut*
> *Ist schon auferbaut),*

sowie

> *Sing, bet und geh auf Gottes Wegen,*
> *Verricht das Deine nur getreu,*

an das Studenten sich dann anschlossen mit

> *Kommt dir ein schönes Kind entgegen,*
> *Laß es nicht ungeküßt vorbei.*

Aus NEUMARKS „Trostlied"

> *Wir machen unser Kreuz und Leid*
> *Nur größer durch die Traurigkeit.*

Der Spruch

> *Reim dich, oder ich freß dich*

ist der Titel einer Satire von 1673 des Reinhold Hartmann, der G. W. SACAR († 1699) hieß.
Unser

> *Was Gott tut, das ist wohlgetan*

hat Samuel RODIGAST († 1708) gedichtet.

> *Bramarbas*

für „Prahlhans" ist dem satirischen Gedichte eines nicht bekannten Verfassers „Cartell des Bramarbas an Don Quixote" entnommen, das Philander VON DER LINDE (Burkhard Menke † 1732) in der zu seinen „Vermischten Gedichten", Leipz. 1710, den Anhang bildenden „Unterredung von der deutschen Poesie" mitteilt. Gottsched „Deutsche Schaubühne", Leipz. 1741 III., gab dem Lustspiele Holbergs „Jakob von Tyboe eller der stortalende Soldat" (oder der großsprecherische Soldat), das er in der Übersetzung Dethardings veröffentlichte, den Titel „Bramarbas oder der großsprecherische Offizier", weil, wie er sich in der Vorrede äußert, der Name Tyboe „in unserer Sprache keine Anmut gehabt haben würde"; er setzt hinzu, daß er diesen Namen dem Philander von der Linde entlehnt habe.
Von Christian REUTER (1665–1712) stammt sowohl die Bezeichnung

> *Charmante*

für eine Geliebte wie auch

>*(Frau) Schlampampe*

für eine unordentliche Frau in seinen Romanen und
Komödien.

VON HALLER sagt in dem Gedichte „Falschheit mensch-
licher Tugenden" in „Versuch schweizerischer Gedichte" (1732)

>*Ins Innre der Natur dringt kein*
>*Erschaffner Geist;*
>*Zu glücklich, wenn sie noch*
>*Die äußre Schale weist.*

Goethe, der übrigens ungenau „glückselig, wem sie
nur" zitiert, widerspricht dieser Behauptung heftig in
den Gedichten „Allerdings" (1820) und „Ultimatum"
(1827).

>*Geschäftiger Müßiggang*

ist hervorgegangen aus Joh. Elias SCHLEGELS Lustspiel
„Der geschäftige Müßiggänger" (1743). 1759 sagt Wieland in einem Brief an Bodmer „Die verschiedenen
Modifikationen eines geschäftigen Müßiggangs". Von
„geschäftigen Müßiggängern" spricht Lessings „Hambur-
gische Dramaturgie", 18. Stück, 30. Juni 1767. Mit

>*Schreiben ist geschäftiger Müßiggang*

weist im 4. Akt des GOETHESCHEN „Götz von Berlichingen" Götz seiner Frau Aufforderung zurück, seine
Lebensgeschichte zu schreiben.

Aus derselben Zeit – 1738 – stammt von Friedrich
VON HAGEDORN († 1754)

>*Johann, der muntre Seifensieder.*

Von Christian Fürchtegott GELLERT (1715–69) kommt

>*Ja, ja, Prozesse müssen sein*

und ebenda

>*Recht muß doch Recht bleiben.*

Von Gellert kommt auch

>*mit verhärtetem Gemüte*

und aus seinem „Osterlied" (1757) „Jesus lebt, mit
ihm auch ich" der Kehrreim

dies ist meine Zuversicht

nach dem alten Kirchenliede

Jesus, meine Zuversicht,

das lange der Luise Henriette von Brandenburg zugeschrieben wurde (1653).
Aus seiner Erzählung (B. 1 der „Fabeln und Erzählungen", Leipz. 1746) „Die Widersprecherin" ist zur Bezeichnung einer Widerspruch liebenden Frau

Der Hecht, der war doch blau

zurecht gemacht, welches in dieser Form nicht darin
vorkommt. Es handelt sich in der Fabel darum, ob ein
Hecht zu blau oder zu wenig blau gesotten ist; dem
Hausherrn ist er's zu wenig, der Hausfrau zu sehr. Da
jener bei seiner Meinung beharrt, so fällt Ismene
darob in Ohnmacht, aus der sie nichts zu erwecken
vermag. Ihr Tod scheint gewiß. Der tiefbetrübte
Mann bricht in die Klage aus

> „Wer hieß mich dir doch widerstreben,
> Ach der verdammte Fisch!
> Gott weiß, er war nicht blau!"
> Den Augenblick bekam sie wieder Leben.
> „Blau war er", rief sie aus,
> „Willst du dich noch nicht geben?"

In den „Fabeln und Erzählungen" auch „Der Tanz-
bär" mit der Zeile

Petz ist wieder da!

die wir als Begrüßung für Heimkehrende verwenden.
„Der Greis" (B. 1) schließt

(Er ward geboren)
Er lebte, nahm ein Weib und starb.

Gellert ahmte Chr. Gryphius' Epigramm (Poetische
Wälder. Anderer Teil. Bresl. und Leipz. 1718 S. 439)
nach: Ein sechzigjähr'ger Mann ward unlängst beigesetzt;
Er kam auf diese Welt, aß, trank, schlief, starb zuletzt.

Die Schlußworte aus Gellerts „Der sterbende Vater", worin der Vater dem ältesten Sohn ein Juwelenkästchen, dem jüngeren nichts vermacht, heißen

>*Für Görgen ist mir gar nicht bange,*
>*Der kommt gewiß durch seine Dummheit fort.*

Aus „Das junge Mädchen" (B. 2) wird zitiert

>*vierzehn Jahr' und sieben Wochen,*

womit dasselbe eine irrige Angabe ihres Vaters verbessert, als dieser ihre vierzehn Jahre als Einwand gegen einen Eheschluß anführt. Es ist die Bearbeitung einer Anekdote im „Kurtzweiligen Zeitvertreiber" von 1666 S. 351.

Aus seinem Liede „Zufriedenheit mit seinem Zustande" sind die Verse

>*Genieße, was dir Gott beschieden,*
>*Entbehre gern, was du nicht hast,*
>*Ein jeder Stand hat seinen Frieden,*
>*Ein jeder Stand hat seine Last.*

Aus seinem Liede „Vom Tode", das beginnt: „Meine Lebenszeit verstreicht", ist der Anfang der 2. Strophe

>*Lebe, wie du, wenn du stirbst,*
>*Wünschen wirst, gelebt zu haben.*

Voltaire spricht in den Gesprächen zwischen Cü-Sü und Kou (1764) den Grundsatz so aus: „Vis comme en mourant tu voudrais avoir vécu."
Man spottet danach

>*Lebe, wie du, wenn du stirbst,*
>*Wünsche, wohl gespeist zu haben.*

Auch der Spruchdichter Antoine Faure (1551–1624) spricht im Quatrain Nr. 48 den gleichen Gedanken wie Gellert aus. Die Quelle von beiden ist wohl Marc Aurel (121–180), der 5, 29 sagt:

>ὡς ἐξελθὼν ζῆν διανοῇ,
>οὕτως ἐνταῦθα ζῆν ἔξεστιν

– wie du beim Hinscheiden gelebt zu haben wünschest, so kannst du jetzt schon leben.

LICHTWER gab 1748 zu Leipzig „Vier Bücher Aesopischer Fabeln" ohne Namen heraus. In der 21. Fabel des 1. Buches „Die Katzen und der Hausherr" lautete der 1. Vers in der in Berlin und Stralsund 1762 mit Namen erschienenen Ausgabe

> *Tier' und Menschen schliefen feste*

und kommen später die Worte vor

> *So ein Lied, das Stein erweichen,*
> *Menschen rasend machen kann.*

Die Fabel schließt

> *blinder Eifer schadet nur.*

Der Anfang von Lichtwers Fabel „Die Kröte und die Wassermaus" gab Anlaß zu der Parodie

> *Eines Abends spöte*
> *Gingen Wassermaus und Kröte*
> *Einen steilen Berg hinan . . .*

mit verschiedenen Fortsetzungen und dem Schluß

> *Dies ist ein Gedicht von Goethe,*
> *Das er eines Abends spöte*
> *Auf dem Sofa noch ersann.*

KLOPSTOCKS

> *des Schweißes der Edlen wert*

steht zweimal in der Ode „Der Zürchersee" (1750). GLEIM sagt in „Fabeln", Berlin 1756 (anonym), am Schlusse der 4. Fabel „Der Löwe, der Fuchs"

> (Denn) *was von mir ein Esel spricht,*
> *Das acht' ich nicht.*

Und von Gleim stammt nach dem „Musenalmanach für das Jahr 1798", den J. H. Voss herausgab, der Spruch

> *Witz auf Witz! Schlag auf Schlag!*

In RAMLERS „Fabellese" (Berlin 1783–90) steht

> *ja, Bauer! das ist ganz was anders*

in der Fabel „Der Junker und der Bauer", einer Umschmelzung der Fabel Michael RICHEYS; in dessen „Deutsche Gedichte", herausg. von Gottfried Schütz in Hamburg von 1764–66 unter dem Titel „Duo quum faciunt idem, non est idem"

Wenn zwei dasselbe tun, ist es nicht dasselbe.

Die dort erzählte Geschichte ist alt und wird schon bei Erasmus und Luther erwähnt.

Fr. K. VON MOSER schrieb an Hamann ein „Treuherziges Schreiben eines Layen-Bruders im Reich an den

Magum in Norden

oder doch in Europa, 1762" (Mosers „Moralische und politische Schriften", Bd. 1 Frankfurt a. M. 1766). Hamann adoptierte das Wort sofort und nannte sich

Magus im Norden und *Magus des Nordens.*

Von Ludwig Christian Heinrich HÖLTY († 1776) stammen

Rosen auf den Weg gestreut

und aus seinem Rheinweinliede

ein Leben wie im Paradies,

sowie aus einem anderen Liede

wer wollte sich mit Grillen plagen?

und

O wunderschön ist Gottes Erde
Und wert, darauf vergnügt zu sein

und aus seinem „Frühlingslied"

Einen Kuß in Ehren
Kann niemand wehren!

Und 1779 im Vossischen Musenalmanach Höltys Lied

Üb immer Treu und Redlichkeit.

C. Adolf OVERBECK schenkte uns 1781

das waren mir selige Tage

und nach dem Menuett aus Mozarts „Don Juan" (1787) wurde gedichtet

> *Als ich noch im Flügelkleide*
> *In die Mädchenschule ging.*

Hierher gehört auch Johann Martin USTERIS 1793 verfaßtes, von Nägeli im selben Jahre komponiertes Lied

> *Freut euch des Lebens,*
> *Weil noch das Lämpchen glüht,*
> *Pflücket die Rose,*
> *Eh' sie verblüht.*

Nikolaus STURM (Marcellinus † 1786) dichtete

> *nach Kreuz und ausgestandenen Leiden*

zur selben Zeit, da man mit dem „Teutschen Merkur"
vom 4. April 1779 das Wort

> *Eselsbrücke*

anzuwenden begann, ein Ausdruck, der zuerst von den
Scholastikern als Anleitung zum Auffinden des logi-
schen Mittelbegriffs und dann für wörtliche Übersetzung für faule Schüler gebraucht wurde.

Gotthold Ephraim LESSING († 1781) wurde noch zu
Lebzeiten viel zitiert.

Aus seiner „Hamburgischen Dramaturgie" (1768)
stammt

> *Seines Fleißes darf sich jedermann rühmen.*

Aus „Emilia Galotti" (1772) 1, 4 ist

> *Weniger wäre mehr,*

durch Wielands Vermittlung entstanden, welcher im
Neujahrswunsche der Zeitschrift „Merkur" von 1774
den Ausspruch des Prinzen „nicht so redlich, wäre red-
licher" folgendermaßen umformte

> *Und minder ist oft mehr,*
> *Wie Lessings Prinz uns lehrt.*

(Siehe Hesiod: die Hälfte ist mehr als das Ganze.) Das
oft wiederholte Wort:

> *Raffael wäre ein großer Maler geworden,*
> *selbst wenn er ohne Hände*
> *auf die Welt gekommen wäre*

lautet an seiner Stelle in derselben Szene also: „Oder meinen Sie, Prinz, daß Raffael nicht das größte malerische Genie gewesen wäre, wenn er unglücklicherweise ohne Hände wäre geboren worden?"
Das geflügelte Wort

> *tu, was du nicht lassen kannst*

sagt der Bandit Angelo in „Emilia Galotti" 2, 3 und ebenda sagt Pirro: „Laß dich den Teufel bei einem Haare fassen und du bist sein auf ewig!" Daher die Redensart

> *Wenn man dem Teufel einen Finger gibt,*
> *will er die ganze Hand.*

Mit

> *Perlen bedeuten Tränen*

aus 2, 7 und 8, hat Lessing einem verbreiteten Aberglauben einen Platz in der Literatur verschafft. Im 9. Jh. erschienen die Traumlehren des Astrampsychus und des Nicephonus (1603), in denen es genauso heißt. Aus 4, 7 ist

> *Wer über gewisse Dinge den Verstand*
> (5, 5: *seinen Verstand*)
> *nicht verliert, der hat keinen zu verlieren.*

Lessing wandte hier das Wort des Baltazar Gracian (Oraculo manuel, 1637, von A. Schopenhauer als „Handorakel" übersetzt) an: „Muchos por faltos de sentido, no le pierden" – Viele verlieren den Verstand deshalb nicht, weil sie keinen haben."
4, 7 heißt es

> (Ha, Frau), *das ist wider die Abrede.*

Schiller „Kabale und Liebe" 2, 3 läßt Ferdinand, und „Fiesco" 2, 9 den Mohren diese Worte sagen. Fr. Kind legt sie in der Wolfsschluchtszene des „Freischütz" dem Jägerburschen Max in den Mund. Aus „Emilia Galotti" 5, 2 stammt

> *Hohngelächter der Hölle*

(auch bei Schiller in „Der Verbrecher aus verlorener Ehre" 1786) und aus 5, 6

> *Wer lacht da? (Bei Gott ich glaub,*
> *ich war es selbst.)*

In 5, 7 sinkt Emilia, den Dolch im Herzen, nieder mit den Worten

> *Eine Rose gebrochen,*
> *Ehe der Sturm sie entblättert.*

Aus „Minna von Barnhelm" 2, 1

> *Man spricht selten von der Tugend, die man hat;*
> *aber desto öfter von der, die uns fehlt.*

„Nathan der Weise" (1779) enthält 1, 2
Nathan:

> *Es ist Arznei, nicht Gift,*
> *Was ich dir reiche,*

wobei Lessing wohl an Romeos Worte in „Romeo und Julia" 5, 1

> Come cordial, not poison
> *Komm Medizin, nicht Gift*

gedacht hat, und 1, 3
Nathan:

> *Kein Mensch muß müssen.*

Lessing wiederholt das Wort 3, 10
Daja:

> Der Vater soll schon müssen.

Tempelherr:

> Müssen, Daja? —
> Noch ist er unter Räuber nicht gefallen.
> Er muß nicht müssen.

1, 5 wiederholt er sechsmal die Formel

> *sagt der Patriarch.*

1, 6 steht

> *Jud ist Jude*

und ebenda

> *die Menschen sind nicht immer, was sie scheinen.*

Der Schluß von Akt 2 ist

> *Der wahre Bettler ist*
> (Doch einzig und allein) *der wahre König!*

Aus 3, 4

> *Was hätt' ein Weiberkopf erdacht, das er*
> *Nicht zu beschönen wüßte!*

und 3, 6

> *Nicht die Kinder bloß speist man*
> *Mit Märchen ab.*

4, 2 steht dreimal

> *Tut nichts, der Jude wird verbrannt*

und 4, 4

> *Es sind*
> *Nicht alle frei, die ihrer Ketten spotten*

und

> *Der Aberglauben schlimmster ist, den seinen für*
> *den erträglicheren zu halten.*

Lessing führte

> *empfindsam*

für das englische „sentimental" ein. J. J. Ch. Bode übersetzte 1768 „Yorick's (Sterne's) sentimental journey" auf Lessings Anraten mit: „Yoricks empfindsame Reise."

Aus Lessings „Liedern" stammt

> *Zuviel kann man wohl trinken,*
> *Doch nie trinkt man genug.*

Das erste der „Sinngedichte", überschrieben „Die Sinngedichte an den Leser", lautet

> *Wer wird nicht einen Klopstock loben?*
> *Doch wird ihn jeder lesen? — Nein.*
> *Wir wollen weniger erhoben*
> *Und fleißiger gelesen sein.*

Diese Worte erinnern an Martials Spottverse an den Dichter Flaccus

> confiteor: Laudant illa, sed ista legunt.
> *Ja, dich preisen sie hoch, mich aber lesen sie gern.*

Aus Lessing „Zeus und das Schaf"

> *Es ist besser, unrecht leiden als unrecht tun.*

Zu Lessings Zeit entstand auch der durch das Kommersbuch 1815 populär gewordene Vers

> *Sauft Wasser wie das liebe Vieh*
> *Und meint, es sei Krambambuli*

nach dem 1745 erschienenen Gedicht „Der Krambambulist. Ein Lobgedicht über die gebrannten Wasser im Lachß zu Dantzig" von Creszentius Koromandel (C. F. WEDEKIND, 1709–77), dessen 74. Strophe endet

> Toujours gaillard und sans souci
> C'est l'ordre de Crambambuli.

„Krambambuli" stammt aus der Studentensprache, die „Kranewitt" (Wacholder) und das rotwelsche „Blamp, Bembel" (geistiges Getränk) zusammenzog.
Der Ausdruck

> *Kümmeltürke*

für einen Studenten, der aus der näheren Umgebung der Universitätsstadt stammt, kommt im 18. Jahrhundert in Halle auf, in dessen Umgegend viel Kümmel gebaut wurde.
Aus WIELANDS († 1813) „Idris und Zenide", 3, 10 (1768) zitieren wir

> *Ein Wahn, der mich beglückt,*
> *Ist eine Wahrheit wert,*
> *Die mich zu Boden drückt.*

Diese Worte erinnern an Grays „On the Prospect of Eton College", in dem es heißt: „Where ignorance is bliss, 't is folly to be wise" – „Wo Nichtwissen Seligkeit, ist es Torheit, klug zu sein."

Wieland ist durch seine Worte in „Musarion" (1768)
B. 2 V. 142, in späteren Ausgaben V. 135,

> Die Herren dieser Art blend't oft
>
> Zu vieles Licht;
>
> Sie sehn den Wald vor lauter Bäumen nicht

der Schöpfer der Redensart

> *den Wald vor lauter Bäumen nicht sehen*

geworden, welche er in „Geschichte der Abderiten"
(1774) V. 2 wiederholt. Blumauer bestätigt diese Autorschaft Wielands durch „Aeneis", B. 2 St. 9

> Er sieht oft, wie Herr Wieland spricht,
>
> Den Wald vor lauter Bäumen nicht.

Wieland hat nur ein älteres Wort, „die Stadt vor lauter
Häusern nicht sehen", umgearbeitet, das französischen
Ursprungs ist. Man denkt hier auch an Ovids (Trist. 5,
4. 9): „Frondem in silvis non cemere" („das Laub in
den Wäldern nicht sehen") und an Properz (1, 9. 16):
„Medio flumine quaerere aquam" („Mitten im Fluß
das Wasser suchen").
Wieland hat das in Shakespeares „Maß für Maß" 5, 1
vorkommende

> tooth of time

durch Zitieren in den „Abderiten" (erschienen im „Teutschen Merkur" 1774, 1 u. 2.) IV, 12 und in „Peregrinus
Proteus" (1791) 3 unter der Form

> *Zahn der Zeit*

in die deutsche Sprache eingeführt.
Wielands „Oberon" 1, 1 (1780) beginnt „Noch einmal
sattelt mir den Hippogryph, ihr Musen, zum

> *Ritt ins alte romantische Land,*

5, 30:

> *Nichts halb zu tun ist edler Geister Art,*

7, 75:

> *Ein einz'ger Augenblick kann alles umgestalten.*

Aus Wielands Singspiel „Admet" 4, 2 wird zitiert

> *noch lebt Admet* (in deinem Herzen),

1, 2 heißt es

> *noch*
> *Lebt dein Admet.*

Der Ausdruck

> *leben und leben lassen*

geht wohl auch auf Wieland zurück, der ihn nach
Goethe-Zelter-Briefwechsel (7. Nov. 1827) brauchte;
Goethe hat ihn im Vorspiel zum „Faust" verwandt

> Ich wünschte sehr, der Menge zu behagen,
> Besonders weil sie lebt und leben läßt.

Von Wieland stammt auch die Popularisierung der im
Ruf der Liederlichkeit stehenden Stadt Thrakiens

> *Abdera,*

die Lukian schon gegeißelt hatte und Wieland 1774 für
seine Geschichte der

> *Abderiten*

benutzte. Und schließlich nach Wielands „Grazien"
(1770) und dem Lied eines Unbekannten um 1810

> *Ist denn Liebe ein Verbrechen?*

> *Morgen, morgen, nur nicht heute*
> (Sprechen immer träge Leute)

ist der Anfang des Liedes „Der Aufschub" von Christian Felix WEISSE, zuerst in „Lieder für Kinder", vermehrte Auflage, mit neuen Melodien von Johann
Adam Hiller, Leipz. 1769, S. 104 und 105.
Gottlieb Wilhelm BURMANN († 1805) schenkte uns in
seinen „Kleinen Liedern für kleine Jünglinge" von
1777 den Spruch

> *Arbeit macht das Leben süß.*

Aus Justin BERTUCHS „Das Lämmchen" in „Wiegen-
lieder", Altenburg 1772, S. 30 wird

> Die Freuden, die man übertreibt,
> Die Freuden werden Schmerzen

in der Form zitiert

>Die Freuden, die man übertreibt,
>Verwandeln sich in Schmerzen.

Bürgers „Die Weiber von Weinsberg" (1774) enthält

>o weh mir armen Korydon,

eine Klage, die sich ursprünglich auf den in unerwiderter Liebe zum schönen Alexis hinschmachtenden Schäfer Korydon in Vergils 2. Ekloge bezieht. Bürger benutzte ein altes Studentenlied, in dem ein Vers beginnt

>o weh mir armen Choridon, o weh.

In Bürgers „Lenore" mit dem Anfang

>Lenore fuhr ums Morgenrot
>Empor aus schweren Träumen

heißt es Strophe 2, 2

>des langen Haders müde

und Strophe 9, 1 und 2

>Hin ist hin!
>Verloren ist verloren!

Den Vers

>Lisch aus, mein Licht, auf ewig aus!
>Stirb hin, stirb hin in Nacht und Graus!

zitierte Arthur Schopenhauer, als er eine undurchsichtige Stelle in einem Buche Fichtes nicht verstand. Der 6. Vers der 20. Strophe dieses Gedichtes, der mehrmals darin wiederholt wird

>die Toten reiten schnell

ist nicht Bürgers Erfindung, sondern aus dem Munde eines Bauernmädchens entnommen, das er einst im Mondschein singen hörte

>Der Mond, der scheint so helle,
>Die Toten reiten so schnelle,
>Fein's Liebchen, graut dir nicht?

Diese wenigen Worte hätten ihm nie wieder aus dem Sinne gewollt, und aus ihnen hätte sich nach und nach das gewaltige Lied „Lenore" gestaltet. Herder hat in seiner Kindheit in einer Waldecke in Ostpreußen oft ein Zaubermärchen erzählen hören, in dem der Refrain (und zwar mit einer Antwort vermehrt) gerade die Strophe war, die Bürger singen hörte. Der Geliebte nämlich reitet mit der Geliebten in einer kalten, mondhellen Winternacht und spricht, je weiter sie reiten, wiederholt sie an

> Der Mond scheint hell,
> Der Tod reit't schnell,
> Feinsliebchen, grauet's dir?

worauf sie antwortet

> Und warum sollt's mir grauen?
> Ist doch Feinslieb bei mir.

„Die Toten reiten schnell" heißt es auch in dem in „Des Knaben Wunderhorn" mitgeteilten Liede „Lenore", das die Bemerkung „Bürger hörte dieses Lied nachts in einem Nebenzimmer" aufweist. In Heines „Lutezia", Brief XIV vom 25. Juli 1840 heißt es „Auf den hiesigen Boulevards-Theatern wird jetzt die Geschichte Bürgers, des deutschen Poeten, tragiert; da sehen wir, wie er, die Lenore dichtend, im Mondschein sitzt und singt: Hurrah! les morts vont vite – mon amour, crains-tu les morts?" Seitdem ist das Wort in Paris bekannt. Edmont About „Le Cas de M. Guérin", 1862, zitiert im letzten Kapitel „Les morts vont vite! comme dit le poète allemand."
Aus der Schlußstrophe der „Lenore" ist

> *Geduld! Geduld! wenn's Herz auch bricht.*

Aus Bürgers Lied vom braven Manne (Göttinger Musenalmanach 1775 S. 125) der Anfangsvers

> *Hoch klingt das Lied vom braven Mann.*

Aus Bürgers „Der Kaiser und der Abt" (Göttinger Musenalmanach 1785) ist

> *Was Hänschen versäumet, holt Hans nicht mehr*
> *ein.*

> *Wie Vollmond glänzte sein feistes Gesicht;*
> *Drei Männer umspannten den Schmerbauch ihm*
> *nicht.*

und

> *Vortrefflicher Haber,*
> *Ihr füttert die Pferde mit Wenn und mit Aber.*
> *Der Mann, der das Wenn und das Aber erdacht,*
> *Hat sicher aus Häckerling Gold schon gemacht.*

In Bürgers Ballade „Die Entführung" (Jan. 1778) lautet der Anfang

> *Knapp', sattle mir mein Dänenroß,*
> *Daß ich mir Ruh' erreite!*

Bürgers „Trost"

> *Wenn dich die Lästerzunge sticht,*
> *So laß dir das zum Troste sagen:*
> *Die schlechtsten Früchte sind es nicht,*
> *Woran die Wespen nagen*

stand zuerst im Göttinger Musenalmanach für 1787. Johann Heinrich Voss ist zu nennen wegen des im Vossischen Musenalmanach aus dem Jahr 1782 befindlichen

> *seht den Himmel, wie heiter*

aus dem „Mailied eines Mädchens" und wegen des Distichons im „Hamburger Musenalmanach" 1792

> Auf mehrere Bücher.
> Nach Lessing.
> Dein redseliges Buch lehrt mancherlei
> Neues und Wahres,
> Wäre das Wahre nur neu, wäre das
> Neue nur wahr!

was zitiert wird, umgestellt in

> *Das Neue daran ist nicht gut,*
> *und das Gute daran ist nicht neu.*

Wenn wir zitieren

> *Wer einmal lügt, dem glaubt man nicht,*
> *Selbst dann, wenn er die Wahrheit spricht,*

so verändern wir zwei Verse in von Nicolays († 1820)
Gedicht „Der Lügner", die lauten

> Man glaube ihm selbst dann noch nicht,
> Wenn er einmal die Wahrheit spricht,

die auf Aesop, Cassius Dio und Luther zurückgehen.
Der

> *kategorische Imperativ*

von Immanuel Kant (1724–1804) kommt zuerst im
2. Abschnitt der 1785 zu Riga erschienenen „Grund-
legung zur Metaphysik der Sitten" vor.
Aus Pfeffels (1736–1809) Gedicht „Die Tobakspfeife"
haben wir bewahrt

> *Gott grüß Euch, Alter!*
> *Schmeckt das Pfeifchen?*

und:

> *Ein andermal von euren Taten!*

Bei Matthias Claudius (1740–1815) steht in dem Gedicht „Bei dem Grabe meines Vaters"

> *Ach, sie haben*
> *Einen guten Mann begraben.*

Aus seinem „Rheinweinlied" stammt

> *Am Rhein, am Rhein,*
> *Da wachsen unsre Reben*

und aus „Urians Reise um die Welt" (1790)

> *Wenn jemand eine Reise tut,*
> *So kann er was (v)erzählen.*

Goethe und Schiller haben uns nach der Bibel die
meisten geflügelten Worte geschenkt. Einzelne Teile in
ihren Werken wirken wie Zusammensetzungen aus
Zitaten. Man denke nur an den ersten Teil des „Faust"
und an das „Lied von der Glocke".

JOH. WOLFGANG VON GOETHE

a) AUS DEN DRAMATISCHEN WERKEN

Aus dem Schäferspiel „Die Laune des Verliebten"
(1767) 1. Auftritt:

> *Kind, ich bedaure dich; du bist nicht mehr zu*
> *retten,*
> *Da du dein Elend liebst; du klirrst mit deinen*
> *Ketten*
> *Und überredest dich, es sei Musik.*

In „Götz von Berlichingen" (1773) 1. Akt, erwidert
Götz den Wunsch Weislingens, er möge Freude an
seinem Sohne Karl erleben, mit dem Spruche

> *Wo viel Licht ist, ist starker Schatten.*

Kurz darauf antwortet Weislingen dem ihm mit den
Worten „Ein fröhlich Herz!" zutrinkenden Götz

> *Die Zeiten sind vorbei.*

Das bekannteste Zitat, Götzens grober Gruß, den wir
ebensowenig wie Goethe (denn er deutet ihn nur mit
– – – an) anzuführen brauchen, steht im dritten Akt
17. Szene (Jagsthausen) und ist die Antwort, die Götz
dem kaiserlichen Trompeter für dessen Hauptmann
gibt.
In „Clavigo" 1, 1 (1774) sagt Carlos

> *Man lebt nur einmal in der Welt.*

Carlos in „Clavigo", Akt 2 am Ende, sagt

> *Da macht wieder jemand einmal*
> *einen dummen Streich.*

> *Luft! Luft! Clavigo!*

sind in Akt 4 gegen Ende die Worte der sterbenden
Marie Beaumarchais und ebenda .

> *Wer nichts für andre tut,*
> *tut nichts für sich.*

In der „Iris" (Jacobis) Bd. 2 St. 3 März 1775 S. 161

bis 224 erschien das Singspiel „Erwin und Elmire", das im 1. Aufzug 1. Auftritt

ein Schauspiel für Götter

enthält; vgl. Seneca „de providentia", 2: „Ecce spectaculum dignum, ad quod respiciat intentus operi suo Deus" (Ein Schauspiel, würdig eines Gottes, der aufmerksam sein Werk betrachtet).

Im 1776 erschienenen Singspiel „Claudine von Villa Bella" (1. Aufzug, Vers 383 ff.)

Mit Mädeln sich vertragen,
Mit Männern 'rumgeschlagen
Und mehr Kredit als Geld,
So kommt man durch die Welt

hat Anlaß zu zwei geflügelten Worten gegeben, das eine in Umgestaltung der ersten beiden Verse

Mit Männern sich geschlagen,
Mit Weibern sich vertragen

und ferner

mehr Kredit als Geld.

Am 16. März 1787 in Caserta schrieb Goethe über das Drama „Iphigenie"

So eine Arbeit wird eigentlich nie fertig.

Im Eingangsmonolog der „Iphigenie" (1787) die Titelheldin

das Land der Griechen mit der Seele suchend.

Im 1. Aufzug, 2. Auftritt die Worte der Iphigenie

ein unnütz Leben ist ein früher Tod

und

Das Wenige verschwindet leicht dem Blick,
Der vorwärts sieht, wieviel noch übrigbleibt,

ferner die des Arkas

Ein edler Mann wird durch ein gutes Wort
Der Frauen weit geführt,

in 1, 3 die Worte des Thoas nach Iphigenies Geständnis

Ich bin aus Tantalus' Geschlecht!

> *Du sprichst ein großes Wort gelassen aus*

und

> *Man spricht vergebens viel, um zu versagen;*
> *Der andre hört von allem nur das Nein*

und ebenda Iphigenie

> *Wohl dem, der seiner Väter gern gedenkt.*

In 2, 1 die Worte des Pylades

> *Lust und Liebe sind die Fittiche*
> *Zu großen Taten*

und in 3, 1 die Worte des Orest

> *zwischen uns sei Wahrheit.*

1787 übersetzte Goethe das Lustspiel „Die Vögel" von Aristophanes, der in Goethes Epilog

> *der ungezogene Liebling der Grazien*

genannt wurde; als solchen hat man später gerne Heinrich Heine bezeichnet.

Aus dem „Egmont" (1788) stammen die Worte 3, 2

> *ich versprach dir, einmal spanisch zu kommen.*

Gegen Ende des 5. Aufzuges stehen die Worte

> *Süßes Leben!* (schöne freundliche Gewohnheit
> des Daseins und Wirkens).
> *Von dir soll ich scheiden?*

Klärchens Lied in „Egmont", 3. Aufzug

> *Freudvoll*
> *Und leidvoll,*
> *Gedankenvoll sein,*
> *Langen*
> *Und bangen*
> *In schwebender Pein,*
> *Himmelhoch jauchzend,*
> *Zum Tode betrübt –*
> *Glücklich allein*
> *Ist die Seele, die liebt*

ist eine Kette von Zitaten. In der Handschrift des „Egmont" auf der Staatsbibliothek in Berlin hat Goethe geschrieben: „Langen. Hangen ist falsch, wohl durch ‚schwebende Pein‘ hervorgerufen“, wie Beethoven es 1810 in seiner Musik zum „Egmont“ drucken ließ. „Langen“ bedeutet hier „Verlangen tragen“, „sich sehnen“ (englisch: to long). Und Heines Schneidergeselle in der „Harzreise“ (1824) singt

> *Freudvoll und leidvoll,*
> *Gedanken sind frei.*

Aus dem Fragment gebliebenen Singspiel „Die ungleichen Hausgenossen“, woran Goethe vor allem 1785 arbeitete, werden die (1800 in „Antworten bei einem gesellschaftlichen Fragespiel“ in die Gedichte aufgenommenen) Verse zitiert

> *Geh den Weibern zart entgegen,*
> *Du gewinnst sie, auf mein Wort!*
> *Und wer rasch ist und verwegen,*
> *Kommt vielleicht noch besser fort.*
> *Doch, wem wenig dran gelegen*
> *Scheinet, ob er reizt und rührt,*
> *Der beleidigt, der verführt.*

Aus „Tasso“ (1790) zitieren wir

> *Du siehst mich lächelnd an, Eleonore* (1, 1)
> (Und siehst dich selber an und lächelst wieder)

und

> *Ein edler Mensch zieht edle Menschen an*
> *Und weiß sie festzuhalten*

und ebenda

> *Die Stätte, die ein guter Mensch betrat,*
> *Ist eingeweiht*

und 1, 2

> *Es bildet ein Talent sich in der Stille,*
> *Sich ein Charakter in dem Strom der Welt*

und 2, 1

> *Der Mensch ist nicht geboren, frei zu sein,*
> *Und für den Edlen ist kein schöner Glück*
> *Als einem Fürsten, den er ehrt, zu dienen.*

Ebenda

>   *Die Grazien sind leider ausgeblieben*

und

>   *So fühlt man Absicht, und man ist verstimmt*

mit der Abwandlung

>   *Man merkt die Absicht, und man ist verstimmt.*

Ebenda Tassos Wort

>   *Erlaubt ist, was gefällt,*

aber nicht aus Dantes „Hölle" V. 56 (libito fe' licito),
sondern aus Tassos Schäferspiel „Aminta", wo es in der
2. Strophe des Chorliedes am Ende des 1. Aktes heißt

>   Ein goldnes, glückliches Gesetz,
>   Das die Natur schrieb:
>   Wenn's gefällt, so ziemt's,

wie überhaupt die begeisterten Worte über die goldene
Zeit, die Goethe hier Tasso sprechen läßt, eine Um-
schreibung dieses Chorgesanges sind. Zugrunde liegt
das Lateinische: „si libet, licet" (bei Spartian „Anton
Caracalla" c. 10). — Die Prinzessin wandelt dann bei
Goethe des Dichters Spruch in

>   *Erlaubt ist, was sich ziemt,*

wozu sie ihm den Weg durch die Worte weist

>   *Willst du genau erfahren, was sich ziemt,*
>   *So frage nur bei edlen Frauen an.*

4, 4:

>   *Die Gegenwart ist eine mächt'ge Göttin;*
>   *Lern ihren Einfluß kennen.*

4, 5:

>   *Durch Heftigkeit ersetzt der Irrende,*
>   *Was ihm an Wahrheit und an Kräften fehlt.*

5, 1 sagt Alfons

>   *Und wer der Dichtkunst Stimme nicht ver-*
>   *nimmt,*
>   *Ist ein Barbar, er sei auch, wer er sei.*

5, 2 Tasso:

> *Wenn ich nicht sinnen oder dichten soll,*
> *So ist das Leben mir kein Leben mehr.*
> *Verbiete du dem Seidenwurm zu spinnen.*

5, 5 Tasso:

> *Und wenn der Mensch in seiner Qual verstummt,*
> *Gab mir ein Gott, zu sagen, wie ich leide.*

Aus „Faust. Ein Fragment" (1790) wird zitiert

Nacht

Faust:

> *Da steh ich nun, ich armer Tor!*
> *Und bin so klug als wie zuvor.*
>
> *Es möchte kein Hund so länger leben!*
>
> *Welch Schauspiel! aber ach! ein Schauspiel nur!*
>
> *Wie anders wirkt dies Zeichen auf mich ein!*

Geist:

> (So schaff ich) *am sausenden Webstuhl der Zeit*

Faust:

> *Wenn ihr's nicht fühlt,*
> *Ihr werdet's nicht erjagen.*
>
> *Doch werdet ihr nie Herz zu Herzen schaffen,*
> *Wenn es euch nicht von Herzen geht.*

Wagner:

> (Allein) *der Vortrag macht des Redners Glück.*

Faust:

> *Es trägt Verstand und rechter Sinn*
> *Mit wenig Kunst sich selber vor.*

Wagner:

> *Ach Gott! Die Kunst ist lang*
> *Und kurz ist unser Leben.*

Wagner:

> (Und) *wie wir's dann zuletzt*
> *So herrlich weit gebracht.*

Faust:

> *Mein Freund, die Zeiten der Vergangenheit*
> *Sind uns ein Buch mit sieben Siegeln.*

Faust. Mephistopheles

(Seit der Ausgabe von 1808: S t u d i e r z i m m e r)

Faust:

> *Man sehnt sich nach des Lebens Bächen,*
> *Ach, nach des Lebens Quelle hin. –*

Mephistopheles:

> *Ein Teil von jener Kraft,*
> *Die stets das Böse will und stets das Gute*
>   *schafft.*
>
> *Ich bin der Geist, der stets verneint!*
> *Und das mit Recht: denn alles, was entsteht,*
> *Ist wert, daß es zugrunde geht;*
> *Drum besser wär's, daß nichts entstünde.*

Faust:

> *Des Chaos wunderlicher Sohn!*
> *Den Teufel halte, wer ihn hält!*
> *Er wird ihn nicht so bald zum zweiten Male*
>   *fangen.*
>
> *Ich bin zu alt um nur zu spielen,*
> *Zu jung, um ohne Wunsch zu sein.*
> *Fluch sei der Hoffnung! Fluch dem Glauben,*
> *Und Fluch vor allem der Geduld!*

Mephistopheles:

> *Die Zeit ist kurz, die Kunst ist lang.*
>
> *Mein guter Herr, Ihr seht die Sachen,*
> *Wie man die Sachen eben sieht.*

Schülerszene

> *Ich sag es dir: ein Kerl, der spekuliert,*
> *Ist wie ein Tier, auf dürrer Heide*
> *Von einem bösen Geist im Kreis herumgeführt,*
> *Und rings umher liegt schöne grüne Weide.*

Mephistopheles:

> *Gebraucht der Zeit, sie geht so schnell von*
> *hinnen,*
> *Doch Ordnung lehrt Euch Zeit gewinnen.*
>
> *In spanische Stiefeln eingeschnürt*
>
> *Irrlichteliere(n) –*

Schüler:

> *Mir wird von alledem so dumm,*
> *Als ging' mir ein Mühlrad im Kopf herum.*
>
> *Denn was man schwarz auf weiß besitzt,*
> *Kann man getrost nach Hause tragen.*

Mephistopheles:

> *Es erben sich Gesetz' und Rechte*
> *Wie eine ew'ge Krankheit fort;*
> *Sie schleppen von Geschlecht sich zu Geschlechte*
> *Und rücken sacht von Ort zu Ort.*
> *Vernunft wird Unsinn, Wohltat Plage;*
> *Weh dir, daß du ein Enkel bist!*
> *Vom Rechte, das mit uns geboren ist,*
> *Von dem ist, leider! nie die Frage.*
>
> *Am besten ist's auch hier, wenn ihr nur e i n e n*
> *hört*
> *Und auf des Meisters Worte schwört.*

Vgl. Horaz, Epist. I 1, 14.

Mephistopheles:

> *Im ganzen – haltet euch an Worte!*
>
> *Denn eben wo Begriffe fehlen,*
> *Da stellt ein Wort zur rechten Zeit sich ein.*
> *Mit Worten läßt sich trefflich streiten.*
>
> *Ich bin des trocknen Tons nun satt,*
> *Muß wieder recht den Teufel spielen.*
> *Der Geist der Medizin ist leicht zu fassen.*

> *Doch der den Augenblick ergreift,*
> *Das ist der rechte Mann.*

> *Besonders lernt die Weiber führen;*
> *Es ist ihr ewig Weh und Ach*
> *So tausendfach*
> *Aus e i n e m Punkte zu kurieren.*

Schüler:

> *Das sieht schon besser aus! Man sieht doch, wo*
> *und wie.*

Mephistopheles:

> *Grau, teurer Freund, ist alle Theorie,*
> *Und grün des Lebens goldner Baum.*

> *Folg nur dem alten Spruch und meiner Muhme,*
> *der Schlange,*
> *Dir wird gewiß einmal bei deiner Gottähnlich-*
> *keit bange!*

> *Sobald du dir vertraust, sobald weißt du zu*
> *leben.*

A u e r b a c h s   K e l l e r   i n   L e i p z i g

Siebel:

> *– – des Basses Grundgewalt*

Brander:

> *Ein garstig Lied! Pfui! Ein politisch Lied!*

> *Hatte sich ein Ränzlein angemäst't,*
> *Als wie der Doktor Luther.*

Mephistopheles:

> *(Mit) wenig Witz und viel Behagen --*

Frosch:

> *– – – Mein Leipzig lob ich mir!*
> *Es ist ein klein Paris und bildet seine Leute.*

(Schon in einer Beschreibung von Leipzig vom Jahre 1768 heißt Leipzig „Paris im Kleinen". Düntzers Faust, 2. Aufl.)

Mephistopheles:

> *Den Teufel spürt das Völkchen nie,*
> *Und wenn er sie beim Kragen hätte.*

Und nach den Worten des Mephisto „Wir kommen erst aus Spanien zurück, Dem schönen Land des Weins und der Gesänge"

> *Spanien, das Land des Weins und der Gesänge.*

Frosch:

> *Denn wenn ich judizieren soll,*
> *Verlang ich auch das Maul recht voll.*

Brander:

> *Ein echter deutscher Mann mag keinen Franzen leiden,*
> *Doch ihre Weine trinkt er gern.*

Alle singen:

> *Uns ist ganz kannibalisch wohl*
> *Als wie fünfhundert Säuen!*

Hexenküche

Mephistopheles:

> (Auch) *die Kultur, die alle Welt beleckt,*
> (Hat auf den Teufel sich erstreckt).

> *Den Bösen sind sie los, die Bösen sind geblieben.*

> *Dies ist die Art, mit Hexen umzugehn.*

> *– – ein vollkomm'ner Widerspruch*
> *Bleibt gleich geheimnisvoll für Kluge*
> *Wie für Toren.*

> *Gewöhnlich glaubt der Mensch,*
> *Wenn er nur Worte hört,*
> *Es müsse sich dabei doch auch was denken lassen.*

Straße

Faust:

> *Mein schönes Fräulein, darf ich wagen,*
> *Meinen Arm und Geleit Ihr anzutragen?*

Margarete:

Bin weder Fräulein, weder schön.

Mephistopheles:

Gleich schenken? Das ist brav!
Da wird er reüssieren.

A b e n d

Faust:

In dieser Armut welche Fülle!

Gretchen:

Nach Golde drängt,
Am Golde hängt
Doch alles.

D e r   N a c h b a r i n   H a u s

Mephistopheles:

Ihr Mann ist tot und läßt Sie grüßen.

's ist eine der größten Himmelsgaben,
So ein lieb Ding im Arm zu haben.

Margarete:

Das ist des Landes nicht der Brauch.

Mephistopheles:

– durch zweier Zeugen Mund
Wird allerwegs die Wahrheit kund.

S t r a ß e

Faust:

Wer Recht behalten will und hat nur eine Zunge,
Behält's gewiß.

G r e t c h e n s   S t u b e

Gretchen:

Meine Ruh ist hin,
Mein Herz ist schwer.

W a l d   u n d   H ö h l e

Faust:

So tauml' ich von Begierde zu Genuß,
Und im Genuß verschmacht ich nach Begierde.

Marthens Garten

Faust:

Gefühl ist alles.
Name ist Schall und Rauch,
Umnebelnd Himmelsglut.

Gretchen:

Es tut mir lang schon weh,
Daß ich dich in der Gesellschaft seh!

Faust:

Es muß auch solche Käuze geben.

Du ahnungsvoller Engel du!

Du hast nun die Antipathie!

Gretchen:

Ich habe schon so viel für dich getan,
Daß mir zu tun fast nichts mehr übrigbleibt.

Mephistopheles:

Die Mädels sind doch sehr interessiert,
Ob einer fromm und schlicht nach
altem Brauch.
Sie denken: duckt er da, folgt er uns eben auch.

Faust:

Du Spottgeburt von Dreck und Feuer!

Mephistopheles:

Hab ich doch meine Freude dran!

Dom

Margarete:

Nachbarin! Euer Fläschchen.

Aus dem in Tübingen 1808 bei Cotta erschienenen
„Faust" wird zitiert:

Zueignung 1797

Ihr naht euch wieder, schwankende Gestalten.

Vorspiel auf dem Theater

Direktor:

> (Zwar sind sie an das Beste nicht gewöhnt.
> Allein) *sie haben schrecklich viel gelesen.*

Dichter:

> *Was glänzt, ist für den Augenblick geboren,*
> *Das Echte bleibt der Nachwelt unverloren,*
>
> *Wer vieles bringt, wird manchem etwas bringen.*

Lustige Person:

> *Greift nur hinein ins volle Menschenleben!*
>
> *Und wo ihr's packt, da ist's interessant.*
>
> *Wer fertig ist, dem ist nichts recht zu machen,*
> *Ein Werdender wird immer dankbar sein.*

Dichter:

> *Gib meine Jugend mir zurück.*

Direktor:

> *Der Worte sind genug gewechselt,*
> *Laßt mich auch endlich Taten sehn!*
> *Indes ihr Komplimente drechselt,*
> *Kann etwas Nützliches geschehn.*
>
> *Gebt ihr euch einmal für Poeten,*
> *So kommandiert die Poesie!*

Prolog im Himmel

Der Herr:

> *Es irrt der Mensch, so lang er strebt.*
>
> *Ein guter Mensch, in seinem dunklen Drange,*
> *Ist sich des rechten Weges wohl bewußt.*

Mephistopheles:

> *Von Zeit zu Zeit seh ich den Alten gern.*

Nacht

Faust:

Und sehe, daß wir nichts wissen können!
Das will mir schier das Herz verbrennen.

Wagner:

Zwar weiß ich viel, doch möcht' ich alles wissen.

Faust:

Was du ererbt von deinen Vätern hast,
Erwirb es, um es zu besitzen.

Die Botschaft hör ich wohl,
Allein mir fehlt der Glaube;

Das Wunder ist des Glaubens liebstes Kind.

Die Träne quillt, die Erde hat mich wieder!

Vor dem Tor

Erster Schüler:

Die Hand, die samstags ihren Besen führt,
Wird sonntags dich am besten karessieren.

Bürger:

Nein, er gefällt mir nicht, der neue Burgemeister!

Andrer Bürger:

– hinten, weit, in der Türkei.

Faust:

Hier bin ich Mensch, hier darf ich's sein.

Mein Vater war ein dunkler Ehrenmann.

Was man nicht weiß, das eben brauchte man,
Und was man weiß, kann man nicht brauchen.

Zwei Seelen wohnen, ach! in meiner Brust.

(Du hast wohl recht); *Ich finde nicht die Spur*
Von einem Geist, und alles ist Dressur.

Studierzimmer

Faust:

– mein geliebtes Deutsch –

Mephistopheles:

> *Wozu der Lärm? was steht dem Herrn*
> *zu Diensten?*

Faust:

> *Das also war des Pudels Kern!*
> *– – – Der Kasus macht mich lachen.*

Mephistopheles:

> *(Ich bin) der Geist, der stets verneint!*

> *Beisammen sind wir, fanget an!*

> *Du bist noch nicht der Mann, den Teufel*
> *festzuhalten!*

> *Allwissend bin ich nicht; doch viel ist*
> *mir bewußt.*

Hexenküche

Mephistopheles:

> *Ein stiller Geist ist jahrelang geschäftig;*
> *Die Zeit nur macht die feine Gärung kräftig.*

Tiere:

> *(Wir kochen) breite Bettelsuppen.*

Spaziergang

Mephistopheles:

> *Die Kirche hat einen guten Magen.*

Walpurgisnacht

Mephistopheles:

> *Platz! süßer Pöbel, Platz!*

> *Die Müh' ist klein, der Spaß ist groß.*

> *Du glaubst zu schieben, und du wirst geschoben.*

(Vgl. La Rochefoucauld „Maximes et reflections morales" 1782, „L'homme croit souvent se conduire, lorsqu'il est conduit!")

Feld

Mephistopheles:

> *Sie ist die erste nicht*

(nicht Goethes Erfindung, sondern ein altes Sprichwort).

Kerker

Faust:

> *Der Menschheit ganzer Jammer faßt mich an.*

Gretchen:

> *Heinrich! Mir graut's vor dir.*

Aus dem 1831 vollendeten, 1833 bei Cotta, Stuttgart, erschienenen 2. Teil des „Faust" wird zitiert

1. Akt. Anmutige Gegend

Faust:

> *Am farbigen Abglanz haben wir das Leben.*

Kaiserliche Pfalz

Kanzler:

> *Natur und Geist — so spricht man nicht zu*
> *   Christen.*

Mephistopheles:

> *Daran erkenn ich den gelehrten Herrn.*

> *Wie sich Verdienst und Glück verketten*
> *Das fällt den Toren niemals ein.*

Weitläufiger Saal

Gärtnerinnen:

> *Denn das Naturell der Frauen*
> *Ist so nah mit Kunst verwandt.*

Die Grazien:

> *Anmut bringen wir ins Leben;*
> *Leget Anmut in das Geben.*

2. Akt

Hochgewölbtes,
enges gotisches Zimmer

Mephistopheles:

> *Du weißt wohl nicht, mein Freund,*
> *wie grob du bist.*

Baccalaureus:

> *Im Deutschen lügt man,*
> *wenn man höflich ist.*

Mephistopheles:

> *Original, fahr hin in deiner Pracht! –*
>
> *Wer kann was Dummes,*
> *Wer was Kluges denken,*
> *Das nicht die Vorwelt schon gedacht?*
>
> *Wenn sich der Most auch ganz absurd gebärdet,*
> *Es gibt zuletzt doch noch 'nen Wein.*

Klassische Walpurgisnacht

Manto:

> *Den lieb ich, der Unmögliches begehrt.*

3. Akt

Vor dem Palaste
des Menelaus zu Sparta

Helena:

> *Bewundert viel und viel gescholten.*

4. Akt

Hochgebirg.
Starre, zackige Felsengipfel

Faust:

> *Die Tat ist alles, nichts der Ruhm.*
>
> *Genießen macht gemein.*

Haltefest:

> *Zwar nehmen ist recht gut, doch besser ist's:*
> *Behalten!*

Kaiser:

> *Es sei nun, wie ihm sei! uns ist die Schlacht*
> *gewonnen.*

5. Akt

Tiefe Nacht

Lynkeus der Türmer:

> *Zum Sehen geboren,*
> *Zum Schauen bestellt.*

Mitternacht

Faust:

> *Dem Tüchtigen ist diese Welt nicht stumm.*

Großer Vorhof des Palastes

Faust:

> *Nur der verdient sich Freiheit wie das Leben,*
> *Der täglich sie erobern muß.*

> *Es kann die Spur von meinen Erdentagen*
> *Nicht in Äonen untergehn.*

Bergschluchten, Wald, Fels, Einöde

Engel:

> *Wer immer strebend sich bemüht,*
> *Den können wir erlösen.*

Chorus mysticus:

> *Alles Vergängliche*
> *Ist nur ein Gleichnis.*
> *Das Unzulängliche,*
> *Hier wird's Ereignis.*

> *Das Ewig-Weibliche*
> *Zieht uns hinan.*

Daß

> *Wer soll Lehrling sein? Jedermann.*
> *Wer soll Geselle sein? Wer es kann.*
> *Wer soll Meister sein? Wer was ersann.*

von Goethe sei, ist aus der Luft gegriffen. Der Verfasser des hübschen Spruches ist unbekannt.

Aus „Die natürliche Tochter" (1803) Akt 1, 3

> *Fürchterlich*
> *Ist einer, der nichts zu verlieren hat.*

Aus Akt 3, 4

> *Das Wort verwundet*
> *leichter als es heilt.*

b) Aus den epischen Werken

In den „Leiden des jungen Werthers" (1774) unter dem 24. Dez. 1771 lesen wir

> *glänzendes Elend*

„Strahlendes Elend" wendet Heine in der „Nordsee" (1825/26) I 3 an.
Zehners „Adagia sacra" (1601) gibt dem Centurie 1, Adag. 28 behandelten Sprichworte (Sprüche Salom. 12, 9) den Titel: Splendida paupertas (Glänzende Armut).

> *Das Beste ist gut genug*

ist entnommen aus Goethes „Italienische Reise", unter Neapel, am Ende des 2. Briefes vom 3. März 1787, wo es heißt: „In der Kunst ist das Beste gut genug."
Aus dem 1794 erschienenen „Reineke Fuchs" stammt

> *Pfingsten, das liebliche Fest, war gekommen.*

Im 11. Kap. des 2. Buches von „Wilhelm Meisters Lehrjahre", erschienen 1795 und 1796, kommt in dem am Schlusse stehenden Liede des Harfenspielers, gedichtet 1782

> *O Trank der süßen Labe!*

vor. Das Lied erhielt später unter „Balladen" den Titel „Der Sänger". Hier sind die Worte verändert in

> *O Trank voll süßer Labe!*

Zu den Worten des Harfenspielers, 2, 13

> *Wer nie sein Brot mit Tränen aß,*
> *Wer nie die kummervollen Nächte*
> *Auf seinem Bette weinend saß,*
> *Der kennt euch nicht, ihr himmlischen Mächte*

bemerkt Goethe in den „Sprüchen in Prosa": „Auch Bücher haben ihr Erlebtes *, das ihnen nicht entzogen werden kann. Diese tiefschmerzlichen Zeilen wiederholte sich eine höchst vollkommene, angebetete Königin (Königin Luise von Preußen), in der grausamsten Verbannung zu grenzenlosem Elend verwiesen **. Sie befreundete sich mit dem Buche, das diese Worte und noch manche schmerzliche Erfahrung überliefert, und zog daraus einen peinlichen Trost; wer dürfte diese schon in die Ewigkeit sich erstreckende Wirkung wohl jemals verkümmern."

Aus der sich bei Goethe anschließenden Strophe

> Ihr führt ins Leben uns hinein,
> Ihr laßt den Armen schuldig werden,
> Dann überlaßt ihr ihn der Pein;
> *Denn alle Schuld rächt sich auf Erden*

ist der letzte Vers sehr bekannt. Dahinter steht bei Goethe ein anderer Gesang des Harfenspielers, welcher beginnt

> *Wer sich der Einsamkeit ergibt,*
> *Ach! der ist bald allein.*

> *Das Land, wo die Zitronen blühn*

ist aus dem Liede „Mignon" (Wilhelm Meisters Lehrjahre 3, 1)

> Kennst du das Land, wo die Zitronen blühn?
> Im dunklen Laub die Goldorangen glühn?

In der 3. Strophe heißt es

> *das Maultier sucht im Nebel seinen Weg.*

---

* Habent sua fata libelli (S. 418).
** Die Königin auf der Reise nach Königsberg am 3. Dez. 1806 von einem Schneesturm überfallen, flüchtete in Ortelsburg in ein Bauernhaus. Hier trug sie das Goethesche Lied in ihr Tagebuch ein.

4, 9 stehen Philines Worte

> *wenn ich dich lieb habe, was geht's dich an?*

Goethe zitiert sie in „Dichtung und Wahrheit", 14. Buch, also „Jenes wunderliche Wort (Spinozas): ‚Wer Gott recht liebt, muß nicht verlangen, daß Gott ihn wieder liebe', mit allen den Vordersätzen, worauf es ruht, mit allen den Folgen, die daraus entspringen, erfüllte mein ganzes Nachdenken. Uneigennützig zu sein in allem, am uneigennützigsten in Liebe und Freundschaft, war meine höchste Lust, meine Maxime, meine Ausübung, so daß jenes freche spätere Wort

> *wenn ich dich liebe, was geht's dich an?*

mir recht aus dem Herzen gesprochen ist." Das Wort Spinozas steht in seiner Ethik, pars V, propositio XIX in der Form: „Qui Deum amat, conari non potest, ut Deus ipsum contra amet."

> *Nur wer die Sehnsucht kennt,*
> *Weiß, was ich leide!*

stammt aus dem Liede Mignons und des Harfners (Lehrjahre 4, 11). Und ebenda 5, 16

> *Heiß mich nicht reden, heiß mich schweigen,*
> *Denn mein Geheimnis ist mir Pflicht.*

Und ebenso

> *Große Gedanken und ein reines Herz,*
> *das ist's, was wir uns von Gott erbitten sollen.*

Das literarische Denkmal, das Goethe seiner mütterlichen Freundin, der frommen Susanna Katharina von Klettenberg, mit einem besonderen Abschnitt in den „Lehrjahren" (6. Buch) setzte, führt den Titel

> *Bekenntnisse einer schönen Seele.*

Der Ausdruck „schöne Seele" geht auf Platos „Gastmahl", die Mystiker, Richardson und Rousseau zurück, kommt auch in „Werthers Leiden" und bei Schiller vor.

Das Bild

> *der rote Faden*

wird in „Die Wahlverwandtschaften" (1809) II 2 also erklärt: „Wir hören von einer besonderen Einrichtung bei der englischen Marine: Sämtliche Tauwerke der königlichen Flotte, vom stärksten bis zum schwächsten, sind dergestalt gesponnen, daß ein roter Faden durch das Ganze durchgeht, den man nicht herauswinden kann, ohne alles aufzulösen, und woran auch die kleinsten Stücke kenntlich sind, daß sie der Krone gehören. Ebenso zieht sich durch Ottiliens Tagebuch ein Faden der Neigung und Anhänglichkeit, der alles verbindet und das Ganze bezeichnet."

Goethe zitiert den roten Faden noch einmal in den „Wahlverwandschaften" II 4 zur Einleitung eines Stücks von Ottiliens Tagebuch: „Manches Eigene von innigerem Bezug wird an dem roten Faden wohl zu erkennen sein." Der rote Faden kommt als Erkennungszeichen bereits 1. Mos. 38, 28 und 30 vor.

> *Es wandelt niemand ungestraft unter Palmen*

steht im Tagebuch Ottiliens, „Wahlverwandtschaften" II 7.

Aus den Wahlverwandtschaften wird auch zitiert

> *Der Umgang mit Frauen*
> *ist das Element guter Sitten.*

Und

> *Im Ehestand muß man sich manchmal streiten,*
> *denn dadurch erfährt man was voneinander.*

> *Dichtung und Wahrheit,*

der Titel von Goethes Autobiographie (1811), ist auch zum geflügelten Worte geworden.

Das in der letzten Hälfte des vorigen Jahrhunderts mit seinen Verwandten genial oder, wie man damals sagte, genialisch entstandene Wort

> *Geniestreich*

hat seine schriftstellerische Weihe durch Goethe im 1814 geschriebenen 3. Teil, im 19. Buch von „Dichtung und Wahrheit" gefunden, wo er kurz nach der Definition „Genie ist die Kraft des Menschen, welche, durch Handeln und Tun, Gesetz und Regel gibt", sagt: „Wenn einer zu Fuße, ohne recht zu wissen warum und wohin, in die Welt lief, so hieß dies eine Geniereise, und wenn einer etwas Verkehrtes ohne Zweck und Nutzen unternahm, ein Geniestreich."

Das Wort Geniestreich war keine Erfindung Goethes, sondern kommt 1781 schon in einem Roman „Der Empfindsame" von Chr. Friedrich Thimme und 1786 in einem in Berlin und Libau anonym erschienenen Buch „Folgen einer akademischen Mädchenerziehung" vor.

Das häufige Verweisen auf Shakespeare bezeichnen wir mit dem Titel eines im „Morgenblatt für gebildete Stände" 1815 Nr. 113 erschienenen Aufsatzes von Goethe

> *Shakespeare und kein Ende.*

Aus den „Maximen und Reflexionen"

> *Es gibt eine Höflichkeit des Herzens; sie ist der Liebe verwandt. Aus ihr entspringt die bequemste Höflichkeit des äußeren Betragens.*

Ferner ebenda

> Wie kann man sich selbst kennenlernen?
>
> Durch Betrachten niemals, wohl aber durch Handeln. Versuch deine Pflicht zu tun, und du weißt gleich, was an dir ist.
>
> *Was aber ist deine Pflicht? Die Forderung des Tages.*

Und

> *Wer das erste Knopfloch verfehlt,*
> *kommt mit dem Zuknöpfen nicht zu Rande.*

c) AUS DEN GEDICHTEN

Das im Göttinger Musenalmanach für 1775, 59 ohne Überschrift abgedruckte Gedicht, später „Rezensent" betitelt, schließt

> *Schlagt ihn tot, den Hund! Er ist ein Rezensent.*

Im 14. Buch von „Dichtung und Wahrheit" gedenkt
Goethe seines am 19. Juli 1774 gedichteten „Diner zu
Koblenz". Er schildert darin, wie er bei Tische zwischen
Lavater, der einen Geistlichen über die Geheimnisse der
Offenbarung belehrt, und Basedow, der einem Tanz-
meister die Kindstaufe als einen veralteten Brauch er-
klärt, sitzt und sich unterdessen den Genüssen der
Mahlzeit widmet

> Prophete rechts, Prophete links,
> Das Weltkind in der Mitten.

Zur selben Zeit verfaßt und im März 1775 in der
„Iris" veröffentlicht wurde das auf Lili Schönemann
bezogene Lied „Neue Liebe, neues Leben" mit dem
Anfangsvers

> Herz! mein Herz! was soll das geben?

Aus der Ballade „Der Fischer" wird zitiert

> kühl bis ans Herz hinan.

Schiller übersetzt Racine „Phaedra" 5, 6

> Jusqu'au fond de nos cœurs notre sang
> s'est glacé,

also

> Es trat uns allen
> Eiskalt bis an das Herz hinan.

In der Schlußstrophe heißt es

> Da war's um ihn geschehen:
> Halb zog sie ihn, halb sank er hin
> Und ward nicht mehr gesehen.

Im Gedicht „Mit einem gemalten Band" von 1771
lesen wir

> Kleine Blumen, kleine Blätter

und

> Einen Blick, geliebtes Leben!
> Und ich bin belohnt genung.
> Und das Band, das uns verbindet,
> Sei kein schwaches Rosenband!

Aus „Der König in Thule"

> *Die Augen gingen ihm über*
> *Sooft er trank daraus*

und

> *Die Augen täten ihm sinken;*
> *Trank nie einen Tropfen mehr.*

„Der Erlkönig" enthält die Zitate

> *Wer reitet so spät durch Nacht und Wind?*
> *Es ist der Vater mit seinem Kind.*

und

> *Ich liebe dich, mich reizt deine schöne Gestalt.*

und

> *und bist du nicht willig, so brauch ich Gewalt.*

und

> *Erreicht den Hof mit Müh und Not.*

Aus dem Gedicht „Das Göttliche" (zuerst im Tiefurter Journal Nr. 40) wird zitiert

> *Edel sei der Mensch,*
> *Hilfreich und gut.*

Noch vor der „Italienischen Reise" schrieb Goethe das Gedicht, dessen sämtliche Verse geflügelte Worte wurden

> *Feiger Gedanken*
> *Bängliches Schwanken,*
> *Weibisches Zagen,*
> *Ängstliches Klagen*
> *Wendet kein Elend,*
> *Macht dich nicht frei.*
> *Allen Gewalten*
> *Zum Trotz sich erhalten,*
> *Nimmer sich beugen,*
> *Kräftig sich zeigen,*
> *Rufet die Arme*
> *Der Götter herbei.*

Aus dem 1789 in „Goethes Schriften“ erschienenen
Gedichte „Beherzigung“ wird die Schlußstrophe zitiert

> *Eines schickt sich nicht für alle!*
> *Sehe jeder, wie er's treibe,*
> *Sehe jeder, wo er bleibe,*
> *Und wer steht, daß er nicht falle!*

deren letzter Vers auf 1. Korinther 10, 12 beruht,
während der erste Vers an lateinische Quellen erinnert.
Vgl. Cicero pro Rose. (Am. 42, 122): „Non in omnes
arbitror omnia convenire“; Properz (4, 9, 7): „Omnia
non pariter rerum sunt omnibus apta“; Tacitus (Ann.
6, 54): „Non eadem omnibus decora“ und Plinius
(Epist. 6,27): „Non omnibus cadem placent, nec
conveniunt quidem“.
Unmittelbar folgt „Erinnerung“

> *Willst du immer weiter schweifen?*
> *Sieh, das Gute liegt so nah.*
> *Lerne nur das Glück ergreifen,*
> *Denn das Glück ist immer da.*

Mit der Abwandlung

> *Warum in die Ferne schweifen . . .*

Das Gedicht „Frisches Ei, gutes Ei“ endigt

> *Begeistrung ist keine Heringsware,*
> *Die man einpökelt auf einige Jahre.*

Das Gedicht „Wie du mir, so ich dir“ heißt

> *Mann mit zugeknöpften Taschen,*
> *Dir tut niemand was zu lieb:*
> *Hand wird nur von Hand gewaschen –*
> *Wenn du nehmen willst, so gib!*

Aus „Hermann und Dorothea“ (1797), und zwar aus
dem Gesang „Erato“ ist in Gebrauch

> *Dienen lerne beizeiten das Weib nach ihrer*
> > *Bestimmung,*
> *Denn durch Dienen allein gelangt sie endlich*
> > *zum Herrschen.*

Aus „Gott und die Welt"

> *Natur hat weder Kern noch Schale,*
> *Alles ist sie mit einem Male.*

Die Ballade „Der Zauberlehrling" (zuerst in Schillers Musenalmanach für 1798, S. 32) enthält die Worte

> *Die ich rief, die Geister*
> *Werd' ich nun nicht los,*

aus „Der Schatzgräber" (zuerst ebenda S. 46) wird zitiert

> *Arm am Beutel, krank am Herzen*

und

> *Tages Arbeit, Abends Gäste!*
> *Saure Wochen, frohe Feste!*

In der Ballade

> *Der getreue Eckart*

1813 schloß sich Goethe an die nordische, auf deutscher Grundlage ruhende Wilkiseasage an, in der Eckart die Hartunge als deren Erzieher vor einem Überfall rettet. Der getreue Eckart warnt auch vor der wilden Jagd und vor dem Eintritt in den Venusberg. Das 667. Sprichwort von Agricola (1589) sagt: „Du bist der treue Eckart; du warnest jedermann". Tieck schrieb 1799 die romantische Erzählung „Der getreue Eckart und Tannhäuser". Und das „Ballade" genannte Gedicht schloß mit dem populär gewordenen Refrain:

> *Die Kinder, sie hören es gerne.*

In dem Sonett in „Was wir bringen", Vorspiel bei Eröffnung des neuen Schauspielhauses zu Lauchstädt (26. Juni 1802), 19. Auftritt heißt die letzte Strophe

> *Wer Großes will, muß sich zusammenraffen.*
> *In der Beschränkung zeigt sich erst der Meister,*
> *Und das Gesetz nur kann uns Freiheit geben,*

woraus besonders der mittlere Vers viel zitiert wird.
Das Sonett steht mit dem Titel „Natur und Kunst" auch in dem „Epigrammatisch" überschriebenen Abschnitt der Gedichte.

Im Wieland-Goetheschen „Taschenbuch auf das Jahr 1804" S. 97 steht das „Tischlied" zum 22. Januar 1802

> *Mich ergreift, ich weiß nicht wie,*
> *Himmlisches Behagen.*

S. 113 das Gedicht „Schäfers Klagelied", das nach Zelters „Briefwechsel mit Goethe" I. S. 21 und 41 schon 1802 bekannt war; am Ende der 2. Strophe desselben befinden sich die Verse

> *Ich bin heruntergekommen,*
> *Und weiß doch selber nicht wie.*

S. 150 ebenda läßt Goethe am Ende des Gedichtes „Frühlingsorakel" den Kuckuck seinen eigenen Namen

> *mit Grazie in infinitum*

wiederholen.
Wenn wir

> *nur der Lump ist bescheiden*

sagen, so fälschen wir Form, Rhythmus und Sinn; denn Goethe sagt in dem zuerst 1810 im „Pantheon" gedruckten Gedichte „Rechenschaft"

> *Nur die Lumpe sind bescheiden,*
> *Brave freuen sich der Tat.*

> *Hier sind wir versammelt zu löblichem Tun*

ist der 1. Vers des 1810 entstandenen und in „Gesänge der Liedertafel" 1811 Nr. 44 zuerst gedruckten Liedes „Ergo bibamus!" Der Spruch „ergo bibamus!" kommt schon in mittelalterlichen Trinkliedern vor.
In dem Vorspruch zu der Abteilung Kunst (Werke 1815 Bd. II S. 163) steht das Wort

> *Bilde, Künstler! Rede nicht!*

Dazu in „Der Sänger" (1783)

> *Ich singe, wie der Vogel singt,*
> *Der in den Zweigen wohnet.*

Und

> *O Trank voll süßer Labe!*

Aus der zuerst für die Ausgabe von 1815 zusammengestellten Sammlung „Sprichwörtlich" sind

> *Tu nur das Rechte in deinen Sachen;*
> *Das andre wird sich von selber machen*

und

> *Alles in der Welt läßt sich ertragen,*
> *Nur nicht eine Reihe von schönen Tagen,*

was bei Luther B. 57 S. 128 „Gute Tage können wir
nicht vertragen" und S. 283 „Die Welt kann nichts
weniger ertragen denn gute Tage" lautet; ebenso die
für den „Epilog zum Trauerspiel Essex" am 18. Okt.
1813, dem Tag der Schlacht von Leipzig, gedichteten
und von Goethe selbst später als „prophetisch" be-
zeichneten Worte

> *Der Mensch erfährt, er sei auch wer er mag,*
> *Ein letztes Glück und einen letzten Tag.*

Aus der Sammlung „Sprichwörtlich" stammt auch

> *Zwischen heut und morgen*
> *Liegt eine lange Frist.*
> *Lerne schnell besorgen,*
> *Da du noch munter bist;*

aus „Sprüche in Prosa" Abt. 2 „Es gibt problematische
Naturen, die keiner Lage gewachsen sind, in der sie
sich befinden, und denen keine genug tut. Daraus ent-
steht der ungeheure Widerstreit, der das Leben ohne
Genuß verzehrt."

> *Problematische Naturen*

Friedrich Spielhagen (1829–1911) hat seinen ersten
Roman (4 Bände 1861) so betitelt.
Aus dem 2. Buch der „Zahmen Xenien" (1823)

> *Im Auslegen seid frisch und munter!*
> *Legt ihr's nicht aus, so legt was unter,*

aus dem 3.:

> *Wär' nicht das Auge sonnenhaft,*
> *Die Sonne könnt' es nie erblicken.*

Dieser Gedanke ist aus Plotin, 1. Enneade B. 6 c. 9
geschöpft, wo es heißt „Nie hätte das Auge je die
Sonne gesehen, wenn es nicht selbst sonnenhaft wäre";
aus dem 4.:

> Liegt dir Gestern klar und offen,
> Wirkst du heute kräftig frei,
> Kannst auch auf ein Morgen hoffen,
> Das nicht minder glücklich sei;

aus dem 5.:

> Sollen dich die Dohlen nicht umschrein,
> Mußt nicht Knopf auf dem Kirchturm sein

und

> Jeder solcher Lumpenhunde
> Wird vom zweiten abgetan;

aus dem 6.:

> Vom Vater hab ich die Statur,
> Des Lebens ernstes Führen,
> Vom Mütterchen die Frohnatur
> Und Lust zu fabulieren;

und

> Wie fruchtbar ist der kleinste Kreis,
> Wenn man ihn wohl zu pflegen weiß;

aus dem 9. (zuerst in Wendts Musen-Almanach für
1831, S. 42, „den Vereinigten Staaten")

> Amerika, du hast es besser —
> (als unser Kontinent, das alte).

Im „West-östlichen Diwan" (1819) finden wir im
„Buch des Sängers" das bereits im Taschenbuch für
Damen 1817 abgedruckte Gedicht „Selige Sehnsucht"
mit dem Wort

> Stirb und werde

in der letzten Strophe:

> Und solang' du das nicht hast,
> Dieses: Stirb und werde!
> Bist du nur ein trüber Gast
> Auf der dunklen Erde;

aus dem „Buch der Sprüche“:

> *Gutes tu rein aus des Guten Liebe!*
> *Das überliefre deinem Blut;*
> *Und wenn's den Kindern nicht verbliebe,*
> *Den Enkeln kommt es doch zugut;*

und das nach Ev. Joh. 9, 4 gebildete

> *Noch ist es Tag, da rühre sich der Mann!*
> *Die Nacht tritt ein, wo niemand wirken kann!*

Ebenso die „Lebensregel“

> *Willst du dir ein hübsch Leben zimmern,*
> *Mußt dich um's Vergangene nicht bekümmern;*
> *Das Wenigste muß dich verdrießen;*
> *Mußt stets die Gegenwart genießen,*
> *Besonders keinen Menschen hassen*
> *Und die Zukunft Gott überlassen!*

Nach dem „Buch Suleika“ zitieren wir

> *Volk und Knecht und Überwinder,*
> *Sie gestehn zu jeder Zeit:*
> *Höchstes Glück der Erdenkinder*
> *Sei nur die Persönlichkeit.*

Aus dem Buch der Sprüche des „West-östl. Diwans“

> *Getretener Quark wird breit, nicht stark.*

Als Motto vor den „Noten und Abhandlungen zu besserem Verständnis des West-östlichen Diwans“ steht

> *Wer das Dichten will verstehen,*
> *Muß ins Land der Dichtung gehen;*
> *Wer den Dichter will verstehn,*
> *Muß in Dichters Lande gehen.*

Hier sagt Goethe unter „Eingeschaltetes“ auch „Der Dichter steht viel zu hoch, als daß er Partei machen sollte“, was Freiligrath in seinem Gedicht „Aus Spanien“ (1841) formulierte

> *Der Dichter steht auf einer höhern Warte*
> *Als auf den Zinnen der Partei.*

Unter „Epigrammatisch" steht im Gedicht „Grabschrift"
(1815)

> *Auf deinem Grabstein wird man lesen:*
> *Das ist fürwahr ein Mensch gewesen.*

Diesen Vers hat man dann kombiniert mit „Einlaß" im
„Buch des Paradieses" (West-östlicher Diwan)

> *Nicht so vieles Federlesen!*
> *Laß mich immer nur herein:*
> *Denn ich bin ein Mensch gewesen*
> *Und das heißt ein Kämpfer sein*

zu dem populären Vers

> *Macht nicht so viel Federlesen!*
> *Setzt auf meinen Leichenstein:*
> *Dieser ist ein Mensch gewesen,*
> *Und das heißt ein Kämpfer sein.*

In „Epigrammatisch" unter dem Titel „Natur und
Kunst", auch das Sonett in „Was wir bringen", Vorspiel bei der Eröffnung des Neuen Schauspielhauses zu
Lauchstädt (26. Juni 1802), 19. Auftritt, aus dem zitiert
wird

> *In der Beschränkung zeigt sich erst der Meister*
> *Und das Gesetz nur kann uns Freiheit geben.*

Aus dem „Kophtischen Lied" (1796) „Ein andres"

> Auf des Glückes großer Waage
> Steht die Zunge selten ein;
> Du mußt steigen oder sinken,
> Du mußt herrschen und gewinnen,
> Oder dienen und verlieren,
> Leiden oder triumphieren,
> *Amboß oder Hammer sein.*

Aus „Trost in Tränen"

> *Man sieht dir's an den Augen an,*
> *Gewiß, du hast geweint*

und

> *Die Sterne, die begehrt man nicht,*
> *Man freut sich ihrer Pracht.*

Zu einer dramatischen Vorstellung des Liedes von der Glocke am 10. August 1805 auf der Lauchstädter Bühne dichtete Goethe den „Epilog zu Schillers Glocke" mit den populär gewordenen Worten in der 4. Strophe

> *Denn er war unser! Mag das stolze Wort*
> *Den lauten Schmerz gewaltig übertönen!*
> *Und hinter ihm, in wesenlosem Scheine,*
> *Lag, was uns alle bändigt, das Gemeine.*

Von Goethe stammt auch das Wort

> *Weltliteratur*

nach den Gesprächen mit Eckermann (31. Jan. und 15. Juli 1827) und dem Ende der 6. Abteilung in den „Sprüchen in Prosa": „Jetzt, da sich eine Weltliteratur einleitet, hat, genau besehen, der Deutsche am meisten zu verlieren; er wird wohl tun, dieser Warnung zu gedenken."

Die Wendung

> *Leiden am Leben*

stammt auch von Goethe, der im Logennachruf am 15. Juni 1821 sagte: „Wir leiden alle am Leben; wer will uns, außer Gott, zur Rechenschaft ziehen?" —

d) Aus den Briefen und Gesprächen

An Meyer 8. Februar 1796

> *Der Zweck des Lebens ist das Leben selbst.*

Zu Soret 22. Dezember 1823

> *Man muß oft etwas Tolles unternehmen, um nur*
> *wieder eine Zeitlang leben zu können.*

Es wird behauptet, daß die letzten Worte, die Goethe am 22. März 1832 vor seinem Tode sprach

> *Mehr Licht*

gewesen seien; er soll jedoch gesagt haben: „Macht doch den zweiten Fensterladen auch auf, damit mehr Licht hereinkomme." Nach Immermann „Memorabilien", Hamburg 1840–43 III 8 ist er sanft eingeschlummert und hat nichts gesprochen.

Friedrich von Schiller

a) Aus den dramatischen Werken

In „Die Räuber" (1781) finden wir 1, 2 das Wort Karl von Moors „Mir ekelt vor diesem

tintenklecksenden Säculum,

wenn ich in meinem Plutarch lese von großen Menschen."

Und das Wort Schweizers

Franz heißt die Kanaille?

und 2, 3 lesen wir Karl Moors Worte

Ich kenne dich, Spiegelberg,

oft umgestellt in

Spiegelberg, ich kenne dich.

Berlinerisch

Spiejelberg, ick kenne dir

(aber ich will nächstens unter euch treten und)
fürchterlich Musterung halten

und am Ende des 2. Aktes

ich fühle eine Armee in meiner Faust.

Die 5. Szene im 4. Aufzug beginnt mit dem Räuberlied

Ein freies Leben führen wir.

In 4, 5 schließt Moors Gesang von Brutus und Cäsar

geh du linkswärts, laß mich rechtswärts gehn,

was an 1. Mos. 13, 9 erinnert „Willst du zur Linken, so will ich zur Rechten, oder willst du zur Rechten, so will ich zur Linken". Weiterhin ruft der alte Moor

bist du's, Hermann, mein Rabe?

der Raben gedenkend, die nach 1. Könige 17, 4 und 6 dem Elias Nahrung zuführten.

5, 1 enthält Franz Moors Worte

hab mich nie mit Kleinigkeiten abgegeben

und die letzten Worte des Schauspiels

dem Mann kann geholfen werden

sind eine ganz triviale Redensart geworden.

Konfiszierter Kerl

ist wahrscheinlich auch auf Schiller zurückzuführen. Karl Hoffmeister „Schillers Leben für den weiteren Kreis seiner Leser" (1837 ff.) I, 4 erzählt über unsere Redensart folgendes: „Als Schiller einst den Freunden die Worte vortrug, die Franz Moor im Anfange des fünften Aktes zu Moser spricht: ‚Ha! was, du kennst keine Sünde drüber (über den Vatermord)? Besinne dich nochmals – Tod, Himmel, Ewigkeit, Verdammnis schwebt auf dem Laut deines Mundes! keine einzige drüber?' da öffnete sich die Tür, und der hereintretende Aufseher sah Schillern halb in Verzweiflung die Stube auf- und abrennen. ‚Ei, so schäme man sich doch', sagte er, ‚wer wird denn so entrüstet sein und fluchen!' Als er den Rücken gekehrt, rief ihm Schiller, zu den lachenden Gesellen gewandt, das Wort aus den „Räubern" nach: ‚Ein konfiszierter Kerl!'" Nun findet sich jedoch dieser Ausdruck nirgends in den „Räubern", sondern in „Kabale und Liebe" 1, 2, wo Musikus Miller vom Sekretär Wurm sagt: „Ein konfiszierter widriger Kerl, als hätt' ihn irgend ein Schleichhändler in die Welt meines Herrgotts hineingeschachert." Im Personenverzeichnis zu „Fiesco" wird Muley Hassan, Mohr von Tunis, als „confiszierter Mohrenkopf" bezeichnet.

Und darum Räuber und Mörder

steht nicht in der 1. Ausg. der „Räuber", Frankfurt u. Leipz. 1781, sondern in der noch heute allen Bühnen-Aufführungen zugrunde liegenden Umarbeitung, welche Schiller mit seinem Stücke für das Mannheimer Theater auf Andrängen des Intendanten Dalberg vornahm, in 4, 17 (Neue für die Mannheimer Bühne verbesserte Aufl. Mannheim 1782).

„Die Verschwörung des Fiesco" (1783) bietet 1, 5 Gianettino Dorias Fluch

Donner und Doria,

aus 3, 4 pflegt man zu zitieren

> *Der Mohr hat seine Schuldigkeit getan;*
> *Der Mohr kann gehen,*

während es an Ort und Stelle „Arbeit", nicht „Schuldigkeit" heißt; 3, 5 steht Fiescos Drohung

> (Fahre wohl, Doria, schöner Stern!)
> *Auch Patroklus ist gestorben,*
> *Und war mehr als du;*

ein Zitat aus „Ilias" 21, 106 und 107, wo Achill dem Lykaon, der um sein Leben bittet, zuruft:

> „ἀλλὰ φίλος θάνε καὶ σύ. τί ὀλοφύρεαι οὕτως;
> κάτθανε καὶ Πάτροκλος, ὅπες σέο πολλὸν ἀμείνων.

> Wohlan, Freund, stirb auch du. Was klagst du so? Es starb auch Patroklus, der viel besser war als du.

> *Verderben, gehe deinen Gang*

heißt es am Ende von 5, 1; 5, 4 steht

> *deutsche Hiebe.*

5, 16 sagt Fiesco „Was zerrst du so am Mantel? – er fällt!" Verrina (mit fürchterlichem Hohne): „Nun, wenn der Purpur fällt, muß auch der Herzog nach!" Danach:

> *Wenn der Mantel fällt, muß der Herzog nach.*

In „Kabale und Liebe" (1784) 1, 4 sagt Ferdinand

> *Du bist blaß, Luise.*

Davon wird die Wiener Bezeichnung

> *blasse Luise*

für einen leichten Kaffee, einen zu blassen Kuchen abgeleitet.

Aus 2, 2 ist

> *legt's zu dem übrigen,*

was Schiller später auch in „Maria Stuart" 1, 1 gebraucht.

3, 2:

> *Mein Verstand steht still.*

5, 3 steht

> (nicht: *O du) unglückseliges Flötenspiel.*

5, 7:

> *Die Limonade ist matt, wie deine Seele.*

In „Don Carlos" (1787) 1, 1 stehen die Worte, mit welchen Don Carlos in der „Rheinischen Thalia" von 1785 jedoch nicht begann

> *Die schönen Tage in Aranjuez*
> *Sind nun zu Ende*

was in der Übersetzung

> Les beaux jours d'Aranjuez touchent à leur fin

auch in Frankreich gesprächsweise gebraucht wird, wie aus „Petites ignorances de la conversation" par Charles Rozan, Paris 4. Aufl. S. 286 zu ersehen. Aus derselben Szene zitieren wir

> *Brechen Sie*
> *Dies rätselhafte Schweigen*
>
> *O wer weiß,*
> *Was in der Zeiten Hintergrunde schlummert?*

und

> *Wo alles liebt, kann Karl allein nicht hassen.*

Sz. 2

> *Wer kommt? – Was seh ich? – Oh, ihr guten*
> *Geister! Mein Roderich!*
> *Du sprichst von Zeiten, die vergangen sind –*
> *O der Einfall*
> *War kindisch, aber göttlich schön –*
> *Sprich mir von allen Schrecken des Gewissens,*
> *Von meinem Vater sprich mir nicht.*

Beim Zitieren wird statt „meinem Vater" je nach Umständen der Gegenstand des Entsetzens eingeschaltet.

Sz. 4

> *große Seelen dulden still.*

Sz. 5

> *Ein Augenblick, gelebt im Paradiese,*
> *Wird nicht zu teuer mit dem Tod gebüßt.*

Sz. 6

> (Deswegen
> Vergönn ich Ihnen zehen Jahre Zeit)
> *Fern von Madrid* (darüber nachzudenken)

und, was Schiller bereits vorfand,

> *die Sonne geht in meinem Staat nicht unter.*

Der Gedanke ist zuerst von GUARINI in dem Prolog zu seinem 1585 zu Turin bei der Vermählung des Herzogs von Savoyen mit Katharina von Österreich aufgeführten Schäferdrama „Il pastor fido" angewendet worden, wo diese angeredet wird: Altera figlia di quel Monarca, a cui nè anco, quando annotta, il Sol tramonta. (Hehre Tochter jenes Monarchen, dem die Sonne auch dann nicht untergeht, wenn es nachtet.)

> *Hier ist die Stelle, wo ich sterblich bin.*

> *Wenn ich einmal zu fürchten angefangen,*
> *Hab ich zu fürchten aufgehört.*

Die Worte dieser Szene

> *Der Knabe*
> *Don Carl fängt an, mir fürchterlich zu werden*

soll Ludwig DEVRIENT (1784–1832) einst in der Weinstube von Lutter und Wegener in Berlin dem Kellner Karl zugerufen haben, als dieser ihm die stark aufgelaufene Rechnung reichte.
Ferner

> *Der Aufruhr wächst in meinen Niederlanden.*
> *Es ist die höchste Zeit.*

Dieser Ausspruch wird parodistisch für Leibschmerzen abgewandelt

> *Der Aufruhr tobt in meinen Niederlanden.*

1, 9 steht

> *und in des Worts verwegenster Bedeutung*

und

> *Arm in Arm mit dir,*
> *So fordr' ich mein Jahrhundert in die Schranken.*

2, 1:

> *in seines Nichts durchbohrendem Gefühle*

was Alba in Sz. 5 in der Form „In meines Nichts durchbohrendem Gefühle?" wiederholt. 2, 2

> *Wer ist das?*
> *Durch welchen Mißverstand hat dieser Fremdling*
> *Zu Menschen sich verirrt?*

> *Dreiundzwanzig Jahre,*
> *Und nichts für die Unsterblichkeit getan!*

2, 8:

> *Mein Gehirn*
> *Treibt öfters wunderbare Blasen auf.*

> *Die Liebe ist der Liebe Preis;*

> *Beim wunderbaren Gott! – das Weib ist schön!*

2, 15:

> *(denn) Unrecht leiden schmeichelt großen Seelen.*

3, 10:

> *Stolz will ich*
> *Den Spanier,*

> *(Ich mag es gerne leiden),*
> *Wenn auch der Becher überschäumt*

> *Wenn solche Köpfe feiern,*
> *(Wie viel Verlust für meinen Staat)*

> *Ich kann nicht Fürstendiener sein,*

> *Die Ruhe eines Kirchhofs!*

> *Geben Sie Gedankenfreiheit!*

> *Sonderbarer Schwärmer!*

> *Anders,*
> *Begreif ich wohl, als sonst in Menschenköpfen*
> *Malt sich in diesem Kopf die Welt.*

4, 21:

> *O Gott (oder: O Königin), das Leben ist doch*
> *schön*

und in der letzten Szene des letzten Aktes

> *so sehen wir uns wieder!*

was auch in der „Braut von Messina" vorkommt, als Isabella ihre Tochter wiedersieht. Die vom König gesprochenen Schlußworte des Dramas

> *Kardinal! Ich habe*
> *Das Meinige getan. Tun Sie das Ihre*

werden häufig zitiert und können mit den Worten Karl Moors in „Die Räuber" 2, 3

> *Ich habe das Meine getan,*
> *Das Plündern ist eure Sache*

in Parallele gestellt werden.

Aus dem im Okt. 1798 bei Wiedereröffnung der Schaubühne in Weimar gesprochenen „Prolog" zu „Wallensteins Lager" wird zitiert

> *dem Mimen flicht die Nachwelt keine Kränze*

und

> *(denn) wer den Besten seiner Zeit genug*
> *Getan, der hat gelebt für alle Zeiten.*

> *Im engen Kreis verengert sich der Sinn,*
> *Es wächst der Mensch mit seinen*
> *größern Zwecken.*

> *Von der Parteien Gunst und Haß verwirrt,*
> *Schwankt sein Charakterbild in der Geschichte;*

> *Ernst ist das Leben, heiter ist die Kunst.*

In „Wallensteins Lager" (1798) 2. Auftritt

> *Ei, das muß immer saufen und fressen.*

Im 5. Auftritt ruft der erste Jäger, als die Marketenderin kommt,

> *Was? der Blitz!*
> *Das ist ja die Gustel aus Blasewitz.*

Im 6. Auftritt wirft der Wachtmeister einem Jäger vor, daß ihm

> *der feine Griff und der rechte Ton*

fehle, den man nur in des Feldherrn Nähe lernen könne. Der Jäger erwidert darauf

> *Wie er räuspert und wie er spuckt,*
> *Das habt Ihr ihm glücklich abgeguckt,*

was aus Molières „Femmes savantes" 1, 1 entlehnt ist. Ebenda

> *was nicht verboten ist, ist erlaubt.*

Und im 7. Auftritt

> *Trommeln und Pfeifen,*
> *Kriegrischer Klang,*

sowie

> *Und wer's zum Korporal erst hat gebracht,*
> *Der steht auf der Leiter zur höchsten Macht.*

Der Anfang der Kapuzinerpredigt im 8. Auftritt lautet

> *Heisa, Juchheia! Dudeldumdei!*
> *Das geht ja hoch her. Bin auch dabei!*

Der Ausdruck

> *Kapuzinade*

wird von einigen fälschlich auf Schillers

> *Kapuzinerpredigt*

in „Wallensteins Lager" zurückgeführt, das 1798 zur Aufführung kam. Daß barocke Kapuzinerpredigten oder Kapuzinaden längst vor Schillers Stück bekannt gewesen sind, ergibt sich schon daraus, daß kein Kapuziner, sondern der Augustiner Abraham a Santa Clara unserem Dichter zum Vorbild gedient hat.

Es treten im Lager zwei Arkebusiere auf, philisterhafte
Gesellen, die im 10. Auftritt für das Wort

> *der Bauer ist auch ein Mensch – sozusagen*

kritisiert werden

> (Laß sie gehen! sind Tiefenbacher,)
> *Gevatter Schneider und Handschuhmacher!*

und im 11. Auftritt

> (Schad' um die Leut'!
> Sind sonst wackre Brüder),
> *Aber das denkt wie ein Seifensieder.*

Und das Reiterlied

> *Wohl auf, Kameraden, aufs Pferd, aufs Pferd,*
>
> *Aus der Welt die Freiheit verschwunden ist,*
> *Man sieht nur Herren und Knechte;*
> *Die Falschheit herrschet, die Hinterlist*
> *Bei dem feigen Menschengeschlechte.*

Aus der Schlußstrophe wird zitiert

> *Und setzet ihr nicht das Leben ein,*
> *Nie wird euch das Leben gewonnen sein.*

Aus „Die Piccolomini" (1800) wird zitiert (1, 1)

> *Spät kommt ihr, doch ihr kommt*
>
> *Der weite Weg, Graf Isolan,*
> *Entschuldigt Euer Säumen,*

wobei bemerkt werden möge, daß schon in der Odyssee
23, 7 von Odysseus gesagt wird, daß er nach Hause
kommt, obwohl er spät kommt. (Ursprünglich begannen weder Don Carlos noch die Piccolomini mit ihren
so berühmten Eingangsworten. Der Anfang der Piccolomini lautete: Gut, daß Ihr's seid, daß wir Euch
haben! wußt' ich doch, Graf Isolani bleibt nicht aus.)
Aus Aufzug 1 Auftritt 2

> *der Krieg ernährt den Krieg*

nach Livius 34, 9 „Bellum se ipsum alit" und Kheven-

hüllers „Annales Ferdinandei" (Leipzig 1724) sowie
dem französischen Sprichwort „La guerre nourrit la
guerre".
Ebenda:

> *Es ist der Krieg ein roh, gewaltsam Handwerk*

> *Was ist der langen Rede kurzer Sinn?*

Aus 1, 4

> *Des Dienstes immer gleichgestellte Uhr hält uns*
> *im Geleise.*

Dieses Zitat brauchte Moltke zu Bismarck beim Tode
Kaiser Wilhelm I. am 9. März 1888.
Aus 2, 6

> *In deiner Brust sind deines Schicksals Sterne.*

> *Lehre du mich meine Leute kennen!*

> *Du redst, wie du's verstehst.*

Aus 2, 7

> *Wohl ausgesonnen, Pater Lamormain!*

> *Wär' der Gedank' nicht so verwünscht gescheit,*
> *Man wär' versucht, ihn herzlich dumm zu*
> *nennen.*

Aus 3, 3

> *Die Uhr schlägt keinem Glücklichen,*

was gewöhnlich in der Form zitiert wird

> *Dem Glücklichen schlägt keine Stunde.*

Aus 3, 4

> *Das Spiel des Lebens sieht sich heiter an,*
> *Wenn man den sichern Schatz im Herzen trägt,*

und der Schlußvers aus Theklas Lied (3, 7)

> *Ich habe gelebt und geliebet.*

Aus 3, 8

> *Der Zug des Herzens ist des Schicksals Stimme,*

was als Nebentitel des von Hauff unter dem Namen

H. Clauren und gegen diesen geschriebenen Romans „Der Mann im Monde" (1825) auch bekannt geworden ist.

Der steinerne Gast

stammt aus 4, 6, wo Isolani auf Max zeigend sagt: Gebt acht! Es fehlt an diesem steinernen Gast, der uns den ganzen Abend nichts getaugt.

Der Ausdruck wird aber populär durch

Don Juan,

der nach der spanischen Sage des 14. Jahrh. die dem von ihm erstochenen Komtur errichtete Bildsäule als „steinernen Gast" zum Abendessen einlädt, durch den er dann der Hölle überantwortet wird. Das Libretto Lorenzo da Pontes zu Mozarts Oper (1787) gab ihm dann die bleibende Gestalt.

Aus 4, 7

vor Tische las man's anders.

Aus 5, 1

Das eben ist der Fluch der bösen Tat,
Daß sie, fortzeugend, immer Böses muß gebären.

Derselbe Gedanke wird im „Agamemnon" des Aischylos V. 758 so ausgesprochen: „Die gottlose Tat erzeugt mehrere, die ihrem Geschlecht gleichen" und von Saxo Grammaticus († 1204) in seiner Erzählung von „Hamlet" folgendermaßen: „Das eben ist der Fluch der Schuld, daß sie immer wieder Reiz und Veranlassung zu neuer Schuld enthalten muß." (Simrock, Quellen des Shakespeare, 2. Aufl. 1. T. S. 104)

Aus „Wallensteins Tod" wird zitiert

1, 1:

Mars regiert die Stunde.

1, 4:

Ernst ist der Anblick der Notwendigkeit.

Denn aus Gemeinem ist der Mensch gemacht,
Und die Gewohnheit nennt er seine Amme.

Sei im Besitze, und du wohnst im Recht.

1, 5:

    Ich hab hier bloß ein Amt und keine Meinung.

2, 2:

    Schnell fertig ist die Jugend mit dem Wort.

    Eng ist die Welt, und das Gehirn ist weit —
    Leicht beieinander wohnen die Gedanken,
    Doch hart im Raume stoßen sich die Sachen.

2, 3:

    Es gibt im Menschenleben Augenblicke.

    Und Roß und Reiter sah ich niemals wieder.

2, 6:

    Dank vom Haus Östreich!

3, 9:

    Das war kein Heldenstück, Octavio!

3, 10:

    Nacht muß es sein, wo Friedlands
    Sterne strahlen.

3, 13:

    Du hast's erreicht, Octavio

was gewöhnlich so zitiert wird

    Du hast's gewollt, Octavio!

    Da steh ich, ein entlaubter Stamm!

    Es ist der Geist, der sich den Körper baut.

3, 15:

    So ist's, mein Feldherr!

    Daran erkenn ich meine Pappenheimer.

3, 18:

    Max! bleibe bei mir. Geh nicht von mir, Max!

4, 10:

    Gekeilt in drangvoll fürchterliche Enge.

    Man sagt, er wollte sterben.

Theklas Monolog in 4, 12 enthält

    Was ist das Leben ohne Liebesglanz?

und schließt

> *Das ist das Los des Schönen auf der Erde!*

5, 5 findet sich

> *Ich denke einen langen Schlaf zu tun,*
> *Denn dieser letzten Tage Qual war groß,*

5, 11:

> *Des Menschen Engel ist die Zeit,*

Aus „Maria Stuart" (1801) wird 4, 6 „Graf! Dieser Mortimer starb Euch sehr gelegen"
umgeändert in

> *Der starb euch sehr gelegen.*

3, 4:

> *Ich bin besser als mein Ruf.*

Diese Worte hatte schon früher der „Barbier von Sevilla" gesagt, wie wir bei Beaumarchais sehen werden. In Ovid „Epistolae ex Ponto" 1, 2, 143 heißt es „ipsa sua melior fama ... Claudia."
Die Schlußverse aus „Maria Stuart" lauten

> *Der Lord läßt sich*
> *Entschuldigen; er ist zu Schiff nach Frankreich.*

Aus der 2. Szene des Prologs zur „Jungfrau von Orleans", zuerst 1801 zu Leipzig aufgeführt, wird zitiert

> *Wie kommt mir solcher Glanz in meine Hütte?*

aus der 3.

> *Mein ist der Helm, und mir gehört er zu.*

> *Du fragst nach Dingen, Mädchen, die dir nicht*
> *   geziemen.*

> *Nichts von Verträgen! nichts von Übergabe!*

> *Ach! es geschehen keine Wunder mehr.*

Der Anfangsvers von Johannas Monolog

> *Lebt wohl, ihr Berge, ihr geliebten Triften*

wird, wie der Vers

> *Johanna geht, und nimmer kehrt sie wieder*

bei einem Abschiede angewendet. Die Worte des Königs
Karl VII., 1, 2

> *Drum soll der Sänger mit dem König gehen,*
> *Sie beide wohnen auf der Menschheit Höhen!*

erscheinen mit ihrem „Drum" als eine Schlußfolge aus
den vorhergehenden Betrachtungen Karls; daher verändert das sich um jene Schlußfolge nicht kümmernde
Zitat „Drum" in „Es".

> *Mit dem Volke soll der Dichter gehen,*
> *Also les ich meinen Schiller heut',*

sagt FREILIGRATH. Ferner sind folgende Stellen geläufig,
1, 3:

> *Kann ich Armeen aus der Erde stampfen?*
> *Wächst mir ein Kornfeld in der flachen Hand?*

(wobei zu bemerken ist, daß nach Plutarch „Cäsar"
K. 33 Pompeius einst geprahlt hatte, er könne Armeen
aus der Erde stampfen);
1, 5:

> *Nichtswürdig ist die Nation, die nicht*
> *Ihr Alles freudig setzt an ihre Ehre.*

1, 9:

> *Ein Schlachten war's, nicht eine Schlacht zu*
> *nennen!*

1, 10:

> *Von wannen kommt dir diese Wissenschaft?*

ein Vers, der auch in Heinrich v. Kleists erst 1821 durch
Tieck in „v. Kleists hinterlassenen Schriften" bekannt
gewordenen „Hermannsschlacht", 5, 4 vorkommt; Schiller ahmte sich selbst in diesem Verse nach; denn in
„Macbeth" 1, 5 (1801) übersetzt er das bei Shakespeare
1, 3 vorkommende

> Say from whence
> You owe this strange intelligence?

also

> Sagt, von wannen kam euch
> Die wunderbare Wissenschaft?

3, 4:

> *Dein Schicksal ruht in deiner eignen Brust.*

3, 6:

> *Unsinn, du siegst, und ich muß untergehn.*

> *Mit der Dummheit kämpfen Götter selbst*
> *vergebens.*

4, 1:

> *Ach! es war nicht meine Wahl!*

5, 14:

> *Wie wird mir? Leichte Wolken heben mich.*

Und der Schlußvers des ganzen Dramas

> *Kurz ist der Schmerz, und ewig ist die Freude!*

Aus der „Braut von Messina" (1803) sind bekannt der Anfangsvers

> *Der Not gehorchend, nicht dem eignen Trieb.*

1, 7:

> *Ein jeder Wechsel schreckt den Glücklichen.*

1, 8 das Wort des Chors

> *Etwas fürchten und hoffen und sorgen*
> *Muß der Mensch für den kommenden Morgen.*

2, 5:

> *Die ist es oder keine sonst auf Erden!*

3, 4:

> *Blendwerk der Hölle!*

(„Blendwerk der Hölle" sagt v. Thümmel in der von 1791–1805 erschienenen „Reise durch die mittäglichen Provinzen von Frankreich" 2. T., Brief vom 6. Januar 1786.)

3, 5:

> *Was sind Hoffnungen, was sind Entwürfe?*

4, 4:

> *Nicht an die Güter hänge dein Herz,*
> *Die das Leben vergänglich zieren!*
> *Wer besitzt, der lerne verlieren,*
> *Wer im Glück ist, der lerne den Schmerz.*

4, 7:

> *Auf den Bergen ist Freiheit!*

> *Die Welt ist vollkommen überall,*
> *Wo der Mensch nicht hinkommt mit seiner Qual.*

4, 10:

> *Das Leben ist der Güter höchstes nicht,*
> *Der Übel größtes aber ist die Schuld.*

Zitate aus „Wilhelm Tell" (1804) sind (1, 1) Fischer-knabe:

> *Es lächelt der See, er ladet zum Bade*

und Tells Worte an Ruodi den Fischer (1, 1)

> *Der brave Mann denkt an sich selbst zuletzt.*

Ruodis Antwort:

> *Vom sichern Port läßt sich's gemächlich raten.*

Ruodi:

> *Da rast der See und will sein Opfer haben.*

Tells Worte an den Hirten:

> *Ich hab getan, was ich nicht lassen konnte*

und der Schlußvers der ersten Szene:

> *Wann wird der Retter kommen diesem Lande?*

In 1, 2 Gertrud zu Stauffacher

> *Sieh vorwärts, Werner, und nicht hinter dich,*

und weiter

> *Der kluge Mann baut vor.*

Ebenda wendet Gertrud das Wort an, das nur die poetische Gestaltung eines alten Sprichworts ist

> *dem Mutigen hilft Gott!*

und 1, 3

> *Das schwere Herz wird nicht durch Worte leicht*

und

> *Verbunden werden auch die Schwachen mächtig,*
> *Der Starke ist am mächtigsten allein.*

Der 2. Akt führt uns in der 1. Szene zu

> *Ich bin der Letzte meines Stamms.*

In derselben begegnet uns das bekannte

> *Ans Vaterland, ans teure, schließ dich an,*
> *Das halte fest mit deinem ganzen Herzen.*
> *Hier sind die starken Wurzeln deiner Kraft*

und

> *Es lebt ein anders denkendes Geschlecht.*

2, 2 bietet

> *Wir sind e i n Volk, und einig wollen wir*
> *handeln.*

> *Nein, eine Grenze hat Tyrannenmacht.*

> *Wir wollen sein ein einzig* (nicht: einig)
> *Volk von Brüdern,*
> *In keiner Not uns trennen und Gefahr*
> *Wir wollen frei sein, wie die Väter waren,*
> *Eher den Tod, als in der Knechtschaft leben.*
> *Wir wollen trauen auf den höchsten Gott*
> *Und uns nicht fürchten vor der Macht der*
> *Menschen.*

Aus 3, 1 zitieren wir die Worte Walthers

> *was da fleugt und kreucht*

gewöhnlich in der Form sämtlicher späteren Auflagen

> *was da kreucht und fleugt.*

Aus derselben Szene brauchen wir drei Worte Tells

> *Früh übt sich, was ein Meister werden will.*

> *Die Axt im Haus erspart den Zimmermann.*

> *Wer gar zu viel bedenkt, wird wenig leisten.*

3, 3 enthält die Worte

> (Und) *allzu straff gespannt zerspringt der*
> *Bogen.*

Nach Herodot (II 173) sagt König Amasis von Ägypten (570–536)

> εἰ γὰρ δὴ τὸν πάντα χρόνον
> ἐντεταμένα εἴη, ἐκραγείη ἄν.

> denn bliebe er alle Zeiten gespannt,
> so würde er wohl zerbrechen.

4, 2 bietet

> *Das Alte stürzt, es ändert sich die Zeit,*
> *Und neues Leben blüht aus den Ruinen;*

> *Seid einig – einig – einig.*

Aus Tells Monolog 4, 3 wird zitiert

> *Durch diese hohle Gasse muß er kommen,*
> *Es führt kein andrer Weg nach Küßnacht – Hier*
> *vollend' ich's – Die Gelegenheit ist günstig.*
> *Dort der Holunderstrauch verbirgt mich* (ihm).

> *Mach deine Rechnung mit dem Himmel, Vogt,*
> *Fort mußt du, deine Uhr ist abgelaufen.*

> *In gärend Drachengift hast du*
> *Die Milch der frommen Denkart mir ver-*
> *wandelt.*

> *Es lebt ein Gott, zu strafen und zu rächen.*

> *Entränn' er jetzo kraftlos meinen Händen*
> (nämlich der Pfeil),
> *Ich habe keinen zweiten zu versenden.*

> *Auf dieser Bank von Stein will ich mich setzen*

wird schon des auffallenden Stils wegen zitiert.
Aus dem darauffolgenden Gespräch Tells mit dem Flurschützen ist bekannt

> *Es kann der Frömmste nicht im Frieden bleiben,*
> *Wenn es dem bösen Nachbar nicht gefällt,*

die Umänderung eines älteren Sprichworts: „Niemand kann länger Frieden haben, als seinem Nachbar beliebt."

Geßler ruft

> *Das ist Tells Geschoß.*

Der Aufzug schließt mit einem Gesang der barmherzigen Brüder

> *Rasch tritt der Tod den Menschen an.*

Aus dem unvollendet gebliebenen „Demetrius" zitieren wir

> *Was ist die Mehrheit? Mehrheit ist der Unsinn,*
> *Verstand ist stets bei wen'gen nur gewesen;*

und

> *Man soll die Stimmen wägen und nicht zählen,*

was Schiller schon in „Maria Stuart" 2, 3 im Jahre 1801 formuliert hat: „Nicht Stimmenmehrheit ist des Rechtes Probe." Cicero (de off. 2, 22) sagt schon: „non enim numero haec iudicantur, sed pondere" (denn nicht nach der Zahl, sondern nach dem Gewicht wird das beurteilt). Mendelssohn schrieb an Nicolai: „Stimmen ... wollen gewogen, nicht gezählt sein".

B) AUS DEN GEDICHTEN

Aus dem Gedichte „Kastraten und Männer" in „Anthologie auf das Jahr 1782, gedruckt in der Buchdruckerei zu Tobolsko" S. 115, in seiner späteren Umbildung „Männerwürde" genannt, stammt

> *Zum Teufel ist der Spiritus,*
> *Das Phlegma ist geblieben.*

Das Bild ist, wie der Zusammenhang ergibt, vom Destillationsprozesse hergenommen, bei welchem nach Herstellung des Spiritus eine wässerige, fade schmeckende Flüssigkeit zurückbleibt, welche früher „Phlegma" hieß.

In derselben „Anthologie" bietet in dem Gedichte: „In einer Bataille. Von einem Offizier" S. 49 (später „Die Schlacht" genannt)

> *Das wilde eiserne Würfelspiel*

eine Umschreibung für Kampf und Krieg.

Aus dem ebenda abgedruckten Gedichte „An Minna"
S. 190 wird zitiert

> *Meine Minna geht vorüber?*
>
> *Meine Minna kennt mich nicht?*

Das Gedicht in „Thalia" I. Bd. 1787 2. Heft S. 1–5
„An die Freude" enthält

> *Freude, schöner Götterfunken*
>
> *Seid umschlungen, Millionen*

und

> *Wem der große Wurf gelungen.*

Das Wort dieses Gedichtes

> *Wer ein holdes Weib errungen,*
>
> *Mische seinen Jubel ein*

hat am Schlusse der Beethovenschen Oper „Fidelio"
seine musikalische Weihe gefunden; allerdings lautet es
dort „Wer ein solches Weib errungen, stimm in unsern
Jubel ein", nach der auf Beethovens Wunsch von F.
Treitschke umgearbeiteten Sonnleithnerschen Übersetzung des Operettentextes Bouillys „Léonore ou l'amour
conjugal."
Weitere Zitate aus demselben Gedicht sind:

> *Freude heißt die starke Feder*
> *In der ewigen Natur.*
> *Freude, Freude treibt die Räder*
> *In der großen Weltenuhr.*
>
> *Unser Schuldbuch sei vernichtet*

und:

> *Männerstolz vor Königsthronen,*
> *Brüder, gält' es Gut und Blut –*
> *Dem Verdienste seine Kronen*
> *Untergang der Lügenbrut.*

Die Worte:

> *O Freunde, nicht diese Töne*

(sondern laßt uns angenehmere anstimmen und
freudenvollere)

stammen von Ludwig van Beethoven (1770–1827), der sie als Einleitung zur Vertonung des Liedes „An die Freude" in der Symphonie Nr. 9 d-moll (op. 125, 1823) schrieb.

Der Anfang des Gedichtes „Resignation" in Thalia I. Bd. 2. Heft lautet

> *Auch ich war in Arkadien geboren.*

(Siehe: „Et in Arcadia ego.") Aus demselben Gedicht gebrauchen wir die beiden Strophenanfänge:

> *Des Lebens Mai blüht einmal und nicht wieder*

und

> *Mit gleicher Liebe lieb ich meine Kinder,*

sowie die beiden Strophenschlüsse

> *Die Weltgeschichte ist das Weltgericht*

und

> *Was man von der Minute ausgeschlagen,*
> *Gibt keine Ewigkeit zurück.*

Das Gedicht „Die Künstler" (1789, zuerst gedruckt 1803) enthält den Ausspruch

> *Der Menschheit Würde ist in*
> *Eure Hand gegeben –*
> *Bewahret sie!*

Aus der in Schillers Monatsschrift „Die Horen" (Tübingen Cotta 1795) IV. Bd. 10. Heft S. 72 enthaltenen „Elegie", die später den Titel „Der Spaziergang" erhielt, wird der Anfang zitiert

> *Sei mir gegrüßt, mein Berg*
> *Mit dem rötlich strahlenden Gipfel!*

und auch

> *der ruhende Pol in der Erscheinungen Flucht,*

sowie der Schlußvers

> *Und die Sonne Homers, siehe!*
> *Sie lächelt auch uns.*

Aus dem Gedicht „Das Reich der Schatten" („Die
Horen" 1795), später „Das Ideal und das Leben" betitelt

> *Nur dem Ernst, den keine Mühe bleichet,*
> *Rauscht der Wahrheit tief versteckter Born.*

Zitiert wird auch der Titel des Gedichts

> *Das verschleierte Bild zu Sais.*

Aus der ebenda, IV. Bd. 11. Heft S. 17 anonym erschienenen „Teilung der Erde" stammt

> *Was tun? spricht Zeus*

und

> *Willst du in meinem Himmel mit mir leben,*
> *Sooft du kommst, er soll dir offen sein.*

In dem Gedichte „Die Ideale" S. 135 des Schillerschen
Musenalmanachs für das Jahr 1796 Neustrelitz, redet
der Dichter seines Lebens „goldne Zeit" an

> *So willst du treulos von mir scheiden?*

Aus „Würde der Frauen", ebenda S. 186, ist

> *Ehret die Frauen! Sie flechten und weben*
> *Himmlische Rosen ins irdische Leben,*

oft travestiert zu

> *Ehret die Frauen! Sie stricken und weben*
> *Wollene Strümpfe fürs irdische Leben.*

Aus den „Xenien" im Musenalmanach für das Jahr
1797 gehören folgende Zitate hierher: Aus dem Distichon „Der Zeitpunkt" (Eine große Epoche hat das Jahrhundert geboren),

> *Aber der große Moment findet ein kleines*
> *   Geschlecht;*

aus dem Distichon „Wissenschaft"

> *Einem ist sie die hohe, die himmlische Göttin,*
> *   dem andern*
> *Eine tüchtige Kuh, die ihn mit Butter versorgt;*

aus dem Distichon „Dilettant"

> *Weil ein Vers dir gelingt*
> *In einer gebildeten Sprache,*
> *Die für dich dichtet und denkt,*
> *Glaubst du schon Dichter zu sein?*

aus dem Distichon „Kant und seine Ausleger"

> *Wenn die Könige baun,*
> *Haben die Kärrner zu tun.*

„Sonntagskinder" (aus Vereinigung zweier Distichen entstanden, deren erstes „Geschwindschreiber" betitelt war), die heute schon lehren wollen, was sie gestern gelernt, werden in dem gleichnamigen Doppeldistichon mit

> *Ach, was haben die Herrn*
> *Doch für ein kurzes Gedärm!*

abgefertigt.

> *Das große gigantische Schicksal,*
> *Welches den Menschen erhebt,*
> *Wenn es den Menschen zermalmt*

steht im 35. und 36. Vers der Parodie „Shakespeares Schatten". Aus den auf die „Xenien" ebenda folgenden „Tabulae votivae" (Votivtafeln) werden zitiert „Unterschied der Stände"

> *Auch in der sittlichen Welt ist ein Adel;*
> *gemeine Naturen zahlen mit dem, was sie tun,*
> *schöne mit dem, was sie sind.*

„Der Schlüssel"

> *Willst du dich selber erkennen,*
> *So sieh, wie die andern es treiben;*
> *Willst du die andern verstehn,*
> *Blick in dein eigenes Herz;*

und „Wahl" (Kannst du nicht allen gefallen durch deine Tat und dein Kunstwerk, Mach es wenigen recht;)

> *Vielen gefallen ist schlimm.*

Ebenda: „Pflicht für jeden"

> *Immer strebe zum Ganzen, und kannst du*
> *selber kein Ganzes*
> *Werden, als dienendes Glied schließ*
> *an ein Ganzes dich an.*

Ebenda „Der beste Staat"

> *Woran erkenn ich den besten Staat?*
> *Woran du die beste Frau kennst:*
> *Daran, mein Freund, daß man von beiden nicht*
> *spricht.*

In Schillers Musenalmanach für 1797 steht das Gedicht

> *Das Mädchen aus der Fremde*

mit dem Vers

> *Doch eine Würde, eine Höhe entfernte die Ver-*
> *traulichkeit.*

Aus dem Gedicht „Hoffnung", 10. Stück der Horen von 1797 S. 107, ist bekannt

> *Noch am Grabe pflanzt er – die Hoffnung auf*

und die Endverse

> *Und was die innere Stimme spricht,*
> *Das täuscht die hoffende Seele nicht*

und ebenda endet das Gedicht „Thekla"

> *Hoher Sinn liegt oft in kind'schem Spiel.*

Der Musenalmanach für 1798 enthält eine Reihe Balladen. Aus „Der Ring des Polykrates" S. 24 wird zitiert

> *Er stand auf seines Daches Zinnen,*
> *Und schaute mit vergnügten Sinnen*
> *Auf das beherrschte Samos hin.*

> *Mir grauet vor der Götter Neide*
> *Des Lebens ungemischte Freude*
> *Ward keinem Irdischen zuteil;*

und

> *Noch keinen sah ich fröhlich enden,*
> *Auf den mit immer vollen Händen*
> *Die Götter ihre Gabe streu'n;*

und
> *Hier wendet sich der Gast mit Grausen.*

Aus „Der Handschuh" S. 41
> *Den Dank, Dame, begehr ich nicht!*

Dazu parodistisch der Zusatz:
> *Und er wirft ihr den Handschuh ins Gesicht.*

Aus „Der Taucher" wird zitiert
> *Wer wagt es, Rittersmann oder Knapp,*
> *Zu tauchen in diesen Schlund?*

> *Und es wallet und siedet*
> *Und brauset und zischt.*

> *Da unten aber ist's fürchterlich,*
> *Und der Mensch versuche die Götter nicht.*

> *Unter Larven die einzige fühlende Brust.*

> *Laßt, Vater, genug sein das grausame Spiel*

gewöhnlich zitiert in der Form
> *Laßt, Vater, genug sein des grausamen Spiels.*

S. 221 ebenda stehen „Die Worte des Glaubens", worin in der 2. Strophe
> *Der Mensch ist frei geschaffen, ist frei,*
> *Und würd' er in Ketten geboren*

und
> *Vor dem Sklaven, wenn er die Kette bricht,*
> *Vor dem freien Menschen erzittert nicht;*

in der 3. Strophe
> *und die Tugend, sie ist kein leerer Schall*
> (nicht: Wahn);

und mit Benutzung von 1. Kor. 1, 19, wo „der Verstand der Verständigen" vorkommt
> *(Und) was kein Verstand*
> *Der Verständigen sieht,*
> *Das übet in Einfalt ein kindlich Gemüt;*

in der 4. Strophe

> *Und ob alles in ewigem Wechsel kreist,*
> *Es beharret im Wechsel ein ruhiger Geist.*

Aus der Ballade „Die Kraniche des Ibykus" ebenda
S. 267 wird zitiert

> *Wer zählt die Völker, nennt die Namen?*

> *Seid mir gegrüßt, befreundte Scharen!*

> *Es steigt das Riesenmaß der Leiber*
> *Hoch über menschliches hinaus;*

> *Wohl dem, der frei von Schuld und Fehle*
> *Bewahrt die kindlich reine Seele!*

> *Sieh da! sieh da, Timotheus,*
> *Die Kraniche des Ibykus!*

Hierzu die Parodie

> *Die Ibiche des Kranikus.*

> *Doch dem war kaum das Wort entfahren,*
> *Möcht' er's im Busen gern bewahren;*

> *Die Szene wird zum Tribunal,*

außerdem die Wendungen

> *der Lieder süßer* **Mund**

und

> *der Rache Strahl.*

Aus „Der Gang nach dem Eisenhammer", S. 306

> *Ein frommer Knecht war Fridolin.*

> *Redst du von einem, der da lebet?*

> *Des freut sich das entmenschte Paar.*

> *Herr, dunkel war der Rede Sinn*

> *Der ist besorgt und aufgehoben!*

> *Der Graf (der Herr) wird seine Diener loben*

und

> *Dies Kind, kein Engel ist so rein,*
> *Laßt's Eurer Huld empfohlen sein!*

Im Musenalmanach für das Jahr 1799 befinden sich folgende Zitate aus „Der Kampf mit dem Drachen", S. 151

> *Was rennt das Volk, was wälzt sich dort*
> *Die langen Gassen brausend fort?*
>
> *Mut zeiget auch der Mameluck,*
> *Gehorsam ist des Christen Schmuck,*

aus „Die Bürgschaft" S. 176

> *Möros (gewöhnlich nach der späteren Fassung:*
> *Damon), den Dolch im Gewande,*
>
> *Das sollst du am Kreuze bereuen.*
>
> *Zurück! du rettest den Freund nicht mehr.*
>
> *Des Hauses redlicher Hüter.*
>
> *In den Armen liegen sich beide*
> *Und weinen für (vor) Schmerzen und Freude.*
>
> *(Der fühlt) ein menschliches Rühren,*
>
> *(Und) die Treue, sie ist doch kein leerer Wahn.*
>
> *Ich sei, gewährt mir die Bitte,*
> *In eurem Bunde der Dritte,*

was kein ursprünglicher Einfall Schillers war, sondern den Quellen dieser Ballade entlehnt ist.

Aus „Des Mädchens Klage", ebenda S. 208, wird zitiert

> *Ich habe genossen das irdische Glück;*
> *Ich habe gelebt und geliebet.*

Die zwei ersten Strophen dieses Gedichts, von Thekla gesungen, bilden den 7. Auftritt des 3. Akts der „Piccolomini", so daß auch dieses Zitat dort zu finden ist.

— Die Schlußverse der 6. Strophe des Gedichtes vom Jahre 1799 „An Goethe, als er den ‚Mahomet‘ von Voltaire auf die Bühne brachte“:

> *Der Schein soll nie die Wirklichkeit erreichen,*
> *Und siegt Natur, so muß die Kunst entweichen*

erfuhren einst eine bizarre Umgestaltung. Es gibt nämlich eine alte, gewöhnlich in die Zeit Karls V. von Frankreich verlegte, aber bereits in einem viel älteren französischen Roman enthaltene Sage, nach welcher ein französischer Ritter, Aubry, von einem seiner Waffengefährten, Robert Macaire, dessen Name in Frankreich eine typische Bezeichnung für einen Halunken geworden ist, meuchlings erschlagen und die Ermordung Aubrys durch das feindselige Betragen des Hundes des Getöteten gegen den Mörder ans Tageslicht gebracht wird. Die Sage wurde zu einem Melodrama verarbeitet, in welchem ein dressierter Pudel die Hauptrolle spielte, der das Pariser Publikum in Begeisterung versetzte. 1816 gab sich die königliche Bühne in Berlin dazu her, den Pudel auftreten zu lassen, was, wie Zelter (Brief 246) an Goethe schreibt, die Berliner zu dem Witze veranlaßte, daß „den Hund aufs Theater bringen“ eigentlich „das Theater auf den Hund bringen“ heiße. Auch der Großherzog von Weimar, ein großer Hundeliebhaber, wünschte den vierbeinigen Schauspieler auf seiner Bühne zu sehen, stieß aber auf Widerstand bei Goethe, dem Intendanten der Bühne. Der Pudel wurde jedoch heimlich verschrieben; Goethe ging am Abend der Theaterprobe, am 20. März 1817, mit eigenmächtiger Urlaubserteilung nach Jena, und Karl August schrieb ihm bald darauf folgende Zeilen: „Aus den mir zugegangenen Äußerungen habe ich die Überzeugung gewonnen, daß der Geheimrat von Goethe wünscht, seiner Funktion als Intendant enthoben zu sein, welches ich hiermit genehmige.“ Die Tagesblätter veränderten die erwähnten Verse Schillers demzufolge also: „Dem Hundestall soll nie die Bühne gleichen, Und kommt der Pudel, muß der Dichter weichen“ und nannten den Pudel den „Schicksalspudel“. Goethe selbst er-

wähnt in den „Annalen" unter dem Jahre 1817 von
diesen Vorkommnissen nichts.

Aus dem Gedichte „Hektors Abschied", in „Gedichte
von Friedrich Schiller", 1. Teil Leipz. 1800, das in wesentlich anderer Fassung im 2. Akt der „Räuber" Amalia
dem alten Moor singt, wird zitiert

> *Will sich Hektor ewig von mir wenden?*

und

> *Teures Weib, gebiete deinen Tränen!*

Im „Musenalmanach für das Jahr 1800" S. 243 erschien
das „Lied von der Glocke", daraus werden als Zitate
verwendet:

Zuerst das von der Inschrift der größten Glocke im
Münster zu Schaffhausen stammende Motto

> *Vivos voco, mortuos plango, fulgura frango!*
> *Lebende rufe ich, Tote beklage ich,*
> *Blitze breche ich,*

dann die Verse

> *Fest gemauert in der Erden*
> *Steht die Form aus Lehm gebrannt.*
> *Heute muß die Glocke werden,*
> *Frisch, Gesellen! seid zur Hand.*
> *Von der Stirne heiß*
> *Rinnen muß der Schweiß.*
>
> *Doch der Segen kommt von oben.*
>
> *Zum Werke, das wir ernst bereiten,*
> *Geziemt sich wohl ein ernstes Wort;*
>
> *Wenn gute Reden sie begleiten,*
> *Dann fließt die Arbeit munter fort.*
>
> *Ihm ruhen noch im Zeitenschoße*
> *Die schwarzen und die heitern Lose.*
>
> *Errötend folgt er ihren Spuren.*

O zarte Sehnsucht, süßes Hoffen,
Der ersten Liebe goldne Zeit!
Das Auge sieht den Himmel offen,
Es schwelgt das Herz in Seligkeit –

O daß sie ewig grünen bliebe,
Die schöne Zeit der jungen Liebe!

Denn wo das Strenge mit dem Zarten,
Wo Starkes sich und Mildes paarten,
Da gibt es einen guten Klang.
Drum prüfe, wer sich ewig bindet,
Ob sich das Herz zum Herzen findet!
Der Wahn ist kurz, die Reu' ist lang.

Mit dem Gürtel, mit dem Schleier
Reißt der schöne Wahn entzwei.

Der Mann muß hinaus
Ins feindliche Leben.
Muß wirken und streben

Die Räume wachsen, es dehnt sich das Haus.
Und drinnen waltet
Die züchtige Hausfrau,
Die Mutter der Kinder,
Und herrschet weise
Im häuslichen Kreise.

Doch mit des Geschickes Mächten
Ist kein ew'ger Bund zu flechten,
Und das Unglück schreitet schnell.

Wohltätig ist des Feuers Macht,
Wenn sie der Mensch bezähmt, bewacht.

Wehe, wenn sie losgelassen
Wachsend ohne Widerstand

Denn die Elemente hassen
Das Gebild der Menschenhand.

Mütter irren.

Alles rennet, rettet, flüchtet,
Taghell ist die Nacht gelichtet

Leer gebrannt
Ist die Stätte.

Ein süßer Trost ist ihm geblieben,
Er zählt die Häupter seiner Lieben,
Und sieh! ihm fehlt kein teures Haupt.

Die Berliner sagten 1813 von Bernadottes geringen Verlusten bei Großbeeren und Dennewitz nach Häussers „Deutsche Geschichte" 3. Aufl. Bd. 4 S. 267

Er zählt die Häupter seiner Lieben,
Und sieh! es fehlten ihm nur sieben.

Parodistisch sagt man auch bei Familienzuwachs

Und sieh! es sind statt sechse sieben.

Weiter

Ach, die Gattin ist's, die teure.

(Denn) das Auge des Gesetzes wacht.

Heil'ge Ordnung, segensreiche Himmelstochter.

Arbeit ist des Bürgers Zierde

Der Meister kann die Form zerbrechen
Mit weiser Hand zur rechten Zeit.

Holder Friede, süße Eintracht,
weilet, weilet freundlich über dieser Stadt!

Wo rohe Kräfte sinnlos walten,
Da kann sich kein Gebild gestalten.

Wenn sich die Völker selbst befrein,
Da kann die Wohlfahrt nicht gedeihn.

Da werden Weiber zu Hyänen.

Nichts Heiliges mehr,
es lösen sich alle Bande frommer Scheu.

Gefährlich ist's, den Leu zu wecken,
Verderblich ist des Tigers Zahn,
Jedoch der schrecklichste der Schrecken,
Das ist der Mensch in seinem Wahn.

Friede sei ihr erst Geläute.

In „Der Antritt des neuen Jahrhunderts" (Taschenbuch für Damen auf das Jahr 1802) heißt es

Freiheit ist nur in dem Reich der Träume,
Und das Schöne blüht nur im Gesang.

Im gleichen Taschenbuch steht „Voltaires Pucelle und die Jungfrau von Orleans", später „Das Mädchen von Orleans" genannt. Daraus wird zitiert

Es liebt die Welt das Strahlende zu schwärzen
Und das Erhabne in den Staub zu ziehn.

Das Gedicht „An die Freunde" (im Taschenbuch für Damen auf 1803) die Anfangsverse

Lieben Freunde, es gab schönre Zeiten
Als die unsern, das ist nicht zu streiten!

und der Vers

auf den Brettern, die die Welt bedeuten

sowie

(und) *der Lebende hat recht*

und die Schlußverse

Was sich nie und nirgends hat begeben,
Das allein veraltet nie.

In dem ebenda abgedruckten Gedicht „Kassandra"

Nur der Irrtum ist das Leben,
Und das Wissen ist der Tod.

Aus „Der Graf von Habsburg" (Taschenbuch für Damen auf das Jahr 1804) stammt

die kaiserlose, die schreckliche Zeit,

aus dem „Siegesfest" (ebenda)

> *Ausgestritten, ausgerungen*
> *Ist der lange schwere Streit.*

> *Denn nicht alle kehren wieder.*

> *Ohne Wahl verteilt die Gaben,*
> *Ohne Billigkeit das Glück,*
> *Denn Patroklus liegt begraben,*
> *Und Thersites kommt zurück!*

> *Ja, der Krieg verschlingt die Besten.*

> *Von des Lebens Gütern allen*
> *Ist der Ruhm das höchste doch;*
> *Wenn der Leib in Staub zerfallen,*
> *Lebt der große Name noch.*

> *Trink ihn aus, den Trank der Labe,*
> *Und vergiß den großen Schmerz!*
> *Wundervoll ist Bacchus' Gabe,*
> *Balsam fürs zerrißne Herz.*

Der vorletzte Vers des 1804 für Beckers „Taschenbuch" verfaßten Gedichts „Der Alpenjäger" lautet

> *Raum für alle hat die Erde.*

Der 1. Vers der Romanze „Der Jüngling am Bache", welche in dem am 12. Oktober 1803 aufgeführten und 1806 erschienenen „Parasiten" 4, 4 eingeflochten ist, lautet

> *An der Quelle saß der Knabe*

und schließt

> *Raum ist in der kleinsten Hütte*
> *Für ein glücklich liebend Paar.*

Aus Schillers „Nänie" (1799) zitieren wir

> *klanglos zum Orkus hinab*

für ruhmloses Dahinschwinden.

Umgang mit Menschen

und dafür abgekürzt

Knigge

stammt von dem gleichbetitelten, 1788 erschienenen Buch des Freiherrn VON KNIGGE (1752–96).
Als

Volk der Dichter und Denker

wurden die Deutschen wohl zuerst von dem Weimaraner Karl MUSÄUS († 1787) in der Vorrede zu seinen „Volksmärchen" bezeichnet. Auch Madame de Staël nennt in der Vorrede ihres Buches „De l'Allemagne" 1810 Preußen und die umliegenden nordischen Länder „la patrie de la pensée".
Das Gedicht „Die Ruhe im Grabe", das Chr. E. LANGHANSEN im Göttinger Musenalmanach für 1792 veröffentlichte, schenkte uns das Zitat

im Grab ist Ruh

und SPLITTEGARBS Liedersammlung, Berlin 1795, das Weihnachtslied

Morgen, Kinder, wird's was geben,
Morgen werden wir uns freun.

Die Bezeichnungen

Sturm und Drang
Sturm-und-Drang-Periode

stammen von F. M. KLINGERS (1752–1831) gleichnamigem Drama, das zuerst „Wirrwarr" hieß und 1776 erschien. Sie wurden das Schlagwort für die Geniezeit des jungen Goethe und Schiller in den siebziger und achtziger Jahren des 18. Jahrhunderts, später für die brausenden Entwicklungsjahre im Leben des Menschen.

Aus den „Bemerkungen eines Akademikers über Halle" (1795) von Chr. Fr. B. AUGUSTIN stammt der Studentenausdruck

Saal-Athen (für Halle und Jena),
Pleiß-Athen (für Leipzig),

Lein-Athen (für Göttingen),

Elb-Athen (für Wittenberg),

Spree-Athen (für Berlin; schon 1706 in einem Gedicht des Erdmann Wircker zum Lobe Friedrichs I. und 1795 auch in einem Gedicht von P. F. Weddigen) und

Isar-Athen (für München).

Die Bezeichnung einer unmöglichen Existenz als

Messer ohne Klinge, an welchem der Stiel fehlt

stammt von dem Göttinger Professor Georg Chr. LICHTENBERG (1742–99), der sie in dem Göttingschen Taschenkalender von 1798 „nach dem Englischen" mitteilt, in dem dieses Wort den ersten Auktionsartikel kennzeichnet.

Aus Alois BLUMAUERS († 1798) „Virgils Aeneis travestiert" (1784–88) stammen die Worte

Krëusa! — Schatzkind! — Rabenvieh!

Wo hat dich denn der Teufel?

während das wohl von alters her, zuerst auf die Mutter des Mannes, später der Frau angewandte Wort

böse Schwiegermutter

literarisch zuerst 1808 bei A. F. E. LANGBEIN (1757 bis 1835), Sämtl. Schriften (2. Auflage 9, 98), belegt ist. Aus seinen Gedichten stammen auch die geflügelten Worte

schon sieben – und Georg nicht hier!

und

Sperr oculos! (Sperr die Augen auf)

ferner

Tadeln können zwar die Toren,

Aber klüger handeln nicht

(Aber besser machen nicht)

weiter

Ich und mein Fläschchen sind immer beisammen

sowie der Titel eines seiner Gedichte

Als der Großvater die Großmutter nahm.

Dagegen zitiert Langbein (wie S. 232 noch näher ausgeführt wird) im Anfang seiner „Weissagung" seinerseits den Kehrreim aus dem Lied eines unbekannten Verfassers

> *das verschweigt des Sängers Höflichkeit.*

Johann Martin MILLERS

> *für mich ist Spiel und Tanz vorbei*

ist der Anfangsvers der 2. in seinen Gedichten, Ulm 1783, weggelassenen Strophe des zuerst im Göttinger Musenalmanach für 1773 gedruckten, dort L. unterzeichneten „Klagelied eines Bauern". Aus einem 1776 gedichteten, zuerst im Vossischen Musenalmanach für 1777 gedruckten Liede „Zufriedenheit" sind bekannt der Anfang

> *Was frag ich viel nach Geld und Gut,*
> *Wenn ich zufrieden bin?*

sowie die Endverse der 2. Strophe

> *Je mehr er hat, je mehr er will,*
> *Nie schweigen seine Klagen still.*

„Je mehr er hat, je mehr er haben will", sagt schon Luther B. 57 S. 345 und ähnlich B. 62 S. 144. Vgl. Seneca (de benef. 2, 27): Eo maiora cupimus, quo maiora venerunt — wir begehren um so mehr, je mehr uns zufiel.

Friedr. Leop. ZU STOLBERG (1750–1819) hat uns durch das „Lied eines alten schwäbischen Ritters an seinen Sohn" mit dem Verse

> **Sohn, da hast du meinen Speer!**

beschenkt. Das Lied stand zuerst in Claudius' „Der Wandsbecker Bote" 1774 Nr. 77 vom 14. Mai, dann im Musenalmanach für 1775 S. 19.

> *Ausgelitten hast du, ausgerungen*

ist der Anfang eines Gedichtes von v. REITZENSTEIN „Lotte bei Werthers Grabe", Wahlheim 1775, das in demselben Jahre in Wielands „Teutschem Merkur" und im „Rheinischen Most" Nr. 7 erschien.

Von dem „Wandsbecker Boten" Matthias CLAUDIUS (1740–1815), der seine Vers- und Prosastücke daraus 1775 u. d. T.

> *Asmus omnia sua secum portans*

sammelte, blieb geflügeltes Wort

> *Es legte Adam sich im Paradiese schlafen*
> *Da ward aus ihm das Weib geschaffen.*
> *Du armer Vater Adam, du!*
> *Dein erster Schlaf war deine letzte Ruh!*

Der Anfang von August Cornelius STOCKMANNS (1751 bis 1821) Lied „Der Gottesacker"

> *Wie sie so sanft ruhn*

steht im Leipziger Musenalmanach auf das Jahr 1780 S. 214.
Der Anfangsvers eines Liedes von Ch. Ad. OVERBECK in „Fritzchens Lieder", Hamburg 1781 S. 72/73 lautet

> *Das waren mir selige Tage.*

Nikolaus STURM, mit dem Klosternamen Marcellinus († 1786 zu München), ist Verfasser eines Liedes, dessen Anfang lautet

> *Nach Kreuz und ausgestandnen Leiden*

(„Lieder, zum Teil in bayerischer Mundart von P. Marcelin Sturm, ehemaligem Augustiner." 1819 Nr. 15.)
Die letzte Strophe des Gedichtes „Das Grab" von v. SALIS-SEEWIS (Göttinger Musenalmanach für 1788) lautet

> *Das arme Herz, hienieden*
> *Von manchem Sturm bewegt,*
> *Erlangt den wahren Frieden*
> *Nur, wo es nicht mehr schlägt.*

KORTUM (1745–1824) läßt in T. I. Kap. 19 der 1784 in Münster erschienenen „Jobsiade" bei den wunderlichen Antworten des Examinanden stets die Verse wiederkehren

> *Über diese Antwort des Kandidaten Jobses*
> *Geschah allgemeines Schütteln des Kopfes.*

Namen nennen dich nicht

ist der Anfang eines im Göttinger Musenalmanach von
1786 S. 127 erschienenen Liedes WILHELM UELTZENS.
Aus Mozarts zuerst 1787 aufgeführten „Don Juan",
dessen italienischer von Lorenzo da Ponte verfaßter
Text durch Friedrich ROCHLITZ (1769–1842) ins Deutsche
übertragen wurde, stammt 1, 1

keine Ruh' bei Tag und Nacht

und

das ertrage, wem's gefällt.

Bekannt ist das

Leporello-Register,

das die Zahl der Opfer Don Juans in verschiedenen
Ländern nennt und daraus insbesondere:

Aber in Spanien – schon tausend und drei

1, 9

Reich mir die Hand, mein Leben!

was travestiert worden ist zu

Reich? mir die Hand, mein Leben!

2, 6

weiter hast du keine Schmerzen?

Aus der 1791 komponierten „Zauberflöte", Text von
Emanuel SCHIKANEDER (1751–1812) (mit Benutzung
eines Planes Ludwig Giesekes, Schauspielers und Cho-
risten am Schikanederschen Theater) stammt aus dem
1. Akt

Der Vogelfänger bin ich ja
Stets lustig, heisa! Hopsassa!

Zur Liebe will (nicht: kann) *ich*
Dich nicht zwingen.

Dies Bildnis ist bezaubernd schön.

In diesen heil'gen Hallen
Kennt man die Rache nicht.

Das höchste der Gefühle.

Münchhausen und Münchhausiaden

Freiherr von MÜNCHHAUSEN, auf Bodenwerder bei Hannover (1720–97), hatte sich durch die Erzählung unglaublicher selbsterlebter Abenteuer einen Namen gemacht, so daß bereits im „Vademecum für lustige Leute", Berlin 1781 Teil 8 S. 92 Nr. 175, siebzehn „M-h-s-nsche Geschichten" und Teil 9 (1783) S. 76 Nr. 106 „Noch 2 M-Lügen" vorkommen. Er gab Veranlassung zu dem 1785 in Oxford (Göttingen) erschienenen, vom Professor R. E. Raspe (1737–94) in englischer Sprache verfaßten Buche: „Baron Münchhausens narrative of his marvellous travels and campaigns in Russia", das G. A. Bürger 1786 ins Deutsche übertrug und um 13 weitere Erzählungen vermehrte: „Wunderbare Reisen zu Wasser und zu Lande, Feldzüge und lustige Abenteuer des Freyherrn von Münchhausen".

August von KOTZEBUE (1761–1819) faßte (Leipzig 1793 bis 1797) einige seiner Schriften unter dem Titel zusammen

Die jüngsten Kinder meiner Laune.

Valentin im „Verschwender" (1833) von Ferd. RAIMUND (1790–1836) nennt seine Tochter

das jüngste Kind meiner Laune.

Von Kotzebue (aus seinem Lied „Trost beim Scheiden" 1802) stammt

Es kann ja nicht immer so bleiben
Hier unter dem wechselnden Mond

und

Wir sitzen so fröhlich beisammen,
Wir haben einander so lieb.

Nach Kotzebues Lustspiel „Die deutschen Kleinstädter" (1803) sprechen wir von

Krähwinkel

das ein Dorf bei Laucha im Kreise Eckartsberge, ein Weiler im Oberamt Schorndorf (Württemberg), ein Dorf im Kreis Solingen ist und auch von Jean Paul in seiner Satire „Das heimliche Klagelied der jetzigen Männer" (1801) verwandt wurde.

Aus Wenzel Müllers zuerst 1794 erschienenem Singspiele „Das Neu-Sonntagskind", Text von Joachim PERINET, stammt „Wer niemals einen Rausch hat g'habt, der ist ein schlechter Mann." Es wird zitiert in der Form

> *Wer niemals einen Rausch gehabt,*
> *Der ist kein braver Mann.*

In Trapps „Braunschweigischem Journal", 11. Stück Novemberheft 1790, schlägt Joachim Heinrich CAMPE

> *Zerrbild*

oder „Zerr-gemälde" für „Karikatur" vor und

> *Zartgefühl*

für „Delikatesse". In seiner Schrift „Über die Reinigung und Bereicherung der deutschen Sprache", Braunschweig 1794, empfahl er für „Rendez-vouz" das Wort

> *Stelldichein.*

Ebenda S. 14 spricht er von dem „anfangs so laut verworfenen, nachher von vielen guten Schriftstellern angenommenen Wort"

> *Umwälzung*

für „Revolution". Dies Wort hatte er in den „Briefen aus Paris" zum ersten Male versucht. Im 3. Bd. 1789, 2. Brief aus Paris, steht „Staatsumwälzung".

> *Unterbrochenes Opferfest*

kommt vom Titel der 1796 erschienenen Oper von Winters mit Text von F. X. HUBER.

> *Rinaldo Rinaldini*

für einen Räuber ist der Titel eines 1797 erschienenen Romans von Goethes Schwager Chr. Aug. VULPIUS (1763–1827). Daher (B. 4)

> *In des Waldes finstern Gründen*
> *In den Höhlen tief versteckt.*

SCHMIDT VON WERNEUCHEN (1764–1838) hat in seinem
Gedichte „Der Mai 1795", worin es heißt

> O sieh, wie alles weit und breit,
> Von lindem Schmeichelwind
> Mit Wonneblüten überstreut,
> An warmer Sonne minnt!
> Vom Storche bis zum Spatz sich freut,
> Vom Karpfen bis zum Stint.

Anlaß zu der Redensart gegeben

> *sich freuen wie ein Stint.*

Das Motto für seine Ausgabe der Briefe Rahels

> *Still und bewegt*

entlehnte ihr Gatte K. A. Varnhagen von Ense (1785 bis
1858) aus Friedrich HÖLDERLINS (1770–1843) „Hyperion",
Tübingen 1797–99 Bch. 2 Brief 2 „Wie der Sternen-
himmel, bin ich still und bewegt".
Aus dem Werke Hölderlins wurden erst nach 1900 und
1914 Zitate zu geflügelten Worten. Aus „An die Deutschen"

> *Denn, ihr Deutschen, auch ihr seid*
> *Tatenarm und gedankenvoll.*

Aus dem Trauerspiel „Empedokles" (1826/46) 2, 4

> *Dies ist die Zeit der Könige nicht mehr.*

Aus „Gesang des Deutschen"

> *O heilig Herz der Völker, o Vaterland!*

Aus „Patmos"

> *Wo aber Gefahr ist, wächst*
> *Das Rettende auch.*

Aus Christian Ludwig NOACKS Lied „Papst und Sultan"
(1789) stammt der Vers

> *Der Papst lebt herrlich auf der Welt*

und Johann Daniel FALK schenkt uns in seiner „Hand-
zeichnung" „Paul" (1799) den Spruch

> *Da bleibt kein Auge trocken.*

SCHLEIERMACHERS (1768–1834) geistreiches Wort, Bekker schweige in sieben Sprachen, ist zu einem geflügelten

> *in sieben Sprachen schweigen*

geworden, berichtet Halm 1872 in seinem Nekrolog auf Immanuel Bekker.

> *Eifersucht ist eine Leidenschaft,*
> *Die mit Eifer sucht, was Leiden schafft*

wird in Berlin auf Schleiermacher zurückgeführt, ohne daß man bisher die Quelle feststellen konnte.

Ernst Moritz ARNDT (1769–1860) begann sein „Vaterlandslied" (1812)

> *Der Gott, der Eisen wachsen ließ,*
> *Der wollte keine Knechte.*

Sein „Des Deutschen Vaterland" (1813) brachte die Zitate

> *Was ist des Deutschen Vaterland?*

> *Soweit die deutsche Zunge klingt,*

und der Titel seiner Schrift von 1813

> *Der Rhein, Deutschlands Strom,*
> *aber nicht Deutschlands Grenze.*

Aus Fr. VOIGTS (1770–1814) Lied „Elisas Abschied" stammt

> *noch einmal, Robert, eh' wir scheiden.*

Der Philosoph HEGEL (1770–1831) hat in seinen „Grundlinien der Philosophie des Rechtes" (1821) geschrieben „Was vernünftig ist, das ist wirklich; und was wirklich ist, das ist vernünftig", daher das Zitat

> *alles, was ist, ist vernünftig.*

Von August MAHLMANN (1771–1826) stammt der Vers

> *ich denk an euch, ihr himmlisch schönen Tage*

und ebenso

> *weg mit den Grillen und Sorgen*

sowie

> *noch sind die Tage der Rosen*

und von dem Romanschriftsteller H. CLAUREN/Carl
HEUN (1771–1854) der Anfang seines Liedes

> *Der König rief, und alle, alle kamen.*

Von Friedrich SCHLEGEL (1772–1821) ist

> *Der Historiker ist ein rückwärts gekehrter*
> *Prophet.*

Es steht in dem von seinem Bruder August Wilhelm
und ihm herausgegebenen „Athenaeum", Berlin 1798
bis 1800.

Aus A. W. SCHLEGELS (1767–1845) Gedicht „Arion"

> *Arion war der Töne Meister,*
> *Die Zither lebt von seiner Hand.*

> *Göttliche Grobheit*

ist aus Schlegels Roman „Lucinde", Berlin 1799, entwickelt, in dem es S. 30 nach „Dithyrambische Poesie
über die schönste Situation" heißt: „Ich wollte Dir erst
beweisen und begründen, es liege ursprünglich und
wesentlich in der Natur des Mannes ein gewisser tölpel-
hafter Enthusiasmus, der gern mit allem Zarten und
Heiligen herausplatzt, nicht selten über seinen eigenen
treuherzigen Eifer hinstürzt und mit einem Wort leicht
bis zur Grobheit göttlich ist."

J. G. HERDER (1744–1803) nannte in der 1801 bis 1803
erschienenen „Adrastea", Bd. 3, im Artikel „Kunst-
Sammlungen in Dresden" S. 52–56, Dresden wegen
seiner Kunstschätze ein „Deutsches Florenz", woraus

> *Elb-Florenz*

entstanden ist. Aus seinem Gedichte „Der gerettete Jüngling" (in der Sammlung der Legenden, die Herder in
seinen „Zerstreuten Blättern", 6. Sammlung Gotha 1797,
S. 285–289 gab) wird zitiert

> *Eine schöne Menschenseele finden*
> *Ist Gewinn*

und aus „Die wiedergefundenen Söhne" in der „Adrastea" 2, 200–204, Leipzig 1801

> *Was die Schickung schickt, ertrage!*
> *Wer ausharret, wird gekrönt.*

In Gesang 28 des von Herder bearbeiteten „Cid" (1805) heißt es

> *Rückwärts, rückwärts, Don Rodrigo!*
> *Deine Ehre ist verloren!*
> *Rückwärts, rückwärts, stolzer Cid!*

Herders Grabinschrift lautet

> *Licht, Liebe, Leben.*

Manches Geflügelte Wort stammt aus dem deutschen Volksliede, das Herder („Volkslieder" 1778) und dann Achim von Arnim und Clemens Brentano in der Sammlung „Des Knaben Wunderhorn" (1806–08) wieder belebten. Das Wort

> *Volkslied*

hat Herder (1773) in „Über Ossian und die Lieder alter Völker" geprägt. Im 19. Jahrhundert erschienen noch viele andere große Volksliedsammlungen, darunter die umfangreichste „Deutscher Liederhort" von Erk und Böhme (3 Bde., 1893/94). Daraus „Der Jäger aus Kurpfalz"

> *Gar lustig ist die Jägerei*
> *Allhier auf grüner Heid'.*

Ferner

> *Guter Mond, du gehst so stille*
> *In den Abendwolken hin.*

Aus „Des Knaben Wunderhorn" „Die Reiter"

> *Es ritten drei Reiter zum Tor hinaus.*

Ferner

> *Es fiel ein Reif in der Frühlingsnacht.*

Dieses Gedicht hat Wilh. von Waldbühl aus dem Munde des Volkes aufgeschrieben, Rousseau zuerst in der „Rhein. Flora" (Jahrg. 1825, Nr. 15 vom 25. Jan.) veröffentlicht und dann Heinrich Heine gekürzt und gestrafft als Nr. II unter dem Titel „Tragödie" in seinen „Neuen Gedichten" (1844) herausgebracht. Daraus die Verse

> *Sie sind verwelket, verdorret*

und

> *Sie haben gehabt weder Glück noch Stern*
> *Sie sind verdorben, gestorben.*

Aus „Des Knaben Wunderhorn"

> *Es ist ein Schnitter, der heißt Tod*
> *Hat Gewalt vom höchsten Gott.*

Von A. von Arnim und C. Brentano 1808 bearbeitet das „Lebewohl" des 17. Jahrh. (1690 gedruckt)

> *Morgen muß ich fort von hier*
> *Und muß Abschied nehmen.*

L. F. HUBER nannte Goethes 1803 zuerst in Weimar aufgeführtes und im „Taschenbuch auf das Jahr 1804" erschienenes Trauerspiel „Die natürliche Tochter" im „Freimütigen" von 1803

> *marmorglatt und marmorkalt.*

J. G. SEUME (1763–1810) ist zu bemerken mit folgenden Stellen aus dem Gedichte „Der Wilde", das in seinen „Gedichten", Leipzig 1801, steht

> (Ein Kanadier, der noch) *Europens*
> *Übertünchte Höflichkeit* (nicht kannte).

> (Seht,) *wir Wilden sind doch beßre Menschen.*

> *Und er schlug sich seitwärts in die Büsche.*

In „Zeitung für die elegante Welt", 1804 Nr. 23, ließ er das Gedicht „Die Gesänge" erscheinen, dessen 1. Strophe

> Wo man singet, laß dich ruhig nieder,
> Ohne Furcht, was man im Lande glaubt;
> Wo man singet, wird kein Mensch beraubt;
> Bösewichter haben keine Lieder,

vom Volksmunde umgewandelt worden ist in

> *Wo man singt, da laß dich ruhig nieder;*
> *Böse Menschen haben keine Lieder.*

Die Parodie der Seumeschen Verse von David KALISCH

> *Wo man raucht, da kannst du ruhig harren;*
> *Böse Menschen haben nie Zigarren*

steht im „Humoristisch-satirischen Volks-Kalender des Kladderadatsch" von 1850, S. 27.

Nach JEAN PAUL (Jean Paul Friedrich Richter, 1763 bis 1825) sagen wir

Flegeljahre

wie der Titel seiner 1804 erschienenen Dichtung lautet, und aus seiner „Selina oder Über die Unsterblichkeit" 2, 132

Weltschmerz.

Aus „Der unsichtbaren Loge" (1792) wird zitiert

Die Erinnerung ist das einzige Paradies, woraus wir nicht vertrieben werden können.

Ungenau wird zitiert

gute Leute und schlechte Musikanten,

so von E. T. A. Hoffmann in der anonym erschienenen Schrift „Seltsame Leiden eines Theater-Direktors", Berlin 1819 S. 198, sowie im 2. Abschnitt des 1820 erschienenen „Kater Murr" und von Heinrich Heine in „Ideen. Das Buch le Grand" (1826) Kap. 13, sowie in der Vorrede zu „Atta Troll"; in BRENTANOS Lustspiel „Ponce de Leon", 5, 2 (1804) sagt der Haushofmeister Valerio zu einem Schulmeister mit Bezug auf eine erwartete Musikantenschar „Diese schlechten Musikanten und guten Leute aber werden sich unter Eurer Anführung im Walde versammeln".

Max von SCHENKENDORF sagt in der sechsten Strophe von „Schill. Eine Geisterstimme" (1809)

für die Freiheit eine Gasse

und in dem 1814 gedichteten Lied „Muttersprache"

Muttersprache, Mutterlaut.

Theodor KÖRNER sagt nach ihm in seinem „Aufruf" von 1813 (Frisch auf, mein Volk! die Flammenzeichen rauchen), wo es den Anfang des vorletzten Verses der ersten Strophe bildet

Der Freiheit eine Gasse!

Aus dem soeben erwähnten Gedichte Körners stammt

Vergiß die treuen Toten nicht!

Die Pferde sind gesattelt

zitieren wir aus Körners „Hedwig" 2, 10, da es die einzigen Worte des Auftretenden sind, als die Rolle eines unbedeutenden Schauspielers. Aus Körners „Hedwig" 3, 10 stammt

Nur über meine Leiche geht der Weg.

Aus Körners „Lützows wilde Jagd" (1813)

Was glänzt dort vom Walde im Sonnenschein?
Hör's näher und näher brausen

und

Das ist Lützows wilde, verwegene Jagd,

aus seinem Gedicht „Männer und Buben" (1813)

Das Volk steht auf, der Sturm bricht los

und aus seinem „Schwertlied"

Du Schwert an meiner Linken.

Und aus dem Titel des 1769 erschienenen Lustspiels „Der Postzug oder die noblen Passionen" von AYRENHOFF († 1819) der Ausdruck

noble Passionen.

Der Schluß des Schauspiels „Der Prinz von Homburg" von Heinrich VON KLEIST (1777–1811) brachte das Wort

In Staub mit allen Feinden Brandenburgs!

Aus Wilhelm GERHARDS Gedicht „Der Edelacker" stammt der Spruch

Landgraf, werde hart!

der sich auf den Thüringer Landgrafen Ludwig den Eisernen bezieht, dessen milde Regierung die Vornehmen seines Landes zur Bedrückung des Volkes verführte.

Von H. F. MASSMANN (1797–1874), dem später berühmten Germanisten und Mitbegründer des Turnwesens, stammt das Lied

Ich hab mich ergeben mit Herz und mit Hand.

Adalbert v. Chamissos (1781–1838)

> *Der Zopf, der hängt ihm hinten*

(1822. Tragische Geschichte. Zuerst in „Moosrosen" auf
das Jahr 1826, herausg. von Wolfgang Menzel, Stuttgart
1826 S. 395/396) ist ebenso bekannt wie sein

> *Das ist die Zeit der schweren Not,*

was zuerst in einem im Juni 1813 von unserem Dichter
an J. Hitzig (J. Hitzig. Leben und Briefe von Ad. v.
Chamisso, I. S. 343 Berlin 1839–1842. Vergl. 5. Ausg.
Berlin 1864 I. S. 383) aus Kunersdorf geschriebenen
Briefe vorkommt, wo es heißt: „Gott verzeihe mir
meine Sünden, aber es ist wahr,

> Das ist die Not der schweren Zeit!
> Das ist die schwere Zeit der Not!
> Das ist die schwere Not der Zeit!
> Das ist die Zeit der schweren Not!

Da hast du ein Thema." Diese vier Zeilen führen in
den Werken Chamissos jetzt den Titel „Kanon".
Aus „Vergeltung"

> *Gott ist mächtig in den Schwachen.*

Aus „Das Schloß Boncourt"

> *Ich träum als Kind mich zurücke*
> *und schüttle mein greises Haupt.*

Aus „Frauenliebe und -leben" (1831)

> *er, der Herrlichste von allen*

und

> *ich kann's nicht fassen, nicht glauben*

sowie

> *Nun hast du mir den ersten Schmerz getan,*
> *Der aber traf.*

Und der Titel des Gedichtes

> *Die Sonne bringt es an den Tag.*

Schließlich aus „Das Riesenspielzeug" (1831)

> *der Bauer ist kein Spielzeug*

und nach „Peter Schlemihls wundersame Geschichte"
(1804) die Bezeichnung

> *Peter Schlemihl*

für einen seltsamen Menschen.

Bei Georg Phil. Schmidt von Lübeck (1766–1849) in
seinen „Liedern": „Des Fremdlings Abendlied" (1821)
das geflügelte Wort

> *Da, wo du nicht bist, ist das Glück.*

Aus Franz Grillparzers (1791–1872) „Ahnfrau" (1816)
stammen

> *den Jüngling ziert Bescheidenheit,*

eine Umstellung der Worte gegen Ende des 1. Aufzugs

> *Ziert Bescheidenheit den Jüngling,*
> *(Nicht verkenn er seinen Wert)*

woraus ein Spaßvogel gemacht hat

> *Bescheidenheit ist eine Zier,*
> *Doch weiter kommt man ohne ihr,*

aus Aufzug 3

> *Ja, ich bin's, du Unglücksel'ge,*
> *Bin der Räuber Jaromir.*

Auch dies ist verändert, da zwischen beiden Versen 13
andere des ursprünglichen Textes weggelassen werden.
Aus Aufzug 5

> *Öffne dich, du stille Klause,*
> *Denn die Ahnfrau geht nach Hause.*

Aus „Abschied von Wien" (1843) ist das Wien geltende
Wort

> *Capua der Geister* (vgl. S. 436).

Das von Pius Alex. Wolff (1782–1828) nach Cervantes'
Novelle „La gitanilla de Madrid" gedichtete Drama
„Preciosa", zum ersten Male in Berlin 14. März 1821 mit
der Musik von C. M. v. Weber auf die Bühne gekommen
(Berlin 1823 Leipz. 1865), enthält 1, 5

> *Herrlich! Etwas dunkel zwar –*
> *Aber's klingt recht wunderbar*

und

> *Leb wohl, Madrid!*
> (Nie wende sich dein Glück).

Der 2, 1 vorkommende Reim

> Wird man wo gut aufgenommen,
> Muß man ja nicht zweimal kommen

lautet als stehendes Zitat gefälliger so

> *Wird man wo gut aufgenommen,*
> *Muß man nicht gleich wiederkommen.*

Gleich darauf heißt es zweimal

> nach Valencia

wie öfters in 4, 12, wo auch

> *auf* (denn) – *nach Valencia*

steht.
(Heutzutage hört man wohl

> *auf, nach Kreta*

aus Offenbachs „Die schöne Helena", Text von H.
MEILHAC und L. HALÉVY.) 2, 2 enthält Preciosas Gesang

> *einsam bin ich nicht alleine.*

Aus 3, 2 sind die Worte Pedros

> *auf der großen Retirade,*

> *Peter des Plaisirs*

für maître de plaisir, und

> *tut nichts, könnt's noch öfter hören,*

aus Szene 3 und 8

> *Donnerwetter Parapluie.*

Die Stelle der 3. Szene lautet

> Pedro: Parapluie!
> Ambrosio: Flucht nicht so gräßlich!
> Pedro: Donnerwetter

Pedro spricht gern in welschen, von ihm mißverstande-
nen Wörtern, und so wird jenes „Parapluie" von ihm
aus „parbleu" verzerrt.

1825 wurde zuerst gedruckt:

> *O alte Burschenherrlichkeit,*
> *Wie bald bist du entschwunden*

dessen Verfasser sich an K. B. Garres Lied „Der ersten Unschuld reines Glück, Wohin bist du entschwunden?" anlehnte. 1877 bekannte sich der als Sanitätsrat in Eschwege gestorbene Eugen HÖFLING (1808–80) zu der Autorschaft. Der Kehrreim

> *O jerum, jerum, jerum*

zu dem später der Zusatz

> *O quae mutatio rerum*

kam, entstammt dem Studentenlied „Was fang ich armer Teufel an?" (vor 1763) und die Melodie dazu wurde zuerst in Brauns „Liederbuch für Studenten" 1843 gedruckt.

Aus Ferdinand RAIMUNDS (1790–1836) Zauberspiele „Der Diamant des Geisterkönigs" (1824) 2, 19 wird zitiert

> *Ich bin dein Vater Zephises*
> *Und habe dir nichts zu sagen als dieses.*

In seinem romantischen Original-Zaubermärchen (1826) „Das Mädchen aus der Feenwelt" oder „Der Bauer als Millionär", 2, 3 heißt es

> Scheint die Sonne noch so schön,
> Einmal muß sie untergehn

was durch Heinr. Heine, Vorrede von „Buch der Lieder" 2. Aufl. (1837), in der Umformung

> *Und scheint die Sonne noch so schön,*
> *Am Ende muß sie untergehn,*

Zitat geworden ist.

Das romantisch-komische Märchen „Der Alpenkönig und der Menschenfeind" (1828) enthält

> *So leb denn wohl, du stilles Haus!*
> *Wir ziehn betrübt von dir hinaus.*

Aus dem „Hobellied" Valentins in dem Zaubermärchen
„Der Verschwender" (1833)

> *Da streiten sich die Leut' herum*
> *Oft um den Wert des Glücks*

sowie

> *Das Schicksal setzt den Hobel an*
> *Und hobelt alles gleich.*

Konradin Kreutzer (1780–1849) schuf die Musik zum
„Verschwender" und die Oper

> *Das Nachtlager von Granada.*

Aus des gleichzeitig populären Dramatikers Johann
NESTROY (1801–62) mehr als 80 Stücken erhielt sich
„der böse Geist

> *Lumpacivagabundus"* (1833)

und daraus

> *Eduard und Kunigunde,*
> *Kunigunde, Eduard.*

Das Wort

> *Geistesaristokratie*

geht wohl auf Saul ASCHERS Flugschrift „Über den
deutschen Geistesaristokratismus" (1819) zurück.
Von dem Verfasser der „Fünfzig Fabeln für Kinder"
(1833), Wilhelm HEY (1790–1854)

> *Weißt du wieviel Sternlein stehen*
> *An dem blauen Himmelszelt?*

Fr. KIND (1768–1843), der Verfasser der Textbücher zu
C. M. v. Webers „Freischütz" und K. Kreutzers „Nacht-
lager von Granada", ist zu nennen wegen

> *komm doch näher, liebe Kleine!*

aus seinem Gedichte „Der Christabend" (das auch Zitat
aus Mozarts „Don Juan" sein kann) und wegen

> *Zwischen Lipp' und Kelchesrand*
> *Schwebt der finstern Mächte Hand*

aus seinem einem antiken Stoff nachgearbeiteten Gedichte „König Ankaios".

Aristoteles erzählte die Geschichte des mythischen Königs Ankaios auf Samos und dessen Knechtes. Der Knecht prophezeite dem Weinstöcke pflanzenden Ankaios, er würde sterben, ehe er den Wein dieser Weinstöcke tränke. Als der Wein reifte, widersprach Ankaios, doch der Knecht sagte: πολλὰ μεταξὺ πέλει κύλικος καὶ χείλεος ἄκρου
– Zwischen dem Rande der Lipp' und des Bechers kann vieles geschehen. Ankaios wurde von einem Wildschwein getötet, bevor er vom Wein getrunken.
Ein Scholion (Erklärung) zu Homer, Odyssee IX (Freiermord) verweist auf die von Aristoteles (op. 1566, 530) erzählte Geschichte über den Ursprung der Sentenz bei Anlaß der Szene, wo der Freier Antinoos, eben den mit Wein gefüllten Kelch zum Munde führend, vom tödlichen Pfeil des Odysseus in die Gurgel getroffen wird.
Lateinisch sagt man

> *Multa cadunt inter calicem supremaque cabra.*

Und englisch:

> *There is many a slip 'twist cup and lip.*

Aus seinem Text zu Webers „Freischütz" (1821)

> *nur Mut!*

was mit dem spaßhaften Zusatz

> *die Sache wird schon schief gehen!*

versehen wurde. Und ferner

> *Kommt ein schlanker Bursch gegangen.*

> *Leise, leise, fromme Weise.*

> *Wir winden dir den Jungfernkranz.*

> *Stürzt das Scheusal in die Wolfsschlucht!*

> *Hilf, Samiel! oder Samiel, hilf!*

> *Er war von je ein Bösewicht,*
> *Ihn traf des Himmels Strafgericht!*

> *Was gleicht wohl auf Erden*
> *dem Jägervergnügen?*

Aus Webers „Oberon" (1826)

> *Mein Hüon, mein Gatte,*

mit dem scherzhaften Zusatz

> *Im Schlafrock von Watte.*

und aus Meyerbeers „Robert der Teufel" (1831)

> *ja, das Gold ist nur Chimäre.*

Aus Donizettis Oper „Belisar" (1836)

> *zittre, Byzanz.*

Die Zitate aus Heinrich HEINE (1797–1856) finden sich fast sämtlich im „Buch der Lieder". Dahin gehört das zuerst 1822 in den „Gedichten" mit der Überschrift „An Karl von U[echtritz]. Ins Stammbuch" abgedruckte

> *Anfangs wollt' ich fast verzagen,*
> *Und ich glaubt', ich trüg' es nie,*
> *Und ich hab es doch getragen –*
> *Aber fragt mich nur nicht, wie?*

Ebenda aus der Ballade „Die Grenadiere"

> *Was schert mich Weib, was schert mich Kind,*
> *Ich trage weit beßres Verlangen;*
> *Laß sie betteln gehn, wenn sie hungrig sind –*
> *Mein Kaiser, mein Kaiser gefangen!*

Ebenda der Anfang von „Belsazar"

> *Die Mitternacht zog näher schon.*

1824 veröffentlichte Heine die Verse

> *Blamier mich nicht, mein schönes Kind,*
> *Und grüß mich nicht Unter den Linden;*
> *Wenn wir nachher zu Hause sind,*
> *Wird sich schon alles finden.*

Aus „Lyrisches Intermezzo", 1823 mit den „Tragödien" erschienen, sind die Anfangsverse der Gedichte

> *Im wunderschönen Monat Mai*

und

> *Auf Flügeln des Gesanges*

ebenda

> *Ich grolle nicht,*
> *(Und wenn das Herz auch bricht)*

sowie die Schlußstrophe aus dem zuerst im Berliner „Gesellschafter" vom 9. Okt. 1822 gedruckten Gedichte „Ein Jüngling liebt' ein Mädchen"

> *Es ist eine alte Geschichte,*
> *Doch bleibt sie immer neu;*
> *Und wem sie just passieret,*
> *Dem bricht das Herz entzwei;*

ebenda die Schlußverse von „Wenn zwei voneinander scheiden"

> *Die Tränen und die Seufzer*
> *Die kamen hintennach.*

Aus der Gedichtsammlung „Die Heimkehr", in „Reisebilder" 1826, ist das zuerst im Berliner „Gesellschafter" vom 26. März 1824 abgedruckte

> *Ich weiß nicht, was soll es bedeuten,*
> *Daß ich so traurig bin;*
> *Ein Märchen aus alten Zeiten,*
> *Das kommt mir nicht aus dem Sinn;*

und der Schluß dieses Gedichtes

> *Und das hat mit ihrem Singen*
> *Die Lore-Ley getan.*

sowie das in Nr. 66 enthaltene

> *Die Leutnants und die Fähnderichs,*
> *Das sind die klügsten Leute.*

Aus dem zuerst in den „Rheinblüten. Taschenbuch auf das Jahr 1825" abgedruckten Gedichte „Mensch, verspotte nicht den Teufel" die Zeile

> *Mensch, bezahle deine Schulden*

ebenda

> *Du bist wie eine Blume;*

der Schluß des Gedichtes

> *Sei mir gegrüßt, du große,*
> *Geheimnisvolle Stadt,*

welches ebenda zuerst abgedruckt ist

> (Die Tore jedoch, die ließen
> Mein Liebchen entwischen gar still;)
> *Ein Tor ist immer willig,*
> *Wenn eine Törin will*

ferner

> *was will die einsame Träne?*

und das mit der Notiz „Geschrieben im Herbst 1823"
zuerst in der Hamburger Zeitschrift „Die Biene" vom
31. Jan. 1826 erschienene

> *Du hast Diamanten und Perlen*

mit seinem Kehrreim

> *mein Liebchen, was willst du mehr?*

Aus der „Harzreise" (1824)

> *Es war ein dicker Mann, folglich ein guter*
> *Mann, sagte Cervantes.*

In „Reisebilder" Bd. 2 1827 findet sich im 1. Zyklus der
„Nordsee" „Das Seegespenst" mit dem Schlußvers

> *Doktor, sind Sie des Teufels?*

und im 2. Zyklus „Fragen" mit dem Schlußvers

> *und ein Narr wartet auf Antwort;*

aus „Neuer Frühling"

> *Wenn du eine Rose schaust,*
> *Sag, ich laß sie grüßen;*

in „Yolante und Marie"

> *blöde Jugendeselei;*

in „Englische Fragmente", 1828 Kap. 12 „Wellington"
nennt sich Heine „so recht

> *europamüde".*

Er wiederholt das Wort im „Ex-Nachtwächter".
In einem Briefe Heines an Varnhagen von Ense wird Goethe

> *der große Heide*

genannt.

Aus dem „Bericht über die Pariser Gemäldeausstellung" (1831)

> *Aus der Tiefe des Gemütes.*

Aus „Atta Troll", erschienen 1843 in der „Zeitung für die elegante Welt", Kap. 24, ist

> *kein Talent, doch ein Charakter;*

aus dem Schluß der „Bergidylle" in der „Harzreise" (1824), wo Heine sich „einen Ritter von dem heil'gen Geist" nennt, der Ausdruck

> *Ritter vom Geist,*

der dann Gutzkows Roman „Die Ritter vom Geiste" (1850–52) betitelte. Aus den „Nachtgedanken" (1843)

> *Denk ich an Deutschland in der Nacht,*
> *Dann bin ich um den Schlaf gebracht.*

Aus „Neue Gedichte" (1844) Angelique VIII

> *Hat man die Liebe durchgeliebt,*
> *Fängt die Freundschaft an.*

Und aus „Neuer Frühling" XXXIV

> *Man schreibt nicht so ausführlich,*
> *Wenn man den Abschied gibt.*

Und schließlich aus dem „Romancero" (1846–51) in dem Gedicht „Zwei Ritter"

> *Krapülinski und Waschlapski*

für zwei (Exil-)„Polen aus der Polackei" und Vertreter „polnischer Wirtschaft".
Aus dem Gedicht „Der Asra"

> *Und mein Stamm sind jene Asra,*
> *Welche sterben, wenn sie lieben*

Der Ausdruck

> *Vorschußlorbeeren*

stammt aus Heines Gedicht „Die Plateniden", wo es von Schiller, Goethe, Lessing, Wieland heißt

> Wollten keine Ovationen
> Von dem Publiko auf Pump,
> Keine Vorschuß-Lorbeerkronen.

Aus Heines „Romantischer Schule" (1836) wurde populär

> *Geschwindigkeit ist keine Hexerei.*

Der Anfang des Volksliedes

> *Ach, wie ist's möglich dann,*
> *Daß ich dich lassen kann*

wurde von der Heine bekannten Helmina von Chézy (1783–1856) um zwei Strophen erweitert.

Ludolf WIENBARG schuf in seinen „Ästhetischen Feldzügen" (1834) für die ganze nachromantische Literaturepoche der 30er Jahre die Bezeichnung

> *Das junge Deutschland.*

Adolf MÜLLNERS (1774–1829) Worte in dem Drama „Die Schuld" (1816) 2, 5

> (Und –) erklärt mir, Oerindur,
> Diesen Zwiespalt der Natur!
> (Bald möcht' ich in Blut sein Leben
> Schwinden sehn, bald – ihm vergeben)

hat der Volksmund also umgestaltet

> *Erkläret mir, Graf Oerindur,*
> *Diesen Zwiespalt der Natur.*

Ein Losungswort für die Romantik war

> *die blaue Blume*

geworden, die in NOVALIS' (Friedrich von Hardenberg, 1772–1801) Roman „Heinrich von Ofterdingen" des Titelhelden Sehnsucht erfüllt. Novalis fand diese blaue Blume in der deutschen Sage vor. J. Grimm sagt dar-

über „Deutsche Mythologie", 3. Ausg. Göttingen 1854,
S. 1152:
„... die ungenannte blaue Wunderblume (S. 916), die
dem Hirten, wenn er sie unversehens aufgesteckt hat,
plötzlich seine Augen öffnet und den bisher verborgenen Eingang zum Schatz entdeckt (S. 923), erscheint
desto geheimnisvoller, weil sie gar nicht angegeben
werden kann. Der Name Vergißmeinnicht, den sie
sich gleichsam selbst beilegt, soll bloß ihre Bedeutsam-
keit ausdrücken und mag erst im Verlauf der Zeit auf
Myosotis angewandt worden sein."
Ist auf diese blaue Wunderblume der nur im Deutschen
vorhandene Ausdruck

blaues Wunder

zurückzuführen? Ich bemerke, daß dieser Ausdruck in
Übersetzungen des „Don Quijote" nur eine freie Über-
tragung des Wortes „Wunder" im spanischen Texte ist.
In v. Zesens (unter dem Namen: Ritterhold von Blauen
erschienenem) Romane „Die adriatische Rosemund",
Amsterdam 1645 S. 124 und 125 wird die Wohnung der
Rosemund beschrieben. Über der Tür hängt das Ge-
mälde eines blauen Ritters. Auf den sterbeblauen
Prunktüchern (d. h. bleu-mourant Tapeten) hinter die-
sem Ritter sieht man das Gesicht einer Jungfrau und
darunter die Worte „Ich seh und höre mein blaues
Wunder".
Von Novalis ist das im Schlegel- und Tieckschen Musen-
almanach für 1802 mitgeteilte

Wenn ich ihn nur habe,
Wenn er mein nur ist

sowie das ebenda befindliche

Wenn alle untreu werden,
So bleib ich dir doch treu,

das v. Schenkendorf in „Erneuter Schwur, Junius 1814,
an Friedrich Ludwig Jahn" (Gedichte. Stuttgart 1815
S. 141) umändert zu

Wenn alle untreu werden,
So bleib ich euch doch treu.

Nach R. Köpke „Ludwig Tieck, Erinnerungen aus dem Leben des Dichters", I 210 und 211 ist Ludwig TIECK (1773–1853) der Schöpfer des Wortes

> *Waldeinsamkeit.*

Das Wort

> *romantisch*

das 1734 im „Bernischen Spectateur" neben „romanisch" vorkommt, erlangte seine allgemeine Bedeutung als literarischer Parteiname, nachdem Tieck 1800 seine Gesamtgedichte unter dem Titel „Romantische Dichtungen" herausgegeben hatte. Erst A. W. Schlegel stellte in „Charakteristiken und Kritiken", Königsberg 1801, die klassische Poesie des Altertums und die romantische des Mittelalters und der Neuzeit als auf ganz verschiedene Weise entstanden gegenüber. Romantic wird im Englischen Mitte des 17. Jahrh. von Personen und Naturszenen gebraucht.

Ein Losungswort für und gegen die Romantik war einst Tiecks

> *Mondbeglänzte Zaubernacht,*

die in „Kaiser Octavianus" (1804) vorkommt, wo es heißt

> *Mondbeglänzte Zaubernacht,*
> *Die den Sinn gefangen hält,*
> *Wundervolle Märchenwelt,*
> *Steig auf in der alten Pracht!*

Eine unsterbliche Ruhmestat der Romantik war die Sammlung und Herausgabe der Kinder- und Hausmärchen (2 Bände 1812–14), die als Grimms Märchen oder Grimmsche Märchen ein wahres Volks- und Kinderbuch geworden sind, und die „Deutschen Sagen" (2 Bände 1816–18) durch die Brüder Jacob und Wilhelm GRIMM (1775–1863 bzw. 1786–1859). Aus den Grimmschen Märchen oder Sagen stammen viele geflügelte Worte. So aus „Aschenputtel"

> *Die guten ins Töpfchen,*
> *Die schlechten ins Kröpfchen;*

aus „Hänsel und Gretel"

> *Knusper, knusper knäuschen,*
> *Wer knuspert an meinem Häuschen?*
> *Der Wind, der Wind,*
> *Das himmlische Kind.*

Ferner nach dem Märchen

> *Hans im Glück.*

Aus dem Märchen von den sieben Schwaben stammt der Spruch

> *Hannemann, geh du voran –*
> *Du hast die größten Stiefel an.*

Aus dem Märchen von den sieben Geißlein

> *Was rumpelt und pumpelt*
> *In meinem Bauch herum?*
> *Ich meinte, es wären sechs Geißlein,*
> *So sind's lauter Wackerstein.*

Aus „Schneewittchen"

> *Spieglein, Spieglein an der Wand,*
> *Wer ist die Schönste im ganzen Land?*
> *Frau Königin, Ihr seid die Schönste hier,*
> *Aber Schneewittchen über den Bergen*
> *Bei den sieben Zwergen*
> *Ist tausendmal schöner als Ihr.*

Aus „Tischlein deck' dich", das schon in der attischen Komödie des 5. Jahrh. v. Chr. bei Krates als eines der Kennzeichen der „Goldenen Zeit" vorkommt: παρατίθου, τράπεζα (decke dich, Tisch!)

> *Tischlein deck dich,*
> *Eselein streck dich,*
> *Knüppel aus dem Sack.*

Der Titel eines Grimmschen Märchens

> *Der Teufel und seine Großmutter.*

Nach dem Märchentitel

> *Aschenbrödel* oder *Aschenputtel*

ein Mädchen, das lieblos behandelt und stets die schmutzigste Hausarbeit aufgetragen bekommt.

Wilhelm HAUFF (1802–27) schenkte uns in „Reiters Morgenlied"

> *Morgenrot, Morgenrot*
> *leuchtest mir zum frühen Tod!*
>
> *Gestern noch auf stolzen Rossen*

und

> *Ach, wie bald*
> *Schwindet Schönheit und Gestalt*

sowie

> *Steh ich in finsterer Mitternacht*
> *So einsam auf der stillen Wacht.*

Von Luise BRACHMANN († 1822) zitieren wir den 1. Vers ihres Gedichtes „Columbus"

> *Was willst du, Fernando, so trüb und so bleich?*

Von August Graf von PLATEN (1796–1835) wird aus seinen „Gedichten" (1828) der Anfang des Gedichtes „Tristan" viel zitiert

> *Wer die Schönheit angeschaut mit Augen,*
> *Ist dem Tode schon anheimgegeben,*

Von Chr. Aug. TIEDGE (1725–1841) stammen die Verse

> *Sei hochbeseligt oder leide;*
> *Das Herz bedarf ein zweites Herz.*
> *Geteilte Freud' ist doppelt* (doppelte) *Freude,*
> *Geteilter Schmerz ist halber Schmerz*

aus seiner „Urania" (1801).
Aus Tiedges „Der Kosak und das Mädchen"

> *Schöne Minka, ich muß scheiden.*

Ein altes jüdisches Sprichwort „Butterbrot fällt ufs Ponim" (d. h. aufs Gesicht, vom hebräischen „panim") hat Ludwig BÖRNE (1786–1837) (Gesammelte Schriften 3. Teil) zu dem Worte verarbeitet

> *Minister fallen, wie Butterbrote,*
> *gewöhnlich auf die gute Seite.*

Ferner:

> *Als Pythagoras seinen bekannten Lehrsatz ent-*
> *deckte, brachte er den Göttern eine Hekatombe*
> *dar. Seitdem zittern die Ochsen, sooft eine neue*
> *Wahrheit an das Licht kommt.*

In der „Rede auf Jean Paul", gehalten 1825, sagt er

> *nichts ist dauernd als der Wechsel,*

was Heine im Motto seiner „Harzreise" 1824–26 verwendete.
Aus der Ankündigung der von Börne begründeten Zeitschrift „Die Waage" stammt das Wort

> *Völkerfrühling.*

v. PLATEN sagt in einem titellosen Gedichte von 1818

> *so viel Arbeit um ein Leichentuch?*

Bekannter ist der Anfang seines Gedichts „Das Grab im
Busento"

> *Nächtlich am Busento lispeln*
> *Bei Cosenza dumpfe Lieder.*

HALM (Freiherr v. Münch-Bellinghausen, 1806–71) bietet aus dem Drama „Der Sohn der Wildnis" (1842)

> *Zwei Seelen und e i n Gedanke,*
> *Zwei Herzen und e i n Schlag*

(zwei Zeilen des Liedes „Mein Herz, ich will dich fragen: Was ist denn Liebe? Sag!").
J. P. HEBEL (1760–1826) „Schatzkästlein des Rheinischen
Hausfreundes" (1811) erzählt eine Geschichte „Die zwei
Postillone". Diese Postillone, welche zwischen Dinkelsbühl und Ellwangen fuhren, hatten von zwei Handels-
leuten stets so schlechte Trinkgelder erhalten, daß sie sich
vornahmen, die Herren freigebiger zu machen. Einst traf
es sich, daß der Dinkelsbühler Schwager, den einen dieser Handelsleute fahrend, auf der Landstraße dem Postillon von Ellwangen begegnete, welcher den anderen
Handelsmann fuhr. Keiner will dem anderen ausweichen.
Zuerst zanken sich die Postillone, und als die Reisenden sich in den Wortwechsel mischen, schlägt der Ell-
wanger Postillon dem Passagier in dem gegenüberste-

henden Postwagen mit der Peitsche ins Gesicht, worauf
der Postillon aus Dinkelsbühl ein gleiches an dem anderen Passagier tat. Nachdem sie ihre gegenseitigen Pas-
sagiere durchgepeitscht hatten, trennten sie sich. Diesmal gab jeder der beiden Reisenden ein besseres Trink-
geld." – Hebel läßt den einen Postillon sagen: „Du
sollst meinen Passagier nicht hauen; er ist mir anver-
traut und zahlt honett, oder ich hau den deinigen
auch."
Der Volksmund hat die Worte des Postillons verkürzt zu

> *Haust du meinen Juden,*
> *So hau ich deinen Juden.*

Bekannt ist Hebels Geschichte

> *Kannitverstan.*

Der „Denkspruch" von Karl STRECKFUSS (1779–1844)

> Im Glück nicht stolz sein und
> Im Leid nicht zagen,
> *Das Unvermeidliche mit Würde tragen,*
> Das Rechte tun, am Schönen sich erfreuen,
> Das Leben lieben und den Tod nicht scheuen,
> Und fest an Gott und beßre Zukunft glauben,
> Heißt leben, heißt dem Tod sein Bittres rauben;

steht mit der Jahreszahl 1809 in seinen „Gedichten"
(Leipz. 1811) und mit diesen Versen auf seinem namen-
losen Grabstein auf dem alten Dreifaltigkeitsfriedhof
in Berlin. Wohl nach den Worten des Weisen Kleo-
vulos (bei Diogenes Laertius I, 6):

„εὐτυχῶν μὴ ἴσθι ὑπερήφανος, ἀπορήσας μὴ ταπεινοῦ.
τὰς μεταβολὰς τῆς τύχης γενναίως ἐπίστασο φέρειν"

„Sei nicht übermütig im Glück, nicht kleinmütig im
Unglück. Die Wechselfälle des Schicksals wisse mit
Würde zu tragen."
N. Ph. CONZ (1762–1827), Schillers Jugendfreund,
übersetzte den Vers des Euripides (fr. 965) am Ende
des „Handbuches" des Epiktet:

ὅστις δ'ἀνάγκῃ συγκεχώρηκεν καλῶς.

„Wer sich der Notwendigkeit auf schöne Art fügt" –
mit den Worten von Streckfuß: „Und wer das Unvermeidliche mit Würde trägt."

> *Den Bürgermeister ausgenommen*

ist aus dem Gedichte „Die Ausnahme" von Andreas
WILKE (1814).

Friedrich Baron DE LA MOTTE-FOUQUÉS (1777–1843)
„Trost" im „Frauentaschenbuch für 1816" S. 187 beginnt

> *Wenn alles eben käme,*
> *Wie du gewollt es hast.*

Aus Friedrich RÜCKERTS (1788–1866) Gedichte „Welt
und Ich" wird zitiert

> *Wenn die Rose selbst sich schmückt,*
> *Schmückt sie auch den Garten*

Aus den „Makamen des Hariri"

> *Woher nehmen und nicht stehlen?*

Aus seiner „Parabel" (1823)

> *Es ging ein Mann im Syrerland,*
> *Führt' ein Kamel am Halfterband.*

Aus seinem „Gottesdienst"

> *Sieh! Keinen Tropfen Wasser schluckt das Huhn,*
> *Ohn' einen Blick zum Himmel aufzutun.*

Aus seinem Gedichttitel

> *Aus der Jugendzeit*

wurde ein geflügeltes Wort (1831). Ebenso aus dem
früheren Gedichtbandtitel (1823)

> *Liebesfrühling,*

und ferner aus „Roland zu Bremen"

> *Roland, der Ries',*
> *Am Rathaus zu Bremen*
> *Steht er, ein Standbild*
> *Standhaft und wacht.*

Karl FOERSTER († 1841) dichtete in „Erinnerung und Hoffnung"

> *Was vergangen, kehrt nicht wieder;*
> *Aber ging es leuchtend nieder,*
> *Leuchtet's lange noch zurück!*

Und Méhuls 1807 in Paris, 1809 in Deutschland aufgeführte Oper „Joseph in Ägypten" mit Text von Alexander DUVAL († 1842) schenkte uns das Zitat

> *Ich war ein Jüngling noch an Jahren.*

Aus Ludwig UHLANDS (1787–1862) „Abreise" (Wanderlieder 7), 14. Sept. 1811, zuerst gedruckt im „Deutschen Dichterwald" S. 32, Tübingen 1813, wird zitiert

> *von einer aber tut mir's weh,*

und aus „Einkehr" (Wanderlieder 8)

> *Bei einem Wirte wundermild;*

aus „Frühlingsglaube" (Frühlingslieder 2), 21. März 1812

> *Die linden Lüfte sind erwacht*

> *Nun muß sich alles, alles wenden;*

> *Die Welt wird schöner mit jedem Tag;*
> *Man weiß nicht, was noch werden mag;*

aus „Freie Kunst" (24. Mai 1812, zuerst gedruckt im „Deutschen Dichterwald" S. 3)

> *Singe, wem Gesang gegeben;*

aus „Des Sängers Fluch" Gedichte, Stuttgart und Tübingen Cotta 1815 S. 335

> *Denn was er sinnt, ist Schrecken, und was er blickt,*
> *ist Wut.*
> *Und was er spricht, ist Geißel, und was er schreibt,*
> *ist Blut.*

> *Nimm alle Kraft zusammen, die Lust und auch*
> *den Schmerz.*

> *Noch eine hohe Säule zeugt von verschwundner*
> *Pracht.*

> *Versunken und vergessen.*

Und aus „Schäfers Sonnntagslied"

>*Das ist der Tag des Herrn*

und

>*Ich bin allein auf weiter Flur;*

aus „Schwäbische Kunde" (6. Dez. 1814), ebenda S. 287

>*Viel Steine gab's und wenig Brot*

und

>*Der wackre Schwabe* (oft verwandelt in:
>*Ein wackrer Schwabe) forcht sich nit;*

aus „Der gute Kamerad" (1809)

>*Ich hatt' einen Kameraden*
>*Einen bessern findst du nit*

und

>*im gleichen Schritt und Tritt.*

Sowie

>*Kann dir die Hand nicht geben,*
>*Bleib du im ew'gen Leben*
>*Mein guter Kamerad!*

aus „Vaterländische Gedichte. Am 18. Okt. 1816"

>*untröstlich ist's noch allerwärts,*

aus „Bertran de Born" („Morgenblatt von 1829" Nr. 283
6. Nov.)

>*Deines Geistes*
>*Hab ich einen Hauch verspürt.*

Von Uhlands Landsmann Justinus KERNER (1786–1862)
stammt aus seinem „Wanderlied" (1812)

>*Wohlauf noch getrunken*
>*Den funkelnden Wein*

und

>*Ade nun, ihr Lieben,*
>*Geschieden muß sein,*

sowie der Anfang des Gedichtes „Der reichste .Fürst"
(1818)

>*Preisend mit viel schönen Reden.*

sowie

> *Herrlich! sprach der Fürst von Sachsen,*

ferner nach dem Titel seines Almanachs für 1813

> *Deutscher Dichterwald.*

Von Uhlands und Kerners Dichtergenossen und Landsmann Gustav SCHWAB (1792–1850), der die Schönsten Sagen des klassischen Altertums (3 Bände, 1838–40) und die Deutschen Volksbücher (3 Bände, 1836 f.) herausgab, aus seinen „Gedichten" (2 Bände, 1828/29) volkstümlich

> *Der Reiter über dem Bodensee*

nach „Der Reiter und der Bodensee", darin die Sage von dem Reiter über den zugefrorenen Bodensee erzählt, der am jenseitigen Ufer anlangt und tot vom Pferde sinkt, als er von der Gefahr, der er entronnen, hört.
Ferner aus „Das Gewitter"

> *Urahne, Großmutter, Mutter und Kind*
> *In dumpfer Stube beisammen sind.*

Und das Studentenlied

> *Bemooster Bursche zieh ich aus.*

Aus dem 1822 entstandenen Gedichte „Der frohe Wandersmann" von Joseph VON EICHENDORFF (1788–1857), zuerst in der 1826 in Berlin erschienenen Novelle

> (Aus dem) *Leben eines Taugenichts,*

wird der Anfang zitiert

> *Wem Gott will rechte Gunst erweisen,*
> *Den schickt er in die weite Welt,*

aus „Das zerbrochene Ringlein"

> *In einem kühlen Grunde*
> *Da geht ein Mühlenrad,*

aus „Abschied. Im Walde bei Lubowitz" die Anfangsverse

> *O Täler weit, o Höhen,*
> *O schöner, grüner Wald,*
> *Du meiner Lust und Wehen*
> *Andächt'ger Aufenthalt!*

ebenso der Anfang von „Des Jägers Abschied"

> *Wer hat dich, du schöner Wald,*
> *Aufgebaut so hoch da droben?*

Aus Eduard MÖRIKES (1804–75) Gedichten ist in Süddeutschland als Zitat anzusehen

> *Sommerweste.*

In dem Gedichte „An meinen Vetter" (Stuttgart und Tübingen 1838) heißt es

> Lieber Vetter! Er ist eine
> Von den freundlichen Naturen,
> Die ich Sommerwesten nenne.

> *O lieb, so lang du lieben kannst*

ist der Anfang des von Ferd. FREILIGRATH (1810–76) 1830 verfaßten Gedichtes „Der Liebe Dauer", das zuerst im „Morgenblatt für gebildete Leser", Stuttgart Nr. 271 12. Nov. 1841, stand und den Vers hat

> *Die Stunde kommt, die Stunde kommt,*
> *Wo du an Gräbern stehst und klagst!*

Sein Gedicht „Der Auswanderer" (1838) beginnt

> *Ich kann den Blick nicht von euch wenden,*
> *Ich muß euch anschaun immerdar.*

Auf Freiligraths Worte in dem Gedichte „Aus Spanien" (1841)

> *Der Dichter steht auf einer höhern Warte*
> *Als auf den Zinnen der Partei,*

antwortete Herwegh mit dem Gedichte „Die Partei", dessen Schlußverse lauten

> Ich hab gewählt, ich habe mich entschieden
> Und meinen Lorbeer flechte die Partei.

Goethe „Noten und Abhandlungen zu besserem Verständnis des West-östlichen Diwans" (1819) sagt unter
„Eingeschaltetes": „Der Dichter steht viel zu hoch, als
daß er Partei machen sollte."
HOFFMANN VON FALLERSLEBEN (1798–1874) dichtete
1822 das Lied

> *Du siehst mich an und kennst mich nicht.*

Es erschien zuerst in seinen „Gedichten", Breslau 1827.
Sein Lied

> *Deutschland, Deutschland über alles*

erschien zuerst als Einzeldruck am 1. September 1841
zu Hamburg. Und aus seinem „Kinderleben":

> *Alle Vögel sind schon da,*
> *Alle Vögel, alle!*

Aus der

> *„Wacht am Rhein",*

gedichtet 1840 von Max SCHNECKENBURGER (1819–49)
gegen den Plan von Thiers, den Rhein zur französischen Grenze zu machen, stammt

> *Lieb Vaterland, magst ruhig sein*

und

> *Es braust ein Ruf wie Donnerhall.*

Das Lied wurde erst im Jahre 1870 mit der Vertonung
von Karl Wilhelm volkstümlich.
Aus Fritz REUTERS (1810–74) „Ut mine Stromtid" (1862
bis 1864) Kap. 3 wird Inspektor Bräsigs Äußerung zu
Karl Havermann zitiert

> In der Fixigkeit war ich dir über,

aber in der Richtigkeit warst du mir über,

daraus abgekürzt

> *darin bin ich dir über,*

und ferner das häufige Wort der Frau Pastorin

> *ich bin die nächste dazu.*

In Kapitel 38 „Ut mine Stromtid" das „klassisch" gewordene Wort

> *die Armut kommt von der Powerteh.*

Ferner die plattdeutschen Zitate aus seinen Gedichten

> *Wer't mag, de mag't,*
> *Un wer't nich mag,*
> *De mag't jo woll nich mägen,*

sowie das auch in der „Stromtid" verwendete

> *Wenn einer dauhn deiht, wat hei deiht,*
> *Dann kann hei nich mihr dauhn, as hei deiht.*

Ferner

> *Mit Fis'matenten spel' ik nich,*

und

> *Hier geiht'e hen, dor geiht'e hen,*

und

> *Oh, Jöching Päsel, wat büst du för'n Esel!*

und

> *Nu segg mi mal, wat wull de Kirl?*

und

> *Wat en Scheper is, dat bliwt en Scheper,*

und

> *Etcetra pp. un in dergleichen Sachen.*

Dazu aus dem Einleitungsgedicht zu „Ut mine Stromtid"

> *Ja, Vadder, dat's sihr argerlich!*
> *Indessen doch … dann helpt dat nich!*

Wir gebrauchen auch noch Fritz Reuters Ausdrücke für ein Schwesternpaar

> *Lining und Mining* oder die *Druwäppel,*

für einen Lehrling oder Volontär

> *Fritz Triddelfitz,*

für einen hartherzigen Dummkopf

> *Pomuchelskopp,*

für einen unverwüstlichen Humormenschen

> *Onkel Bräsig,*

und sprechen mit ihm

> *Daß du die Nase in's Gesicht behältst!*

und mit Jochen Nüssler

> *'t is all so, as dat Ledder is.*
> *Wat sall einer dorbi dauh'n?*

ferner

> *Mutting! schenk doch Bräsigen in!*

Kartenspiel-Redensarten verwandte Reuter mit

> *Friß, Peter, 's sind Linsen!*
>
> *So spielt man in Venedig und in andern*
> *großen Bädern.*

Auch

> *kalte Füße* (kolle Fäut) *bekommen*

und

> *hier hängt er*

gehören hierher.

> *Die zärtlichen Verwandten*

hieß ein Lustspiel (1866) von Roderich BENEDIX (1811 bis 1873).

> *Was kraucht dort in dem Busch herum?*

wurde von H. O. PISTORIUS (1811–77) 1870 gedichtet. Der große Schweizer Dichter Jeremias GOTTHELF (1797 bis 1854), eigentlich Albert Bitzius, der Verfasser von u. a.

> „*Leiden und Freuden eines Schulmeisters*"

(1838/39) hat gesagt

> *Im Hause muß beginnen,*
> *was leuchten soll im Vaterland.*

Berthold AUERBACH (1812–82) gebrauchte das Wort vom

> *Salontiroler,*

das durch Defreggers Bild (1882) populär wurde.
Und vom Kinderliederdichter Friedrich GÜLL (1812 bis 1879) hat sich erhalten

> *Wer will unter die Soldaten,*
> *Der muß haben ein Gewehr.*

Zahlen beweisen,

oft erweitert zu

Zahlen beweisen, sagt Benzenberg

müßte eigentlich heißen „Zahlen entscheiden"; denn so lautet es an vielen Stellen der Schriften des rheinischen Physikers und Publizisten BENZENBERG († 1846).

Überwundener Standpunkt

kommt oft in „Hallische Jahrbücher", später „Deutsche Jahrbücher" genannt, erschienen von 1839 bis 1843, vor.

(Das Publikum, das ist) *ein Mann,*
Der alles weiß und gar nichts kann;

ist von Ludwig ROBERT(-Tornow), Rahel Varnhagen v. Enses jüngerem Bruder († 1832); „Ludwig Roberts Schriften". Mannheim 1838 Teil I S. 19 „Das Publikum".

Die Bezeichnung des Reichs-Freiherrn vom und zum Stein (1757–1831) als

Alles Bösen Eckstein,
Alles Guten Grundstein,
Aller Deutschen Edelstein

in der Fassung „Des Guten Grundstein" usw., Inschrift an dem am 9. Juli 1872 enthüllten Denkmal in Nassau, rührt nach einer „Biographie Steins von A. Freiherrn v. Seld" in Heinrich Pröhles Germania S. 289 vom Geheimen Ober-Regierungsrat SÜVERN in Berlin her. Der Spruch war schon im Jahre 1808 bekannt. In Schmidts „Neuem Nekrolog der Deutschen", 9. Jahrgang (1831), stehen unter einem Stahlstiche des Freiherrn vom Stein die Worte

Des Rechtes Grund-Stein,
Dem Unrecht ein Eck-Stein,
Der Deutschen Edel-Stein.

Die vierte Dimension

geht zurück auf Henry MORE (1614–87), der im „Encheiridion physicum" (1671) behauptet, „die Körper hätten bloß drei Dimensionen, die Geister aber vier".

Professor ZÖLLNER († 1832), „Die transzendentale Physik und die sogenannte Philosophie", behauptet, sie sei das Reich der Geister.

Von Hermann VON GILM (1813–64) stammt das Lied „Allerseelen" (1844)

> *Stell auf den Tisch die duftenden Reseden,*
> *Die letzten roten Astern bring herbei,*
> *Und laß uns wieder von der Liebe reden,*
> *Wie einst im Mai.*

Von dem preußischen Kultusminister Heinrich VON MÜHLER (1813–74), der als Student fröhliche „Gedichte" (1842) geschrieben hat,

> *grad' aus dem Wirtshaus komm ich heraus*

und

> *rechter Hand, linker Hand, beides vertauscht*

sowie

> *schäme dich, schäme dich, alter Gesell!*

Aus Friedrich HEBBELS (1813–63) „Maria Magdalene" (1844)

> *ich verstehe die Welt nicht mehr.*

In „Gyges und sein Ring" lesen wir im 2. Aufzug

> *Denn was uns reizt, das lieben wir verhüllt!*

und im 5. Aufzug

> *Nur rühre nimmer an den Schlaf der Welt!*

und aus Georg BÜCHNERS (1813–37) „Dantons Tod" stammt

> *Die Revolution ist wie Saturn, sie frißt ihre*
> *eigenen Kinder*

sowie

> *Das Volk ist wie ein Kind, es muß alles zer-*
> *brechen, um zu sehen, was darin steckt.*

Franz VON DINGELSTEDTS (1814–81) Weserlied schenkte uns

> *Hier hab ich so manches liebe Mal*
> *Mit meiner Laute gesessen*

und Matthäus Friedrich CHEMNITZ (1815–70)

> *Schleswig-Holstein, meerumschlungen.*

Aus Emanuel GEIBELS (1815–84) „Wo still ein Herz von Liebe glüht" wird zitiert

> *o rühret, rühret nicht daran!*

Aus seinen „Jugendgedichten"

> *wie bist du so schön, o du weite, weite Welt.*

Aus der „Wanderschaft"

> *Der Mai ist gekommen*

und

> *Mein Herz ist wie 'ne Lerche.*

Aus seinem „Lob der edlen Musika"

> *Gelobet seist du jederzeit, Frau Musika!*

und

> *Eine Musikantenkehle, die ist als wie ein Loch.*

Aus dem Gedichte „Hoffnung" in „Zeitstimmen", Lübeck 1841

> *Es muß doch Frühling werden.*

Aus „Der Zigeunerbube im Norden"

> *Fern im Süd das schöne Spanien.*

Aus den „Heroldsrufen" Geibels (Stuttgart 1871) hat Kaiser Wilhelm II. zum wenig glücklichen geflügelten Wort gemacht

> *Und es mag am deutschen Wesen*
> *Einmal noch die Welt genesen.*

Zwei andere Mailieder jener Zeit sind

> *Komm, lieber Mai, und mache*
> *Die Bäume wieder grün!*

von Adolf OVERBECK (1755–1821) in „Fritzchen an den Mai",
und

> *Alles neu macht der Mai*

in „Der Mai" von Herm. Adam v. KAMP.

Der berühmte Quartaner

Karlchen Mießnick

ist eine Schöpfung von David KALISCH (1820–72), dem Herausgeber des „Kladderadatsch" und ebenso das unsterbliche Paar

Schultze und Müller

(in Nr. 8 des Kladderadatsch von 1848 zum ersten Male); in Nr. 9 kommt es nicht vor; dann stehen die Namen wieder in Nr. 10.

Von Kalisch stammen auch, und zwar aus seiner Posse „Berlin, wie es weint und lacht"

alles muß verrungeniert (ruiniert) werden

und

was ich mir dafür kaufe
(eigentlich: *Wat ick mir dafor kofe!),*

aus der Posse „Berlin bei Nacht"

's Geschäft bringt's mal so mit sich,

aus seiner Posse „Der gebildete Hausknecht"

darin bin ich komisch

und

So'n bißchen Französisch,
Das ist doch ganz wunderschön;

aus der mit Pohl verfaßten Posse „Namenlos"

so laßt ihm doch das kindliche Vergnügen

und nach einer mit Weihrauch geschriebenen Posse

Die Mottenburger

als andere Bezeichnung für Schildbürger.

Aus Georg HERWEGHS (1817–75) Gedicht „Aus den Bergen" ist bekannt

Raum, ihr Herrn, dem Flügelschlag
Einer freien Seele!

und aus seinem Gedicht „Strophen aus der Fremde", der Anfangsvers

Ich möchte hingehn wie das Abendrot

und der Schlußvers

> *das arme Menschenherz muß stückweis brechen,*

welches zuerst in Rückerts Musenalmanach Leipzig 1840 stand und darauf in „Gedichte eines Lebendigen", Zürich und Winterthur 1841.

Aus „Leicht Gepäck" stammt der Kehrreim

> *mein ganzer Reichtum ist mein Lied,*

und 1863 dichtete Herwegh für den „Allgemeinen deutschen Arbeiterverein" das Bundeslied mit den Versen

> *Alle Räder stehen still,*
> *Wenn dein starker Arm es will.*

Aus seinem „Reiterlied"

> *Die bange Nacht ist nun herum.*

Das Wort

> *jede große Zeit erfaßt den ganzen Menschen*

steht in der „Römischen Geschichte" von Theodor MOMMSEN (1817–1903).

Damals sprach auch der Basler Jakob BURCKHARDT (1818–97) in den „Weltgeschichtlichen Betrachtungen" vorausschauend

> *die Macht ist böse an sich*

und Johannes SCHERR (1817–86) mit Bezug auf Napoleon vom

> *Kaiserwahnsinn,*

was Gustav FREYTAG (1816–95) in

> *Cäsarenwahnsinn*

(1864 in der „Verlorenen Handschrift") abwandelte.

Aus Gustav Freytags Lustspiel „Die Journalisten" (1853) stammt auch die Bezeichnung für einen verantwortungslosen Zeitungsschreiber,

> *Schmock.*

Nach seinen Worten: „Ich habe geschrieben links und wieder rechts. Ich kann schreiben nach jeder Richtung" der Ausspruch

> *er kann schreiben rechts, er kann schreiben links.*

.

Theodor STORM (1817–88) schrieb in seinem Gedicht „Für meine Söhne" 1854 die Verse

> Blüte edelsten Gemütes
> Ist die Rücksicht; doch zu Zeiten
> Sind erfrischend wie Gewitter
> *Goldne Rücksichtslosigkeiten.*

Und den Spruch

> *Vom Unglück erst*
> *Zieh ab die Schuld,*
> *Was übrig bleibt,*
> *Trag in Geduld.*

Der Rechtsgelehrte Rudolf VON IHERING (1818–92) prägte 1872 das Wort

> *der Kampf ums Recht,*

und der Naturwissenschaftler Emil DU BOIS-REYMOND (1818–96) bekannte im selben Jahr

> *Ignorabimus*
> (Wir werden es nie wissen);

auch Titel eines Schauspiels von Arno Holz (1863–1929).

Der Titel eines Walzers von Johann Strauß (1825–99).

> (An der Donau,)
> *An der schönen blauen Donau*

ist der Kehrreim der ersten beiden Strophen des Gedichtes „An der Donau" aus „Stille Lieder", Leipz. 1839, von Karl BECK (1817–79).

> *Sie sollen ihn nicht haben,*
> *Den freien deutschen Rhein*

ist der Anfang eines 1840 von Nikolaus BECKER (1809 bis 1845) gedichteten Liedes, das zuerst im Rheinisch. Jahrbuch 1841 stand.

> *Es wär' so schön gewesen,*
> *Es hat nicht sollen sein*

ist die Umgestaltung von

> Behü(e)t' dich Gott! es wär' zu schön gewesen,
> Behü(e)t' dich Gott! es hat nicht sollen sein

im XIV. Stück des „Trompeter von Säkkingen" (1854)
Viktor v. SCHEFFELS (1826–86).
Ebendaher stammen auch

> *Das ist im Leben häßlich eingerichtet,*
> *Daß bei den Rosen gleich die Dornen stehn,*

und

> *zum Abschiednehmen just das rechte Wetter,*

sowie

> *Liebe und Trompetenblasen*
> *Nützen zu viel guten Dingen.*

Aus Scheffels „Gaudeamus"

> *Als die Römer frech geworden,*

aus seinem „Wanderlied"

> *Wohlauf, die Luft geht frisch und rein,*
> *Wer lange sitzt, muß rosten.*

> *Ich wollt', mir wüchsen Flügel.*

Aus „Die letzte Rose"

> *alles Irdische ist vergänglich,*

aus „Perkeo"

> *feuchtfröhlich.*

Schließlich

> *Alt-Heidelberg, du feine.*

Scheffels Kater Hiddigeigei fragt

> *Warum küssen sich die Menschen?*

Im „Ichthyosaurus" heißt es

> *es rauscht in den Schachtelhalmen*

und

> *Sie kamen zu tief in die Kreide,*
> *Da war es natürlich vorbei.*

In „Altassyrisch" heißt es

> *Im schwarzen Walfisch zu Askalon*
> *Da trank ein Mann drei Tag',*
> *Bis daß er steif wie ein Besenstiel*
> *Am Marmortische lag,*

und

> *der Hausknecht aus Nubierland;*

in den „Liedern vom Rodenstein"

> *Gibt's nirgends mehr 'nen Tropfen Wein*
> *Des Nachts um halber zwölf?*

und

> *Man spricht vom vielen Trinken stets,*
> *Doch nie vom vielen Durste.*

> *Gegen Demokraten*
> *Helfen nur Soldaten*

ist der Schluß des Gedichtes Wilhelm v. MERCKELS (1803 bis 1861) „Die fünfte Zunft", das als fliegendes Blatt im Aug. oder Sept. 1848 erschien.

Als am 9. Sept. 1865 zu Danzig ein auf Rechnung des Herrn Friedrich Heyn erbautes Fregattschiff „Marineminister von Roon" vom Stapel gelassen wurde, ward dabei ein vom Regierungsrat WANTRUP verfaßtes Gedicht gesprochen, aus dessen Anfangszeilen

> Vom Fels zum Meere wehn des Königs Fahnen,
> Und auch die blaue Salzflut grüßen ihre Farben
> Schwarzweiß – *so reinlich und so zweifelsohne*

die letzten fünf Worte unvergänglich geworden sind.

> *Wie denken Sie über Rußland?*

ist Titel eines Lustspiels von G. v. MOSER (1825–1903), Berlin 1861.

> *Bei Zigarren darf man ja den Preis sagen*

ist aus Paul LINDAUS (1839–1919) zuerst am 19. Okt. 1872 auf dem Wiener Stadttheater aufgeführtem Lustspiele „Maria und Magdalena" 1, 3. G. v. Moser hat es in sein Lustspiel „Der Hypochonder" 1877 übernommen.

Von Paul Lindau stammt auch

> *Der Zug nach dem Westen*

nach seinem Roman (1886).

> *Johannistrieb*

ist der Titel seines 1877 zum ersten Male aufgeführten Schauspiels;

> *O diese Männer!*

ist der Titel eines Lustspiels von Julius ROSEN (1833–92), als Manuskript gedruckt 1876. Schon in dem Richardsonschen Romane „Sir Charles Grandison" (1753) Bd. 3 Brief 16 heißt es

> „O these men".

In „Immanuel Kant. Ein Denkmal seiner unsterblichen Philosophie dem deutschen Volke geweiht von Dr. M. FREYSTADT", Königsberg 1864, nennt der Verfasser S. 16

> *Königsberg die Stadt der reinen Vernunft,*

nachdem Heinrich Heine im 3. Teil seiner „Reisebilder" 1828/29 Berlin schon „die gesunde Vernunftsstadt" genannt hatte.

Die in der (1856 erschienenen) Posse Gustav RAEDERS (1810–68) „Robert und Bertram oder die lustigen Vagabunden" häufig vorkommende und vielfach umgestaltete Redensart Bertrams

> *weiter* (oder: *sonst) hat es keinen Zweck*

ist ein sehr gebräuchliches Wort geworden, ebenso wie das in seiner (1860 erschienenen) Zauberposse „Der artesische Brunnen" oft im Munde Balthasars vorkommende

> *meine Mittel erlauben mir das.*

Aus des Wieners Friedrich Kaiser Posse „Verrechnet", deren Couplets von NESTROY sind, ist

> Es muß ja nicht gleich sein,
> – es hat ja noch Zeit,

in der Form bekannt

> *muß es denn gleich sein?*

Adolf BÄUERLE (1786–1859) gebrauchte in der zuerst auf dem Volkstheater in Wien am 9. Okt. 1822 aufgeführten Oper „Aline"

> *ja nur ein' Kaiserstadt, ja nur ein Wien!*

oder auf wienerisch

> *'s gibt nur a Kaiserstadt, 's gibt nur a Wien!*

(der Refrain des Liedes „Was macht denn der Prater?"). Von Berliner Worten erwähnen wir aus Louis ANGELYS (1787–1835) „Fest der Handwerker" (Berlin 1828–34) die Worte des Maurerpoliers Kluck

> *Positus, ich setz den Fall.*

> *Darum keine Feindschaft nicht!*

(Eigentlich: „Dadrum keene Feindschaft nich")

> *Willem, du bist vons Jerüste jefalln,*

sowie die Redensarten Hähnchens des Tischlers

> *allemal derjenige, welcher,*

und

> *nie ohne dieses.*

Aus Angelys „Die Reise auf gemeinschaftliche Kosten"

> *da hört allens auf.*

Aus der bekannten Operette „Die Fledermaus" von Johann Strauß (1825–99) von 1874 (Text von K. HAFFNER und Richard GENÉE nach einem Lustspiel von Meilhac und Halévy) das Finale des 1. Aktes

> *Glücklich ist, wer vergißt,*
> *Was nicht mehr zu ändern ist.*

Diesen Spruch findet man aber schon in einem Jenaischen Studentenstammbuch aus der Mitte des 18. Jahrhunderts. Aus dem Couplet im 2. Akt

> *'s ist mal bei mir so Sitte*
> *Chacun à son goût.*

Vgl. S. 283.

Aus dem „Zigeunerbaron" (1885) wurde geflügeltes Wort

> *Mein idealer Lebenszweck*
> *ist Borstenvieh und Schweinespeck.*

Aus der Oper „Martha" von Flotow (Wien 1847) zitieren wir

> *Martha, Martha, du entschwandest*

nach den Worten des Textdichters W. FRIEDRICH (Wilhelm Friedrich Riese), nach dessen Posse „Der Konfusionsrat" (Berlin 1846) wir auch von einem

> *Konfusionsrat*

sprechen.

> *Der Karnickel hat angefangen*

steht in einer von dem Reimer und Kupferstecher Heinrich LAMI in Verse gebrachten Geschichte „Eigennützige Dienstfertigkeit", welche in „Mixpickel (sic) und Mengemus, eingemacht von H. Lami", Magdeburg 1828, abgedruckt ist.

> *Rrr! ein ander Bild!*

sind die Worte des Guckkästners BRENNGLAS (Adolf GLASSBRENNER, 1810–76) „Berlin, wie es ist – und trinkt", Leipzig 1832–50. Aus denselben Heften ist

> *auch eine schöne Gegend!*
> (eigentlich: Ooch 'ne scheene Jejend).

Letztere Redensart kommt in einem Gespräche zweier Berliner Frauen vor, die sich gegenseitig fragen, wo ihre beiderseitigen Söhne im Freiheitskriege gefallen; auf die Antwort der einen, „Bei Leipzig", erfolgt die oben angeführte Äußerung im breitesten Berliner Dialekt. In Tiecks „Gestiefeltem Kater" (1797) 3, 5 sagt der König: „Auch eine hübsche Gegend. Wir haben doch schon eine Menge schöner Gegenden gesehen." Heinrich Heine sagt im „Tannhäuser" (1836)

> Zu Hamburg sah ich Altona,
> Ist auch eine schöne Gegend,

im „Ex-Nachtwächter"

> Das ist eine schöne Gegend
> Ebenfalls

und in „Himmelfahrt" (Letzte Gedichte, 1853–55)

> Sie [die Spree] fließt gemütlich über,
> wenn's „regnet" –
> Berlin ist auch eine schöne Gegend.

Aus Glassbrenners humoristisch-dramatischer Szene „Ein Heiratsantrag in der Niederwallstraße" (Leipzig 1847) stammt auch

> *Es ist die höchste Eisenbahn.*
> *Komm, setze dir hier neben mir,*
> *Dir steh'n zu seh'n, das jammert mir*

und

> *Was is mich das, mein Kind, mit dich?*
> *Du ißt mich nich, du trinkst mich nich,*
> *Du bist mich doch nich krank?*

sind einem die in Berlin gewöhnliche Verwechselung von mir und mich und mich verspottenden Gedichte des Hofschauspielers RÜTHLING († 1849) entnommen, lauten jedoch im Originale (Museum komischer Vorträge, Nr. 1, 11. Aufl. Berlin) etwas anders.

> *Der Mensch ist, was er ißt*

stammt von Ludwig FEUERBACH (1804–72), als er – 1850 – Moleschotts „Lehre der Nahrungsmittel für das Volk" anzeigte.

Daß das Wort für „schreckliche Kalauer"

> *blutige Witze*

auf des religiösen Dichters Karl GEROK (1815–90; „Palmblätter" 1857) Gedicht „Ave Caesar, morituri te salutant" zurückgeht, in dem es heißt: „Der Pöbel kürzt die Zeit mit blut'gen Witzen", weiß man ebensowenig wie

> *sie hat ihr Herz entdeckt*

auf ein Lustspiel von Wolfgang MÜLLER VON KÖNIGS-
WINTER (1816–73) oder

wann's Mailüfterl weht

und aus „Ungeduld"

Ich schnitt es gern in alle Rinden ein

auf ein Gedicht von Anton Frhrn. v. KLESHEIM (1884)
oder

frühmorgens, wenn die Hähne krähn

auf ein Gedicht von Leberecht GREVES (1816–70).

O Kyritz, mein Vaterland,

aus dem einaktigen, 1836 erschienenen Vaudeville Karl
BLUMS (1786–1844) „Ein Stündchen vor dem Potsdamer
Tor" ist wohl nur in Norddeutschland geläufig.
Friedr. VOIGTS Sammlung „Lieder für das Herz", Leipz.
1799, beginnt

Noch einmal, Robert, eh' wir scheiden.

Der Anfangsvers eines Liedes von August MAHLMANN
in Beckers „Taschenbuch zum geselligen Vergnügen",
1801, lautet

Ich denk an euch, ihr himmlisch schönen Tage.

Mich fliehen alle Freuden

ist der Anfang eines Liedes aus dem komischen Singspiel „Die schöne Müllerin" von Giovannni PAESIELLO
(† 1816); das italienische Lied beginnt: „Nel cor più
mi sento." (Es wird travestiert zu: „Mich freuen alle
Fliegen.")
Der Anfang eines von Johann Rudolf WYSS D. J. aus
Bern 1811 gedichteten Liedes lautet

Herz, mein Herz, warum so traurig?

(ursprünglich in Berner Mundart: Herz, myn Herz,
warum so trurig?)

und was soll das Ach und Weh?

(In „Sammlung von Schweizer Kuhreihn und Volks-
liedern" von Sigm. v. Wagner, Bern 1805.)

Der Anfang des 1827 geschriebenen Mantelliedes aus Karl VON HOLTEIS (1798–1880) „Lenore", zum ersten Male aufgeführt zu Berlin, 12. Juni 1828, lautet

> *Schier dreißig Jahre bist du alt,*
> *Hast manchen Sturm erlebt.*

Um 1820 ist bekannt geworden

> *Du, du liegst mir im Herzen,*
> *Du, du liegst mir im Sinn;*
> *Du, du machst mir viel Schmerzen,*
> *Weißt nicht, wie gut ich dir bin.*

Den Verfasser kennt man nicht.

Ferner wird zitiert der Anfang des von Ida Gräfin HAHN-HAHN (1805–80) 1835 verfaßten Liedes

> *Ach, wenn du wärst mein eigen;*

ein Volkslied aus dem 16. Jahrh. hat nach Erk gleichen Anfang.

Von dem Österreicher J. N. VOGL (1802–66) stammt „Das Erkennen"

> *Wie sehr auch die Sonne sein Antlitz verbrannt*
> *Das Mutteraug' hat ihn doch gleich erkannt.*

> *Das verschweigt des Sängers Höflichkeit*

ist der Refrain eines in Berlin erschienenen Liedes, welches beginnt

> Als der liebe Gott die Welt erschaffen,
> Schuf er Fische, Vögel, Löwen, Affen

und dessen Verfasser unbekannt ist. Eine 1804 gedichtete Erzählung Langbeins „Die Weissagung" (Langbeins neuere Gedichte, Tübingen 1812), beginnt

> In einem Städtlein, dessen Namen
> Des Dichters Höflichkeit verschweigt.

In „Allerhand für Stadt und Land", Jahrg. 1808, 8. Stück Zittau, herausg. von Gotthelf Benjamin Flaschner, Ehrenmitglied der humanistischen Gesellschaft in Berlin, steht ein Lied „Des Dichters Höflichkeit", dessen Strophen mit dem Kehrreim „Das verschweigt des Sängers Höflichkeit" schließen.

Von Luise HENSEL (1798–1876) stammen

> *Müde bin ich, geh zur Ruh*

und

> *Immer wieder muß ich lesen.*

Aus einem vor 1826 entstandenen Gedichte E. v. FEUCHTERSLEBENS (1806–49) stammen die Worte

> *Es ist bestimmt in Gottes Rat,*
> *Daß man vom Liebsten, was man hat,*
> *Muß scheiden,*

sowie die Endverse

> *Wenn Menschen auseinandergehn,*
> *So sagen sie: Auf Wiedersehn!*

Aus dem zuerst in „Neues Liederbuch für frohe Gesellschaften", Hamburg 1808, erschienenen „Gesellschaftslied: Im Kreise froher kluger Zecher, in Musik gesetzt fürs Piano-Forte von Karl Döbbelin", stammt

> *wir Menschen sind ja alle Brüder.*

Das Lied ist unterzeichnet LUDWIG. Ist damit Johannes Ludwig gemeint, der Verfasser von „Lieder und Gedichte für Freunde der Natur und häuslichen Glückseligkeit", Hildburghausen 1802? Später steht Zschokkes Name unter dem Liede; nach „Nekrolog der Deutschen", IV. 281, soll Christian Gottlob Otto (1763 bis 1826) Prof. der Mathematik an der Fürstenschule zu Meißen der Verfasser sein.

Aus dem Werke von Heinrich ZSCHOKKE (1771–1848) erhielten sich als geflügelte Worte die Titel von Novellen

> *Hans Dampf in allen Gassen,*

sowie

> *Das blaue Wunder.*

Aus François BOIELDIEUS (1775–1834) zuerst 1812 aufgeführtem „Johann von Paris"

> *welche Lust gewährt das Reisen,*

aus seiner 1825 zuerst aufgeführten Oper „Die weiße

Dame", Text von Eugène SCRIBE (1791–1861), deutsch von Friederike ELLMENREICH (1775–1845)

ha! welche Lust Soldat zu sein.

Aus Julius MOSEN (1803–67) „Gedichte" (1836) der „Andreas Hofer"

Ade! mein Land Tirol.

Aus Albert LORTZINGS (1801–51) zuerst 1837 in Berlin aufgeführtem „Zar und Zimmermann"

Sonst spielt' ich mit Zepter,
Mit Krone und Stern.

O selig, o selig, ein Kind noch zu sein!

Heil sei dem Tag, an welchem du bei uns erschienen!
es ist schon lange her –

Oh, ich bin klug und weise,
Und mich betrügt man nicht.

Der Text zu dieser komischen Oper ist nach Hoffmann von Fallersleben „Unsere volkstümlichen Lieder" von Lortzing selbst gedichtet, und nur das Zarenlied stammt von S. Reger her.

Aus Lortzings Oper „Der Waffenschmied" (1846) Text von Friedrich Wilhelm ZIEGLER (1760–1827)

das kommt davon, wenn man auf Reisen geht

und

auch ich war ein Jüngling mit lockigem Haar,

sowie

das war eine köstliche Zeit.

Aus L. SCHNEIDERS „Der reisende Student" stammt

Ungeheure Heiterkeit
(Ist meines Lebens Regel).

Alles schon dagewesen

pflegt Rabbi Ben Akiba in Karl GUTZKOWS (1811–78) „Uriel Acosta" (1847) in den verschiedensten Formen zu wiederholen.

Struwwelpeter

ist der Titel der bekannten 1845 zu Frankfurt a. M. erschienenen Jugendschrift Heinrich HOFFMANN-DONNERS (1809–94), nach deren Geschichten wir auch vom

Suppenkaspar,
Zappelphilipp,
Hans-guck-in-die-Luft

sprechen und die Verse zitieren

Ob der Philipp heute still
Wohl bei Tische sitzen will

und

Die Sonne schien ihm aufs Gehirn,
Da nahm er seinen Sonnenschirm,

und

Ich esse meine Suppe nicht,
Nein, meine Suppe eß ich nicht,

sowie

Und die Mutter blicket stumm
Auf dem ganzen Tisch herum,

und

Konrad, sprach die Frau Mama,
Ich geh aus und du bleibst da,

ferner

und ihre Tränen fließen
wie's Bächlein auf den Wiesen.

1851 erschien das Lied

Nun ade, du mein lieb Heimatland!

von Aug. DISSELHOFF (1827–96) und in demselben Jahr von Fr. W. KAULISCH (1827–81)

Wenn du noch eine Mutter hast,
So danke Gott und sei zufrieden.

Aus derselben Zeit stammt

Da geht er hin und singt nicht mehr

in „Die Kunst, geliebt zu werden" von Ferd. GUMPERT.

Den

> *Staatshämorrhoidarius*

schrieb Graf Franz Pocci (1807–76) in München für die
„Fliegenden Blätter" 1857.
Von David Friedrich Strauss (1808–47) stammt die
Kennzeichnung König Friedrich Wilhelms IV. als

> *Romantiker auf dem Thron*

aus einer Schrift „Der Romantiker auf dem Throne der
Caesaren oder Julian der Abtrünnige" (1847).
Aus Karl Millöckers Operette „Der Bettelstudent"
(1882) mit Text von C. Walzel und B. Genée stammt

> *Schwamm drüber.*

Um die Richtung des Komponisten Richard Wagner
(1813–83) und seiner Anhänger zu bezeichnen, sprach
man auf Grund einer Broschüre desselben „Das Kunstwerk der Zukunft" (Leipz. 1850), von

> *Zukunftsmusik.*

In der „Niederrheinischen Musikzeitung" von 1859
Nr. 41 schrieb ihr damaliger Redakteur, Prof. Ludwig
Bischoff: „All' die Ungegorenheit, der Schwindel, all'
die Eitelkeit, all' die Selbstbespiegelung, all' die Trägheit, der Zukunft zuzuschieben, was man selbst leisten
müßte, all' die Hohlheit und Salbaderei der ästhetischen
Schwätzer – wie schön faßt sich das alles in dem einen
Wort ‚Zukunftsmusik' zusammen." In „Das Judentum
in der Musik", S. 36, schreibt Wagner: „Prof. Bischoff
in der Kölnischen Zeitung verdrehte meine Idee eines
‚Kunstwerkes der Zukunft' in die lächerliche Tendenz
einer Zukunftsmusik." Das Spottwort adoptierte Wagner später; er gab 1861 seine aus Paris, September 1860,
datierte Schrift „Zukunftsmusik. Brief an einen französischen Freund" heraus. Die Idee tauchte natürlich auch
schon früher auf.
Aus Wagners Opern stammen auch eine Anzahl geflügelter Worte. Aus dem „Tannhäuser" (1845)

> *Sag an, wo weiltest du so lang?*
>
> *Dich, teure Halle, grüß ich wieder!*

Wolfram von Eschenbach, beginne!

Blick ich umher in diesem edlen Kreise –

O du mein holder Abendstern.

Aus „Lohengrin" (1850)

Nun sei bedankt, mein lieber Schwan!

und

Nie sollst du mich befragen.

Aus „Walküre" (1876)

Winterstürme wichen dem Wonnemond,

und die Ausdrücke

Walkürenritt,

Feuerzauber,

Götterdämmerung.

Aus den „Meistersingern von Nürnberg" (1868)

verachtet mir die Meister nicht.

Aus „Parsifal" (1882)

der reine Tor.

Aus der Schrift „Deutsche Kunst und deutsche Politik" (1867)

Deutsch sein heißt, eine Sache um ihrer selbst willen treiben.

Auch die Bezeichnungen

Musikdrama

und

Bühnenfestspiel

gehen auf Wagner zurück.

Es gibt eine alte Anekdote, wonach ein Reisender, der im Auslande Bienen von der Größe eines Schafes gesehen zu haben vorgab, während die Bienenkörbe nicht größer gewesen seien, als die in der Heimat, auf die Frage „Wie die Bienen denn hineinkämen?" die Antwort gibt: „Dafür laß ich sie selbst sorgen." Wilhelm

CAMPHAUSEN (1818–85) hat die Anekdote in den „Düsseldorfer Monatsheften" illustriert und einem für sein Vaterland begeisterten Russen in der volkstümlich gewordenen Form

> *Der Bien' muß*

beigelegt. Von demselben Künstler ist die Illustration zu dem berühmten Worte eines Unteroffiziers an einen Soldaten

> *Was nutzt mich der Mantel,*
> *Wenn er nicht gerollt ist?*

welche auf Nr. 23 der „Münchener Bilderbogen", 5. Aufl. steht und schon 1847 in „Fliegende Blätter" Bd. V Nr. 98 unter dem Titel „Der einjährige Freiwillige auf dem Marsche" zu finden war.

> *Des Lebens Unverstand mit Wehmut zu genießen,*
> *Ist Tugend und Begriff*

stammt aus dem Anfange des 19. Jahrh. und hat den General und Ober-Hofmarschall des Kurfürsten von Hessen, Hans Adolf VON THÜMMEL († 1851) zum Verfasser, der in dem Glauben, ein Dichter zu sein, viele ähnliche Verse verbrach. Die obigen begeisterten einen Kandidaten der Theologie, A. L., dazu, ins Fremdenbuch der Rudelsburg folgende Worte (mit Zeichnung) einzutragen

> Und wer des Lebens Unverstand
> Mit Wehmut will genießen,
> Der lehne sich an eine Wand
> Und strample mit den Füßen.

H. A. v. Thümmel soll auch der Urheber sein von

> *im Schatten kühler Denkungsart.*

Möglicherweise sind diese Worte Eigentum des Anfang des 19. Jahrhunderts lebenden Braunschweiger Hof-Buchbinders Johann Engelhard Voigt, der als Schöpfer merkwürdiger Redensarten galt.

> *Ich bin ein Preuße, kennt ihr meine Farben?*

wurde zum Geburtstage Friedrich Wilhelms III. 1831

von J. B. THIERSCH verfaßt und steht in „Lieder und
Gedichte des Dr. Bernhard Thiersch von seinen Freun-
den in und bei Halberstadt für sich herausgegeben",
Halberstadt 1833.

Julius STETTENHEIMS (1831–1916) ergötzlicher Bericht-
erstatter

Wippchen

ist heute noch bekannt (Wippchens sämtliche Berichte
von Stettenheim. 1. Bd: Der orientalische Krieg. 9. Aufl.
2. Bd: Pariser Weltausstellung. Berliner Kongreß. Der
Kaffernkrieg usw. 4. Aufl.) und oft mit seiner Entschuldigung

verzeihen Sie das harte Wort

zitiert.

Die Wendung

die Tücke des Objekts

stammt aus Friedrich Theodor VISCHERS (1807–87) Roman „Auch Einer" (1879), ebenso wie der Satz

das Moralische versteht sich immer von selbst.

Das Wort

Biedermeier

wurde erst durch Ludwig EICHRODTS (1827–92) „Bie-
dermaiers Liederlust" seit 1850 in den „Fliegenden
Blättern" („Lyr. Kehraus", 2 Bändchen, 1869) populär,
ohne daß damit gewiß ist, ob Eichrodt der Schöpfer
des Wortes war. Neuerdings wird der Heidelberger
Mediziner Adolf KUSSMAUL (1822–1902), der 1853/54
in den „Fliegenden Blättern" humoristische Gedichte
unter dem Pseudonym „Biedermaier" veröffentlicht
hat, dafür gehalten.

Paula Erbswurst

von S. HABER († 1895) im Berliner „Ulk" sowie ihre
Redewendungen

doch ich will nicht vorgreifen

und

ich kann es nicht anders leugnen

sind heute weniger gebräuchlich als seine Tippse

Frieda Klapperschlange.

Das Wort

Jugendstil

geht auf die Münchener Wochenschrift „Jugend" zurück und wurde auf der Leipziger Kunstausstellung von 1897 zuerst gebraucht.
Von dem Philosophen Friedrich NIETZSCHE (1844 bis 1900) stammen die Prägungen

der Wille zur Tat,

Bildungsphilister,

fröhliche Wissenschaft;

Unzeitgemäße Betrachtungen (1873–76)

aus seinem

Also sprach Zarathustra (1883):

Gott ist tot,

eigentlich: Dieser alte Heilige hat in seinem Walde noch nichts davon gehört, daß Gott tot ist! – und

Übermensch,

der schon früher bei Herder und Goethe vorkommt, ferner das

Pathos der Distanz,

der Ausdruck

Menschliches, Allzumenschliches

nach seiner so betitelten Schrift von 1878, die Zitate

Der Wille zur Macht,

Umwertung aller Werte (1886),

Jenseits von Gut und Böse (1886)

mit den Bezeichnungen

Herren-Moral,

Sklaven-Moral,

Herdentier-Moral

und

> *Segen der Arbeit,*

und aus „Zur Genealogie der Moral" (1887) die

> *blonde Bestie,*

zu der Schiller als

> *Moraltrompeter von Säckingen*

nach Nietzsches Wort von 1888 nicht paßt.
Aus „Also sprach Zarathustra" stammen auch

> *Im echten Manne ist ein Kind versteckt:*
> *das will spielen.*
> *Auf, ihr Frauen, so entdeckt mir doch*
> *das Kind im Manne!*

> *Befehlen ist schwerer als gehorchen.*

> *Das Böse ist des Menschen beste Kraft.*

> *Du gehst zu Frauen? vergiß die Peitsche nicht!*

> *Das Glück des Mannes heißt: ich will,*
> *Das Glück des Weibes heißt: er will.*

Rudolf LÖWENSTEIN (1819–91) dichtet in einem Kinderlied

> *Hänschen, Hänschen, denk daran,*
> *Was aus dir noch werden kann!*

Aus den Werken von zwei Dichtern haben sich im
20. Jahrhundert viele neue geflügelte Worte gebildet:
aus denen von Theodor Fontane und Wilhelm Raabe.
Von Theodor FONTANE (1819–98) zitieren wir:
Aus den „Gedichten und Balladen" (1851–61 und später)

> *Laß ab von diesen Zweifeln, Klauben,*
> *Vor dem das Beste selbst zerfällt,*
> *Und wahre dir den vollen Glauben*
> *An diese Welt, trotz dieser Welt.*

> *Man wird nicht besser mit den Jahren.*
> *Wie soll es auch? man wird bequem.*

Die Titel von

> *Es kribbelt und wibbelt weiter*

und

> *Ja, das möcht' ich noch erleben.*

Aus „Dreihundertmal"

> *Heute ist es mir egal.*

Aus „Mein Leben"

> *Ich gehe dahin als wie im Traume,*
> *Wie Schatten huschen die Menschen hin.*
> *Und im Herzen tiefe Müdigkeit –*
> *Alles sagt mir: Es ist Zeit.*

Aus „Spruch"

> *Wer schaffen will, muß fröhlich sein.*

Aus „Archibald Douglas"

> *Ich hab es getragen sieben Jahr,*
> *Und ich kann es nicht tragen mehr!*
>
> *So komme, was da kommen soll,*
> *Und komme, was da mag.*
>
> *Der ist in tiefster Seele treu,*
> *Wer die Heimat liebt wie du.*

Aus „Überlaß es der Zeit"

> *Alles ist wichtig nur auf Stunden.*

Aus „O trübe diese Tage nicht"

> *Und gönn uns jede Stunde ganz.*

Aus „Publikum"

> *Das Publikum ist eine einfache Frau.*

Aus „Erstes Bataillon Garde, 1780"

> *Und reden kann er. Na, das kann jeder.*

Aus „Was mir fehlte"

> *Suche nicht weiter. Man bringt es nicht weit*
> *Bei fehlendem Sinn für Feierlichkeit.*

Aus „Lebenswege"

> *kenn ich, kenn ich. Das Leben ist flau ...*
> *Grüßen Sie Ihre liebe Frau.*

Aus „Was mir gefällt"

> *und ein Backfisch mit einem Mozartzopf.*

Distichon „An A. v. Menzel"

> *Gaben, wer hätte sie nicht? Talente –*
> *Spielzeug für Kinder.*
> *Erst der Ernst macht den Mann,*
> *Erst der Fleiß das Genie.*

Aus „Der alte Zieten"

> *Joachim Hans von Zieten,*
> *Husarengeneral,*
> *Dem Feind die Stirne bieten,*
> *Er tat's wohl hundertmal. –*
> *Der Zieten aus dem Busch ...*
> *Laßt schlafen mir den Alten,*
> *Er hat in mancher Nacht*
> *Für uns sich wach gehalten,*
> *Der hat genug gewacht.*

Zum geflügelten Wort wurde der Titel von Theodor Fontanes Roman (1888)

> *Irrungen, Wirrungen.*

Aus dem großen Werk Wilhelm RAABES (1831–1910) wurden geflügelte Worte:

Aus „Die Leute aus dem Walde" (1863)

> *Sieh nach den Sternen!*
> *Gib acht auf die Gassen!*

Aus „Abu Telfan" (1867)

> *Wenn ihr wüßtet, was ich weiß, sprach Mahomed,*
> *so würdet ihr viel weinen und wenig lachen.*

Aus „Der Schüdderump" (1869)

> *Das ist das Schrecknis in der Welt, schlimmer als*
> *der Tod, daß die Canaille Herr ist und Herr*
> *bleibt.*

Aus „Unruhige Gäste" (1885)

> *Jeder für den Mist vor seiner Kellertür und*
> *unser Herrgott fürs Ganze.*

In den „Aphorismen" der Österreicherin Marie von EBNER-ESCHENBACH (1830–1916) finden wir

> *Ein Urteil läßt sich widerlegen,*
> *aber ein Vorurteil nie*

und

> *Vertrauen ist Mut, Treue Kraft*

und

> *Der Gescheitere gibt nach! Eine traurige Wahr-*
> *heit. Sie begründet die Weltherrschaft der*
> *Dummheit,*

und

> *So mancher meint, ein gutes Herz zu haben,*
> *und hat nur schwache Nerven.*

Bei Paul HEYSE (1830–1914) finden wir in den „Jugend-liedern"

> *Dulde, gedulde dich fein!*
> *Über ein Stündlein*
> *Ist deine Kammer voll Sonne,*

woran sich Cäsar FLAISCHLENS (1864–1920) Vers

> *Hab Sonne im Herzen*

anschließt.

In Paul Heyses „Spruchbüchlein" finden wir

> *Wenn die Weiber nicht eitel wären,*
> *Die Männer könnten sie's lehren.*

Von Conrad Ferd. MEYER (1825–98) wurde nach seinem Gedicht „Firnelicht" zum geflügelten Wort

> *Das große stille Leuchten.*

In den Kreis der „Fliegenden Blätter" und damit zu Wilhelm Busch führt J. F. HANSEN (1831–1904) mit seiner „Wassernot in Leipzig"

> *in der großen Seestadt Leipzig*

und

> *Auf dem Dache sitzt ein Greis,*
> *Der sich nicht zu helfen weiß.*

Die Werke von Wilhelm BUSCH (1832–1908) sind eine fast unerschöpfliche Quelle geflügelter Worte geworden. Seit 1856 erschienen seine „Münchener Bilderbogen" mit dem „Rabennest"-Vers

> *zwei Knaben jung und heiter.*

Aus „Die beiden Enten und der Frosch"

> *Drei Wochen war der Frosch so krank,*
> *Jetzt raucht er wieder, Gott sei Dank!*

aus „Diogenes und

> *die bösen Buben von Korinth"*

stammt

> *Diogenes, der Weise, aber kroch ins Faß*
> *Und sprach: Ja, ja, das kommt von das.*

Im „Naturgeschichtlichen Alphabet" heißt es

> *Die Lerche in die Lüfte steigt,*
> *Der Löwe brüllt, wenn er nicht schweigt*

und in der „Entführung aus dem Serail"

> *Der Sultan winkt – Zuleima schweigt*
> *Und zeigt sich gänzlich abgeneigt.*

Seit der „Bubengeschichte in sieben Streichen" von 1865 heißen alle ungezogenen Jungenpaare

> *Max und Moritz.*

Fast alle Verse daraus werden häufig zitiert. Wir heben nur hervor

> *Aber wehe, wehe, wehe,*
> *Wenn ich auf das Ende sehe!*
>
> *Einesteils der Eier wegen.*

Seht, da ist die Witwe Bolte,
Die das auch nicht gerne wollte.

Max und Moritz dachten nun,
Was ist hier jetzt wohl zu tun?

Jedes legt noch schnell ein Ei.

Meines Lebens schönster Traum
Hängt an diesem Apfelbaum.

Dieses war der erste Streich,
Doch der zweite folgt sogleich.

Wofür (Sauerkohl) *sie besonders schwärmt,*
Wenn er wieder aufgewärmt.

O du Spitz, du Ungetüm,
Aber wart', ich komme ihm;

Denn das ist sein (Lieblings-, später)
Lebenszweck.

Also lautet ein Beschluß:
Daß der Mensch was lernen muß.

Max und Moritz ihrerseits
Fanden darin keinen Reiz.

Guckste wohl! Jetzt ist's vorbei
Mit der Käferkrabbelei.

Selbst der gute Onkel Fritze
Sprach: das kommt von dumme Witze.

Wenn man von einem Pechvogel spricht, verwendet man jetzt Wilhelm Buschs lustigen Titel

Hans Huckebein, der Unglücksrabe

aus dem Jahr 1865.

Und die Moral von der Geschicht':
Bad zwei in einer Wanne nicht

stammt aus dem „Bad am Samstag Abend" (1869).

Aus dem „Heiligen Antonius von Padua" (1870) stammen

> *Wenn schon der Mensch, eh' er was wird,*
> *Zuweilen strauchelt oder irrt,*
> *So gilt doch dies Gesetz auf Erden:*
> *Wer mal so ist, muß auch so werden.*

> *Ein Irrtum, welcher sehr verbreitet*
> *Und manchen Jüngling irreleitet,*
> *Ist, daß die Liebe eine Sache,*
> *Die immer viel Vergnügen mache.*

Aus der „Frommen Helene" (1872) zitieren wir

> *Helene, sprach der Onkel Nolte,*
> *Was ich schon immer sagen wollte.*

> *Teils dieserhalb, teils außerdem.*

> *Du ziehst mir nicht das Grüne an,*
> *Weil ichs' nun mal nicht leiden kann.*

> *Doch jeder Jüngling hat wohl mal*
> *'n Hang fürs Küchenpersonal.*

> *Es ist ein Brauch von alters her:*
> *Wer Sorgen hat, hat auch Likör.*

> *Das Gute – dieser Satz steht fest –*
> *Ist stets das Böse, was man läßt.*

> *Oh, hüte dich vor allem Bösen!*
> *Es macht Pläsier, wenn man es ist,*
> *Es macht Verdruß, wenn man's gewesen,*
> *Drum soll ein Kind die weisen Lehren*
> *Der alten Leute hoch verehren!*
> *Die haben alles hinter sich*
> *Und sind, gottlob! recht tugendlich!*

> *Ein guter Mensch gibt gerne acht,*
> *Ob auch der andre was Böses macht,*
> *Und strebt durch häufige Belehrung*
> *Nach seiner Beß'rung und Bekehrung.*

Aus „Dideldum" (1874) stammen

> *Musik wird oft nicht schön gefunden,*
> *Weil sie stets mit Geräusch verbunden.*

> *'s ist doch ein himmlisches Vergnügen,*
> *Sein rundes Mädel herzukriegen*
> *Und rundherum und auf und nieder*
> *Im schönen Wechselspiel der Glieder*
> *Die ahnungsvolle Kunst zu üben,*
> *Die alle schätzen, welche lieben.*

> *Denn hinderlich wie überall*
> *Ist hier der eigne Todesfall.*

Aus den „Abenteuern eines Junggesellen" (1875)

> *Rotwein ist für alte Knaben*
> *Eine von den besten Gaben.*

> *Es schwellen die Herzen,*
> *Es blinkt der Stern,*
> *Gehabte Schmerzen,*
> *Die hab ich gern.*

> *Knopp vermeidet diesen Ort*
> *Und begibt sich weiter fort.*

> *Mit Verlaub, ich bin so frei.*

Aus „Herr und Frau Knopp" (1877)

> *Kurz – Verstand sowie Empfindung*
> *Dringt auf eh'liche Verbindung.*

> *Dann wird's aber auch gemütlich,*
> *Täglich, stündlich und minütlich*
> *Darf man nun vereint zu zween*
> *Arm in Arm spazierengehn!*

> *Ja, was irgend schön und lieblich,*
> *Segensreich und landesüblich,*
> *Und ein gutes Herz ergetzt,*
> *Prüft, erfährt und hat man jetzt.*

Aus „Julchen" (1877)

> *Sein Prinzip ist überhaupt:*
> *Was beliebt, ist auch erlaubt.*
> *Denn der Mensch als Kreatur*
> *Hat von Rücksicht keine Spur.*
>
> *Liebe – sagt man schön und richtig –*
> *Ist ein Ding, was äußerst wichtig.*
> *Nicht nur zieht man in Betracht,*
> *Was man selber damit macht,*
> *Nein, man ist in solchen Sachen*
> *Auch gespannt, was andre machen.*
>
> *O wie gern ist Knopp erbötig*
> *Nachzuhelfen, wenn es nötig.*
>
> *Wohl mit Recht bewundert man*
> *Einen Herrn, der reiten kann.*
>
> *Oh, das war mal eine schöne*
> *Rührende Familienszene!*
>
> *Vater werden ist nicht schwer,*
> *Vater sein dagegen sehr.*
>
> *Einszweidrei! Im Sauseschritt*
> *Läuft die Zeit; wir laufen mit.*

Aus „Haarbeutel" (1878)

> *Enthaltsamkeit ist das Vergnügen*
> *An Sachen, welche wir nicht kriegen.*
> *Drum lebe mäßig, denke klug,*
> *Wer nichts gebraucht, der hat genug.*

Aus „Fips, der Affe" (1879)

> *So wird oft die schönste Stunde*
> *In der Liebe Seelenkunde*
> *Durch Herbeikunft eines Dritten*
> *Mittendurch- und abgeschnitten.*

Wer vielleicht zur guten Tat
Keine rechte Neigung hat,
Dem wird fasten und kastein
Immerhin erfrischend sein.

Kaum hat einer mal ein bissel was,
Gleich gibt es welche, die ärgert das.

Mit Recht erscheint uns das Klavier,
Wenn's schön poliert, als Zimmerzier.
Ob's außerdem Genuß verschafft,
Bleibt hin und wieder zweifelhaft.

Aus „Plisch und Plum" (1882)

Aber hier, wie überhaupt,
Kommt es anders, als man glaubt.

Kühle weckt die Tätigkeit,
Tätigkeit verkürzt die Zeit.

Wer sich freut, wenn wer betrübt,
Macht sich meistens unbeliebt.

Tugend will ermuntert sein,
Bosheit kann man schon allein.

Aus „Balduin Bählamm" (1883)

Die Freude flieht auf allen Wegen,
Der Ärger kommt uns gern entgegen.

Im Durchschnitt ist man kummervoll
Und weiß nicht, was man machen soll.

Doch schon besetzt ist jeder Platz
Von Leuten mit und ohne Schatz.

Aus „Maler Klecksel" (1884)

Ein rechter Maler, klug und fleißig,
Trägt stets 'n spitzen Bleistift bei sich.

Ach! reines Glück genießt doch nie,
Wer zahlen soll und weiß nicht wie.

Aus „Kritik des Herzens" (1907)

> *Ach, der Tugend schöne Werke,*
> *Gerne möcht' ich sie erwischen,*
> *Doch ich merke, doch ich merke,*
> *Immer kommt mir was dazwischen.*

Aus „Zu guter Letzt" (1907)

> *Ach, daß der Mensch so häufig irrt*
> *Und nie recht weiß, was kommen wird.*

Aus „Schein und Sein"

> *Denn jeder Wunsch, wenn er erfüllt,*
> *Kriegt augenblicklich Junge.*

Auch der Spruch

> *Schön ist ein Zylinderhut,*
> *Wenn man ihn besitzen tut*

stammt aus den „Münchener Bilderbogen" und von Wilhelm Busch.

Im 19. und 20. Jahrhundert werden oft die Titel von Theaterstücken, Opern und Operetten sowie Büchern zu geflügelten Worten. So sagt man

> *man muß die Feste feiern, wie sie fallen*

nach Hermann SALINGRÉS Posse „Graupenmüller" (1865),

> *mein Leopold*

nach dem Volksstück von Adolf L'ARRONGE (1873) und zitiert aus ihm

> *wo haben sie denn den losgelassen?*
>
> *Nach berühmten Mustern*

sagt man nach den 1878 erschienenen Parodien von Fritz MAUTHNER († 1923), und mit dem

> *Brustton der tiefsten Überzeugung*

nach Heinrich von TREITSCHKES (1834–1896) Aufsatz „Fichte und die nationale Idee" (1870).

> *Die Waffen nieder!*

nannte die Friedensvorkämpferin Bertha VON SUTTNER (1843–1914) ihre Lebensgeschichte.

Nach dem Titel des 1882 erschienenen Buches von William Lewis HERTSLET (1839–98) spricht man immer wieder vom

> *Treppenwitz der Weltgeschichte.*

> *Still ruht der See*

stammt aus Heinrich PFEILS 1871 geschaffenem Lied.
Man muß sich nach Karl ZELLERS (1842–98) Operette „Der Obersteiger" (mit Text von M. West und L. Held) trösten

> *Der Bürokrat tut seine Pflicht*
> *Von neun bis eins! Mehr tut er nicht,*

oder mit Friedrich WÜLFING in den „Fliegenden Blättern" (1881)

> *Rin in die Kartoffeln,*
> *Raus aus die Kartoffeln.*

Die

> *Welträtsel*

nannte Ernst HAECKEL (1834–1919) 1899 sein Buch.

> *Das Glück im Winkel*

ist der Titel eines Schauspiels (1896) von Hermann SUDERMANN (1857–1928).
1902 erschien der Roman von Elisabeth VON HEYKINGS (1861–1925)

> *Briefe, die ihn nicht erreichten,*

1903 Franz Adam BEYERLEINS (1871–1949) Roman

> *Jena oder Sedan.*

Beide Titel wurden zu geflügelten Worten.
Mit Ernst VON WILDENBRUCHS (1843–1909) „Christopher Marlowe" heißt es

> *Ein Kritiker, das ist ein **Mann**,*
> *Der alles weiß und gar nichts kann.*

Von Detlev v. LILIENCRON (1844–1909) zitiert man

> *Mit Hurra und Dschingdara*
> *Zieht im Triumph der Perserschah*

sowie den Kehrreim

und dann die kleinen Mädchen.

Aus seinem „Pidder Lüng" (1903) stammt

Lewwer duad üs Slaav
(Lieber tot als Sklave).

Mit dem Sachsen Edwin BORMANN (1851–1912) tröstet man sich:

ein jedes Tierchen hat sein Pläsierchen.

Aus den achtziger Jahren stammt auch noch nach dem Walzer aus der von O. WALTHER geschriebenen Operette „Don Cesar" von R. Dellinger, die 1885 uraufgeführt wurde

Komm herab, o Madonna Teresa

und Frieda SCHANZ' Lied „Am Rhein" von 1884 mit dem Anfang

Wie glüht er im Glase, wie flammt er so hold!
Geschliffnem Topase vergleich ich sein Gold

und dem Versschluß

Gott schütze die Reben am sonnigen Rhein!

Aus Gerhart HAUPTMANNS (1862–1946) „Webern" (1892) entnehmen wir:

Und wenn der ganze Schnee verbrennt!
Die Asche bleibt uns doch,

fügt der Volksmund lachend hinzu.

Aus Hauptmanns „Florian Geyer" (1896) stammt

der deutschen Zwietracht mitten ins Herz!

Und aus „Dem armen Heinrich" (1902)

Die Lüge reicht zur Wahrheit nicht hinan
Mit allen ihren giftgetränkten Pfeilen

und

die Ringenden sind die Lebendigen.

Die 1893 erschienene Sammlung „Allotria" des Leipziger Humoristen Georg BÖTTICHER (1849–1918), dem
Vater von Hans Bötticher = Joachim Ringelnatz (1883
bis 1934), enthält:

> *Zu beneiden sind die Knaben,*
> *Welche einen Onkel haben.*

und:

> *Aber stets und jedenfalls*
> *Trug er etwas um den Hals*
> *Und das Endergebnis war*
> *Ein entsetzlicher Katarrh.*

Ludwig FULDA (1862–1939) meint in seinem „Talisman"
(1893)

> *du bleibst der König – auch in Unterhosen.*

Richard DEHMEL (1863–1920) schrieb (1892)

> *auf, laßt uns wieder Menschen machen*

und

> *Wer mit sich selbst im reinen ist –*
> *Geht strahlend durch den größten Mist.*

In „Zwei Menschen"

> *Alles Leid ist Einsamkeit,*
> *Alles Glück Gemeinsamkeit.*

In „Der Arbeitsmann"

> *Wir haben ein Bett, wir haben ein Kind,*
> *Mein Weib! – – –*
> *Und uns fehlt nur eine Kleinigkeit,*
> *Um so frei zu sein, wie die Vögel sind:*
> *Nur Zeit.*

Aus Gottfried KELLERS (1819–90) „Fähnlein der sieben
Aufrechten" wird zitiert:

> *Achte jedes Mannes Vaterland,*
> *aber das deinige liebe.*

Otto Julius BIERBAUM (1865–1910) meinte

> *Humor ist, wenn man trotzdem lacht*

und blieb lebendig mit

Ringelringelrosenkranz,
Ich tanz mit meiner Frau,

Aus „Josefine" wird

Der Himmel ist blau, das Wetter ist schön,
Madame, wir wollen spazierengehn

im letzten Vers abgewandelt zu:

Herr Lehrer ...

Otto Erich HARTLEBENS (1864–1905) Worte

Raste nie, doch haste nie!
Sonst haste die Neurasthenie

sind im Zeitalter der Managerkrankheit kaum mehr im Gebrauch.

Dagegen spricht man noch nach dem Lustspiel von Otto ERNST (1862–1926) im Jahre 1899 von der

Jugend von heute

und nach seiner Komödie „Flachsmann als Erzieher"

heiliger Bürokratius

sowie mit Hermann LÖNS (1866–1914)

Grün ist die Heide, die Heide ist grün,
Aber rot sind die Rosen, eh' sie verblühn.

Von dem Humoristen Otto REUTTER (Pfützenreuter) (1870–1931) blieben lebendig

in fünfzig Jahren ist alles vorbei

und

ick wundre mir über jarnischt mehr

und von Maximilian BERN (1849–1923) nach dem Titel seiner erstmals 1900 erschienenen Anthologie

Die zehnte Muse,

die Martin OPITZ im „Trostlied" (1644) und Andreas GRYPHIUS im „Horribilicribrifax" 1644) schon erwähnen.

Bruder Straubinger

heißt nach dem Volkslied „Gott grüß dir, Bruder Straubinger" der wandernde Handwerksbursche. Edmund Eysler (1874–1952) schrieb ihm 1903 eine Operette, aus der das Wort geflügelt wurde

Küssen ist keine Sünd'
Mit einem schönen Kind.

Christian MORGENSTERNS (1871–1914) „Galgenlieder"
und „Palmström" wurden zu einer Zitatenquelle

heilig halte die Ekstase

und

Dinge gehen vor im Mond,
Die das Kalb selbst nicht gewohnt,

und „Das Huhn"

In der Bahnhofshalle, nicht für es gebaut,
Geht ein Huhn,
Hin und her . . .

Aus „Korf erfindet eine Art von Witzen"

selig lächelnd wie ein satter Säugling.

Aus „Die unmögliche Tatsache"

Und er kommt zu dem Ergebnis:
Nur ein Traum war das Erlebnis.
Weil, so schließt er messerscharf,
Nicht sein kann, was nicht sein darf.

Aus den Werken von Thomas MANN (1875–1955) gehen
manche Worte um. Wir nennen nur den Titel

Herr und Hund

und aus dem „Zauberberg" (1924)

Der Mensch soll um der Güte und Liebe willen
dem Tode keine Herrschaft einräumen über
seine Gedanken.

Zum geflügelten Worte wurde auch der Untertitel des
„Kaspar Hauser"-Romans (1909) von Jakob WASSER-
MANN (1873–1934)

die Trägheit des Herzens,

und nach Prentice MULFORD (1834–91) sagen wir

der Unfug des Sterbens.

Nach dem häufig benutzten Ausdruck

im Westen nichts Neues

in den Heeresberichten des Generalquartiermeisters Hermann von Stein hat dann Erich Maria REMARQUE 1928 seinen in Millionen Exemplaren verbreiteten Roman über den Ersten Weltkrieg genannt, wie H. H. KIRST seinen Roman über die Zeit vor und im Zweiten Weltkrieg

08/15.

Diese Bezeichnung kommt von der Benennung des leichten Maschinengewehrs her, das aus den Modellen 1908 und 1915 im deutschen Heer eingeführt wurde und das die „Landser", die Soldaten im Ersten und Zweiten Weltkrieg, nur so nannten.

Während des Ersten Weltkrieges erschien das Prosabuch

Der Wanderer zwischen beiden Welten

von Walter FLEX (1887–1917), dessen Titel ebenso bekannt wurde wie im Zweiten Weltkrieg der Titel von Hans GRIMMS (1875–1959) 1925 erschienenem Roman

Volk ohne Raum.

Für diese Zeit galt ganz besonders, was Stefan ZWEIG (1881–1942) schon 1932 in seinem Buch „Marie Antoinette" gesagt hatte

Wahrhaftigkeit und Politik
wohnen selten unter einem Dach

sowie

erst im Unglück weiß man wahrhaft, wer man ist.

Stefan Zweigs 1926 erschienener Novellenband, der im Titel ein Wort Goethes über Kleist zitiert

Verwirrung der Gefühle

ging auf Sigmund FREUDS (1856–1939) Psychoanalyse und Tiefenpsychologie zurück. Freud hatte im Jahre 1930

das Unbehagen in der Kultur

geschrieben. Ebenso stammt von Freud die Bezeichnung für gegen den Vater gerichtete unbewußte Triebstrebungen des Sohnes

Ödipuskomplex.

Aus jener Zeit stammt auch das Wort

> *Kleiner Mann – was nun?*

nach dem Titel eines Romans (1932) von Hans FALLADA (Rudolf Ditzen, 1893–1947), und seit 1934 sprechen wir vom

> *Krach im Hinterhaus*

nach dem Bühnenstück von Maximilian BÖTTCHER (1892 bis 1946) und seinem gleichnamigen Roman von 1936.

Seit 1945 sind natürlich auch viele geflügelte Worte aufgekommen. Aber ehe wir sie in den Büchmann aufnehmen können, muß sich erst zeigen, daß es sich bei ihnen nicht nur um Tagesaktualitäten handelt, sondern um Zitate von dauernder Geltung. Deswegen brechen wir hier ab mit dem Versprechen, in späteren Jahren eine Auswahl von neu entstandenen geflügelten Worten aus der deutschen Literatur nachzuholen.

III

AUS DER NORDISCHEN LITERATUR

Aus der nordischen Literatur kennt man, obwohl sie bei uns sehr verbreitet ist, nur wenige geflügelte Worte.

Auf altisländisch-norwegische Sagas in der älteren „Edda" führt man den Ausdruck

> *Berserker*

zurück, der Bärenhäuter bedeutet, Menschen vorstellt, die Bärengestalt annehmen können, von ungewöhnlicher Kraft sind und bei Kämpfen in Raserei geraten.

Auch die Redensart

> *das Gras wachsen hören*

wird auf die jüngere „Edda" (1, 27) zurückgeführt.

Durch Ludvig HOLBERGS (1684–1754) 1722 erschienenes Lustspiel „Der politische Kannegießer" hat das Wort

> *Kannegießer*

die Bedeutung eines politischen Schwätzers bekommen, und wir leiten selbst Wörter davon ab, wie

> *kannegießern, Kannegießerei,*

d. h. am Stammtisch politisieren.

Von Henrik IBSEN (1828–1906) lernten wir aus seinen Gedichten den Vers

> *Leben heißt, dunkler Gewalten*
> *Spuk bekämpfen in sich,*
> *Dichten Gerichtstag halten*
> *Über sein eigenes Ich.*

Und durch sein Schauspiel aus dem Jahre 1877 lernten wir die

> *Stützen der Gesellschaft*

kennen.

Von ihm übernahmen wir auch

> *die ideale Forderung,*

die Beseitigung der

Lebenslüge

aus dem 3. Aufzug 1, der „Wildente", wo es heißt:
„Nehmen Sie einem Durchschnittsmenschen die Lebenslüge, so nehmen Sie ihm gleichzeitig das Glück";
und das

dreieckige Verhältnis

aus dem Schauspiel „Hedda Gabler" (1890) und aus
dessen letzter Szene

in Schönheit sterben.

Björnstjerne Björnsons (1832–1910) Lustspiel

Wenn der junge Wein blüht

wurde mit seinem Titel zu einem geflügelten Wort wie
auch sein Drama

Über die Kraft.

Von dem dänischen Märchendichter Hans Christian
Andersen (1805–75) übernahmen wir das

Däumelinchen

sowie

den großen und den kleinen Klaus.

Von der dänischen Schriftstellerin Karin Michaelis (1872
bis 1950) lernten wir nach ihrem 1910 erschienenen
Roman

Das gefährliche Alter

kennen, die Jahre zwischen 40 und 50, die nach der
Meinung der Verfasserin bei vielen Frauen besonders
gefährlich sind.
Von der Schwedin Ellen Key (1849–1926) lernten wir
nach ihrem 1902 deutsch erschienenen Buche das zwan-
zigste Jahrhundert als

das Jahrhundert des Kindes

bezeichnen.

IV

FRANZÖSISCHE ZITATE

Nach dem altfranzösischen Märchen „Raoul, le chevalier Barbe-Bleue", der sechs seiner Frauen wegen ihrer
Neugier tötete und auch die siebente ermordet hätte,
wäre er nicht erschlagen worden, nennt man einen bösen
Ehemann

Blaubart

Barbe-Bleue.

Eau-de-vie

ist nach TRENCH „On the study of words", 13. ed. 1869
p. 95 von dem in Offenbar. Joh. 22, 17 enthaltenen
„Wasser des Lebens" gebildet. Vergl. Offenbar. Joh. 22,
2 und Ev. Joh. 4, 14.
Einen Menschen, dem die Wahl zwischen zwei gleich
wertvollen Gegenständen schwer wird, vergleichen wir
mit

Buridans Esel

Um zu beweisen, daß keine Handlung ohne einen bestimmten Willen stattfinden könnte, soll sich Johannes Buridan, ein französischer Philosoph des 14. Jh., des
Bildes eines Esels bedient haben, der in gleichem Ab-
stande von zwei Bündeln Heu, gleichmäßig von beiden
angezogen, notwendigerweise verhungern müsse, weil
er sich für keins entscheiden könne. Jedoch ist in Buridans Werken der entsprechenden Stelle vergeblich
nachgespürt worden. Vielleicht ein Spott der Gegner
auf Buridans Willenslehre. Durch Schopenhauers „Die
beiden Grundprobleme der Ethik", 2. Aufl. S. 58, wissen wir, daß BAYLE († 1706) im Artikel „Buridan" die
Grundlage alles seitdem darüber Geschriebenen ist.
Schopenhauer sagt daselbst ferner: „Auch hätte Bayle,
da er die Sache so ausführlich behandelt, wissen sollen,
was jedoch auch seitdem nicht bemerkt zu sein scheint,
daß jenes Beispiel ... weit älter ist als Buridan. Es findet sich in Dante, der das ganze Wissen seiner Zeit inne

hatte, vor Buridan lebte und nicht von Eseln, sondern
von Menschen redet, mit folgenden Worten, welche das
4. Buch seines Paradieses eröffnen

> Intra duo cibi distanti e moventi
> D'un modo, prima si morria di fame
> Che liber' uomo l'un recasse a' denti

(Zwischen zwei gleich entfernten und gleich anlocken-
den Speisen würde der Mensch, wenn er Willensfreiheit
hätte, eher sterben, als daß er eine derselben an die
Zähne brächte.) Ja, es findet sich schon im Aristoteles
‚über den Himmel‘, 2, 13 mit diesen Worten: ‚Ebenso
was über einen heftig Hungernden und Dürstenden gesagt wird, wenn er gleich weit von Speise und Trank
absteht, denn auch dieser muß in Ruhe verharren.‘
Buridan, der aus dieser Quelle das Beispiel übernommen hatte, vertauschte den Menschen gegen einen Esel,
bloß weil es die Gewohnheit dieses dürftigen Scholasti-
kers ist, zu seinen Beispielen entweder Sokrates und
Plato oder asinum zu nehmen.“

> Où sont les neiges d'antan?
> *Wo ist der Schnee des verflossenen Jahres?*

ist der Kehrreim der „Ballade der Damen der Vorzeit"
François VILLONS (1431–84).

> Revenons à nos moutons
> *Um auf besagten Hammel zurückzukommen*

stammt aus einer Farce des 15. Jahrhunderts „Maître
Pierre Patelin". Ein Tuchhändler, der von einem Schäfer
um einige Hammel betrogen ist, verklagt den Betrüger
vor Gericht und ist hier über das Erscheinen des angeblich kranken Advokaten Patelin so bestürzt, daß er den
Hammel ganz vergißt und den Advokaten wegen der
Schuldsumme für ein ihm verkauftes Tuch verklagt,
worauf der Richter sagt: „Revenons à nos moutons."
Kotzebue hat die Szene in seinem Lustspiel „Die deutschen Kleinstädter" (1803) verwandt, und wir zitieren
nach seiner Wortform. Die eigentliche Quelle lieferten
Martials Epigramme (6, 19). Auch Rabelais gebraucht

sie in seinem Gargantua" (1, 1, 11) und ebenso Grimmelshausen (bei Keller 1854, 1, 34). Im Englischen sagt man seit „German Home Life" (London 1876) „But to return to our sheep".

Der Ausdruck

> Chronique scandaleuse
> *Skandalgeschichte*

geht zurück auf das Werk von Jean DE ROYE (geb. 1425) „Les chroniques du tres chrestien et tres victorieux Loys de Valoys, feu roy de France", in dem die Ereignisse unter Ludwig XI. (1461–83) geschildert wurden, nach der Ausgabe von 1611.

Clément MAROT († 1544) schildert in einer poetischen Epistel an den König (au roy pour avoir esté desrobé), wie ihn sein Diener bestohlen habe, „ein Fresser, Trunkenbold, ein unverschämter Lügner, ein falscher Spieler, Spitzbube, Flucher, Lästerer, dem man auf hundert Schritt anriecht, er werde an den Galgen kommen,

> *sonst der beste Kerl von der Welt –*"
> au demeurant le meilleur fils du monde –".

> L'appétit vient en mangeant
> *Je mehr man hat, je mehr man will*

eigentlich „Beim Essen kommt der Appetit", steht in François RABELAIS (1494–1553) „Leben des Gargantua und Pantagruel" Kap. 5.

Aus dem gleichen Buch (1, 5) wird uns auch der Ausdruck überliefert

> Horror vacui
> *Grauen vor dem Leeren.*

Und weiter

> Les moutons de Panurge
> *Die Schafe des Panurge*

als Beispiel für Nachäfferei. Die Schafherde springt in dem Roman einem über Bord geworfenen Schaf ins Meer nach.

Auf den Kanzelredner Pierre CHARRON (1541–1603) in seinem „Traité de la sagesse" (1601): „La vraie science et la vraie étude de l'homme, c'est l'homme" geht der häufig nach Alexander Popes (1688–1744) Lehrgedicht „Essay on man" (1733) zitierte Ausspruch zurück

> The proper study of mankind is man,

von Goethe in den „Wahlverwandtschaften" (2, 7) übersetzt

> *Das eigentliche Studium der Menschheit*
> *ist der Mensch.*

Von Jean DE LINGENDES (1580–1616) stammt

> si c'est un crime de l'aimer
> *wenn es ein Verbrechen ist, sie zu lieben,*

das sich später umwandelte in

> *ist denn Liebe ein Verbrechen?*

und

> *Kann denn Liebe Sünde sein?*

> Tirer les marrons du feu
> *Die Kastanien aus dem Feuer holen*

stammt aus der Fabel LA FONTAINES (1621–95), 9. Bch. 17 „Der Affe und die Katze". Der Affe Bertram bewegt die Katze Raton, geröstete Kastanien aus dem Feuer zu holen, die er sofort verspeist, bis eine Magd dazu kommt, worauf beide Tiere fliehen.

> Calembourg

stammt nach der von Philarète CHASLES „Etudes sur l'Allemagne ancienne et moderne", Paris 1854 p. 83 aufgestellten, von Littré gebilligten Etymologie vom Schwankbuche Philipp Frankfurters „Der Pfaffe von Kalenberg" um 1500 ab. Aus Calembourg haben wir zur Bezeichnung hervorragend schlechter Witze

> *Kalauer*

gemacht, wobei wohl an Leder und die geringere Qualität der Stiefel gedacht worden ist, wie sie die Stadt Kalau lieferte.

Einen schmachtenden Liebhaber nennen wir nach einer Person des Romans „Astrée" (1619) von D'URFÉ statt Céladon

> *Seladon.*

Die Redensart

> *Platz an der Sonne*

stammt aus PASCALS (1623–62) „Pensées sur la religion" 1, 9 § 53 und wurde nach Bérangers Chanson „La sainte alliance des peuples" wieder zum geflügelten Worte nach einer Rede des späteren Reichskanzlers von Bülow, in der er als Staatssekretär des Auswärtigen am 6. Dez. 1897 für die Besitzergreifung von Kiautschou eintrat. Ebendaher kommt auch das Wort

> juste milieu
> *Goldene* (richtige) *Mitte,*

das König LOUIS PHILIPPE (1830–48) auf sein Regierungssystem anwandte (Nous chercherons à nous tenir dans un juste milieu également éloigné des excès du pouvoir populaire et des abus du pouvoir royal. Wir werden versuchen, eine richtige Mitte einzuhalten, gleich entfernt von den Übertreibungen der Volksmacht wie von den Mißbräuchen der königlichen Gewalt) und das seitdem für eine gewisse spießige, philisterhafte Art sprichwörtlich geworden ist. Hier ist auch an die „Aurea mediocritas", das goldene Mittelmaß von Horaz, zu erinnern (vgl. S. 379). Auch auf Aristoteles (vgl. S. 347 ff.) ist hier hinzuweisen. In seiner „Nikomachischen Ethik" ist die Tugend das Mittlere zwischen zwei Schlechtigkeiten, die Tugend also der goldene Mittelweg.
Von dem großen Philosophen und Mathematiker René DESCARTES (1596–1650) stammt der Satz in den „Philosophischen Grundgedanken" B. 1, K. 7:

> cogito, ergo sum – je pense, donc je suis
> *Ich denke, also bin ich.*

Aus 4, 3 des „Cid" (1636) von Pierre CORNEILLE (1606 bis 1684) ist

et le combat cessa, faute de combattants,
und endlich schwieg der Kampf,
da es an Kämpfern fehlte

und aus „Cinna" (1640) 5, 3 des Augustus Wort

soyons amis, Cinna
laßt uns Freunde sein, Cinna,

was aus dem jüngeren Seneca „De clementia" 1, 9 entlehnt ist, wo erzählt wird, wie Augustus auf den Rat
der Gattin Livia dem Verschwörer L. C. Cinna das
Leben mit den Worten schenkte: „Cinna ... ex hodierno
die inter nos amicitia incipiatur" – „Cinna, von heute
an möge unsere Freundschaft beginnen!"
Aus Molières (Jean-Baptiste Poquelin, 1622–73) Lustspiel „L'Étourdi" (1655) stammt

gegen den Tod gibt es keinen Dispens von Rom,

woraus sich vielleicht die Redensart

gegen den Tod ist kein Kraut gewachsen

entwickelt hat.
Aus seinen „Précieuses ridicules" (1659) kommt die
Redensart

pour leurs beaux yeux
um ihrer schönen Augen willen.

In „L'École des femmes" (1662) heißt es (3, 2)

du côté de la barbe est toute la puissance
zum Herrscher ward allein der Mann geboren.

Aus Molières „L'Amour médecin" (1665) 1, 1 dienen
Sganarelles Worte an den Goldschmied Josse

Vous êtes orfèvre, Monsieur Josse
Sie sind ein Goldschmied, Herr Josse

zur Verspottung eigennützigen Rates. Herr Josse hatte
ihm als Mittel gegen die Melancholie seiner Tochter
empfohlen, ihr eine Garnitur von Rubinen, Diamanten
und Smaragden zu kaufen.
Als Sganarelle, der Holzhauer, in „Le Médecin malgré
lui" (1666) 1, 6 den Preis des von ihm gefällten Holzes

angibt, will er sich auf kein Feilschen einlassen. Anderswo könne man das Holz allerdings billiger bekommen; aber

> il y a fagots et fagots
> *zwischen Holz und Holz ist ein Unterschied*

und als er, wider seinen Willen den Arzt spielend, die Lage der Leber und des Herzens verwechselt und auf diesen Irrtum aufmerksam gemacht wird, erwidert er 2, 6

> nous avons changé tout cela
> *wir haben das alles geändert.*

Aus 1, 1 des ebenfalls 1666 erschienenen „Misanthrope" sind die Worte des Alceste bekannt

> l'ami du genre humain n'est point du tout
> mon fait
> *wer aller Menschen Freund, der ist der meine*
> *nicht.*

Tartuffe

die Hauptperson in „Le Tartuffe" (1667) ist ein allgemein verständlicher Ausdruck für Scheinheiliger geworden. Tartufo kommt als Bezeichnung eines bösartigen Menschen in Lorenzo Lippis (1606–64) „Malmantile" (1676) vor, welcher handschriftlich in Frankreich vor dem Tartuffe in Umlauf war.

> Les envieux mourront, mais non jamais l'envie
> *Die Neider werden sterben, aber nie der Neid*

in 5, 3 des Tartuffe ist ein älteres, von Molière in die Literatur eingeführtes Sprichwort, welches Quitard „Dictionnaire des proverbes" aus Philippe Garniers 1612 in Frankfurt erschienener Sammlung zitiert.

Im „Amphitryon" (1668) von Molière begegnen sich (3, 5) Jupiter als falscher Amphitryon und der wahre Amphitryon und der lustige Sosias, sein Diener, ruft aus: „Le véritable Amphitryon est 'l Amphitryon ou l'on dîne". Der wahre Amphitryon ist der Amphitryon,

bei dem gegessen wird. Danach bezeichnen heute die
Franzosen mit

> *Amphitryon*

einen guten Wirt und Gastgeber.

Das Wort aus „Georges Dandin" (1668) 1,9 „Vous l'avez
voulu; vous l'avez voulu, Georges Dandin, vous l'avez
voulu" (du hast es so gewollt, du hast es so gewollt,
Georges Dandin, du hast es so gewollt) wird gewöhnlich
zitiert

> Tu l'as voulu, Georges Dandin, tu l'as voulu.

> Que diable allait-il faire dans cette galère?
> *Was zum Teufel hatte er auf jener*
> *Galeere zu suchen?*

womit wir auf den Unvorsichtigen zielen, der, wie man
zu sagen pflegt, in ein Wespennest gestochen hat, wiederholt Géronte „Fourberies de Scapin" (1671) 2, 11,
siebenmal. Schon früher hatte Molières Jugendfreund
Cyrano de Bergerac (1619–55) in „Le Pédant joué"
(1654) 2, 4 dies Wort angewendet; nach der Darstellung
in Grimarests „Leben Molières", Paris 1715, hätte Cyrano dasselbe, sowie die ganze Szene, in der es vorkommt, nur Molières vertraulichen Mitteilungen ver-
dankt und während der Abwesenheit des letzteren in
der Provinz seinem Lustspiel einverleibt; daß dann
Molière nach seiner Rückkehr zur Hauptstadt sich seines geistigen Eigentums, als er die „Fourberies du Scapin" schrieb, mit den Worten „Je reprends mon bien
où je le trouve" wiederbemächtigt hätte, was umgeändert in

> je prends mon bien où je le trouve
> *ich nehme mein Eigentum, wo ich es finde*

ein geflügeltes Wort geworden ist.

In „Les Femmes savantes" (1672) 3, 2 sagt Armande

> nul n'aura de l'esprit, hors nous et nos amis
> *keiner soll Geist haben außer wir und unsere*
> *Freunde.*

In 2, 6 heißt es

La grammaire qui sait regenter jusqu' aux rois
Die Grammatik, die sogar die Könige zu
beherrschen weiß

geht zurück auf das Wort

Caesar non supra grammaticos
Der Kaiser hat über Grammatiker nicht zu
befehlen.

Burkard Waldis (um 1490–1556) hat in seinen Fabeln
„Esopus" es übertragen: „Die Schreibfeder muß Kaiserin bleiben". Dies Wort bezieht sich auf Kaiser Sigismund (1361–1437), der nach Cuspinianus' Kaiserchronik
auf dem Konstanzer Konzil (1414–1418) „Schisma" als
männliches Hauptwort brauchte und, deswegen vom
Erzbischof Placentinus gerügt, ausrief: „Placentinus, Placentinus, wenn du auch allen gefallen solltest, gefällst
du uns keineswegs, da du meinst, daß wir weniger
Autorität besitzen als der Grammatiker Priscianus, den,
wie du behauptest, ich verletzt habe." – Menzel „Geschichte der Deutschen" (1824/25) läßt in seiner Darstellung des Konstanzer Konzils den Kaiser ohne Quel-
lenangabe sagen: „Ego sum rex Romanus et supra
grammaticam". (Ich bin römischer König und stehe
über der Grammatik.)

Le malade imaginaire
Der eingebildete Kranke

der Titel des Lustspiels von 1673, ist zu einem geflügelten Wort geworden.
„Der eingebildete Kranke" beginnt mit einer Szene, in
der Argan die Rechnung seines Apothekers prüft und
viel zu hoch findet. Paul Lindau („Die Gegenwart",
Bd. 9 Nr. 24 S. 381 Sp. 2) glaubt, daß der Ausdruck

Apothekerrechnung

für eine allzu hohe Rechnung hier seinen Ursprung hat.
Akt 2 Szene 11 bietet Argans Worte

ah, il n'y a plus d'enfants
ach, es gibt keine Kinder mehr.

Aus Nicolas BOILEAUS (1636–1711) 9. Epistel, Anfang, ist

> Rien n'est beau que le vrai;
> le vrai seul est aimable
> *Nichts ist schön als das Wahre;*
> *das Wahre allein ist liebenswert.*

Aus seiner Satire, 1, 57 stammt

> j'appelle un chat un chat et Rolet un fripon
> *ich nenne eine Katze eine Katze und Rolet einen*
> *Schelm.*

Dieser Rolet war ein Prokurator von bösestem Rufe; öffentlich mit ihm anbinden war gewagt, und Boileau glaubte sich damit zu helfen, daß er seinem Verse die Randbemerkung hinzufügte: „Rolet, Gastwirt bei Blois." Nun wollte der Zufall, daß bei Blois wirklich ein Gastwirt dieses Namens wohnte, den dieser literarische Angriff in nicht geringe Wut versetzte. Der Dichter hatte Mühe, ihn zu besänftigen.

In NOLANT DE FATOUVILLE „Arlequin, Empereur dans la Lune", aufgeführt 1684, (Ghérardi „Théâtre italien", B. 1) macht Harlekin, der sich für den Kaiser im Monde ausgegeben hat, dem Doktor, dessen Tochter er heiraten will, eine Beschreibung der Mondbewohner; bei jedem Zuge dieser Beschreibung bemerken die Umstehenden „C'est tout comme ici", was neunmal vorkommt. Daraus ist das bekannte

> tout comme chez nous
> *ganz wie bei uns*

geworden.

Philippe Néricault DESTOUCHES (1680–1754) sagt in der Komödie „Le Glorieux" 2, 5

> la critique est aisée, et l'art est difficile
> *die Kritik ist leicht, und die Kunst ist schwer;*

in 3, 5 findet sich der dem Horaz (Epist. 1, 10, 24 vgl. S. 387) nachgebildete Vers

> Chassez le naturel, il revient au galop
> *Jagt die natürliche Anlage fort,*
> *sie kehrt in Eile zurück.*

Der Ausdruck

> cause célèbre
> *ein Aufsehen erregender Prozeß*

findet sich im Titel der berühmten Sammlung François Gayot DE PITAVALS (1673–1743), die in Paris seit 1734 erschien und auch von Schiller herausgegeben wurde. Von Worten François Marie Arouet DE VOLTAIRES (1694–1778) sind bekannt: aus „Candide" (1759)

> Tout est pour le mieux dans le meilleur des
> mondes possibles
> *Alles ist aufs beste bestellt in der besten*
> *der möglichen Welten,*

ein von G. W. LEIBNIZ (1646–1716) in „Theodicaea" (1710) 1, 8 (– – nisi inter omnes possibiles mundos optimus esset, Deus nullum produxisset, Gott hätte keine Welt geschaffen, wenn sie nicht unter allen möglichen die beste wäre) ausgesprochener und von Voltaire in diesem Roman persiflierter Gedanke. Aus der Komödie „Charlot" (1767) Akt 1, 7

> et voilà justement comme on écrit l'histoire
> *und das ist just die Art,*
> *wie man Geschichte schreibt.*

Ein Jahr früher, 24. Sept. 1766, hatte er an Madame du Deffand geschrieben „Et voilà comme on écrit l'histoire". Aus dem 1. Gesang der „Henriade" ist der 31. Vers

> tel brille au second rang,
> qui s'éclipse au premier
> *mancher glänzt an zweiter Stelle,*
> *dessen Licht an der ersten erlischt;*

aus der Vorrede zum „Enfant prodigue"

> Tous les genres sont bons,
> hors le genre ennuyeux

> *Alle Kunstgattungen sind gut,*
> *mit Ausnahme der langweiligen Kunstgattung,*

von Wieland am Ende seiner „Sendschreiben an einen jungen Dichter“, von Goethe in dem am 11. Juni 1792 gesprochenen Epilog (s. seine „Theaterreden“), nachgeahmt; aus „le Mondain“ (1736)

> le superflu, chose très-nécessaire
> *das Überflüssige, ein höchst notwendiges Ding;*

aus „Epître à l'Auteur du livre des trois Imposteurs“ (1736)

> Si Dieu n'existait pas, il faudrait l'inventer
> *Gäbe es keinen Gott, so müßte man*
> *einen erfinden.*

Diesen Gedanken entlehnte Voltaire der 93. Predigt des Erzbischofs von Canterbury John TILLOTSTON (1630 bis 1694). Von Voltaire stammt auch die Bezeichnung für die Zarin Katharina II. von Rußland (1729–96) als

> *Semiramis des Nordens,*

wie er auch König Friedrich II. d. Gr. in seiner „Ode an die Preußen bei der Thronbesteigung Friedrichs“ (1740) den

> *Salomon des Nordens*

genannt hat.

Auch der Ausdruck

> fable convenue

für eine unverbürgte, aber allgemein angenommene Darstellung stammt von Voltaire aus seinem „Jeannot et Colin“ (1764): Toutes les histoires anciennes ne sont que de fables convenues.

Aus dem „discours sur l'homme“

> *Der Langeweil' Rezept ist:*
> *Laß nichts ungesagt!*

Auch das Wort

> L'autel et le trône
> *Thron und Altar*

führt man auf Voltaire („Mahomet") zurück; es ist seit der Zeit der Enzyklopädisten gebräuchlich. Voltaires

Écrasez l'infâme

findet sich in seinem Briefwechsel mit den in der Freiheit der Weltanschauung ihm verwandten Geistern in dem Zeitraum von 1760–1768. Man trifft den Ausdruck sowie ähnliche in seiner Korrespondenz mit Friedrich dem Großen, Helvétius, Diderot, d'Alembert, Marmontel, Thieriot, dem Advokaten Christin, dem Grafen d'Argental, Marquis d'Argens, Madame d'Epinay und Damilaville, einem in Paris angestellten Steuerbeamten. Namentlich zeichnete Voltaire seine Briefe an d'Alembert oft und an Damilaville, den anonymen Verfasser eines „Enthüllten Christentums", einen seiner ergebensten und zuverlässigsten Freunde, gewöhnlich statt mit seinem Namen Ecr. l'inf ... oder auch wohl Ecrlinf, so daß die mit der Eröffnung staatsgefährlicher Briefe betrauten Beamten es mit einem Herrn Ecrlinf zu tun zu haben glaubten. Der Ausdruck findet sich zum erstenmal in der Korrespondenz zwischen Friedrich dem Großen und Voltaire in einem Brief, den der König am 18. Mai 1759 an Voltaire richtet, und zuletzt in einem Brief Voltaires an Damilaville vom 27. Januar 1768, der bald darauf an einem Halsübel starb. Daß das Wort von da ab aus der Korrespondenz verschwindet, liegt wohl daran, daß es eine Voltaire gefährlich und bedenklich erscheinende Berühmtheit zu bekommen begann. Aus sämtlichen Stellen geht hervor, daß „infâme" als weibliches Eigenschaftswort zu denken ist, zu welchem man daher ein entsprechendes Hauptwort zu ergänzen hat, wobei allerdings zu bemerken ist, daß die Anhänger der sogenannten „infâme" von Voltaire auch als „les infâmes" bezeichnet werden. Voltaire wünschte offenbar, daß das zu ergänzende Hauptwort „superstition", Aberglaube, sein sollte. Ihn wünschte er vernichtet zu sehen, wie sich aus vielen seiner Briefe ergibt, z. B. 1) aus einem vom 29. August 1762 an den König, 2) aus einem vom 28. Nov. 1762 an d'Alembert, und 3)

aus einem vom 21. Juni 1770 an denselben. Voltaire
meinte mit „Aberglauben" die Kirche (nicht die Religion).

Am Schluß des „Exposé du gouvernement prussien"
FRIEDRICHS DES GROSSEN (1712–1786) heißt es: „Dies
sind einige meiner Betrachtungen und Gedanken über
die Regierung dieses Landes, das, so lange es nicht eine
größere Konsistenz und bessere Grenzen hat, von Fürsten regiert werden muß, die

> toujours en vedette
> *immer auf dem Posten*

sein und die Ohren aufsperren müssen, sich von einem
Tag zum andern gegen die verderblichen Pläne ihrer
Feinde zu verteidigen."

Das Wort

> corriger la fortune
> *dem Glück nachhelfen*

durch Falschspielen, das durch Lessings „Minna von
Barnhelm" (4, 2) bei uns populär wurde, stammt aus
HAMILTONS († 1720) „Mémoires de Grammont" und aus
Abbé PRÉVOSTS (1693–1763) Roman „Manon Lescaut".
Aus eben dieser Zeit leitet sich das Wort her

> Embarras de richesse
> *Verlegenheit durch zu reiche Auswahl*

nach dem Titel einer Komödie des Abbé L. J. Chr. Sou-
las D'ALLAINVAL aus dem Jahre 1726.

> Le style c'est l'homme
> *Der Stil ist der Mensch*

ist eine Umänderung der Worte G. L. Leclerc DE BUFFONS
(1707–88) in seiner Antrittsrede in der Akademie:
„Recueil de l'Académie", 1753 S. 337, „le style est
l'homme même".

Das ganz unverbürgte Wort des Müllers von Sanssouci
an Friedrich den Großen: „Ja, wenn das Berliner Kam-
mergericht nicht wäre", hat François ANDRIEUX (1759

bis 1833) den Stoff zu einer poetischen Erzählung „der Müller von Sanssouci" (1797) geliefert. Der Vers aus ihr

> oui, si nous n'avions pas des juges à Berlin
> *ja, wenn wir nicht Richter in Berlin hätten*

wird in der Fassung

> il y a des juges à Berlin
> *es gibt noch Richter in Berlin*

in Deutschland zitiert.

> Où pût-on être mieux qu'au sein de sa famille?
> *Wo könnte man sich wohler fühlen*
> *als im Kreis der Seinen?*

ist aus MARMONTELS am 5. Januar 1769 zuerst aufgeführter Oper „Lucile" (Musik von Grétry);

> ils sont passés, ces jours de fête
> *sie sind vorbei, des Festes Tage*

aus ANSEAUMES am 20. September 1769 zuerst aufgeführter Oper „Le Tableau parlant".
Von Jean-Jacques ROUSSEAU (1712–78) kommt (in seinem „Contrat social" 1762) der vielzitierte Satz

> L'homme est né libre, et partout il est
> dans les fers
> *Der Mensch ist frei geboren,*
> *und überall ist er in Ketten.*

Vorher stand der Satz

> *zurück zur Natur.*

> Les extrêmes se touchent
> *Die Extreme berühren sich*

ist in MERCIERS „Tableau de Paris", Amsterdam 1782 bis 1788 Bd. IV, Überschrift des 348. Kapitels. Es kommt ferner vor bei Anquetil in „Louis XIV, sa Cour et le Régent, Paris 1789, 1. B. (1674–80), bei Labruyères „Caractères" (1687) und in Pascals „Pensées" (1692) und stammt aus der Ethik des Aristoteles.

A. Brillat-Saravin (1756–1826) begann seine berühmte Lehre über die Tafelfreuden „Physiologie du goût" (1825) mit den „Aphorismes du professeur", deren viertes lautet:

> Dis-moi ce que tu manges, je te dirai ce que tu es.
> *Sage mir was du issest, und ich sage dir, was*
> *du bist.*

> *Besser sein als sein Ruf*

(auch in Schillers „Maria Stuart" 3, 4 und Goethes „Dichtung und Wahrheit" 7. Buch) stammt aus „Les Noces de Figaro" (1784; 3, 3) von Pierre Augustin Caron de Beaumarchais (1732–99), wo Graf Almaviva auf den Vorwurf, er stehe in abscheulichem Rufe, antwortet

> et si je vaux mieux qu'elle (la réputation)?
> *und wenn ich nun beßer bin als mein Ruf?*

Schon Perikles sagt in seiner Leichenrede auf die gefallenen Athener (Thukydides 2, 41): Die Stadt ist besser als ihr Ruf – ‚ἀκοῆς κρείσσων'.

> *Figaro*

gilt als Urbild für List, Intrige und Lustigkeit. Aus „Figaros Hochzeit" (5, 3) auch

> Il fallait un calculateur,
> ce fut danseur qui l'obtint
> *Man brauchte einen Rechner,*
> *ein Tänzer erhielt die Stelle.*

Das Motto Beaumarchais'

> Ma vie est un combat
> *Mein Leben ist ein Kampf,*

das an Goethes (im „Westöstlichen Diwan", Buch des Paradieses. Einlaß)

> Denn ich bin ein Mensch gewesen,
> Und das heißt ein Kämpfer sein

erinnert, ist aus Voltaires „Mahomet" 2, 4 (1739), der damit das im 96. Briefe SENECAS enthaltene

> vivere (mi Lucili) militare est
> *leben (mein Lucilius) heißt kämpfen*

kopierte; es heißt Hiob 7, 1 nach der Vulgata

> militia est vita hominis

(des Menschen Leben ist ein Kampf. Nach Luther „Muß nicht der Mensch immer sein in Streit auf Erden?"); vgl. 2. Timoth. 4, 7.

Aus Beaumarchais' Lustspiel „Le Barbier de Séville" (3, 11) wird zitiert

> qui trompe-t-on donc ici?
> *wen täuscht man denn hier?*

Pierre Mare Gaston Duc DE LÉVIS prägte in seiner Schrift „Maximes et réflexions sur différents sujets de morale et de politique" (Paris 1808) das Wort

> Noblesse oblige
> *Adel verpflichtet*

und Frau VON STAËL-HOLSTEIN (1766–1817) in „Corinne ou l'Italie" (1807) den Satz

> Tout comprendre c'est tout pardonner
> *Alles verstehen heißt alles verzeihen.*

> Briller par son absence
> *Durch seine Abwesenheit glänzen*

ist ein Taciteischer Edelstein in Chénierscher Fassung. Tacitus erzählt „Annalen", B. 3, letztes Kap., daß, als unter der Regierung des Tiberius, Iunia, die Frau des Cassius und Schwester des Brutus, starb, sie mit allen Ehren bestattet wurde; nach römischer Sitte wurden dem Leichenzuge die Bilder der Vorfahren vorangetragen;

> aber Cassius und Brutus leuchteten gerade
> dadurch hervor, daß man ihre Bildnisse
> nicht sah
> sed praefulgebant Cassius atque Brutus, eo
> ipso, quod effigies eorum non visebantur.

Daraus machte Marie-Joseph CHÉNIER (1764–1811) in der Tragödie „Tibère" (1819), 1, 1 Cnéius:

> Devant l'urne funèbre on portait ses aïeux;
> Entre tous les héros qui, présents à nos yeux,
> Provoquaient la douleur et la reconnaissance,
> Brutus et Cassius brillaient par leur absence
>
> Voraus dem Aschenkruge trug man die Bildnisse ihrer Vorfahren. Unter allen Helden, die unsern Schmerz und unsere Dankbarkeit weckten, glänzten Brutus und Cassius durch ihre Abwesenheit.

> Et l'on revient toujours
> A ses premiers amours
> *Man kehrt immer zur ersten Liebe zurück*

ist aus der zuerst 1814 aufgeführten Oper Isouards „Joconde", 3. Aufzug, Text von Ch. G. ETIENNE (1778 bis 1845).

> Allons, enfants de la patrie
> *Auf, Kinder des Vaterlandes*

ist der Anfang des in der Nacht vom 24. zum 25. April 1792 in Straßburg von dem Ingenieuroffizier ROUGET DE LISLE (1760–1836) gedichteten und komponierten „Chant de guerre pour l'armée du Rhin". Am 25. April trug er das Lied beim Maire Dietrich vor und schickte es an demselben Tage mit Widmung an Marshall de Luckner, Oberbefehlshaber der Rheinarmee. Ende Mai oder Anfang Juni erschien es mit der Widmung auf zwei Blättern queroktav anonym. Am 30. Juli singen es die Marseiller Verbündeten bei ihrem Einzug in Paris, und seither heißt es

> *la Marseillaise.*

Artikel 340 des „Code NAPOLÉON" (1804) lautet

> La recherche de la paternité est interdite
> *Die Erforschung der Vaterschaft ist untersagt.*

Am 15. August 1811 schrieb der sardinische Gesandte zu Petersburg Graf Joseph DE MAISTRE (1754–1821) mit Bezug auf das russische Volk

> Toute nation a le gouvernement qu'elle mérite.
> *Jedes Volk hat die Regierung, die es verdient.*

Napoleon antwortete am 9. Juli 1813 dem Kommandanten von Magdeburg

> Impossible n'est pas un mot français
> *Unmöglich ist kein französisches Wort,*

was abgewandelt wurde

> *„Unmöglich" steht nicht in meinem Wörterbuch.*

Den Titel

> Les enfants terribles
> *Die schrecklichen Kinder*

erfand der Satirenzeichner GAVARNI (S. S. Chevalier, 1804–66) für eine seiner satirischen Bilderfolgen.

> Le spectre rouge
> *Das rote Gespenst*

ist Titel der Broschüre ROMINEUS (1851).
Als lächerlich leidenschaftlicher Anhänger des französischen Kaisertums tritt unter dem Namen Chauvin ein Rekrut auf in dem am 19. März 1831 im Theater „Folies dramatiques" mit vielem Beifall aufgeführten Lustspiel von Théodore und Hippolyte COGNIARD „La cocarde tricolore", ebenso übrigens später in Scribes „Le soldat laboureur". Doch schon vor 1831 galt Chauvin auf volkstümlichen Zeichnungen, die Gefühle eines verblendeten und beschränkten Patriotismus in bezug auf Napoleons I. Erfolge und Mißerfolge ausdrückten, als ein Typ, der übertriebene und lächerliche Ansichten über Vaterlandsliebe und Krieg hat.
Von ihm leiten sich die Worte

> *Chauvinismus* und *Chauvinist*

ab.

Ah, quel plaisir d'être soldat!
Ha, welche Lust, Soldat zu sein!

stammt aus F. A. Boieldieus (1775–1834) 1825 in Paris
uraufgeführter Oper „Die weiße Dame" (Text von
E. SCRIBE, 1791–1861) und aus seiner früheren Oper
„Johann von Paris" (1812) mit Text von SAINT-JUST

Quel plaisir d'être en voyage!
Welche Lust gewährt das Reisen!

Aus Scribes Text zu Meyerbeers Oper „Robert der
Teufel" (uraufgeführt 1831 in Paris) der Spruch

Das Gold ist nur Chimäre
L'or est une chimaire.

Victor COUSIN (1792–1867) hat an der Sorbonne zu
Paris 1818 die Forderung ausgesprochen (die dann vor
allem von dem Dichter Théophile GAUTIER 1811–72
vertreten wurde)

l'art pour l'art
die Kunst um der Kunst willen

(Du vrai, du beau et du bien, 1836), und damit die
Eigengesetzlichkeit der Kunst, frei von allem Kunst-
fremden, bes. sittlichen Grundsätzen feststellen wollen.
Daraus entwickelte sich die l'art-pour-l'art-Bewegung
im 19. Jahrhundert. Mit Victor Cousin als Philosophen,
der von Schelling und Hegel beeinflußt war, setzte sich
Heinrich Heine in seiner „Romantischen Schule" (1836)
und in „Lutezia" auseinander.
Von Cousin stammt auch das Wort

Preußen, das klassische Land
der Schulen und Kasernen.

Von Honoré DE BALZAC (1799–1850) stammt nach dem
Titel der Gesamtausgabe seiner Romane

La comédie humaine
Die menschliche Komödie,

und nach einem seiner Romane ist populär geworden

La femme de trente ans.
Die Frau von dreißig Jahren.

Das Wort

> Cherchez la femme!
> *Sucht nach der Frau!*

das der ältere Alexandre DUMAS (1803–70) in seinem Drama „Les Mohicans de Paris" (1864) gebrauchte, lautet nach einem englischen Sprichwort, das Richardson in seinem Roman „Sir Charles Grandison" (1753) zitiert, „Such a plot must have a woman in it", und das J. G. SEUME in seinem „Spaziergang nach Syrakus" (1802) zitiert

> wo irgend Zank ist,
> da ist immer ein Weib im Spiele.

Auch sagt man allgemein

> Où est la femme?
> *Wo ist die Frau?*

Aus der von MEILHAC und HALÉVY nach einer Novelle von Prosper MÉRIMÉE (1863–70) verfaßten Oper „Carmen" (1875) von Georges Bizet (1838–75) wird zitiert

> L'amour est enfant de Bohème
> *Die Liebe von Zigeunern stammt*

und aus Escamillos Auftrittslied

> Toréador, en garde
> *Auf in den Kampf, Torero!*
> *Stolz in der Brust, siegesbewußt.*

Aus einem 1832 entstandenen und also betitelten Drama Victor HUGOS (1802–1885) stammt

> Le roi s'amuse
> *Der König amüsiert sich.*

Die Bezeichnungen

> *Bohème* und *Bohémiens*

für das Literaten- und Künstlerleben ohne bürgerliche Ordnung leiten sich ab von den 1851 erschienenen „Scènes de la vie de Bohème" von Henri MURGER (1822 bis 1861), und seit Edmond DE GONCOURTS (1822–96) Vorwort zu dem Roman „La Faustine" spricht man von naturalistischen Darstellungen als

> documents humains
> *menschliche Dokumente.*

> (Le) Demi-monde
> *Halbwelt*

ist der Titel eines von Alexandre DUMAS, dem Sohne, (1824–95) 1855 veröffentlichten Romans.

> La propriété c'est le vol
> *Eigentum ist Diebstahl*

sagt PROUDHON (1800–65) in „Qu'est-ce que c'est que la propriété? ou: Recherches sur le principe du droit et du gouvernement", Paris 1840. Brissot hatte bereits in „Recherches philosophiques sur le droit de propriété et sur le vol considéré dans sa nature" (1780) geschrieben: „La propriété exclusive est un vol dans sa nature." Übrigens sagen schon im 13. Jahrhundert die Weisheitssprüche hinter Jehuda Tibbons Ermahnungsschrift, Berlin 1852, daß Eigentum, d. h. Geld, Diebstahl ist. „Eigentum ist etwas Abscheuliches" heißt es in Morellys „Le Code de la nature", Amsterdam 1755.

> Ote-toi de là, que je m'y mette
> *Geh da weg, damit ich den Platz einnehme*

ist die Übersetzung einer Stelle PANADIS' († 1837) aus Mugello in den toskanischen Apenninen, die Giusti in einem Sonette (1829) also wiederholt

> E tutto si riduce a parer mio
> (Come dice un poeta da Mugello)
> A dire: Esci di li, ci vo'star io.
> *Das Ganze scheint sich bloß darum zu drehen*
> *(Wie's der Poet Mugellos ausgedrückt,)*
> *Zu sprechen: Geh hier weg! Ich will hier stehen.*

Dies Wort ist dadurch berühmt geworden, daß der Sozialist Graf Saint-Simon (1760–1825) es in seinem Werke (Le catéchisme des industriels, 1823) als leitenden Grundsatz des Liberalismus hinstellte.

Von MEILHAC und HALÉVY stammt auch der Text zu
J. Offenbachs Operette „Die schöne Helena“ (1865) mit
dem geflügelten Worte

> allez, partez pour la Crète!
> *auf nach Kreta!*

und aus ihrem Lustspiel „Le Réveillon“, aus dem C.
Haffner und B. Genée den Text für „Die Fledermaus“
von Johann Strauß schufen, die geflügelten Worte

> *o je, o je, wie rührt mich dies!*

und

> *ein fideles Gefängnis.*

Auf den Titel eines Lustspiels von Edouard PAILLERON
(1834–99) geht zurück

> Le monde où l'on s'ennuie
> *Die Welt, in der man sich langweilt*

und auf Emile ZOLA (1840–1902) in „Mes haines“
(1866)

> Une œuvre d'art est un coin de la création vu
> à travers un tempérament
> *Ein Kunstwerk ist ein Stück Schöpfung, gesehen*
> *durch ein Temperament.*

Von Zola stammt auch nach dem Titel seines Romanes
von 1890 aus dem Zyklus „Les Rougon-Macquart“

> La bête humaine
> *Die Menschenbestie*

und die Überschrift seiner Stellungnahme zum Dreyfus-
prozeß am 13. Januar 1898 in der „Aurore“

> J'accuse
> *Ich klage an.*

Nach dem Bild des Malers Emil TOFFANO, das im Jahre
1880 im Pariser Salon ausgestellt wurde, „Enfin seuls“,
sagte man

> *endlich allein,*

während die Titel von Guy DE MAUPASSANTS (1850–93) 1885 veröffentlichtem Roman

> Bel ami
> *Der schöne Freund*

und von Marcel PRÉVOSTS (1862–1955) 1894 erschienenem Roman

> Demi-vierges
> *Halbe Jungfrauen,*

oder nach dem Titel der deutschen Übersetzung „Halbe Unschuld", zu Schlagworten wurden.
Mit dem

> Fin-de-siècle
> *Jahrhundertwende*

nach dem Titel eines Lustspiels von F. DE JOUVENOT und H. MICARD (1888) und eines 1890 erschienenen deutschen Novellenbandes von Hermann BAHR (1863 bis 1934) ist die Fülle der zu geflügelten Worten in der deutschen Sprache gewordenen französischen Zitate vorerst beendet. Ob Worte wie Jean-Paul SARTRES (* 1905)

> *Die Hölle, das sind die anderen*

aus „Huis clos" (1944) Bestand haben, wird die Zukunft erweisen.

ENGLISCHE ZITATE

Utopien

(Nirgendreich) nennen wir ein von der Phantasie geschaffenes, ideales, unmögliches Land nach der 1516 von Thomas MORUS (1480–1535) verfaßten Schrift „De optimo rei publicae statu deque nova insula Utopia" (Über den besten Zustand des Staates und über die neue Insel Utopien). Eine wirklichkeitsferne Idee, besonders über den Staat und die menschliche Gesellschaft, heißt daher

>utopisch oder eine *Utopie,*
>wer sie vertritt, ein *Utopist.*

In Sir Philipp SIDNEYS (1554–86) „Arcadia", 3, die erst nach seinem Tode erschien, steht

>my better half
>*meine bessere Hälfte.*

Wenn wir jetzt zitieren

>my house is my castle
>*mein Haus ist meine Burg*

greifen wir auf Sir Edward CAKES (1551–1633) Rechtsspruch zurück, dem freilich schon das Hamburger Stadtrecht von 1244 vorangegangen war.

Das Wort

>Knowledge is power
>*Wissen ist Macht*

ursprünglich lateinisch „et ipsa scientia potestas est" geht auf die „Essays" (1597) von Francis BACON (1561 bis 1626) zurück.

William SHAKESPEARE (1564–1616), der begreiflicherweise die meisten geflügelten Worte der englischen Literatur hergegeben hat, wird hier nach der Schlegel-Tieckschen Übersetzung zitiert. „Hamlet" 1, 2 heißt es

with one auspicious and a dropping eye
mit einem heitern, einem nassen Aug'

O! that this too too solid flesh would melt
O schmölze doch dies allzu feste Fleisch

Frailty, thy name is woman
Schwachheit, dein Nam' ist Weib

Thrift, thrift, Horatio!
Wirtschaft, Horatio! Wirtschaft!

He was a man, take him for all in all
I shall not look upon his like again
Er war ein Mann, nehmt alles nur in allem,
Ich werde nimmer seinesgleichen sehn,

wie auch Antonius vom Brutus in „Julius Cäsar", 5, 5
sagt

this was a man
dies war ein Mann.

Aus Hamlet 1, 3

This above all: to thine own self be true,
And it must follow, as the night the day,
Thou canst not then be false to any man.
Dies über alles: sei dir selber treu,
Und daraus folgt, so wie die Nacht dem Tage,
Du kannst nicht falsch sein gegen irgendwen.

1, 4 steht

. . . a custom
More honour'd in the breach than the observance.
. . . *ein Gebrauch,*
Wovon der Bruch mehr ehrt als die Befolgung.
(Thou com'st in) such a questionable shape
(*Du kommst in*) *so fragwürdiger Gestalt.*

Something is rotten in the state of Denmark
Etwas ist faul im Staate Dänemark.

1, 5:

(But soft! me thinks) I scent the morning air
(Doch still! mich dünkt) *ich wittre Morgenluft*

My tables – meet it is I set it down,
That one may smile, and smile, and be a villain
Schreibtafel her, ich muß mir's niederschreiben,
Daß einer lächeln kann, und immer lächeln
Und doch ein Schurke sein

There are more things in heaven and earth,
Horatio,
Than are dreamt of in your philosophy
Es gibt mehr Ding' im Himmel und auf Erden,
Als Eure Schulweisheit sich träumen läßt

The time is out of joint
Die Zeit ist aus den Fugen

2, 2 steht

Brevity is the soul of wit
Kürze ist des Witzes Seele

More matter, with less art
Mehr Inhalt, wen'ger Kunst

Doubt thou the stars are fire;
Doubt that the sun doth move;
Doubt truth to be a liar;
But never doubt I love
Zweifle an der Sonne Klarheit,
Zweifle an der Sterne Licht,
Zweifl', ob lügen kann die Wahrheit,
Nur an meiner Liebe nicht

Though this be madness, yet there
is method in 't
Ist dies schon Tollheit, hat es doch Methode

There is nothing either good or bad,
but thinking makes it so
An sich ist nichts weder gut noch böse;
das Denken macht es erst dazu

Caviare to the general
Kaviar für das Volk

Use every man after his desert, and who
should 'scape whipping?
Behandelt jeden Menschen nach seinem
Verdienst, und wer ist vor Schlägen sicher?

What's Hecuba to him, or he to Hecuba,
That he should weep for her?
Was ist ihm Hekuba, was ist er ihr,
Daß er um sie soll weinen?

Aus Hamlets Monolog in 3, 1 ist

To be or not to be, that is the question
Sein oder Nichtsein, das ist hier die Frage

't is a consummation
Devoutly to be wish'd
('s ist) ein Ziel
Aufs innigste zu wünschen

And thus the native hue of resolution
Is sicklied o'er with the pale cast of thought
Der angebornen Farbe der Entschließung
Wird des Gedankens Blässe angekränkelt

Das Wort Hamlets

Get thee to a nunnery
Geh in ein Kloster

wird schwerlich in England zitiert, bei uns jedoch in
der Form

Geh ins Kloster,

so von Heine in „Die alte Rose" und „Der Exnacht-
wächter" des „Romancero".

Ferner enthält diese Szene Ophelias

> O what a noble mind is here o'erthrown
> *O welch ein edler Geist ist hier zerstört!*

Aus 5, 1 ist Hamlets Ausruf

> Alas, poor Yorick
> *Ach, armer Yorick.*

Laurence Sterne (1713–68) veröffentlichte seine „Predigten", London 1759–69, unter dem Namen Yorick, womit er sich keine geringe Schmeichelei sagte, da Hamlet den Yorick, des Königs Spaßmacher, 5, 1 einen „Burschen von unendlichem Humor, voll von den herrlichsten Einfällen" nennt.
Auch Sternes „Sentimentale Reise" erschien nach seinem Tode (1768) unter dem Namen Yorick.
Aus „Hamlet" 5, 2 werden zitiert

> the readiness is all
> *in Bereitschaft (bereit) sein ist alles*

und

> the rest is silence
> *der Rest ist Schweigen.*

Aus dem 1. Teile von „König Heinrich IV." wird der Beiname Heinrich Percys,

> Hotspur
> *Heißsporn*

auf einen heißblütigen, ritterlichen Jüngling angewendet.
2, 4 bietet die Worte des Kellners Franz

> anon, Sir, anon
> *gleich, Herr, gleich*

und die drei Worte Falstaffs

> here I lay, and thus I bore my point
> *so lag ich, und so führt' ich meine Klinge.*

> (if reasons were) as plenty as blackberries
> *(wenn Gründe) so gemein wie Brombeeren*
> (wären),

a plague of sighing and grief; it blows a man up
like a bladder
hol' die Pest Kummer und Seufzen! Es bläst
einen Menschen auf wie einen Schlauch,

und 4, 2

Food for powder
Futter für Pulver (oder: *Kanonenfutter*).

5, 1 gegen Ende finden wir Falstaffs

I would it were bedtime, Hal, and all well
Ich wollte, es wäre Schlafenszeit, Heinz,
und alles gut.

5, 4 sagt Prinz Heinrich, als er den sich tot stellenden
Falstaff unter den Gefallenen auf dem Schlachtfelde
erblickt

I could have better spared a better man
ich könnte besser einen Bessern missen

und ebenda sagt Falstaff

the better part of valour is discretion
das bessere Teil der Tapferkeit ist Vorsicht.

Auch das Wort

Sekt

für Schaumwein (Champagner) geht auf Falstaff zurück,
der „a cup of sack", „ein Glas Sekt" mehrmals verlangt.
Der Schauspieler Ludwig Devrient (1784–1832), groß
als König Lear, Shylock, Falstaff, pflegte in der Berliner
Weinstube von Lutter und Wegener sein Lieblingsge-
tränk, den Champagner, mit Falstaffs Bezeichnung
„Sekt" zu bestellen und popularisierte dadurch diese
Bezeichnung, die sonst im Englischen für südlichen
Wein galt, noch mehr.
Im 2. Teil 4, 4 haben wir des Königs Worte

thy wish was father, Harry, to that thought
dein Wunsch war des Gedankens Vater, Hein-
rich.

In „Julius Cäsar" 1, 2 sagt Cäsar

> he thinks too much; such men are dangerous
> *er denkt zu viel, die Leute sind gefährlich*

> Let me have men about me that are fat,
> Sleek-headed men, and such as sleep a-nights
> *Laßt wohlbeleibte Männer um mich sein,*
> *Mit glatten Köpfen, und die nachts gut schlafen.*

In Akt 2, 1

> Brutus, thou sleepst! awake and see thyself
> *Brutus, du schläfst! Erwach und sieh dich selbst.*

In Akt 2, 2

> Cowards die many times before their deaths,
> The valiant never taste of death but once
> *Der Feige stirbt schon vielmals, eh' er stirbt,*
> *Die Tapfern kosten einmal nur den Tod.*

Das in Akt 3, 1 vorkommende Wort des Antonius

> tho' last, not least in love
> *zuletzt, doch nicht der Letzte meinem Herzen*

oder Lears Wort zu Cordelia (King Lear 1, 1)

> although our last, not least
> *du Jüngste, nicht Geringste*

wird gewöhnlich in der Form zitiert

> last, but not least,

Shakespeare fand es bereits in SPENSERS († 1599) „Colin Clout", 444 vor.

3, 2 finden wir die Worte des Antonius

> The evil that men do lives after them,
> The good is oft interred with their bones
> *Was Menschen Böses tun, das überlebt sie,*
> *Das Gute wird mit ihnen oft begraben*

> For Brutus is an honourable man,
> So are they all, all honourable men
> *Denn Brutus ist ein ehrenwerter Mann;*
> *Das sind sie alle, alle ehrenwert*

Mischief, thou art afoot
Take thou what course thou wilt
Unheil, du bist im Zuge,
Nimm, welchen Lauf du willst

und

Here was a Caesar!
when comes such another?
Das war ein Cäsar:
wann kommt seinesgleichen?

Bei Philippi sehen wir uns wieder

ist die Umwandlung einer aus Plutarch, „Cäsar" K. 69
entlehnten Stelle in Shakespeares „Julius Cäsar" 4, 3,
wo Brutus zu dem Geist Cäsars, der ihm erschienen ist,
sagt

why, I will see thee at Philippi then
nun zu Philippi will ich denn dich sehen.

In „Heinrich V." 2, 1 sagt Nym

that is the humour of it
das ist der Humor davon,

was sich in derselben Szene viermal wiederholt. In Akt
3, 7

a fool's bolt is soon shot
eines Narren Bolzen ist bald verschossen.

Aus Akt 4, 1

what is the body, when the head is off?
was ist der Körper, wenn das Haupt ihm fehlt?

Aus 4, 3 führen wir ein uns nur in englischer Form

Househould words
Alltagsworte

geläufiges Wort an. Charles Dickens (1812–70) wählte
es zum Titel eines viel gelesenen literarischen Unter-
haltungsblattes.
Aus „Heinrich VI." 2. Teil Akt 4, 10

I seek not to wax great by others' waning
ich mag durch andrer Fall nicht Größe suchen.

Aus „Heinrich VI." 3. Teil Akt 4, 1

> I hear, yet say not much, but think the more
> *ich sage wenig, denke desto mehr,*

und aus Akt 4, 4

> for trust not him, that hath once broken faith
> *dem traue nie, der einmal Treue brach.*

„Richard III." 1, 1 steht

> the winter of our discontent
> *der Winter unseres Mißvergnügens.*

Aus 1, 2

> Was ever woman in this humour woo'd?
> *Ward je in dieser Laun' ein Weib gefreit?*

Aus Akt 4, 2

> I am not in the giving vein today
> *ich bin nicht in der Gebelaune heut.*

Aus Akt 4, 4

> an honest tale speeds best, being plainly told
> *ein redlich Wort macht Eindruck,*
> *schlicht gesagt.*

5, 4

> A horse! a horse! my kingdom for a horse
> *Ein Pferd! ein Pferd!*
> *(m)ein Königreich für'n Pferd.*

Beim Zitieren wird dieses Wort häufig travestiert, so daß statt „ein Pferd" der jedesmalige Gegenstand des Wunsches des Sprechenden gesetzt wird.

Aus „Heinrich VIII." stammt
4, 2

> Men's evil manners live in brass; their virtues
> We write in water
> *Der Menschen Untat lebet fort in Erz,*
> *Der Menschen Tugend schreiben wir in Wasser.*

Aus dem „Sommernachtstraum" 5, 1 entnehmen wir

> the poet's eye, in a fine frenzy rolling
> *des Dichters Aug' in schönem Wahnsinn rollend.*

Aus Akt 5, 1

> that is the true beginning of our end
> *das ist das wahre Beginnen unseres Endes*

sagt der Prolog und meint: das ist das wahre Endziel
unseres Beginnens. Daher das Zitat, das freilich einen
ganz anderen Sinn hat

> *Das ist der Anfang vom Ende*

und, um es ironisch einem großprahlenden Redner zu-
zurufen

> well roared, lion
> *gut gebrüllt, Löwe.*

„Der Kaufmann von Venedig", aus dem der Name

> *Shylock*

sprichwörtlich für einen skrupellosen Händler geworden ist, bietet 1, 2

> God made him, and therefore let him
> pass for a man
> *Gott schuf ihn, also laßt ihn*
> *für einen Menschen gelten.*

Aus Akt 1, 3

> the devil can cite scripture for his purpose
> *der Teufel kann sich auf die Schrift berufen,*

2, 2

> it is a wise father, that knows his own child
> *das ist ein weiser Vater, der sein eigen Kind*
> *kennt,*

und Shylocks Worte aus 3, 1

> not for a wilderness of monkeys
> *nicht für einen Wald von Affen.*

Aus Akt 3, 2 die Bezeichnung

> Royal merchant
> *königlicher Kaufmann.*

Aus 4, 1 wird zitiert

I stay here on my bond
ich steh hier auf meinem Schein.

Aus „Der Sturm" ist

Caliban

für einen ungefügen, plumpen Gesellen sprichwörtlich;
aus 2, 2 ist

misery acquaints a man with strange
bedfellows
die Not bringt einen zu seltsamen
Schlafgesellen.

Aus Akt 3, 2

He that dies pays all debts
Wer da stirbt, zahlt alle Schulden.

Da in „Die lustigen Weiber von Windsor" 2, 1 der aus
„Heinrich V." wohlbekannte Nym auftritt, so bringt er
auch hier wieder seinen Spruch an, diesmal in der Form

There's the humour of it
Das ist der Humor davon.

Ebenda

Hope is a curtal dog in some affairs
Hoffnung ist oft ein Jagdhund ohne Spur.

Und in Akt 2, 2

If money go before, all ways do lie open
Wo Geld vorangeht, sind alle Wege offen.

Aus „Romeo und Julia", aus dem zwei in Streit lie-
gende Familien

Montagues and Capulets
Montecchi und Capuletti

sprichwörtlich geworden sind, wird aus 2, 2 zitiert

He jests at scars, that never felt a wound
Der Narben lacht, wer Wunden nie gefühlt

What's in a name? that which we call a rose,
By any other name would smell as sweet
Was ist ein Name? Was uns Rose heißt,
Wie es auch hieße, würde lieblich duften.

Ebenda

Stony limits cannot hold love out,
And what love can do, that dares love attempt
Kein steinern Bollwerk kann der Liebe wehren,
Und Liebe wagt, was Liebe irgend kann.

Aus 3, 5

it was the nightingale and not the lark
es war die Nachtigall und nicht die Lerche.

Aus Akt 5, 3

O, true apothecary! Thy drugs are quick
O wackrer Apotheker! Dein Trank wirkt schnell,

aus „Macbeth" 1, 3

Come what come may,
The hour and time runs through the
roughest day
Komme, was kommen mag,
Die Stund und Zeit durchläuft den rauhsten Tag,

aus 1, 5

too full of the milk of human kindness
zu voll von Milch der Menschenliebe.

S. Schiller „Tell" 4, 3

in gärend Drachengift hast du
Die Milch der frommen Denkart mir verwandelt.

Aus „Macbeth" Akt 2, 3

All is but toys
Alles ist nur Tand.

Aus Akt 5, 1

all the perfumes of Arabia
alle Wohlgerüche Arabiens.

Auch der Titel des Lustspiels

> Love's Labour's Lost
> *Verlorne Liebesmüh*

nach Tieck

> *Liebes Leid und Lust*

wird zitiert. Aus Akt 4, 3

> Sow'd cockle, reap'd no corn
> *Wer Unkraut sät, drischt kein Getreide.*

Auch die „Comedy of errors" wurde ebenso als die

> *Komödie der Irrungen*

mit ihrem Titel zum geflügelten Wort wie das Lustspiel

> Much ado about nothing
> *Viel Lärm(en) um nichts.*

Aus dessen Akt 2, Szene 1

> Friendship is constant in all other things,
> Save in the office and affairs of love
> *Freundschaft hält stand in allen andern Dingen,*
> *Nur in der Liebe Dienst und Werbung nicht.*

Aus 5, 1

> For there was never yet philosopher
> That could endure the toothache patiently
> *Denn auch bis jetzt gab's keinen Philosophen,*
> *Der mit Geduld das Zahnweh konnt' ertragen.*

Aus „Maß für Maß" 5, 1 stammt der

> Tooth of time
> *Zahn der Zeit,*

ein Ausdruck, den schon Gottsched und auch Wieland, in den „Abderiten" (1774), verwandten.
Aus

> *Othello,*

der sprichwörtlich für einen eifersüchtigen Ehemann gilt, 1, 3 wird zitiert

> Put money in thy purse
> *Tu Geld in deinen Beutel,*

aus 5, 2

>Have you prayed to-night, Desdemona?
Hast du zu Nacht gebetet, Desdemona?

Aus „König Lear" 3, 2 des Narren Wort

for the rain it raineth every day
denn der Regen, der regnet jeglichen Tag;

es findet sich schon früher in dem Lied des Narren am
Schluß von „Was ihr wollt".
Und aus 3, 4 stammt

learned Theban
kundiger Thebaner.

4, 6:

Ay, every inch a king
Ja, jeder Zoll ein König

und

the fool of fortune
der Narr des Glücks.

Letzteres kommt auch in „Timon von Athen" 3, 6 und
in der Form „Fortune's Fool" in „Romeo und Julia"
3, 1 vor.
Aus 5, 2

Ripeness is all
Reif sein ist alles.

Gegen Ende der letzten Szene des Dramas klagt Lear
um seine ermordete Tochter Cordelia: Thou'lt come
no more,

never, never, never, never, never!
niemals, niemals, niemals, niemals, niemals!

Aus derselben Szene stammt

Jesters do oft prove prophets
Aus Spöttern werden oft Propheten.

Aus „Was ihr wollt" 1, 1 wird zitiert

If music be the food of love, play on;
Give me excess of it.
*Wenn die Musik der Liebe Nahrung ist,
Spielt weiter! gebt mir volles Maß!*

aus 1, 5

> Better a witty fool than a foolish wit
> *Besser ein weiser Tor als ein törichter Weiser.*

Aus „Troilus und Cressida" 3, 2

> Words pay no debts
> *Worte zahlen keine Schulden.*

Aus „Die beiden Veroneser" Akt 3, 1

> A woman sometime scorns what best
> contents her
> *Oft weist ein Weib zurück, was sie beglückt.*

Aus „As you like it" („Wie es euch gefällt") 2, 7

> If ladies be but young and fair,
> They have the gift to know it
> *Wenn Frauen jung und schön nur sind,*
> *So haben sie die Gabe, es zu wissen,*

und ebenda

> thereby hangs a tale
> *daran hängt ein Märlein.*

In der ersten Folioausgabe Shakespeares, London 1623, folgt dem Vorworte eine Reihe von Gedichten, zunächst Ben JONSONS (1573–1637) „Dem Gedächtnisse des Autors, meines geliebten William Shakespeare". In diesem Gedichte steht

> He was not of one age, but for all times
> *Er war nicht eines Zeitalters,*
> *sondern für alle Zeiten*

sowie die unsterblich gewordene Bezeichnung des in Stratford am Avon geborenen Dichters

> sweet swan of Avon
> *süßer Schwan vom Avon.*

Auf John MILTONS (1608–74) Dichtung

> Paradise lost
> *Das verlorene Paradies*

aus dem Jahre 1667 geht dies vielverwendete Wort zurück.

Aus dem Werk „Paroemiologia" von John CLARKE von 1639 und nicht aus Benjamin Franklins „Weg zum Reichtum" (1767), das aber zweifellos zu seiner Popularisierung den Hauptanstoß gegeben hat, kommt der Spruch

> Early to bed and early to rise
> Makes a man healthy, wealthy and wise
> *Früh zu Bett und auf zu früher Stund*
> *Macht den Mann klug, reich und gesund*

oder

> *Früh zu Bett und früh wieder auf,*
> *Macht gesund und reich im Hauf.*

Aus „The Pilgrim's Progress" (1678–84) von John BUNYAN (1628–88) stammt

> Vanity Fair
> *Jahrmarkt der Eitelkeit,*

was Thackeray 1847 als Titel für seinen besten Roman benutzte. Von

> *Robinson und Robinsonaden*

spricht man nach dem Helden und seinen abenteuerlichen Fahrten in Daniel DEFOES (1659–1731) „Robinson Crusoe" (1719).
Seit der „History of John Bull" (1712) von John ARBUTHNOT (1675–1735), einer politischen Satire, bezeichnet man das englische Volk als

> *John Bull.*

> *Liliput*

ist in Jonathan SWIFTS (1667–1745) „Gullivers Reisen" (1726) der Name eines Ländchens, bewohnt von den daumenhohen

> *Liliputanern.*

Oliver GOLDSMITH (1728–74) hat es schwerlich geahnt, daß die im 2. Akt seiner Komödie „Der gutmütige Mann" (1760) vorkommenden Worte Loftys

> Measures, not men
> *Maßregeln, nicht Menschen*

einst ein mit Erbitterung angewendetes politisches Stichwort werden würden. So sagt der Verfasser der „Juniusbriefe" (1769–72) in Unkenntnis der Quelle des Zitats: „Maßregeln und nicht Männer ist der gewöhnliche Ruf angeblicher Mäßigung. Das ist eine elende Heuchelei, von Schurken aufgebracht und von Narren in Umlauf gesetzt", und Burke „Gedanken über die Gründe der jetzigen Unzufriedenheit", 1773: „Von diesem Kaliber ist die heuchlerische Phrase: Maßregeln, nicht Menschen, eine Art Zauberformel, wodurch manche sich jede Ehrenpflicht abschütteln." Aus Goldsmiths „The Hermit", stanza 8, wird zitiert

> Man wants but little here below,
> Nor wants that little long.
> *Hienieden braucht der Mensch nicht viel,*
> *Noch braucht er's lange Zeit,*

während Young schon in „Night Thoughts" (1741) 14, 118 hat

> Man wants but little, nor that little long.

Das gelegentlich einmal von Samuel JOHNSON (1784) gebrauchte und von seinem Biographen Boswell mitgeteilte

> Hell is paved with good intentions
> *Die Hölle ist mit guten Vorsätzen gepflastert*

führt Walter Scott in „Die Braut von Lammermoor" (1819) B. 1 Kap. 7 auf einen englischen Theologen zurück; wahrscheinlich meint er George Herbert († 1632), der in „Iacula prudentium" (S. 11 Ausg. von 1651) denselben Gedanken in der Form

> Hell is full of good meaning and wishing

ausspricht.

Wir sagen gewöhnlich

> *Der Weg zur Hölle ist mit guten Vorsätzen gepflastert.*

Das 1776 erschienene Buch „Inquiry into the nature and causes of wealth of nations" von Adam SMITH (1723–97) bezeichnet die Engländer als

> nation of shopkeepers
> *Krämervolk.*

Das berühmte Lied

> Rule, Britannia, rule the waves,
> Britons never shall be slaves
> *Herrsche, Britannien, beherrsche die Wogen,*
> *Briten sollen niemals Sklaven sein*

stammt von James THOMSON (1700–48).
Von dem Dichter Alexander POPE (1688–1744) stammen aus seinem „Essay on criticism" (1711)

> The error is human, to forgive divine
> *Irren ist menschlich, vergeben göttlich,*

aus seinem Heldengedicht „The Rape of the Lock" (Lockenraub, 1712–14):

> at every word a reputation dies
> *bei jedem Wort stirbt ein guter Ruf*

und

> it is not poetry, but prose run mad
> *nicht Poesie ist's — toll gewordne Prosa.*

In seinen „Moral Essays" (1713–20) heißt es

> woman's at best a contradiction still
> *das Weib ist bestenfalls ein Widerspruch.*

Aus seinem Lehrgedicht „Essay on Man" (1732–34)

> whatever is, is right
> *alles, was ist, ist recht.*

Auf Samuel RICHARDSONS (1689–1761) 1753 erschienenen „Sir Charles Grandison" (6. Brief 52) geht das Wort

> sentimental

zurück, das ins Deutsche übernommen und bei der deutschen Übersetzung von Laurence STERNES Roman

> Yorick's sentimental journey (1765)

auf Lessings Rat durch J. J. Chr. Bode mit „empfind-
sam" in

> *Yoricks empfindsame Reise* (1768)

verdeutscht wurde.

Aus Richardsons Roman (3. Brief 16) stammt auch

> o these men
> *o diese Männer.*

Aus Edward Youngs (1683–1765) „Night Thoughts"
(Nachtgedanken, 1742) stammt

> All men think all men mortal but themselves
> *Nicht sich, nur andre hält man stets für sterblich.*

> Blue-stocking

französisch

> Bas bleu

deutsch

> *Blaustrumpf,*

d. h. eine Dame, die sich unter Vernachlässigung ihrer
Häuslichkeit wissenschaftlich hervortut, hatte ursprünglich keineswegs die herabsetzende Nebenbedeutung, die
wir dem Ausdrucke beilegen, und bezeichnete in der
Mehrheit nur Gesellschaften, in denen Kartenspiel ver-
pönt und deren Hauptzweck geistvolle Unterhaltung
war. Die Bildung solcher Gesellschaften schreibt man
gewöhnlich den drei Damen: Lady Montague, Frau
Vesey und Frau Ord zu. In diesen Gesellschaften zeichnete sich durch Anmut in der Unterhaltung der Gelehrte Stillingfleet († 1771) aus, der, im Anzuge ver-
nachlässigt, in blauen Kniestrümpfen erschien. Das soll
den englischen Admiral Boscawen veranlaßt haben, diese
Versammlungen „Blaustrumpfgesellschaften" zu nennen, um damit zu bezeichnen, daß in ihnen nur geistige
Begabung, nicht der glänzende Anzug den Ausschlag
gab.

Aus Benjamin FRANKLINS (1706–90) „Weg zum Reichtum" 1767) stammt

> Three removes are as bad as a fire
> *Dreimal umziehen ist so schlimm, wie einmal*
> *abbrennen.*

Aus dem 18. Jahrhundert stammen auch noch

> The school for scandal
> *Die Lästerschule*

nach R. B. SHERIDANS (1751–1816) gleichnamiger Komödie von 1777, ferner der Spruch vom Teetrinken

> the cups, that cheer, but not inebriate
> *die Schalen, die erheitern, nicht berauschen*

nach William COWPERS (1731–1800) Gedicht „The Task" (Das Tagewerk, 1785), sodann nach dem Gedicht „Is there for honest poverty" von Robert BURNS (1759–96)

> for a'that and a'that

in Freiligraths Übersetzung

> *trotz alledem und alledem.*

Aus Burns „Abschied vom Hochland" wird zitiert

> My heart's in the Highlands,
> My heart is not here
> *Mein Herz ist im Hochland,*
> *Mein Herz ist nicht hier.*

Von T. H. BAYLY (1797–1839) als Dichter und Komponist stammt das Lied

> Long, long ago
> *Lang, lang ist's her,*

das beginnt

> Tell me the tales that to me were so dear

in der Übersetzung von Wilhelm Weidling (1858)

> *Sag mir das Wort, das so gern ich gehört.*

Aus Thomas CAMPBELLS (1777–1844) „Lochiel's Warn-
ing" ist das von Byron als Motto für „Dantes Prophe-
zeiung" (1819) gewählte

> ('t is the sunset of life gives me mystical lore
> and) coming events cast their shadow before
> (Der Abend des Lebens gibt mir geheimnisvolle
> Weisheit, und) *künftige Ereignisse werfen ihre*
> *Schatten voraus.*

William WORDSWORTH (1770–1850) bietet aus „My
heart leaps up" das von G. H. Lewes (1817–78) zum
Motto des ersten Buches von „Life of Goethe" (1855)
auserkorene

> The child is father of the man
> *Das Kind ist des Mannes Vater.*

Aus Lord BYRONS (1783–1824) Tagebuch sind bekannt
die von ihm mit Bezug auf den unerwarteten Erfolg
der beiden ersten Gesänge seines „Childe Harold" geschriebenen Worte

> I awoke one morning
> and found myself famous
> *Ich erwachte eines Morgens*
> *und fand mich berühmt,*

aus „Childe Harold" 4, 79 die Bezeichnung Roms als

> Niobe of nations
> *Niobe der Nationen.*

Ebenfalls aus „Childe Harold" stammt

> Who loves, races
> *Wer liebt, rast.*

Das Abschiedsgedicht Lord Byrons an seine Frau
(17. März 1816) begann mit den Versen

> Fare thee well, and if for ever,
> then for ever, fare thee well
> *Lebe wohl, und wenn für immer,*
> *Dann für immer, lebe wohl.*

Thomas MOORE (1779–1852) schenkte uns in seinen „Irischen Melodien" (1807–34) das Lied

't is the last rose of summer,

die wir als

letzte Rose

aus Fr. v. Flotows (1812–83) Oper „Martha" popularisiert erhielten.

The almighty dollar
Der allmächtige Dollar

geht auf Washington IRVING (1783–1859) und seine Skizze „The Creole Village" (1837) zurück.
Der Ausdruck

moral insanity
moralisches Irresein

geht auf den Londoner Irrenarzt James Cowles PRICHARD (1786–1848) zurück und bezeichnet einen Schwachsinn, dem moralische Gefühle und Begriffe fehlen.

The last of the Mohicans
Der letzte der Mohikaner (1826)

und

The Pathfinder
Der Pfadfinder (1840)

sind Titel von Romanen James Fenimore COOPERS (1789–1851).
Seit Coopers Romanen sind uns *Bleichgesicht, Rothaut, Squaw, Tomahawk, Wigwam, Mokassin, Feuerwasser* vertraut und ebenso die Redensarten

den Kriegspfad beschreiten,
das Kriegsbeil begraben,
die Friedenspfeife rauchen.

Der deutsche Reise- und Indianerschriftsteller Karl MAY (1842–1912) hat mit seinem „Winnetou" und andern Erzählungen kräftig dabei mitgeholfen.

Die amerikanische Negerfrage wurde uns zuerst durch Harriet BEECHER-STOWES (1812–96) 1852 erschienenen Roman

>Uncle Tom's cabin
>*Onkel Toms Hütte*

zum Erlebnis und in heutiger Zeit wieder durch Margaret MITCHELLS (1900–49) 1936 erschienenen Roman

>Gone with the wind
>*Vom Winde verweht*

nach Hesekiel, Kap. 17, 21: „... in alle Winde zerstreuet".

Aus dem Titel von Charles DARWINS (1809–82) „On the origin of species by means of natural selection or the preservation of favoured races in the

>struggle for life"

(1859) sind die letzten Worte

>*Kampf ums Dasein*

ins Leben übergegangen, obwohl schon Th. R. MALTHUS' (1766–1834) „Essay on the principles of population", London 1798, von „struggle for existence" (Kampf ums Dasein) gesprochen hat.

>Time is money
>*Zeit ist Geld*

steht bei Benjamin FRANKLIN (1706–90) „Ratschläge an einen jungen Kaufmann" (1748); er hat schwerlich Theophrast (um 372–287 v. Chr.) gekannt, von dem der Ausspruch πολυτελὲς ἀνάλωμα εἶναι τὸν χρόνον — „Zeit ist eine kostbare Ausgabe" berichtet wird.

Das Wort

>*Snob*

wurde durch W. THACKERAYS (1811–63) „The book of snobs" (1847) für bildungsprahlende, aber in Wahrheit bildungsarme und oberflächliche Menschen, die in der Gesellschaft eine Rolle spielen wollen, populär. Das Wort geht nach H. O. Meissner auf die Abkürzung

„s.nob." (sine nobilitate – ohne Adel), die in Oxford
und Cambridge auf die keinen Adelsnamen tragenden
nachgeborenen Söhne angewandt wurde, zurück und
wurde erst für blasierte, dünkelhafte Bildungsprahler
gebräuchlich, als reiche Söhne der Ausbeuter Indiens
oder der Sklaven-Großhändler Liverpools sich unlieb-
sam bemerkbar machten. Karl Sternheim (1881–1943)
hat dann durch seine Komödie „Der Snob" (1914) den
Ausdruck bei uns geläufig gemacht.
Der Ausdruck

>   the upper ten thousand
>   oder nur: the upper ten
>   *die oberen Zehntausend*

stammt von N. P. WILLIS (1806–67), der ihn zum
ersten Male 1844 in der New Yorker Zeitung „Evening
Mirror" gebraucht hat.
Die Titel der Romane bzw. Erzählungen

>   Hard Times
>   *Harte Zeiten* (1853),
>   Great Expectations*
>   *Große Erwartungen* (1861)

und

>   Cricket on the hearth
>   *Heimchen am Herd*

von Charles DICKENS (1812–70) werden noch manchmal
als Zitate gebraucht.
Ebenso Thomas CARLYLES (1795–1881) Edinburger
Rektoratsantrittsrede von 1866

>   Work and despair not
>   *Arbeiten und nicht verzweifeln,*

zumal als seit 1902 eine deutsche Auswahl aus Carlyles
Werken mit diesem Titel überall Eingang fand.
Die einst sehr verbreiteten geflügelten Worte aus den
Werken Oscar WILDES (1854–1900) beginnen zu ver-
blassen, so der Titel des Theaterstückes von 1893

>   A woman of no importance,
>   *Eine Frau ohne Bedeutung,*

oder die Sätze aus seinem jetzt auch verfilmten und dadurch wieder populär gewordenen Roman „The picture of Dorian Gray" (1891 „Das Bildnis des Dorian Gray")

> *Es gibt weder moralische noch unmoralische Bücher. Bücher sind entweder gut oder schlecht geschrieben. Sonst nichts.*

Oder

> A man cannot be too careful in the choice of his enemies
> *Man kann bei der Auswahl seiner Feinde nicht sorgfältig genug sein.*

Und

> Children begin by loving their parents; as they grow older they judge them; sometimes they forgive them.
> *Erst lieben die Kinder ihre Eltern, dann verurteilen sie sie, und manchmal verzeihen sie ihnen.*

Und aus „The critic as artist" („Der Kritiker als Künstler")

> There is no sin but stupidity
> *Es gibt nur eine Sünde: die Dummheit.*

Der Detektiv

> *Sherlock Holmes*

aus der Kriminalromanserie von A. Conan DOYLE (1859 bis 1930) wurde populär, wie es nicht einmal einer Gestalt der Kriminalromane von Edgar Wallace (1875 bis 1932) gelang.
Und wenn man heute die Titel von Bühnenstücken wie

> *Finden Sie, daß Constanze sich richtig verhält?*

nach „The constant wife and the letter" von W. Somerset MAUGHAM (geb. 1874) aus dem Jahre 1927, wie

> *Wir sind noch einmal davongekommen,*

nach „Skin of our Teeth" (1942) von Thornton WILDER (geb. 1897), wie

Endstation Sehnsucht,

nach „*A Streetcar Named Desire*" (1947) von Tennessee
WILLIAMS (geb. 1912) oder auch von dem Roman Ernest
HEMINGWAYS (1898–1961)

For whom the Bell tolls (1932),
Wem die Stunde schlägt,

schon als geflügelte Worte ansprechen will, dann könnte
man bald viele Titel von Bestsellerstücken oder -bü-
chern oder -filmen aufzählen.

ITALIENISCHE ZITATE

DANTE ALIGHIERI (1265–1321) nannte den ersten Teil seiner „Göttlichen Komödie"

Inferno
Hölle.

Die „Göttliche Komödie" beginnt mit dem oft zitierten Vers

Nel mezzo del cammin di nostra vita
Grad in der Mitte unsrer Lebensreise.

Der letzte Vers der Inschrift über der Höllenpforte in Hölle 3, 9 lautet

Lasciate ogni speranza, voi ch' entrate
Laßt jede Hoffnung, wenn ihr eingetreten.

Aus 5, 121 der „Hölle" zitiert man

Nessun maggior dolore
Che ricordarsi del tempo felice
Nella miseria
Kein andrer Schmerz ist größer,
Als zu gedenken an des Glückes Zeiten
Im Elend.

Derselbe Gedanke findet sich bereits in Boëthius' († 524 oder 526 n. Chr.) „Tröstung der Philosophie" 2, 4, welche Schrift Dante genau kannte „In omni adversitate fortunae infelicissimum genus infortunii est fuisse felicem". G. Chaucer (1340–1400), der Übersetzer des Boëthius, ahmt die Stelle in „Troïlus und Cressida" 3, 1625/28 nach.

Il dolce far niente
Das süße Nichtstun

scheint auf CICERO „De oratore" II, 24 „meque, quum huc veni, hoc ipsum nihil agere et plane cessare delectat" oder auf dem in den Briefen des jüngeren PLINIUS 8, 9 enthaltenen „Illud iucundum nil agere" zu beruhen.

Rodomonte, wovon man

Rodomontade

gebildet hat, das man im Sinne von Prahlerei gebraucht, ist der Name eines heidnischen Helden in Ludovico ARIOSTOS (1474–1533) „Orlando furioso". Er ist dem „Rodamonte" (Bergzertrümmerer) in M. M. Bojardos (1434–94) „L'Orlando innamorato" sinnzerstörend nachgebildet.

Se non è vero, è (molto) ben trovato

Wenn es nicht wahr ist, ist es sehr gut erfunden

steht in Giordano BRUNOS (1548–1600) „Gli eroici furori" Paris 1585, 2. T. 3. Dialog. (Opere di Giordano Bruno, herausgeg. von Adolph Wagner, Leipz. 1830 Bd. 1 S. 415.)

MARCO POLO (1254–1324), der Erforscher der asiatischen Welt, berichtete in seinen Reisebeschreibungen, daß er in China viele Tausende von Menschen gefunden habe; dieses viele Tausende drückte er durch die eine superlative Bedeutung verleihende Endung -one aus und bildete so zuerst das Wort millione,

Million.

Die Zeitgenossen spotteten über das Wort, da es ihnen unglaublich schien, daß das ferne unbekannte Land so viele Menschen beherberge.

Anch' io sono pittore!

Auch ich bin Maler

soll CORREGGIO (1494–1534) vor dem Bilde der heiligen Cäcilia von Raffael (früher in der Kirche S. Giovanni i Monti) in Bologna ausgerufen haben, wie nach Julius Meyers Correggiobiographie (Leipzig 1871 S. 23) Pater Resta erzählt hat.

Furia Francese

französisches Ungestüm

erscheint zuerst bei DE ARENA († 1544) „Ad compagnones" S. 11 und scheint eine Entstellung des „furor teutonicus" (teutonisches Ungestüm) bei Lucanus († 65 v. Chr.) „Pharsalia" 1, 256 zu sein. Auch F. Petrarca (1304–74) Canzone 5 v. 53 spricht von „tedesco furor"

Wieland gebraucht den Ausdruck

> con amore
>
> *mit (Lust und) Liebe*

in seinem Gedichte „Der neue Amadis" (1771) 6, 23 und in der Übersetzung von „Horazens Briefe" (1782), wo er „Gaudent scribentes" Epist. 2, 107 mit „Sie schreiben con amore" überträgt. In den „Erläuterungen" zu dieser Epistel sagt er unter (7): „Indessen ist's, denke ich, noch nicht viel über zehn Jahre, daß dieser Ausdruck von einem unsrer Schriftsteller als eine fremde Ware in Deutschland importiert und, nicht zur guten Stunde!, wiewohl vermutlich in der unschuldigsten Meinung von der Welt gebraucht worden ist."

Aus Mozarts Oper „Figaros Hochzeit" (1786) nach Beaumarchais' Lustspiel „Le mariage de Figaro" in Bearbeitung von Lorenzo DA PONTE (1749–1839) und verdeutscht von Hermann Levi werden zitiert

Aus Akt 1, 3

> Se vuol ballare, Signor contino,
> Il chitarino le suonero,
> *Will der Herr Graf ein Tänzchen nun wagen,*
> *Mag er's nur sagen, ich spiel ihm auf,*

aus Akt 2, 3

> Voi, che sapete, che cosa è amor,
> Donne, vedete, s'io l'ho nel cor!
> *Sagt, holde Frauen, die ihr sie kennt,*
> *Sagt, ist es Liebe, was hier so brennt?*

aus Akt 4, 8

> Il resto, nol dico, già ognuno lo sà!
> *Das Weitere verschweig ich,*
> *Doch weiß es die Welt.*

Aus Akt 4, 10

> giunse al fin il momento
> *endlich naht sich die Stunde.*

Von Lorenzo da Ponte stammt auch der Text zu Mozarts Oper

> *Don Juan,*

dem Frauenliebling und Verführer (1787 bzw. 1789), und daraus zitieren wir deutsch nach der oft allzu stark abweichenden Übersetzung von J. F. Rochlitz, 1801
aus Akt 1, 1

> Nott'e giorno faticar
> per chi nulla sà gradir;
> piova e vento sopportar,
> mangiar male e mal dormir
> *Keine Ruh' bei Tag und Nacht*
> *Nichts, was mir Vergnügen macht.*
> *Schmale Kost und wenig Geld,*
> *Das ertrage, wem's gefällt,*

sowie

> voglio far il gentiluomo
> *ich will selbst den Herren machen,*

aus Akt 1, 9

> Là ci darem la mano
> là mi dirai di sì
> *Reich mir die Hand, mein Leben,*
> *Komm auf mein Schloß mit mir,*

und

> Vorrei e non vorrei
> mi trema un poco il cor
> *Nein, nein, ich darf's nicht wagen*
> *Mein Herz warnt mich davor,*

aus Akt 1, 18

> finch' han dal vino calda la testa
> *treibt der Champagner das Blut erst im Kreise,*

aus Akt 2, 3

> deh vieni alla finestra
> *horch auf den Klang der Zither,*

aus Akt 2, 6

> E poi non ti duol altro?
> *weiter hast du keine Schmerzen?*

auch in der Form

> *hast du sonst noch Schmerzen?*

Nach der Liste der Opfer Don Juans, die Leporello der Donna Elvira vorweist, sprechen wir von einem

> *Leporelloalbum.*

> Così fan tutte
> *So machen's alle (Frauen)*

ist der Titel einer zuerst 1790 in Wien aufgeführten komischen Oper Mozarts, Text von Lorenzo da Ponte. Aus „La Molinara" (Die schöne Müllerin) von Giovanni PAESIELLO (1741–1816) stammt der Liedanfang

> Nel cor più non mi sento.
> *Mich fliehen alle Freuden.*

Aus G. DONIZETTIS (1797–1848) Oper „Belisar" (1836)

> trema, Bisancio
> *zittre, Byzanz.*

Aus Silvio PELLICOS (1789–1854) Tragödie „Francesco da Rimini"

> Amore è di sospetti fabbro
> *Die Liebe ist des Argwohns Schmied.*

Aus G. VERDIS (1813–1901) Oper „Der Troubadour" (1853)

> Ah, che la morte ognora
> E tarda a venir
> *Schon naht die Todesstunde.*

> Donna è mobile
> *Oh, wie so trügerisch sind Weiberherzen*

ist aus Verdis zuerst 1851 in Venedig aufgeführter Oper Rigoletto, Text von F. M. PIAVE nach Victor Hugos Drama „Le roi s'amuse".

SPANISCHE ZITATE

Die Bezeichnung

Die neue Welt

geht auf den Wappenspruch „por Castilla y por Leon Nuebo mundo alló colon" zurück, den König Ferdinand V. von Spanien (1452–1516) 1493 dem Kolumbus (1446–1506) verlieh.

Wir nennen einen in von der Zeit überwundenen Anschauungen befangenen Kopf auf Grund der Charakterzeichnung des Miguel DE CERVANTES (1547–1616) in „Don Quijote" (1. Teil 1605, 2. Teil 1615) einen

Don Quijote

und nach seinem Rosse eine alte Mähre eine

Rosinante

(spanisch: „Rocinante", zusammengesetzt aus „rocin", Klepper und „antes", früher). Don Quijote gab dem Pferde diesen Namen, weil dadurch ausgedrückt würde, was es einst als bloßer Reitklepper gewesen, und was es jetzt als die Perle aller Rosse der Welt geworden sei (I, 1); wir bezeichnen nach der Erkorenen Don Quijotes (I, 1) eine Geliebte als

Dulcinea,

lassen

mit Windmühlen kämpfen,
molinos de viento acomater

wie Don Quijote (I, 8) mit Windmühlen kämpft, und nennen einen Kopfhänger, wie Sancho Pansa (I, 19) seinen von Schlägen zerbläuten Herrn, einen

Ritter von der traurigen Gestalt.
El caballero de la triste figura.

Aus dem „Don Quijote" (2, 20) stammt die Redensart

el tenir y el no tenir
die Besitzenden und die Habenichtse.

El secreto à voces
Das öffentliche Geheimnis

ist der Titel eines Lustspiels von Don Pedro CALDERON (1600–81). Daraus machte Carlo Gozzi (1720–1806) sein 1769 in Venedig aufgeführtes Stück

Il publico secreto

das Karl BLUM (1786–1814) als

Das laute Geheimnis

übersetzte. Schiller sagte schon in einem Brief an Körner (4. 9. 1794): „Was man in einer Zeitung und auf dem Katheder sagt, ist immer ein öffentliches Geheimnis." Aus Calderons Tragödie

La vida es sueño
Das Leben ein Traum

zitieren wir

Qué es la vida?
Was ist das Leben?

sowie

Los sueños sueños son
Träume sind Schäume.

In Calderons „El segundo Scipion" finden wir

Der größte Sieg: sich selbst besiegen.

Auch von Calderon (aus seinem Stück „In diesem Leben ist alles wahr und alles Lüge") stammt

ultima razón de Reyes
das letzte Wort der Könige.

Nach diesem Worte ließ Richelieu (1585–1642) auf die während seines Ministerpräsidiums (1624–42) gebauten Kanonen die Inschrift

ultima ratio regum

anbringen. Auch die Bronzegeschütze König Friedrichs d. Gr. trugen seit 1742 die Inschrift

ultima ratio regis.

Die französische Nationalversammlung verbot Riche-
lieus Inschrift am 17. August 1796, mit dem Erfolg, daß
Napoleon die Kanonen als letztes Wort der Könige
wieder aktivierte.

Von dem Philosophen José ORTEGA Y GASSET (1883 bis
1955) stammt nach seinem Buche aus dem Jahre 1930

> La rebelión de las masas
> *Der Aufstand der Massen.*

VIII

GRIECHISCHE ZITATE

HOMER verdanken wir den Ausdruck

> ἔπεα πτερόεντα
> *geflügelte Worte,*

welcher 58mal in der Odyssee, 46mal in der Ilias vorkommt. Er wird seit dem Erscheinen des „Büchmann", also seit 1864, allgemein auf den in ihm behandelten Stoff angewendet. Auch „der Büchmann" selbst ist ein geflügeltes Wort geworden.

Aus Ilias I, 103 stammt der Ausdruck

> *schwarzes Herz,*

denn von dem zürnenden Agamemnon heißt es da

> μένεος δὲ μέγα φρένες ἀμφιμέλαιναι
> πίμπλαντ'
> *Von Wut war ganz erfüllt*
> *sein schwarzes Herz.*

Aus Ilias I, 249 wird der Ausdruck

> *honigsüße Rede*

abgeleitet, denn da wird von dem weisen Nestor gesagt „dem von der Zunge die Rede noch süßer denn Honig daherfloß" (μέλιτος γλυκίων). Für einen weisen alten Mann sagt man daher auch

> *Nestor,*

wie man nach Ilias 2, 212–214 für einen boshaften, frechen Verleumder und Schwätzer den Namen

> *Thersites*

gebraucht.

Ilias 1, 599 und Odyssee 8, 326 steht

> ἄσβεστος γέλως

Odyssee 20, 346

> ἄσβεστον γέλω
> *unauslöschliches Gelächter,*

woraus wir

> *homerisches Gelächter*

gemacht haben. Ilias 2, 204 und 205 steht

> Οὐκ ἀγαθὸν πολυκοιρανίη,
> εἷς κοίρανος ἔστω, εἷς βασιλεύς·
> *Nicht gut ist die Vielherrschaft;*
> *einer soll Herrscher sein, einer König.*

Das Ilias 2, 408, 563 und 567 und sonst noch 22mal vorkommende βοὴν ἀγαθός (im Schlachtruf tüchtig), ein Beiwort des Menelaos und des Diomedes, hat J. H. Voß (1751–1826) 1793 frei übersetzt mit

> *Rufer im Streit.*

Von

> *Myrmidonen*

spricht man nach Homers „Ilias", wo die achaiische Gefolgschaft des Achill so heißt. Jetzt in dem Sinne von jeder zum Kampf bereiten Gefolgschaft.
Aus Ilias 3, 1891. 6, 186

> Ἀμάζονες
>
> *Amazonen*

soviel wie „Kriegerinnen", sagenumwobenes Volk in Kleinasien. (Die antike Deutung des Namens [„mit verstümmelter rechter Brust"] ist abzulehnen.)

> *Hebe (Göttin der ewigen Jugend)*

wird als Weinschenkin Ilias 4, 2 erwähnt.
Aus Ilias 4, 164. 165 und 6, 448. 449 ist

> Ἔσσεται ἦμαρ,
> (ὅτ᾽ ἄν ποτ᾽ ὀλώλῃ Ἴλιος ἱρή —)
> *Einst wird kommen der Tag*
> *(da die heilige Ilios hinsinkt –).*

Diese Worte soll einst P. Cornelius Scipio Aemilianus Africanus minor (185–129 v. Chr.) i. J. 146 v. Chr. auf den Trümmern des von ihm eroberten Karthago in Vorahnung des Untergangs von Rom zitiert haben (nach dem Historiker Appian, 2. Jh. n. Chr.).

Ganymed

wird erwähnt Ilias 5, 266; 20, 232 heißt es von ihm:
„Ganymedes, welcher der schönste war von allen sterblichen Menschen; ihn entrissen der Erde die Götter, weil er so schön war, täglich zu füllen den Becher des Zeus."
Auf Grund der Erwähnung „Stentors mit der ehernen Stimme, der so laut schreien konnte wie fünfzig andere", Ilias, 5, 785 nennen wir eine ungewöhnlich laute Stimme eine

Stentorstimme.

Ilias 6, 146 bringt die Klage über die Flüchtigkeit des Lebens

οἵη περ φύλλων γενεή, τοίη δὲ καὶ ἀνδρῶν
gleich wie die Blätter der Bäume, so sind die Geschlechter der Menschen.

Diesen Vers hat ein späterer Dichter den schönsten im ganzen Homer genannt.
Aus Ilias 6, 208 das Losungswort des Glaukos

αἰὲν ἀριστεύειν καὶ ὑπείροχον ἔμμεναι ἄλλων
*... immer der Erste zu sein
und vorzustreben vor andern.* (Voß)

Aus Ilias 6, 484 stammt

δακρυόεν γελάσασα
unter Tränen lächelnd.

Aus Ilias 9, 91 u. a. die berühmten Worte

οἳ δ' ἐπ' ὀνείαθ' ἑτοῖμα
προκείμενα χεῖρας ἴαλλον
*und sie erhoben die Hände
zum lecker bereiteten Mahle.*

Der Sitz der Unsterblichen, der Götter, der

Olymp

wird Ilias 8, 456 zum ersten Male genannt, und hier herrscht nach Odyssee 6, 42 ff.

Olympische Ruhe und Klarheit

Aus Ilias 10, 173 leitet sich

> *Es steht auf der Schärfe des Messers,*
> *Es steht auf des Messers Schneide*

ab.

Aus Ilias 12, 243 stammt der Mahnruf Hektors

> Εἷς οἰωνὸς ἄριστος,
> ἀμύνεσθαι περὶ πάτρης
> *Ein Wahrzeichen nur gilt,*
> *das Vaterland zu erretten!* (Voß)

Aus Ilias 21, 107 (vgl. S. 149)

> *auch Patroklos ist gestorben.*

Ferner wird zitiert das Ilias 17, 514; 20, 435; Odyssee 1, 267; 1, 400; 16, 129 vorkommende

> θεῶν ἐν γούνασι κεῖται
> *Es liegt im Schoße der Götter,*

woraus der Volksmund machte

> *das mögen die Götter wissen*

oder

> *das wissen die Götter.*

Nach Odyssee 2, 94–109 sprechen wir von

> *Penelopearbeit*

als einer stets von vorn beginnenden, nie fortschreitenden Arbeit. Penelope hatte ihren Freiern Gehör versprochen, sobald sie für ihren Schwiegervater Laërtes ein Totengewand fertig gewebt haben würde, vernichtete aber bei Nacht, was sie den Tag über geschaffen hatte.

Den Namen des vielgestaltigen, wandelbaren

> *Proteus*

entnehmen wir aus Od. 4, 385–458. Der als Führer und Ratgeber des Telemachos aus der Odyssee und danach aus Fénelons „Télémaque" bekannte

> *Mentor*

gilt, als Bezeichnung eines Erziehers, Weisers und Beraters. Auf Odyssee 3, 214 und 215 führt man

> Volkes Stimme Gottes Stimme
> Vox populi vox Dei

zurück. Zutreffender auf Hesiods „Werke und Tage",
V. 763 f., wo es von der Stimme des Volkes heißt:

> θεὸς νύ τίς ἐστι καὶ αὐτή
> irgendein Gott ist sie ja auch selbst.

Nach Odyssee 4, 563 ff. Ἠλύσιον πεδίον sprechen wir von

> Elysium

und

> Elysische Gefilde,

wenn wir einen paradiesisch schönen Garten bezeichnen
wollen. Hesiod, W. u. T. 170 f. nennt sie

> μακάρων νῆσοι,
> Insel der Seligen

wo die Heroen ein kummerfreies Dasein führen. So
kann Schiller in seinem Gedicht „An die Freude" die
„Freude, schöner Götterfunken"

> Tochter aus Elysium

nennen.
Und aus Odyssee 5, 93 u. a. holen wir uns

> Nektar und Ambrosia,

den Göttertrank und die Götterspeise, die Unsterblichkeit verleihen.
Odyssee 6, 208 und 14, 58 steht

> δόσις δ' ὀλίγη τε φίλη τε
> wenig, aber mit Liebe.

Odyssee 11, 598

> αὖτις ἔπειτα πέδονδε κυλίνδετο λᾶας ἀναιδής
> wieder und ohne Erbarmen entrollte zu Tale
> der Felsblock.

Die Fassung in Voß' Musenalmanach für 1778 S. 149 ist
zu erwähnen, weil Voß die Tonmalerei des in lauter
Daktylen dahinstürzenden Hexameters also wiederge-
ben zu müssen glaubte

> *hurtig mit Donnergepolter*
> (entrollte der tückische Marmor)

und die drei ersten im griechischen Texte gar nicht vor-
handenen Wörter dieser Übersetzung zum Zitat geworden sind.

Aus Odyssee 11, 315 stammt die Redensart

> *den Pelion auf den Ossa türmen wollen,*

womit wir eine übermenschliche Anstrengung kennz-
zeichnen,
und aus Odyssee 11, 582 ff. das Wort von den

> *Tantalusqualen*

für unbefriedigtes, unstillbares Verlangen, das Tantalus in der Unterwelt zur Buße für seine Frevel beim
Trinken aus dem hinschwindenden Wasser und beim
Essen von den fortgewehten Fruchtzweigen auszuhal-
ten hat.

Und ebenda 593 ff. die Arbeit des Sisyphus, der zur
Strafe für seine Sünden immer wieder den von neuem
herabrollenden Felsen den Berg hinaufwälzen muß.
Daher mit dem röm. Dichter Properz II, 17, 7 „Sisy-
phios labores" für mühevolle, ergebnislose Arbeit

> *Sisyphusarbeit.*

Aus Odyssee 12, 85 ff. (vgl. Vergil, Aeneis 3, 420 f.)
stammt die Redewendung

> *zwischen Szylla und Charybdis.*

Darauf geht ein in dem Sammelwerk griechischer
Sprichwörter von Apostolios (15. Jh.) angeführtes
Sprichwort zurück (16, 49), das in dem lateinischen
Epos, Alexandreis (5, 301), von Gautier de Chatillon
(12. Jh.) lautet

> *incidis in Scyllam cupiens vitare Charybdin*

„Während du wünschst, die Charybdis zu meiden, ver-
fällst du der Szylla." Man zitiert oft statt „incidis"
„incidit" und statt „cupiens" „qui vult".
Nach Odyssee 10, 135 ff. sprechen wir auch von

> Circe

als einem dämonisch berückenden Weibe und nach 12,
39 ff. von

> Sirenen,

die mit ihren Vogelleibern zu den Mischwesen dämo-
nischen Charakters zählen. Nahe bei der Szylla lockten
sie mit ihrem lieblich-betörenden

> Sirenengesang

die Vorübersegelnden an, um sie zu töten. Odysseus
ließ sich von seinen Gefährten, deren Ohren er mit
Wachs verklebt hatte, an einen Mast binden und kam
so glücklich an ihnen vorbei. Darauf stürzten sich die
Sirenen ins Meer.
Die

> Sphinx,

ebenfalls eine aus der Ödipussage bekannte Misch-
gestalt bei Theben (der Kunsttypus stammt aus dem
Orient) mit dem Antlitz eines Weibes, dem Leib eines
Löwen und Vogelflügeln (nach Apollodor, 2. Jh. n. Chr.,
Bibliotheca 3, 5, 8), gab Rätsel auf und warf jeden, der
sie nicht lösen konnte, in den Abgrund, bis Ödipus auf
ihre Frage: „Wer ist morgens vierbeinig, mittags zwei-
beinig, abends dreibeinig?" antwortete: „Der Mensch."
Da nahm sie sich (oder er ihr) das Leben.
Zu dieser Art von Mischgebilden gehört auch die

> Chimaere,

ein feuerspeiendes Ungeheuer, nach Homer, Ilias 6,
181

> πρόσθε λέων, ὄπιθεν δὲ δράκων, μέσση δὲ Χίμαιρα

vorne Löwe, hinten Schlange, in der Mitte Ziege (vgl.
auch Hesiod, Theogonia V. 319 ff.).

Aus der Sage von Theseus stammt das

> *Prokrustesbett;*

Diodor (Mitte 1. Jh. v. Chr.) erzählt in seiner Weltgeschichte, wie der Räuber Prokrustes auf einem Bett
die Kleinen größer, die Großen kleiner macht. Bei
Diodor findet sich auch die Reinigung des Rinderstalles
beim König Augias von Elis an einem Tage, indem
Herakles zwei Flüsse hindurchleitet. Daher

> *den Augiasstall reinigen;*

diesen Ausdruck wandte Lukian (125–180 n. Chr.),
fugit. 23, auf die Beseitigung von Übelständen an
(καθαίρειν τὴν κόπρον τοῦ Αὐγείου).
Man spricht auch seitdem von

> *Herkulesarbeit*

und

> *herkulischer Kraft.*

Der Ausdruck

> ἐξ ὄνυχος τὸν λέοντα
> ex ungue leonem (pingere)
> *aus der Kralle den Löwen,*

d. h. den Löwen nach der Klaue malen, also aus einem
Glied auf das Ganze schließen, wird von Plutarch „De
defectu oraculorum" 3, auf den Dichter Alkaios (um
600 v. Chr.), von Lukian im „Hermotimos" 54, auf
den großen Künstler Pheidias von Athen (um 500 bis
438 v. Chr.) zurückgeführt.

> *Apfel der Zwietracht, Erisapfel, Zankapfel*

und

> *Urteil des Paris*

sind aus der Ilias 24, 25–30 und

> *Pygmäen*

für daumengroße Menschen, für Zwerge, aus der Ilias
3, 6 entnommen.
Den

> *panischen Schrecken,*

die

> *Panik,*

rief der Berg- und Walddämon Pan durch plötzliche Flötenlaute bei den Menschen hervor, so schreckte er auch in der Schlacht bei Marathon (490 v. Chr.) die Perser.

Ilias 17, 218 steht

> ὡς αἰεὶ τὸν ὁμοῖον ἄγει
>
> θεὸς ὡς τὸν ὁμοῖον
>
> *Wie doch stets den Gleichen*
>
> *Ein Gott gesellet zum Gleichen,*

woraus vielleicht das von Plato (Symp. 195 b; Lysis p. 214 a) überlieferte griechische Sprichwort:

> ,ὡς ὅμοιον ὁμοίῳ ἀεὶ πελάζει‘

– „wie Gleiches sich immer zum Gleichen gesellet" entstanden ist, was Cicero (Cato M. 3, 1) mit „pares cum paribus facillime congregantur" ins Lateinische übertrug und woraus das deutsche Sprichwort wurde

> *Gleich und gleich gesellt sich gern*

unter Verwendung der lateinischen Fassung

> similia similibus gaudent,

was in der Homöopathie zu dem Grundsatz führte

> Similia similibus curantur
>
> *Gleiches wird mit Gleichem geheilt.*

Aus Odyssee 20, 18 stammt

> τέτλαθι δή, κραδίη ·
>
> καὶ κύντερον ἄλλο ποτ' ἔτλης.
>
> *Halte aus, Herz! einst hast du noch Hündischeres ausgehalten.*

> *Sardonisches* (ingrimmiges) *Lachen*

kommt Od. 20, 301/2 vor

> μείδησε δὲ θυμῷ
>
> σαρδάνιον μάλα τοῖον ·
>
> *er lächelte gar ingrimmig in sich hinein.*

Nach Pausanias (2. Jh. n. Chr.), Periegesis X, 17, 13 wuchs auf der Insel Sardo (Sardinien) ein giftiges, bitteres Kraut, dessen Genuß den Tod unter krampfhaftem Lachen herbeiführte. In der Medizin wird das scheinbare Lachen bei Wundstarrkrampf als „risus sardonicus" bezeichnet.

HESIOD (8./7. Jh. v. Chr.) gebrauchte, „Werke und Tage" V. 40,

> (ὅσῳ) πλέον ἥμισυ παντός
>
> *Die Hälfte ist mehr als das Ganze.*

Von Hesiod in „Werke und Tage" V. 109 ff. werden die vier Zeitalter geschildert. Voran geht

> χρυσοῦν γένος
>
> *das goldene Zeitalter.*

Auch schrieb der Komödiendichter Eupolis (5. Jh. v. Chr.) ein χρυσοῦν γένος.

Aus Hesiod „Werke und Tage" V. 94 ff. stammt auch die

> *Büchse der Pandora,*

die Zeus mit dem Weib Pandora (Allbeschenkte) als Quelle vielen Unheils den Sterblichen schickte.

Vers 289:

> *Der steile Pfad der Tugend,*
>
> Τῆς δ' ἀρετῆς ἱδρῶτα
> θεοὶ προπάροιθεν ἔθηκαν.
>
> *Vor die Tüchtigkeit setzten die Götter den Schweiß*

und V. 311

> Ἔργον δ' οὐδὲν ὄνειδος
>
> *Arbeit schändet nicht.*

Nach dem homerischen Hymnus auf Apollon (V. 281 ff.) erbaute sich der Gott selbst sein Heiligtum (Delphi) – ὑπὸ Παρνησόν — am Fuße des Gebirgszugs

> *Parnaß (Parnassus),*

der auch den Musen geweiht ist; ebenso gilt als Sitz der Musen (Hesiod, Theog. V. 1 ff.) das Gebirge

Helikon

in Böotien mit der Quelle

Hippokrene

(Theog. V. 6), eigentlich Roßquelle, die durch einen Hufschlag des Flügelrosses

Pegasus

eröffnet war und aus der die Dichter tranken. Die Vorstellung des den Pegasus reitenden Dichters kam erst im 18. Jh. auf.
In Hesiods „Theog." V. 223 begegnen wir auch der Rachegöttin („Zuteilerin")

Nemesis,

der Göttin des Gleichmaßes, die über das Gleichgewicht der sittlichen Weltordnung wacht und unerbittlich die Hybris, die Selbstüberhebung der Menschen, rächt; und „Theog." V. 226 ff. unter den Töchtern der Eris

Ate,

der Göttin des Unheils, die Götter und Menschen betört, und

Lethe,

nach der der Fluß der Unterwelt genannt wurde, dessen Wasser Vergessen beschert. Daher die Wendung

aus dem Strom der Vergessenheit trinken.

Schließlich bescherte uns „Theog." V. 310 ff. noch die beiden Ungeheuer

Kerberos (Cerberus),

den 50köpfigen, grimmigen Türhüter im Hades und die Verderben brütende Lernäische

Hydra oder *Hyder,*

deren 9 Köpfe nachwachsen, wenn Herakles sie abschlägt.

Auf Xenophons (430–355 v. Chr.) „Anabasis" (4, 7), die den Rückzug der 10 000 Griechen an das Mittelmeer beschreibt, geht der Ausruf

Θάλαττα, ϑάλαττα.

Das Meer! Das Meer!

zurück, den Heinrich Heine in seinem Gedicht „Meergruß", dem ersten Gedicht des zweiten Zyklus der „Nordsee" (1825/26), populär machte.

Aus Xenophons „Denkwürdigkeiten" (2, 1, 21) stammt auch

Herkules (Herakles) am Scheidewege,

nach einer Allegorie des Sophisten Prodikos aus Keos (5. Jh. v. Chr.), die zurückgeht auf Hesiod, „Werke und Tage" V. 286 ff.

Krösus

nennt man heute noch einen reichen Mann nach Herodots (500–424 v. Chr.) Geschichtswerk und dem bekannten lydischen König, zu dem Solon (640–559 v. Chr.), der athenische Gesetzgeber, auf die Frage nach dem Glück gesagt hat

niemand ist vor seinem Tode glücklich zu preisen,

was oft lateinisch zitiert wird

nemo ante mortem beatus.

Schon auf den Richtereid in Athen:

καὶ ἀκροάσομαι τοῦ τε κατηγόρου καὶ τοῦ ἀπολογουμένου ὁμοίως ἀμφοῖν,

– ich will anhören den Kläger und den Verklagten, beide gleicherweise (bei Demosthenes, „in Timocr." 149–151), dann auf Euripides (um 484–406 v. Chr.) und andere Autoren der Antike geht das immer lateinisch zitierte Wort

Audiatur et altera pars

zurück, das nach den „Herakliden" des Euripides (Vers 179–180)

τίς ἂν δίκην κρίνειεν ἢ γνοίη λόγον, πρὶν ἂν παρ᾽ ἀμφοῖν
μῦθον ἐκμάθῃ σαφῶς;

frei wiedergegeben lautet

> *Eines Mannes Rede ist keines Mannes Rede,*
> *Man soll sie billig hören alle beede.*

Ebenso schon in V. 428 der „Eumeniden" des AISCHY-
LOS (525–456 v. Chr.) und später bei dem römischen
Philosophen L. Annaeus SENECA (um 4 v. Chr. bis 65
n. Chr.) (s. lat. Zitate S. 361 ff.).
Die Redewendung

> *nach jemandes Pfeife tanzen*

wird auf die Fabel 27 (Halm) des AESOP (um 550
v. Chr.) „Der flötenblasende Fischer" zurückgeführt,
aber auch auf Matth. 11, 17 und Lukas 7, 32

> *αὐλήσαμεν*
> *ὑμῖν καὶ οὐκ ὠρχήσασθε·*

(wir haben euch gepfiffen, und ihr habt nicht getanzt).
Wie der Fuchs in der Fabel 33 und 33 b „Der Fuchs und
die Trauben" sagen wir, das Mißlingen unserer Pläne
nicht der eigenen Unzulänglichkeit, sondern den Umständen zuschreibend

> *die Trauben sind sauer,*
> „*ὄμφακές εἰσιν*"

wenn sie für uns zu hoch hängen. Aus Fabel 97 „Der
Bauer und die Schlange" und 97 b „Der Wanderer und
die Natter" entlehnen wir

> *eine Schlange am Busen nähren,*

aus Fabel 200 „Die Dohle und die Eule" und 200 b
„Die Dohle und die Vögel"

> *sich mit fremden Federn schmücken,*

aus Fabel 240 „Die Löwin und der Fuchs" und 240 b
„Die Löwin", wo diese auf den Spott des Fuchses, sie
habe nur *ein* Kind geboren, stolz antwortet

> „*ἕνα, ἀλλὰ λέοντα*"
> *Eins, aber es ist ein Löwe.*

In Fabel 246 antwortet der Fuchs dem Löwen, der krank in der Höhle liegt, auf die Frage, warum er nicht nähertrete:

„ὅτι ὁρῶ πολλῶν εἰσιόντων ἴχνη, ἐξιόντων δὲ οὐδενός"

– „Weil ich die Spuren vieler, die hineingehen, aber keines, der herausgeht, sehe". Platon (Alcib. I, S. 123 A) führt diese Stelle an, und Horaz (ep. I 1, 74) überträgt sie: „Quia me vestigia terrent, omnia te adversum spectantia, nulla retrorsum", daher:

> Vestigia terrent
> *Die Spuren* (der Umgekommenen) *schrecken ab;*

und

> *sich nicht in die Höhle des Löwen wagen*

Aus den äsopischen Fabeln 258 „Der Löwe und der wilde Esel" und 260 „Der Löwe, der Esel und der Fuchs" entlehnen wir

> Löwenanteil,

d. h. den unverschämt großen Anteil, den sich der Stärkere kraft des Rechts der Stärke zuspricht. Auf Grund dieser Fabel heißt in der Rechtswissenschaft ein Gesellschaftsvertrag, wonach der eine Teilnehmer allen Nachteil trägt, der andere allen Nutzen zieht, eine

> societas leonina.

In Äsops Fabel 203 „Der Prahler" und 203 b „Der prahlerische Fünfkämpfer" rühmt sich jemand, daß er in Rhodus einst einen gewaltigen Sprung getan und beruft sich auf die Zeugen, welche es dort mit angesehen hätten. Einer der Umstehenden antwortet ihm „Freund, wenn's wahr ist, brauchst du keine Zeugen. Hier ist Rhodus, hier springe" „αὐτοῦ γὰρ Ῥόδος καὶ πήδημα", was lateinisch in der Form zitiert wird

> Hic Rhodus, hic salta.

Auf Äsops Fabel 232 „Der Hund und der Koch" geht zurück

> παθήματα — μαθήματα
> *Leiden sind Lehren,*

bündiger schon bei Aischylos, Agamn. V. 177

    πάθει μάθος

    durch Leid Lehre

und aus der Fabel 237 „Die Hasen und die Frösche"
„ὁ μῦθος δηλοῖ, ὅτι οἱ δυστυχοῦντες ἐξ ἑτέρων χείρονα
πασχόντων παραμυθοῦνται"
(– „die Fabel lehrt, daß die Unglücklichen aus den
schlimmeren Leiden anderer Trost schöpfen") wurde
mit dem mittelalterlichen Hexameter bei Domenicus
de Gravina: „Juxta illud verbum poeticum: gaudium
est miseris socios habuisse poenarum – nach jenem
Dichterwort: Wonne für jeden im Leid ist, Leidens-
gefährten zu haben" und mit der Formel im „Dr.
Faustus" von MARLOWE (1564–93), dem Vorläufer
Shakespeares: „Solamen miseris socios habuisse doloris –
Trost für jeden Leidenden ist Schmerzensgefährten zu
haben" und aus der 1677 erschienenen „Ethik" (4, 57)
von Baruch SPINOZA (1632–77) entnommen

    Solamen miseris socios habuisse malorum.
    Trost für jeden im Leid ist es,
    Unglücksgefährten zu haben.

Auf die Fabel 304 „Der verschwenderische Jüngling
und die Schwalbe" und das Wort des ARISTOTELES (384
bis 322 v. Chr.) in seiner „Nikomachischen Ethik" (I, 6)
μία χελιδὼν ἔαρ οὐ ποιεῖ – eine Schwalbe macht keinen
Frühling) geht zurück

    Eine Schwalbe macht noch keinen Sommer.

Auf Äsops Fabel 45 wird auch der in den Gesta Roma-
norum (103), einer mittelalterlichen Novellensammlung,
erwähnte Spruch zurückgeführt

    Quidquid agis, prudenter agas et respice finem
    Was du auch tust, tue es klug und bedenke
    das Ende.

Dem Aesop wird von dem römischen Fabeldichter Phä-
drus zur Zeit des Kaisers Augustus (63 v. Chr. bis 14
n. Chr.) das Wort „Ich suche einen Menschen" III,

19, 9 zugeschrieben, das aber nach Diogenes Laërtius'
„Leben und Meinungen berühmter Philosophen" (6, 2;
um 250 n. Chr.) auf den Kyniker Diogenes von Sinope
(404–323 v. Chr.) zurückgeht, der am hellen Tage eine
Laterne anzündete, um einen Menschen zu suchen, weswegen man von der

> *Diogeneslaterne*

spricht.
ALEXANDER DER GROSSE (356–323 v. Chr.) soll auch
nach Diogenes Laërtius (6, 2) und Plutarch (Alex. 24)
gesagt haben:

> *Wenn ich nicht Alexander wäre,*
> *möchte ich Diogenes sein.*

Auf Alexander geht auch

> *der gordische Knoten*

zurück, den er mit dem Schwerte zerhieb. Im Zeustem-
pel der Stadt Gordion in Kleinasien war ein Wagen
aufgestellt, an dessen Deichsel sich ein künstlich ver-
schlungener Knoten befand. Ein Orakel habe dem, der
ihn löse, die Herrschaft über Asien versprochen (Arrian,
Anabasis 2, 3).
Alexander hatte auch einen Hofmaler APELLES († 308
v. Chr.), auf den nach dem älteren Plinius, 24–79
n. Chr. („Natur. hist." 35, 79 ff.), die Aussprüche zurückgehen

> *manum de tabula*
> *die Hand vom Bilde,*

sowie

> *ne sutor supra crepidam,*

was wir ungenau durch

> *Schuster, bleib bei deinem Leisten*

übersetzen. Apelles pflegte die von ihm vollendeten Gemälde den Vorübergehenden so zur Ansicht aufzustel-
len, daß er hinter den Gemälden ihre Urteile über sein
Kunstwerk zu hören vermochte. Ein Schuhmacher ta-
delte nun einmal, daß die Schuhe auf dem Bilde eine

Öse zu wenig hätten. Apelles brachte diese an. Als nun aber derselbe Schuhmacher, stolz, daß auf sein Anraten die Verbesserung vorgenommen sei, auch den Schenkel zu tadeln sich unterfing, rief der unwillige Maler hinter dem Bilde hervor: „Was über dem Schuh ist, muß der Schuster nicht beurteilen." Vgl. Valerius Maximus 8, 12, externa 2.

Da Apelles mit der größten Gewissenhaftigkeit keinen Tag verstreichen ließ, ohne sich durch das Zeichnen wenigstens einer Linie in seiner Kunst zu üben, so ist, wie Plinius, Nat. hist. 35, 84 meint, von ihm das Sprichwort ausgegangen

> nulla dies sine linea
> *kein Tag ohne einen Strich.*

Alexander der Große wird auch als Urheber des Spruches

> *Gott beschütze mich vor meinen Freunden;*
> *mit meinen Feinden will ich schon selbst*
> *fertig werden*

genannt, aber der Satz stammt wohl von Antigonos, einem der Feldherrn und Nachfolger Alexanders (383 bis 309 v. Chr.; nach Manlius Basileae 1563, II, S. 90).

Athenaeus (um 200 n. Chr.) „Deipnosophisten" 2, 64 und 6, 95 zitiert einen Vers des attischen Lustspieldichters TELEKLEIDES (5. Jh. v. Chr.):

> ὀπταὶ δὲ κίχλαι μετ᾿ ἀμητίσκων εἰς τὸν φάρυγ᾿
> εἰσεπέτοντο
> Krammetsvögel gebraten mit Milchküchlein,
> Sie flogen den Leuten zum Schlund hinein.

An der 2. der oben angeführten Stellen wird ein Vers des Lustspieldichters PHEREKRATES (aus demselben Jh.) mitgeteilt, wo ebenfalls „gebratene Krammetsvögel, begehrend verschlungen zu werden, den Leuten um den Mund fliegen" („περὶ τὸ στόμ᾿ ἐπέτοντο').

Hieraus sind entlehnt unsere

> *gebratenen Tauben, die einem ins Maul fliegen,*

von denen Hans Sachs in seinem Gedicht „Schlaraffen
Landt" (1536) spricht und „Les navigations de Panurge" (1547) sagen

> il attend que les alouettes lui tombent
> toutes rôties
> *er erwartet, daß die Lerchen ihm ganz*
> *gebraten herunterfallen.*

Vgl. S. 83.

Ebenfalls durch Athenaeus (XIV, 616) wurde das Wort
des Ägypterkönigs TACHOS, mit dem er über den kleinen Spartanerkönig Agesilaos spottete, überliefert

> Ὤδινεν ὄρος, Ζεὺς δ' ἐφοβεῖτο,
> τὸ δ' ἔτεκεν μῦν
> *Der Berg kreißte, Zeus geriet in Angst,*
> *der Berg aber gebar eine Maus,*

das auch in die Sprichwörtersammlung Diogenians
(2. Jh. n. Chr.) Aufnahme fand.

Wir zitieren nach Horaz' „Ars poetica" (139)

> Parturient montes, nascetur ridiculus mus
> *Die Berge kreißen, aber nur eine lächerliche*
> *Maus wird geboren.*

HERODOT, der Vater der Geschichte (484–428 v. Chr.),
nennt oft, so z. B. 7, 152, als seinen Grundsatz:
λέγειν τὰ λεγόμενα (das Erzählte erzählen), worauf

> Relata refero
> *Erzähltes erzähle ich*

zurückzuführen ist.

Herodot (2, 10 mit einem Vergleich des Landes nördlich von Memphis mit dem Gebiet um Ilion: „wenn es
erlaubt ist, so Kleines mit Großem zu vergleichen –
‚ὥς γε εἶναι σμικρὰ ταῦτα μεγάλοισι συμβαλεῖν‘
und ebenso 4, 99) gab auch Anlaß zu dem von Vergil
(70–21 v. Chr.) in seinen „Georgica" (4, 176) geformten
Spruch

> si parva licet componere magnis
> *wenn man Kleines mit Großem vergleichen darf.*

Vier Elemente,

Feuer, Wasser, Luft, Erde, stellte EMPEDOKLES aus Agrigent (um 490–430 v. Chr.) in seinem Lehrgedichte „Über die Natur" auf und Pythagoras aus Samos (6. Jh. v. Chr.) nach Diog. Laërt. VIII, 25.

Sphärenharmonie (oder *Sphärenmusik*)

ist nach PYTHAGORAS' Annahme das Tönen der 8 Sphären, die in bestimmten Abständen um die Erde kreisen (Planeten und Fixsternsphäre), bei Cicero „De re publ." VI, 18 beschrieben. Von einem Ausspruch des Pythagoras, „μηδὲν θαυμάζειν", stammt auch nach Plutarch (46–125 n. Chr.) in der Wortform von Horaz (Epistolae I, 6, 1) das

> nil admirari,
> *sich über nichts wundern.*

Die Schüler des Pythagoras, die Pythagoreer, sagten von den Lehren ihres Meisters nach Diog. Laërt. 8, 46 und Cicero (106–43 v. Chr.) „De natura deorum" (I, 5, 10)

> αὐτὸς ἔφα
> ipse dixit
> *er selbst hat's gesagt:*

Der Freundesbund der Pythagoreer kennzeichnet

> κοινὰ τὰ τῶν φίλων
> *gemeinsam ist der Freunde Gut*

so auch bei Euripides, Orestes 725 und öfters sprichwörtlich verwendet.

Kosmos
(„Ordnung")

für All, die um unsere Erde herum organisierte Welt, soll nach Diogenes Laërtius 8, 48 zuerst von Pythagoras gebraucht worden sein.

HIPPOKRATES von Kos (460–377 v. Chr.), der berühmteste Arzt des Altertums, hat im Anfange der Schrift „Prognostikon" ein Menschenantlitz, auf dem sich die

Kennzeichen des nahenden Todes einstellen, so vortreff-
lich zu schildern gewußt, daß man noch jetzt ein solches Gesicht

> facies hippocratica
> *hippokratisches Gesicht*

nennt.
Auf Hippokrates in seinen „Aphorismen" geht auch der
meist lateinisch zitierte Spruch zurück

> Ὁ βίος βραχύς, ἡ δὲ τέχνη μακρή
> Vita brevis, ars longa
> *Das Leben ist kurz, die Kunst ist lang*

und ebenso das Motto von Schillers „Räubern" in der
lateinischen Form

> Quae medicamenta non sanant, ferrum sanat,
> quae ferrum non sanat, ignis sanat
> *Was Arzneien nicht heilen, heilt das Messer;*
> *was das Messer nicht heilt, heilt das Feuer,*
> was aber das Feuer nicht heilt, muß als
> unheilbar angesehen werden

und griechisch

> Ὁκόσα φάρμακα οὐκ ἰῆται,
> σίδηρος ἰῆται, ὅσα σίδηρος οὐκ ἰῆται,
> πῦρ ἰῆται, ὅσα δὲ πῦρ οὐκ ἰῆται,
> ταῦτα χρὴ νομίζειν ἀνίατα.

Von dem „dunklen" Philosophen HERAKLIT (um 500
v. Chr.) stammt

> πάντα ῥεῖ
> *Alles fließt*

und

> πόλεμος πάντων μὲν πατήρ ἐστι
> *Der Krieg ist der Vater aller Dinge,*

sowie nach Aristoteles „De partibus animalium" (1, 5):

> ἐκέλευεν (Ἡράκλειτος) τοὺς ξένους εἰσιέναι
> θαρροῦντας · εἶναι γὰρ καὶ ἐνταῦθα θεούς

(er hieß die Fremden getrost eintreten; denn auch hier seien Götter), in der lateinischen Form, die früher dem Aulus Gellius (2. Jahrh. n. Chr.) zugeschrieben wurde

> Introite, nam et hic Dii sunt
> *Tretet ein, denn auch hier wohnen Götter;*

Lessing verwendete dieses Wort als Motto für seinen „Nathan".

Ein Wort des SOKRATES (469–399 v. Chr.), welches Cicero „De finibus" 2, 28, 90 in der Form „cibi condimentum est fames" (Hunger ist der Speise Würze) mitteilt, erscheint schon im 13. Jh. im Deutschen. In FREIDANKS „Bescheidenheit" (Wilh. Grimms „Vrîdanc", 39) heißt es unter „Von dem Hunger"

> *Hunger ist der beste Koch.*

Nach Sokrates (Diogenes Laërtius, Atheneuos „Deipnosophisten" 4 p. 158 F.; Macrobius, sat. 28; Quintilian 9, 3, 85) zitieren wir Non, ut edam, vivo, sed, ut vivam, edo

> *Wir leben nicht, um zu essen;*
> *wir essen, um zu leben.*

Auf Sokrates wird auch zurückgeführt

> Οἶδα οὐδὲν εἰδώς
> *Ich weiß, daß ich nichts weiß.*

ARISTOPHANES (um 444–338 v. Chr.) nennt in den „Vögeln" (V. 819) die von den Vögeln in die Luft gebaute Stadt

> Νεφελοκοκκυγία
> *Wolkenkuckucksheim,*

was als gleichbedeutend mit Phantasiegebilde gebraucht wird.

> *Eulen nach Athen tragen*

im Sinne von „etwas Überflüssiges tun" entstammt einem griechischen Sprichwort, das uns Aristophanes und Cicero übermittelt haben, und zwar Aristophanes

in den „Vögeln", wo (V. 301) Enelpides, als in einem
Schwarm Vögel auch eine Eule herbeifliegt, fragt:

„τίς γλαῦκ' Ἀθήναζ' ἤγαγε;" „Wer hat die Eule nach
Athen gebracht?" (wo doch schon so viele sind). Denn
die in Athen häufige Eule war Athenes Wappentier,
das die Münzen der Stadt schmückte, die schlechthin
„Eulen" genannt wurden. Daher nach V. 1106:

γλαῦκες ὑμᾶς οὔποτ' ἐπιλείψουσι „An Eulen wird es euch
nie mangeln."

Vers 376 der „Vögel"

> ἀλλ' ἀπ' ἐχθρῶν δῆτα πολλὰ
> μανθάνουσιν οἱ σοφοί
> *aber wer klug ist, der lernt fürwahr*
> *von dem Feinde gar vieles*

gab über Ovids „Metamorphosen" (4, 428) Anlaß zu
dem Satz:

> fas est et ab hoste doceri
> *recht ist's auch vom Feinde zu lernen.*

Und ebenso entwickelte sich aus einem Aristophanes-
Wort aus „Plutos" (1151)

> πατρὶς γάρ ἐστι
> πᾶσ' ἵν' ἂν πράττῃ τις εὖ
> *Vaterland ist jedes Land, wo es einem gut geht,*

über Ciceros (Tusc. 5, 37)

> Patria est, ubicumque est bene

jenes

> ubi bene, ibi patria
> *wo (es mir) gut (geht),*
> *da (ist mein) Vaterland.*

Die Bezeichnung

> Kosmopolit
> *Weltbürger*

rührt von dem Kyniker DIOGENES (404–323 v. Chr.) her,
der aus seinem Faß heraus auf die Frage, woher er sei,

sich als

　　„*κοσμοπολίτης*"

bezeichnete (Diog. Laërt. VI, 63).

In Meineke „Fragmenta Comic. Graec." 4, 260, fr. 105 haben wir des griechischen Komödiendichters MENAN-DER (342–290 v. Chr.)

> *Τὸ γαμεῖν, ἐάν τις τὴν ἀλήθειαν σκοπῇ,*
> *Κακὸν μέν ἐστιν, ἀλλ' ἀναγκαῖον κακόν*
>
> *Heiraten, wenn einer die Wahrheit prüft,*
> *Ist ein Übel, aber ein notwendiges Übel.*

Malum necessarium, die lat. Übersetzung, steht bei Lampridius (4. Jh. n. Chr.) „Alexander Severus" 46. Die Gnome des Menander, ebenda 4, 352 v. 422

> *Ὁ μὴ δαρεὶς ἄνθρωπος οὐ παιδεύεται*
>
> *Der Mensch, der nicht geschunden wird,*
> *wird nicht erzogen*

stellte Goethe als Motto vor den 1. Teil seiner Selbstbiographie „Dichtung und Wahrheit".

Ein bekanntes Wort ist die Inschrift des Apollotempels in Delphi

> *γνῶθι σαυτόν*
>
> *Erkenne dich selbst,*
>
> (Nosce te

wie Cicero, Tuscul. 1, 22, 52 übersetzt), die einem der sieben Weisen, bald dem THALES, bald dem CHILON, bald anderen zugeschrieben wird, auch das von Terenz „Andria", I, 1, 34 durch

> Ne quid nimis

übersetzte, bald auf Chilon, bald auf SOLON (um 640 bis 559 v. Chr.) zurückgeführte

> *μηδὲν ἄγαν*
>
> *Nichts zu viel.*

Aus PINDARS „Olympiae" 1, 1 ist

> *ἄριστον μὲν ὕδωρ*
>
> *Das Beste ist das Wasser,*

und aus „Pythiae" 8, 136

> Σκιᾶς ὄναρ ἄνθρωπος
>
> *Eines Schattens Traum (ist) der Mensch.*

Danach Calderons (1600–87) spanisches Lustspiel

> *Das Leben ein Traum.*

Auch das

> non plus ultra
> *nicht mehr weiter, es ist erreicht*

geht nach Büchmann auf Pindars 3. nemeische Ode zurück. Andere leiten es von Hiob 38, 11 und Augustin de Horozco (1598) ab.

Ein Wort des griechischen, ohne Habe aus seinem Vaterlande fliehenden Philosophen BIAS (625–540 v. Chr.) nahm der „Wandsbecker Bote" in der lateinischen Form

> Omnia mea mecum porto
> *Alles Meinige trage ich bei mir*

zum Motto. Matthias Claudius selbst veranstaltete eine Sammlung seiner Werke unter dem Titel „Asmus omnia sua secum portans oder: Sämtliche Werke des Wandsbecker Boten", 8 Bde Hamburg 1774–1812. Cicero „Paradoxa" 1, 1, 8 stellt die Worte so „Omnia mecum porto mea." Bei Valerius Maximus 7, 2, externa, 3 heißt es „ego, inquit, vero bona mea mecum porto." Seneca legt einen fast wörtlich, dem Sinne nach ganz gleichen Ausspruch dem Philosophen STILPON (um 300 v. Chr.) bei, im 9. Briefe und in „Über die Standhaftigkeit der Weisen", Kap. 5 und 6; so auch Plutarch „Über Seelenruhe", Kap. 17. Phaedrus führt 4, 21 den Ausdruck auf den Dichter SIMONIDES (556–469 v. Chr.) zurück.

Auf eine Gnome dieses Simonides von Keos geht auch der bei uns lateinisch gebräuchliche Spruch

> Fortes fortuna adiuvat
> *Dem Tapfern hilft das Glück*

zurück, den Terenz im „Phormio" (1, 4), Cicero, Tusc.

II, 4, Livius, der ältere Plinius schon gebrauchen und Schiller im „Wilhelm Tell" (1, 2) in

> *Dem Mutigen hilft Gott*

umwandelte.

Auf Simonides, „den griechischen Voltaire", berief sich auch Lessing in der Vorrede zu seinem „Laokoon oder Über die Grenzen der Malerei und Poesie" für die Antithese (nach Plutarch „De gloria Atheniensium" 3)

> τὴν μὲν ζωγραφίαν ποίησιν σιωπῶσαν,
> τὴν δὲ ποίησιν ζωγραφίαν λαλοῦσαν
> *die Malerei eine stumme Poesie*
> *und die Poesie eine redende Malerei.*

Ob Goethes Wort zu Eckermann (23. März 1829)

> *die Baukunst eine erstarrte Musik*

aus Simonides herkommt, ist nicht nachprüfbar. Schelling spricht in seinen „Vorlesungen über Philosophie der Kunst" (S. 576 u. 593) davon, und Schopenhauer witzelt in „Die Welt als Wille und Vorstellung" (2, 519) über

> *Architektur als gefrorene Musik.*

THEOGNIS (um 540 v. Chr.) wurde gern mit dem Spruch zitiert

> *Was nun einmal geschehn, läßt ungeschehn sich*
> *niemals machen,*
> *Aber für das, was kommt, sorge mit wachsamem*
> *Sinn.*

PLAUTUS († 184 v. Chr.) brachte den Spruch in seinen „Aulularia" (4, 10, 11) und „Trucul." (4, 2, 21). Danach sagen wir

> *Geschehenes läßt sich nicht ungeschehen machen.*

Wenn wir sagen

> errare humanum est
> *irren ist menschlich,*

so zitieren wir SOPHOKLES (497–406 v. Chr.) „Antigone"
(V. 1023/24)

> ἀνθρώποισι γὰρ τοῖς πᾶσι κοινόν ἐστι τοὐξαμαρτάνειν
>
> *den Menschen allen nämlich gemeinsam ist das*
> *Irren,*

EURIPIDES (484–406 v. Chr.) „Hippolytos" (V. 615) sowie Cicero und Seneca, also eine lange Ahnenreihe.
THEOGNIS (um 540 v. Chr.) fand die erste Formel („Ele-
gien" V. 327 f.)

> ἁμαρτωλαὶ γὰρ ἐπ' ἀνθρώποισιν
> ἕπονται θνητοῖς
>
> *Fehltritte gehen mit den sterblichen Menschen mit.*

Vergleiche auch in Goethes „Sprüchen in Versen"

> *Sobald man spricht,*
> *Beginnt man schon zu irren.*

Auf den ältesten griechischen Tragiker, AISCHYLOS (525
bis 456 v. Chr.), geht der Ausdruck

> *Schwanenlied* oder *Schwanengesang*

zurück, bei dem Klytaimestra („Agamemnon" V. 1443 f.)
von Kassandras Todesklagegesang nach Art des Schwa-
nes spricht

> ἡ δέ τοι κύκνου δίκην
> τὸν ὕστατον μέλψασα θανάσιμον γόον
>
> *Sie, nach Schwanes Art,*
> *Sang vor dem Tod den letzten Klagelaut.*

Von Aischylos auch der Ausdruck

> *Argusaugen,*

nach dem 100äugigen Argos, „dem alles sehenden
Wächter" τὸν πάνθ' ὁρῶντα φύλακα der die von der
eifersüchtigen Hera in eine Kuh verwandelte Io zu hüten hatte. Und schließlich noch

> *Orest und Pylades*

für ein unzertrennliches Freundespaar, die die Rache
für Agamemnons Ermordung an Aigisthos und Klytaimestra durchführten. Pylades als Gefährte des Orest

auch bei Sophokles und Euripides. Cicero (de fin. 2, 26, 84) spricht von Pyladea amicitia, „Pyladeischer Freundschaft".

Aus dem Anfang des berühmten Chorlieds in der „Antigone" (V. 332 f.) des Sophokles kommt

> Πολλὰ τὰ δεινά, κοὐδὲν ἀν-
> θρώπου δεινότερον πέλει
> *Vieles Gewaltige lebt, und nichts*
> *Ist gewaltiger als der Mensch.*

Auch Antigones Wort (V. 523)

> Οὔτοι συνέχθειν, ἀλλὰ συμφιλεῖν ἔφυν
> *Nicht mitzuhassen, mitzulieben bin ich da*

ist unvergessen, wie auch das Scholion zur „Antigone" V. 520 f.: Ὅταν δ' ὁ δαίμων ἀνδρὶ πορσύνῃ κακά, τὸν νοῦν ἔβλαψε πρῶτον, ᾧ βουλεύεται, meist lateinisch zitiert als:

> Quos Deus perdere vult, dementat prius
> *Wen Gott verderben will,*
> *schlägt er vorher mit Blindheit.*

Wenn wir vom

> *Nessushemd*

sprechen, denken wir an die griechische Sage, nicht aber an die „Trachinierinnen" (V. 555 ff.) des Sophokles. Ebensowenig wie beim Ausdruck

> *Glückskind*

an „König Ödipus" (V. 1080), wo Ödipus sich „des Glückes Kind" nennt παῖδα τῆς Τύχης. Aus dem „Orestes" (V. 234) des Euripides (484–406 v. Chr.) haben wir entnommen

> μεταβολὴ πάντων γλυκύ
> *Abwechslung ist immer angenehm,*

meist in der lateinischen Form

> variatio delectat
> *Abwechslung tut wohl.*

Aus der Tragödie „Aias" (V. 522) des Sophokles wird zitiert χάρις χάριν γάρ ἐστιν ἡ τίκτουσ' ἀεί „Denn stets gebiert ja Liebe Gegenliebe" in der geflügelten Wortform:

> *Liebe weckt (gebiert) Gegenliebe.*

Nach Orests Ausspruch in Euripides' „Iphigenie in Tauris" (V. 568) sagen wir

> κοὐδαμοῦ καὶ πανταχοῦ
> *überall und nirgends,*

nach dem Fragment aus Euripides' „Danae"

> *Elend der Arme! Glücklich die Besitzenden,*

das in der lateinischen Form

> beati possidentes

auf eine Ode von Horaz (4, 9, 45) zurückgeht.
Ebenso geht das Wort

> naturalia non sunt turpia
> *das Natürliche ist nicht schimpflich*

auf einen Grundsatz der Kyniker zurück und hat zwei Quellen: einmal das Fragment aus Euripides' „Hypsipyle", sodann VERGILS „Georgica" (3, 96).
Auch Goethes Spruch in Prosa

> *Sage mir, mit wem du umgehst,*
> *So sage ich dir, wer du bist*

wird von Büchmann aus einem Euripides-Fragment des „Phoenix" abgeleitet, wo es heißt

> *Der Mensch ist wie der Umgang, den er gerne*
> *pflegt.*

Aus THUKYDIDES (um 454–396 v. Chr.) 1, 22 ist bekannt

> κτῆμα ἐς ἀεί
> *Besitztum auf immer.*

Auf Thukydides (II 45, 2) führt Büchmann auch, und zwar nach einem Wort in der Leichenrede des Perikles, den Satz zurück

> *Das ist die beste Frau,*
> *von der man am wenigsten spricht.*

Aus Aristoteles (384–322 v. Chr.) („Polit." I, 1, 9)
kommt die Bezeichnung des Menschen als

>φύσει πολιτικὸν ζῷον
>
>*von Natur geselliges Lebewesen, politisches*
>*Geschöpf.*

Auf die Beschreibung des Aristoteles in seiner „Historia
animalium" (6, 3) über das Herz des werdenden Vogels
im Weißen des Eies, das „als ein Blutfleck", „wie ein
Lebewesen hüpft und springt", geht

>*der springende Punkt,*
>
>punctum saliens,

der Punkt, auf den alles ankommt, der entscheidende
Gesichtspunkt zurück. Dagegen hat man fälschlicher-
weise auf den Satz des Aristoteles (in „De genere animalium" 2, 6)

>οὐθὲν ποιεῖ περίεργον
>
>οὐδὲ μάτην ἡ φύσις
>
>*Die Natur macht nichts Überflüssiges und nichts*
>*vergeblich*

den lateinischen Satz zurückführen wollen

>natura non facit saltus
>
>*Die Natur macht keine Sprünge,*

der in Wirklichkeit in Linnés „Philosophia botanica"
(1751) steht und ähnlich bei Leibniz (Nouveaux essais
IV, 16) (1765): Tout va par degrés dans la nature et
rien par sauts.
Ebenso hat man aus dem Sprichwort der „Historia
animalium" (8, 28) bei Aristoteles „ἀεὶ Λιβύη φέρει τι
καινόν", „immer bringt Afrika Neues" die Frage gebildet

>*Was gibt es Neues aus Afrika?*
>
>Quid novi ex Africa?

Aristoteles („De anima", 3, 4) hat uns auch

>γραμματεῖον, ᾧ μηδὲν ὑπάρχει γεγραμμένον
>
>tabula rasa
>
>*unbeschriebene Schreibtafel*

beschert, wofür wir z. B. im Hinblick auf einen Menschen, über dessen Entwicklung sich noch nichts sagen
läßt, ein

> *unbeschriebenes Blatt*

gebrauchen. Dagegen sagen wir für

> tabula rasa machen
> *reinen Tisch machen.*

Und schließlich geht auf die Frage des Aristoteles in
seinen „Problemata" (30, 1), woher es käme, daß alle
Leute, die sich in Philosophie, Politik, Poesie, Künsten
auszeichneten, offenbar Melancholiker wären, der von
Seneca „De tranquillitate animae" (15, 10) formulierte
Satz zurück

> Nullum magnum ingenium sine mixtura
> dementiae fuit
> *Kein großer Geist war ohne eine Beimischung*
> *von Wahnsinn.*

Dieser Satz hat dann in unserer Zeit zu dem Wort
geführt

> *Genie und Wahnsinn sind oft Brüder.*

In Aristoteles „Oeconomia" (1, 6) finden wir auch das
sprichwörtlich gewordene

> „ὁ τοῦ δεσπότου ὀφθαλμός",
> *Auge des Herrn,*

das bei den Persern und Libyern als bestes Futter für
das Pferd gelte.

Aristoteles nennt (de mundo 7) Ζεὺς ὑέτιος καλεῖται
„Zeus, den Regenspender", den die Griechen an mehreren Orten verehrten. Tibull (1, 7, 26) spricht dann vom
„Pluvio Jovi", und Goethe hat in „Wanderers Sturmlied" (1771) und im 22. „Epigramm" (1790) den

> *Jupiter pluvius*

bei uns populär gemacht.

Horror vacui
Grauen vor dem Leeren

stammt ebenfalls von Aristoteles, der die bis Torricelli
(1608–47) in der Physik geltende Annahme, daß die
Natur einen luftleeren Raum vermeide, behauptete,
und findet sich bei Rabelais (1494–1553) „Gargantua et
Pantagruel" 1, 5 „Natura abhorret vacuum."
Wahrscheinlich ist

de mortuis nil nisi bene
über die Toten (sprich) nur Gutes

eine freie Übersetzung des von Diogenes Laërtius (Chilon 1, 3, 70) überlieferten Wortes des Weisen CHILON

τὸν τεθνηκότα μὴ κακολογεῖν.

Doch führt Plutarch „Solon" c. 21 (Anfang) den Spruch
in etwas anderer Form auf Solon zurück. Thukydides
sagt am Ende der Leichenrede des Perikles II 45 „Denn
den Nichtseienden pflegt jeder zu loben." „τὸν γὰρ οὐκ
ὄντα ἅπας εἴωθεν ἐπαινεῖν"
Auf den Dichter und pythagoreischen Philosophen EPI-
CHARMOS (5. Jh. v. Chr.) aus Sizilien geht schon bei den
Griechen sprichwörtlich zurück

ἁ δὲ χεὶρ τὰν χεῖρα νίζει ·
δός τι, καὶ λάβοις τί κα
Die Hand wäscht die Hand:
Gib etwas und du dürftest etwas nehmen.

Nach Goethe

Hand wird nur von Hand gewaschen;
wenn du nehmen willst, so gib!

oder nach Seneca (4 v. Chr. bis 65 n. Chr.)

manus manum lavat
eine Hand wäscht die andere.

Epicharmos verdanken wir auch die oft zitierte Mahnung:

νᾶφε καὶ μέμνασ' ἀπιστεῖν ·
ἄρθρα ταῦτα τᾶν φρενῶν

Nüchtern sei und Mißtrauen übe,
das sind des Geistes Gelenke.

Ebenso geht das Wort

Steter Tropfen höhlt den Stein

mit der auf Gariopontus († vor 1056) gestützten lateinischen Fassung, deren erster Halbvers wieder aus Ovids
„Ex Ponto epistolae" (4, 10, 5) stammt „Gutta cavat
lapidem non vi, sed saepe cadendo" – „Der Tropfen
höhlt den Stein nicht mit Gewalt, sondern durch häu-
figes Niederfallen", zuerst auf den Epiker Choirilos
von Samos (5. Jh. v. Chr.) zurück, der gesagt hat

πέτρην κοιλαίνει ῥανὶς ὕδατος ἐνδελεχείη
Den Stein höhlt der Tropfen durch
Beharrlichkeit.

Aus Plutarch (um 46–120 n. Chr.) „Über den Schmeichler und den Freund", Kap. 24, wo als Chorführer der
Schmeichler im Gefolge Alexanders ein gewisser Medios
auftritt, der „kühn mit Verleumdungen zu packen und
zu beißen ermuntert, damit, wenn auch des Gebissenen
Wunde heilt, doch die Narbe der Verwundung bleibe",
ist das Wort entlehnt, das bei F. Bacon (1561–1626)
„De dignitate et augmentis scientiarum" (1605) B. 8
K. 2 Parabola 34 schon als sprichwörtlich bezeichnet
wird

Calumniare audacter, semper aliquid haeret
Verleumde nur keck, etwas bleibt immer hängen.

Auch wird allein angeführt, z. B. von Goethe „Dichtung
und Wahrheit" 10. Buch

Immer bleibt etwas hängen

und ebenso lateinisch:

Semper aliquid haeret.

Auch die Redensart

nicht wissen, wo einen der Schuh drückt

wird von Büchmann auf Plutarchs „Conjugalia prae-
cepta" c. 22 zurückgeführt. Die von Plutarch überlieferte „Trostrede an Apollonios, dessen Sohn gestorben
war" enthält den Vers des Menander

>   Ὅν οἱ θεοὶ φιλοῦσιν, ἀποθνῄσκει νέος,

den Plautus (Bacch. 4, 7, 18) übersetzte

>   Quem dii diligunt, adolescens moritur
>   *Wen die Götter lieben, der stirbt jung.*

Plutarch hat uns auch MENANDERS Wort „ἀνερρίφθω ὁ
κύβος" als Zitat Cäsars beim Überschreiten des Rubikon
(49 v. Chr.) berichtet. Sueton (um 75–150 n. Chr.) hat es
in seiner Cäsar-Biographie Kap. 32 so überliefert

>   Alea iacta esto!
>   *Der Würfel ist geworfen!*

Ulrich VON HUTTENS Wahlspruch ebenso

>   Iacta est alea
>   *Der Würfel ist gefallen.*

Von Menander (342–290 v. Chr.) (überliefert in des
Stobaios „Anthologion" aus dem 5. Jh. n. Chr.) stammt

>   ‚πάντων ἰατρὸς τῶν ἀναγκαίων κακῶν χρόνος'
>   *Der Arzt aller notwendigen Übel ist die Zeit,*

oder abgekürzt

>   *Die Zeit heilt alle Wunden,*

was auch AUGUSTINUS in seinen „Konfessionen" (4, 5)
braucht.
Zu Anfang der Schrift LUTHERS „De servo arbitrio"
steht

>   Amicus Plato, amicus Socrates,
>   sed praehonoranda veritas
>   *Lieb ist mir Plato, lieb ist mir Sokrates, doch*
>   *höher zu schätzen ist die Wahrheit*

und in Cervantes' „Don Quijote" Teil II K. 48

>   Amicus Plato, sed magis amica veritas
>   *Lieb ist mir Plato, doch lieber ist mir*
>   *die Wahrheit.*

Von Gregorius Corinthius (um 1150 nach Chr.), περὶ δια-
λέκτων, praefatio, Ausgabe Schäfer, p. 5 wird der Ausdruck auf PLATON (427–347 v. Chr.) zurückgeführt. Es
muß aber nach Platons „Phaidon" (p. 91 c) ὑμεῖς μέντοι,
ἂν ἐμοὶ πείθησθε, σμικρὸν φροντίσαντες Σωκράτους,
τῆς δὲ ἀληθείας πολὺ μᾶλλον" (Ihr aber, wenn ihr
mir folgt, euch wenig um Sokrates kümmernd, viel
mehr aber um die Wahrheit), und nach Ammonios
(„Leben des Aristoteles") eigentlich lauten: „φίλος μὲν
Σωκράτης, ἀλλὰ φιλτάτη ἡ ἀλήθεια" „Lieb ist mir Sokrates, aber lieber ist mir die Wahrheit." Synesios,
Bischof von Ptolemaïs, (ca. 400 n. Chr.) Epist. 153
p. 292 bezeichnet Aristoteles als den Urheber des Wortes, dabei wohl an die Nikom. Ethik 4 Anfang denkend,
wo es heißt: „denn obwohl beide mir befreundet
sind, so ist es eine heilige Pflicht, die Wahrheit höher
zu schätzen"(„ὅσιον προτιμᾶν τὴν ἀλήθειαν").
Wir wenden einen bei Platon, Gorg. 447 A, vorkommenden sprichwörtlichen Ausdruck „κατόπιν ἑορτῆς"
stets in der lateinischen Form an

>   post festum
>   *nach dem Fest,*

d. h. zu spät, wenn alles, weswegen man kommt, vor-
über ist. Mit dem Ausdruck

>   *platonische Liebe*

bezeichnet man die Neigung, die auf Schönheit der
Seele und des Charakters, nicht auf Sinnenreiz einer
geliebten Person beruht. Wir haben ihn aus Platons
„Symposion", wo ihn Pausanias erklärt, entnommen,
ebenso den Begriff

>   *Deus ex machina,*

der auf Platons „Kratylos" (p. 425 D) beruht, wo Sokrates sagt: „Wir müßten uns denn auch unsererseits
mit der Sache so abfinden, wie die Tragödiendichter,
die ihre Zuflucht zu den Maschinen nehmen, wenn sie
in Verlegenheit sind, und die Götter herbeischweben
lassen, indem wir sagten, die ursprünglichen Wörter

hätten die Götter eingeführt, und deshalb wären sie richtig." Der Ausdruck bedeutet also, daß ein Gott, eine höhere Macht, von außen eingreift, um eine völlig verfahrene Situation zu lösen.
In Platons „Protagoras" (p. 358 D) heißt es

> *von zwei Übeln wird niemand das größere wählen, wenn er das kleinere wählen kann.*

Und aus Platons „Gesetzen" (p. 731 E): „Denn der Liebende wird blind in bezug auf den Gegenstand seiner Liebe" wird unser Satz

> *Liebe macht blind*

abgeleitet, während manche ihn auf Plutarchs moralische Schriften zurückführen. Ebenso holt man aus Platons „Gesetzen" (p. 625 E) das Wort

> *Krieg aller gegen alle,*

das aber erst durch Thomas Hobbes' (1588–1679) „Elementa philosophiae de cive" (1642) und „Leviathan" (1652) populär wurde.
Auf Platons „Timaios" (26 E) wird auch der Ausdruck

> *Dichtung und Wahrheit*

zurückgeführt, den Goethe 1811 für seine Lebensbeschreibung wählte. Platon stellt πλασθέντα μῦθον (die erdichtete Fabel) und ἀληθινὸν λόγον (die wahre Geschichte) gegenüber, was F. A. WOLF (1759–1824), der mit Goethe in Briefwechsel stand, sinngemäß mit

> *Dichtung und Wahrheit*

übersetzte und auf den gleichen Gebrauch in der „Poetik" (I, 31–34) des Aristoteles verwies. Von ihm hatte Lessing „Erdichtung und Wahrheit". Jacobi sprach von

> *Wahrheit und Dichtung*

vgl. S. 135.
ALKMANS (7. Jh. v. Chr.) Kultlied beginnt (frg. 2) „ἐγώνγα δ' ἀείσομαι, ἐκ Διὸς ἀρχομένα" (ich werde singen, von Zeus beginnend). Danach lautet der Anfang der „Phainomena", eines Lehrgedichtes des Aratos

(3. Jh. v. Chr.), so wie der Anfang des 17. Idylls des Theokrit (geb. um 300 v. Chr.) „Ἐκ Διὸς ἀρχώμεϑα“ (mit Zeus laßt uns beginnen). Vergil „Eklogen“ 3, 60 überträgt es mit

> Ab Jove principium
> *Mit Jupiter laßt uns beginnen.*

Von Theokrit stammt auch die Schilderung des Lieblings der Aphrodite, des

> *Adonis,*

der seither einen schönen jungen Mann bezeichnet. Aratos übernimmt aus dem Hymnus auf Zeus des Stoikers Kleanthes (3. Jh. v. Chr.) die Stelle in den Phainomena V. 5

> „τοῦ γὰρ καὶ γένος ἐσμέν“
> *denn seines Geschlechts* (des Zeus) *sind auch wir,*

diese wird auch von dem Apostel Paulus in seiner Rede auf dem Areopag in Athen zitiert (Apg. 17, 28).

> *Die Gelegenheit beim Schopf*

oder

> *bei der Stirnlocke fassen*

geht auf den „καιρός“, den Gott des günstigen Augenblicks, zurück, den Lysippos, der Hofkünstler Alexanders d. Großen, als jungen Menschen mit großer Stirnlocke und kurzgeschorenem Hinterkopf darstellte, der an den Menschen vorbeihuschte. Dabei sollte man ihn beim Schopfe fassen. Im Mittelalter umgestaltet zum

> *Chronos*

„Gott der Zeit“.

Der stoische Wahlspruch des EPIKTET (1./2. Jh. n. Chr.), den auch Aulus Gellius, „Noctes Atticae“ 17, 19 überliefert, lautet

> ἀνέχου καὶ ἀπέχου
> (wörtlich: ertrage und entsage)
> *leide und meide,*

lateinisch wiedergegeben

> sustine et abstine.

Die nach Diogenes Laërtius von dem Stoiker ZENON (geb. 340 v. Chr.) aufgestellte, von Porphyrius im „Leben des Pythagoras" auf letzteren zurückgeführte, von Plutarch in „Die Menge der Freunde" und in der Pseudo-Aristotelischen Schrift „Magna Moralia" II 15 zitierte Definition des Freundes „ἄλλος ἐγώ" heißt in der lateinischen Form

> alter ego
>
> *ein zweites Ich.*

„Alter ego" nahm späterhin die Bedeutung eines Stellvertreters der souveränen Gewalt an.

Der Redner PYTHEAS (um 340 v. Chr.) sagte nach Plutarch „Politische Aussprüche", „Demosthenes" 18 sowie Aelian „Varia historia" 5, 53 von den Reden des von ihm unaufhörlich angefeindeten Demosthenes, daß sie nach Lampendochten röchen „ἐλλυχνίων ὄζειν" und noch heute sagen wir

> *nach der Lampe riechen*

von einer literarischen Arbeit, die ohne Anmut der Form nächtliches Studium verrät.

> In vino veritas
>
> *Im Weine die Wahrheit*

wird nach einem Scholion zu Platon, Symposion 217 E

> τὸ λεγόμενον · οἶνος — — ἀληθής,

die Redensart

> *der Wein sagt die Wahrheit*

auf den Lyriker Alkaios (ca. 600 v. Chr.) zurückgeführt, fr. 53 (Borgk)

> οἶνος γὰρ ἀνθρώποις δίοπτρον
>
> *der Wein ist nämlich den Menschen ein Spiegel,*

und fr. 57 (Borgk)

> οἶνος, ὦ φίλε παῖ, καὶ ἀλάθεα
>
> *der Wein, o Liebling, und die Wahrheit.*

In dem Spruchgedicht des Theognis (6. Jh. v. Chr.) heißt es V. 500

> ἀνδρὸς δ' οἶνος ἔδειξε νόον
>
> *der Wein verrät des Mannes Sinnesart.*

Der in Plutarchs „Kleomenes" K. 27 vorkommende Ausdruck

> τὰ χρήματα νεῦρα τῶν πραγμάτων
>
> nervus rerum

für „Geld" ist nach Diogenes Laërtius (3. Jahrh. n. Chr.) IV 58 auf den kynischen Philosophen BION zurückzuführen, wo es heißt

> τὸν πλοῦτον νεῦρα πραγμάτων
>
> (divitias nervos rerum).

Der attische Redner Aischines (389–314 v. Chr.) wirft in seiner Rede gegen Ktesiphon (330) § 166 dem Demosthenes eine Anzahl neugebildeter Wörter und Redensarten vor, darunter auch die obenerwähnte. CICERO „Philippica" 5, 2 nennt

> *Geld die Nerven des Kriegs*
>
> (pecuniam, nervos belli)

und sagt „De imperio Cn. Pompei" 7, 17: „Wir haben die Steuern stets für die Nerven des Staates gehalten." In Rabelais' „Gargantua und Pantagruel" I, 46 (1533) heißt es: „Les nerfs des batailles sont les pécunes."

> *Zum Kriegführen sind dreierlei Dinge nötig:*
>
> *Geld, Geld, Geld*

sagte nach dem „Kurzweiligen Zeitvertreiber" o. o. 1668, S. 49 und 50 der Marschall TRIVULZIO zu Ludwig XII. (1498–1515).

DEMOSTHENES (384–322 v. Chr.), der große griechische Redner, soll nach seiner Flucht aus der Schlacht bei Chaironeia (338 v. Chr.) ausgerufen haben

> *Der Mann, der flieht, kann wieder kämpfen,*

was Samuel BUTLER (1612–80) in seinem „Hudibras" zu den Versen brachte

> *Wer flieht, kann später wohl noch siegen!*
>
> *Ein toter Mann bleibt ewig liegen.*

Auf den größten Mathematiker der Antike, ARCHIME-
DES (287–212 v. Chr.), in Syrakus geht nach dem unter
Cäsar und Augustus lebenden Vitruvius Pollio „De
architectura" IX der Ausspruch

> ηὕρηκα
> *Ich hab's gefunden*

nach Entdeckung des Gesetzes vom spezifischen Gewicht
zurück, und ebenso die Aussprüche

> Δός μοι ποῦ στῶ καὶ κινῶ τὴν γῆν
> *Gib mir nur einen Punkt, wo ich hintreten*
> *kann, und ich bewege die Erde*

nach dem Byzantiner Tzetzes, Chiliades 2, 130 (Kiess-
ling 46) und Plutarch „Marcellus" (14), sowie

> Noli turbare circulos meos!
> *Störe meine Kreise nicht!*

zu einem römischen Krieger bei der Zerstörung von
Syrakus (212 v. Chr.) (Valerius Maximus 8, 7).
Der Satz ὅπερ ἔδει δεῖξαι

> quod erat demonstrandum
> *was zu beweisen war*

stammt von dem alexandrinischen Mathematiker EU-
KLEIDES (um 300 v. Chr.).
Das vielzitierte Dictum des ÄLTEREN CATO (234 bis
149 v. Chr.), mit dem Beinamen Censorius,

> Ceterum censeo, Carthaginem esse delendam
> *Übrigens meine ich, Karthago müsse zerstört*
> *werden,*

findet sich bei Plutarch (Cato maior 27) so:

> „Δοκεῖ δέ μοι καὶ Καρχηδόνα μὴ εἶναι".

Die Inschrift, welche nach EUSEBIUS PAMPHILI († um
340 n. Chr.) „Leben Konstantins d. Gr." 1, 28 diesem
Kaiser, als er wider Maxentius zog, zur Mittagsstunde
neben dem Bilde des Kreuzes am Himmel erschienen
sein soll, zitieren wir nicht, wie Eusebius, griechisch

τούτῳ νίκα,

mit diesem siege!

sondern lateinisch

(In) hoc signo vinces.

In diesem Zeichen wirst du siegen.

In „Vita des Aristoteles" von AMMONIOS (500 n. Chr.) wird die

ἑ οὐσία

Quintessenz

erwähnt. Damit ist nach Aristoteles „De mundo", Kap. 2, der Äther gemeint, der dort „ein anderes Element als die vier" genannt wird (Arist. „Meteor." 1, 3; „De coelo", 3; „De gen. an." 2, 3.). Neben den 4 Elementen des Kosmos (Empedokles 5. Jh. v. Chr.) nahmen die Pythagoreer und Aristoteles noch einen 5., feineren, unsichtbareren Ätherstoff an (quinta essentia). Wir verstehen darunter „das eigentliche Wesen einer Sache".

Xanthippe,

die Frau des Sokrates, ist die Bezeichnung einer ihren Ehemann durch Gezänk plagenden Frau, überhaupt eines zänkischen Weibes geworden. Das Volk macht daraus mit Betonung der ersten Silbe

Zanktippe.

Einem schmähsüchtigen Rezensenten geben wir den Namen des griechischen Rhetors,

Zoïlas,

4. Jh. v. Chr., der sich durch hämische Kritik an Homer berüchtigt machte (Ὁμηρομάστιξ „Homergeißel" genannt), und einem strengen, gelehrten, scharfen Kunstrichter den eines

Aristarch,

eines berühmten Grammatikers um 150 v. Chr., der im Altertum als Typus eines Philologen galt.

Schöne Seele

oder vielmehr „Schönheit der Seele" steht bei dem Spätplatoniker PLOTIN (205–270 n. Chr.); 1. Enneade gegen Ende des 6. Buchs heißt es

οὐ γὰρ πώποτε εἶδεν ὀφθαλμὸς ἥλιον,
ἡλιοειδὴς μὴ γεγενημένος οὐδὲ τὸ καλὸν ἂν ἴδοι
ψυχὴ μὴ καλὴ γενομένη

Nie hätte das Auge die Sonne gesehen,
wäre es nicht sonnenhaft geboren
(noch könnte die Seele das Schöne sehen,
wenn sie nicht selbst schön wäre).

Goethe hat in seinen „Zahmen Xenien" (Bd. 3, 1823) dies Wort so geformt

Wär' nicht das Auge sonnenhaft,
Die Sonne könnt' es nie erblicken.

Bei Schiller erhält dann der Begriff „schöne Seele" wieder seine besondere Bedeutung und in Goethes „Wilhelm Meisters Lehrjahre" (6. Buch) stehen Susanna Katharina von Klettenbergs (1723–74)

Bekenntnisse einer schönen Seele.

Betrogene Betrüger

beruht auf PORPHYRIOS († 305 n. Chr.), Schüler des Plotin, welcher in „Plotins Leben", 16 ausspricht: οἱ ἐξηπάτων καὶ αὐτοὶ ἠπατημένοι (welche betrogen, ihrerseits betrogen). Namentlich ist uns das Wort geläufig geworden durch Lessings „Nathan" 3, 7.

Auf den Ausspruch des Kaisers Julianus Apostata (331 bis 363 n. Chr.) „Es führen viele Wege nach Athen" geht das Wort zurück

Es führen viele Wege nach Rom.

Auch der Ausspruch

Scripta manent
Geschriebenes bleibt

geht nach J. A. Bengel (O. Wächter, „Leben Bengels" 1865 S. 71) auf die Griechen zurück. Hier ist gewiß auch das Wort des PILATUS (Joh. 19, 22)

ἃ γέγραφα, γέγραφα
Was ich geschrieben habe,
das habe ich geschrieben

(Was geschrieben ist, ist geschrieben, bei Byron, „Harolds Pilger-Fahrt" 4, 185) wirksam gewesen.

Bei Sextus Empiricus (Ende des 2. Jahrh. n. Chr.) „Adversus mathematicos" 287 (Immanuel Bekker, Berlin 1842, S. 665) steht

ὀψὲ θεῶν ἀλέουσι μύλοι,
ἀλέουσι δὲ λεπτὰ
Spät mahlen die Mühlen der Götter,
sie mahlen aber fein.

Friedrich von Logau (1604–55) III 2, 24 macht daraus

Gottes Mühlen mahlen langsam,
mahlen aber trefflich klein
(Ob aus Langmut er sich säumet,
bringt mit Schärf' er alles ein).

Jeder ist sich selbst der Nächste

finden wir bei dem Patriarchen von Konstantinopel, Johannes Chrysostomus (345–407), „Epist. ad Rom. Hom. VI., 6" in der Form

τοῦ πλησίον ἡμεῖς ἐγγύτεροι ἑαυτοῖς
wir sind uns selbst näher als dem Nächsten.

Schon Terenz (190–159 v. Chr.) sagt in seiner „Andria" V. 427 f. auf Menander zurückgehend: „verum illud verbum est, volgo quod dici solet, omnes sibi malle melius esse quam alteri", „wahr ist jenes allgemein im Mund geführte Wort: alle wollen lieber, daß es ihnen besser gehe als dem Nächsten."
und V. 636

proxumus sum egomet mihi
ich bin mir selbst der Nächste.

Im Gegensatz dazu steht das christliche Gebot ἀγαπήσεις τὸν πλησίον σου ὡς σεαυτόν „Du sollst deinen Nächsten lieben wie dich selbst"(3. Mos.19, 18; Matth. 22, 39; Mark. 12, 31 und Gal. 5, 14).

IX

LATEINISCHE ZITATE

Jeder ist seines Glückes Schmied

stammt aus der dem Sallust (86–35 v. Chr.) zugeschriebenen Schrift „De re publica ordinanda", wo es 1, 1 heißt „quod in carminibus Appius ait, fabrum esse suae quemque fortunae" und hat demnach den römischen Konsul APPIUS CLAUDIUS (307 v. Chr.) zum Urheber. Der römische Lustspieldichter T. M. Plautus († 184 v. Chr.) spricht („Trin." 2, 2, 84) diese Fähigkeit nur dem Weisen zu: „sapiens ipse fingit fortunam sibi", und Cornelius Nepos († um 30 v. Chr.) teilt („Atticus" 11, 6) von einem Unbekannten einen Jambus mit

> Sui cuique mores fingunt fortunam (hominibus)
> *Jedes Menschen Glück schmieden ihm seine*
> *Sitten* (sein sittliches Verhalten).

Aus NAEVIUS († 204 v. Chr.) zitiert Cic. Phil. 2, 27

> Male partum male dilabuntur
> *Unrecht Gut gedeihet nicht,*

was Plautus, Poenulus 4, 21 ausdrückt

> Male partum male disperit.

PLAUTUS ist zu erwähnen mit

> Nomen atque omen
> *Name und zugleich Vorbedeutung*

aus dem „Persa" 4, 4, 74, und mit dem ebenda 4, 7, 19 vorkommenden, von dem römischen Lustspieldichter Publius Terentius Afer (190–159 v. Chr.) in „Phormio" 3, 3, 8 angewendeten

> sapienti sat (est)
> *für den Verständigen genug,*

was Benjamin Franklin in seinem „Weg zum Reichtum"

> A word to the wise is enough

übersetzt.

> Oleum et operam perdidi
> *Öl und Mühe habe ich verschwendet*

kommt vor im „Poenulus" des Plautus 1, 2, 119 und wird dort von einer Dirne gebraucht, die sich vergebens hat putzen und salben lassen. Cicero überträgt es auf Gladiatoren („Ad familiares" 7, 1); dann wird damit auf das verschwendete Öl der Studierlampe angespielt (Cicero „Ad Atticum" 13, 38; Iuvenal 7, 99). Der Titel der Komödie des Plautus

> Miles gloriosus
> *Der ruhmredige Kriegsmann*

ist allgemein bekannt.

> Summa summarum
> *Alles in allem*

finden wir zuerst im „Truculentus" 1, 1. „Trinummus" 5, 2 heißt es

> Tunica propior pallio
> *Das Hemd ist mir näher als der Rock.*

„Stichus" 5, 4, „Casina" 2, 3, „Mercator" 4, 3 kommt

> Ohe iam satis
> *Oh, schon genug*

vor, das sich auch Horaz, Sat. 1, 5, 12, sowie Martial 4, 99 findet. Aus Plautus' „Rudens" (V. 2, 17) stammt

> Acu tetigisti
> *Du hast den Nagel auf den Kopf getroffen.*

ENNIUS (239–169 v. Chr.) wird in Marcus Tullius Cicero (106–43 v. Chr.) „Laelius" 17, 64 zitiert mit

> Amicus certus in re incerta cernitur
> *Den sicheren Freund erkennt man in unsicherer Sache.*

Nach Macrobius „Saturnalien" 6, 1, 35 stammt

> non omnia possumus omnes
> *wir können nicht alle alles*

von dem römischen Satiriker Lucilius (um 180–103 v. Chr.). In 1, 1 der „Andria" des Terenz (2. Jh. v. Chr.) steht

> hinc illae lacrimae
> *daher jene Tränen.*

Es wird bereits von Cicero „Pro Caelio", K. 25, und von Horaz, Epistel 1, 19, 41 zitiert und erscheint bei Vergil als

> sunt lacrimae rerum.

Aus 1, 2 ist die Antwort des Davus

> Davus sum, non Oedipus
> *Davus bin ich, nicht Ödipus,*

d. h. „ich verstehe dich nicht; denn ich kann nicht so geschickt Rätsel lösen wie Ödipus"; aus 1, 3

> inceptio est amentium, haud amantium
> *ein Beginnen von Toren ist's,*
> *nicht von Verliebten*

ist in den Gebrauch übergegangen

> Amantes, amentes,
> *verliebt, verdreht,*

was zuerst in dem Titel des Lustspiels „Amantes amentes" von Gabriel Rollenhagen (1583–1619) vorzukommen scheint, das 1609 erschienen ist. Aus 2, 1 ist

> tu si hic sis, aliter sentias
> *an meiner Stelle würdest du anders denken*

und

> interim fit aliquid
> *unterdessen geschieht etwas*

(bei Plautus „Mercator" 2, 4, 24 heißt es: aliquid fiet); aus 3, 3 sind die Worte

> Amantium irae amoris integratio (est)
> *Der Liebenden Streit die Liebe erneut.*

Das Wort geht zurück auf Menanders Spruch:

> ὀργὴ φιλούντων ὀλίγον ἰσχύει χρόνον

– nicht lange hält der Zorn der Liebenden an.

Aus 4, 1

> Proximus sum egomet mihi,
> *Jeder ist sich selbst der Nächste,*

aus 4, 1 auch

> habeat sibi
> *meinetwegen*

wie auch in 1. Mos. 38, 23.

Aus dem „Eunuch", Prolog, 41, stammt

> Nullum est iam dictum,
> quod non sit dictum prius
> *Es gibt kein Wort mehr,*
> *das nicht schon früher gesagt ist,*

aus 4, 5

> Sine Cerere et Libero friget Venus
> *Ohne Ceres und Bacchus bleibt Venus kalt.*

Ebenso im 773. Vers der „Bacchae" des Euripides

> οἴνου δὲ μηκέτ' ὄντος οὐκ ἔστιν Κύπρις
> *Wo's keinen Wein mehr gibt, gibt's keine Liebe.*

Der Titel eines Lustspiels von Terenz

> Heautontimorumenos
> *Selbstquäler*

ist allgemein geworden und geht auf eine Komödie
Menanders Ἑαυτὸν τιμωρούμενος zurück.
Goethe verwendet den griechischen Ausdruck gern zur
Bezeichnung eines grillenhaften, hypochondrischen
Menschen, ebenso

> *Timon,*

den durch Lukian und Shakespeare bekannten Zeitgenossen des Sokrates, als Typus eines Menschenhassers.
1, 1 heißt es

> Homo sum; humani nil a me alienum puto
> *Ich bin ein Mensch;*
> *nichts Menschliches ist mir fremd.*

Aus den „Adelphi" 4, 1 sind die Worte

>   lupus in fabula
>   *wie der Wolf in der Fabel*

nach der Sage, daß, wer einen Wolf sieht, verstummt.
Schon im „Stichus" des Plautus 4, 1, 71, sagt Epignomus,
als der Parasit erscheint, „eccum tibi lupum in sermone".

>   Duo quum idem faciunt, non est idem
>   *Wenn zwei dasselbe tun, so ist es nicht dasselbe*

ist eine Verkürzung der Stelle „Adelphi" 5, 3

>   Duo quum idem faciunt,
>   Hoc licet impune facere huic, illi non licet
>   *Wenn zwei dasselbe tun, so darf der eine*
>   *es ungestraft tun, der andere nicht.*

Aus „Phormio" 1, 2 stammt

>   Montes auri pollicens
>   Berge Goldes *(goldene Berge) versprechend.*

Aus 2, 2 ist

>   Tute hoc intristi; tibi omne est exedendum,
>   *Du hast es eingerührt; du mußt es auch ganz*
>   *ausessen,*

aus 2, 4

>   quot homines, tot sententiae
>   *so viel Leute, so viel Ansichten.*

Aus „Phormio" (4, 5, 4) stammt

>   Matura olim libido minuet
>   *Die Lust, die jetzt stark ist,*
>   *wird einmal abnehmen.*

>   *Man muß das Eisen schmieden,*
>   *solange es heiß ist.*

In den Satiren des LUCILIUS (180–103 v. Chr.) steht

>   Quis leget haec?
>   *Wer wird dies lesen?*

Dies Wort wiederholt Persius (34–62 n. Chr.) in seinen
Satiren 1, 2.

Der Tragiker Pacuvius († 130 v. Chr.) ist vermutlich der Autor des von Cicero „Tusculanae" 5, 37 mitgeteilten

> Patria est, ubicumque est bene
> *Das Vaterland ist allenthalben, wo es gut ist,*

der Grundlage des als Kehrreim des Liedes „Froh bin ich und überall zu Hause" (Gedichte von F. Hückstädt, Rostock 1806 S. 144 und 145) bekannten Wortes „Ubi bene, ibi patria." „Wo (es mir) gut (geht), da (ist mein) Vaterland" (s. auch S. 340).

> Oderint, dum metuant
> *Mögen sie hassen, wenn sie nur fürchten*

aus der Tragödie „Atreus" des Accius († 100 v. Chr.), wurde schon von Cicero 1. „Philippica" 14, 34, „Rede für Sestius" 48, und „Über die Pflichten" 1, 28 zitiert; ferner von Seneca „Über den Zorn" 1, 20, 4, und „Über die Gnade" 1, 12, 4 und 2, 2, 2. Nach Sueton („Caligula" 30) war es ein Lieblingswort des Kaisers Caligula (12–41 n. Chr.).

Das Wort

> *ein lukullisches Mahl*

geht auf den römischen Feldherrn L. L. Lucullus (um 106–57 v. Chr.) zurück, der die Kirsche in Europa einführte und im Ruhestand ein genießerischer Schlemmer war.

Aus dem Lehrgedicht des Lucretius († 55 v. Chr.) „Über die Natur" ist 1, 102

> Tantum religio potuit suadere malorum.
> *So viel Unheil hat die Religion anzurichten vermocht.*

Aus 1, 149; 1, 205; 2, 287 wird zitiert

> de nihilo nihil
> *aus nichts wird nichts,*

was Persius „Satiren" 3, 84 wiederholt. Lucretius hatte seine Ansicht aus Epikur entlehnt, welcher (nach Diog. Laërtius 10, 38) an die Spitze seiner Physik den Grundsatz stellte: Οὐδὲν γίνεται ἐκ τοῦ μὴ ὄντος „Nichts wird

aus dem Nichtseienden". In MARC AURELS (121–180) „Selbstbetrachtungen" (4, 4) steht: „Denn von nichts kommt nichts, so wenig wie etwas in das Nichts übergeht."
Aus 2, 1 und 2 ist berühmt

> Suave, mari magno, turbantibus aequora ventis,
> E terra magnum alterius spectare laborem
> *Ein beruhigendes Gefühl ist's bei bewegter See,*
> *wenn die Winde das Meer aufwühlen, vom*
> *Lande eines andern große Gefahr mitanzusehen.*

Auf PUBLILIUS SYRUS (um 50 v. Chr.) geht zurück

> Dies diem docet
> *Ein Tag ist des andern Lehrmeister*

oder

> *Das Heute ist des Gestern Schüler.*

Von dem gleichen Sentenzendichter

> Inopi beneficium bis dat qui dat celeriter
> *Dem Armen gibt zweimal eine Wohltat, wer*
> *schnell gibt,*

oder abgekürzt

> Bis dat, qui cito dat
> *Doppelt gibt, wer gleich gibt,*

wie Goethe („Sprichwörtliches" 238) sagt und hinzusetzt

> *Hundertfach, der gleich gibt,*
> *Was man wünscht und liebt.*

Aus den Sentenzen (267) des Publilius Syrus nahmen wir auch

> Fortuna vitrea est, tum quum splendet,
> frangitur
> *Glück und Glas, wie leicht bricht das,*

sowie aus dem 187. Spruch

> Heredis fletus sub persona risus est
> *Das Weinen des Erben ist ein maskiertes Lachen*

den Ausdruck

> *lachende Erben.*

Publilius Syrus überlieferte (465) uns auch nach dem
3. prologus der „Epitome institutorum rei militaris"
des VEGETIUS (Ende 4. Jh. v. Chr.) „Qui desiderat pa-
cem, praeparet bellum"

> Si vis pacem, para bellum,
> *Wenn du den Frieden willst,*
> *bereite den Krieg vor.*

Auch Titus Livius (59 v. Chr. – 17 n. Chr.) (VI, 18, 7)
sagt so. Und ferner der römische Geschichtsschreiber
Cornelius NEPOS († um 30 v. Chr.), in dessen „Cha-
brias" (III, 3) es heißt

> Invidia gloriae comes
> *Der Neid ist des Ruhmes Begleiter.*

M. T. CICERO (106–43 v. Chr.) gibt uns im Anfang der
1. Rede „In Catilinam" das auch bei Livius 6, 18, und
bei Sallust „Catilina" 20, 9 vorkommende

> Quousque tandem ...?
> *Wie lange noch ...?*

In Ciceros „Catilina" 1, 1; „In Verrem" II 4, 25; IV
25, 55, sowie „Pro rege Deiotaro" 11, 31 und „De domo
sua" 53, 137 kommt vor

> O tempora! o mores!
> *O Zeiten, o Sitten!*

„In Catilinam" 2, 1 steht

> Abiit, excessit, evasit, erupit
> *Er ging, er machte sich fort, er entschlüpfte,*
> *er entrann.*
> Videant consules ne quid res publica
> detrimenti capiat
> *Die Konsuln mögen dafür sorgen, daß die*
> *Republik keinen Schaden leidet*

(vgl. Cicero „Pro Milone" 26, 70, „In Catilinam" 1, 2,
Liv. 3, 4, Sallust „Catilina" 29, Plutarch „C. Gracchus"
14 und „Cicero" 15), bildete, als man die Diktatur in
Rom nicht mehr anwenden wollte, das sogenannte

senatus consultum ultimum, welches die Konsulargewalt zu einer diktatorischen machte. Aus Ciceros „De finibus" 5, 25, 74 stammt

> Consuetudo quasi altera natura
> *Die Gewohnheit ist* (gleichsam) *eine zweite Natur.*

Schon Aristoteles (Rhetorik) sagt: καὶ γὰρ τὸ εἰθισμένον ὥσπερ πεφυκὸς ἤδη γίγνεται – denn die Gewohnheit ist der Natur gewissermaßen ähnlich.

Cicero, Tusc. 1, 13, 29 spricht von den „maiorum gentium di" (d. h. den oberen zwölf Göttern) nach den von Romulus berufenen „patres maiorum gentium" (Senatoren aus den besseren [oberen] Geschlechtern). Als nun Tarquinius auch „patres minorum gentium" (Senatoren aus niedrigeren Geschlechtern) berief, sprach man von

> Di minorum gentium
> *Götter aus geringeren Geschlechtern,*

was geflügeltes Wort für Menschen von einfacher Herkunft wurde.

Aus Tuscul. 1, 17, 39:

> errare ... malo cum Platone, ... quam cum istis vera sentire.
> *Lieber will ich mit Plato irren, als mit denen (den Pythagoreern) das Wahre denken.*

Aus Ciceros 1. „Philippica" 5, 11 und zugleich aus „De finibus" 4, 9, 22, sowie Livius 23, 16 im Anfang stammt die für eine den Staat bedrohende Gefahr gebräuchlich gewordene Wendung

> Hannibal ad (nicht: ante) portas
> *Hannibal (ist) an den Toren.*

In „Philippica" 2, 14, in der Rede „Pro Milone" 12, 32 und in der „Pro Roscio Amerino" 30, 31 wird das uns geläufige

> cui bono?
> *Wozu?*
> A quoi bon?

eigentlich „Wem zum Nutzen?" ausdrücklich von Cicero als ein Wort des römischen Prätors Gajus Cassius Longinus, der 30 n. Chr. Konsul, 49 Statthalter von Syrien und 65 von Nero nach Sardinien verbannt wurde, bezeichnet. Aus der zuletzt angeführten Stelle ersehen wir, daß G. Cassius, ein Mann von äußerster Strenge, bei den Untersuchungen über Mord in seinem Worte „Libri iuris civilis" den Richtern einschärfte, nachzuforschen, „cui bono", wem zum Nutzen die Tat geschehen war.

Aus Ciceros Rede „Pro Milone" 4, 10 ist bekannt

> Silent leges inter arma
> *Im Waffenlärm schweigen die Gesetze.*

Man wandelt auch ab

> *Im Waffenlärm schweigen die Musen.*

Ferner aus dieser Rede, 29, 79,

> Liberae sunt nostrae cogitationes.
> *Unsere Gedanken sind frei (zollfrei).*

Dieser Spruch findet sich zuerst in Luthers „Von weltlicher Oberkeit, wie man ihr Gehorsam schuldig sei" (1523).

Weil Cicero seine Reden gegen Antonius (44/43 v. Chr.) im Vergleich mit den gewaltigen Reden des Demosthenes gegen Philipp von Mazedonien „Philippische" nannte, so nennt man noch heute jede Strafpredigt eine

> *Philippika.*

Der Titel einer seiner Reden „De domo sua" ist in der älteren Lesart

> pro domo
> *für das eigene Haus*

zum allgemeinen Ausdruck für jede Tätigkeit geworden, die persönlichen Zwecken dient.

> Suum cuique
> *Jedem das Seine*

finden wir bei Cicero „De officiis" 1, 5; „De finibus" 5, 23, 67: „Justitia in suo cuique tribuendo cernitur"

(Die Gerechtigkeit erkennt man daran, daß sie jedem das Seine zuteilt) und „suum cuique tribuere" ist eine Rechtsregel Ulpians (170–222) (Corp. iur. civ.). – Shakespeare in „Andronicus" 1, 2: „Suum cuique spricht des Römers Recht." – „Suum cuique" ist das Motto des preußischen am 17. Jan. 1701 gestifteten Ordens des Schwarzen Adlers. Es findet sich auf vielen älteren preußischen Münzen sowie auf preußischen Medaillen und ist seitdem Preußens Wahlspruch gewesen.
Aus einer von Cicero „Tusculanae" 5, 21 erzählten, von Gellert, „Fabeln" (B. 1), unter dem Titel „Damokles" bearbeiteten Geschichte entnehmen wir zur Bezeichnung einer unablässig drohenden Gefahr den Ausdruck

> *Damoklesschwert.*

Der ältere Dionys wurde als Tyrann von Syrakus (405 bis 367 v. Chr.) von Damokles als der Glücklichste gepriesen. Dionys aber ließ beim Gastmahl über dem Sitz des Damokles ein scharfes Schwert an einem Pferdehaar aufhängen, um zu zeigen, wie jeder Glückliche jederzeit in Lebensgefahr lebt.
Das „Über die Pflichten" 1, 10 von Cicero als „abgedroschenes Sprichwort" zitierte

> Summum ius, summa iniuria
> *Das Recht auf die Spitze getrieben*
> *wird höchstes Unrecht*

scheint eine spätere Fassung des Sprichwortes in Terenz' „Heautontimorumenos" 4, 5 zu sein

> Dicunt: ius summum saepe summa est malitia.
> *Man pflegt zu sagen: Das höchste Recht ist oft*
> *die höchste Bosheit.*

Luther 21, 254 schreibt „Wie der Heide Terentius sagt: ‚Das strengest Recht ist das allergroßest Unrecht.'" (23, 295 führt Luther das Wort auf Scipio zurück).
Aus „Tusculanae" 1, 16, wo es sich um allgemeine Gefälligkeiten gegen jedermann handelt, wie z. B., daß wir es jedem gestatten müssen, sich an unserem Feuer das

seinige anzuzünden, zitieren rauchende Gelehrte, um
Feuer bittend

> ab igne ignem
> *vom Feuer Feuer.*

1, 22 enthält die von Cicero selbst stammenden Verse

> Cedant arma togae, concedat laurea laudi
> *Es mögen die Waffen der Toga (dem Friedens-*
> *gewand) weichen,*
> *der (kriegerische) Lorbeer löblichem Tun.*

Aus 1, 31 kennen wir das schon hier von Cicero als
Sprichwort zitierte, in Cicero „Ad familiares" 12, 25
vorkommende und durch Horaz in „Die Kunst zu dichten", 385, angewendete

> invita Minerva
> *wider den Willen der Minerva,*

aus 3, 1 (Cic. ad Octav. 1, 8)

> ex malis eligere minima
> *von zwei Übeln das kleinere wählen;*

„minima de malis" war nach 3, 29 sprichwörtlich. Aus
3, 23 (sed aqua haeret, ut aiunt) und aus „Ad Quintum
fratrem" 2, 8 (in hac causa mihi aqua haeret) stammt

> Hic haeret aqua
> *Hier stockt es,*

aus „De finibus" 2, 32, 105 das ebenfalls als Sprichwort
angeführte

> Iucundi acti labores
> *Überstandener Mühsale kann man sich freuen.*

Sprichwörtlich bei uns (auch nach Prediger Salomo 5, 11)

> *nach getaner Arbeit ist gut ruhn,*

aus „Über die Natur der Götter" 3, 40

> Pro aris et focis (certamen)
> *(Kampf) um Altar und häuslichen Herd.*

Aus „Pro Sestio" cap. 45 stammt

> Otium cum dignitate
> *Muße mit Würde,*

oder, wie dort steht „cum dignitate otium".
In den Briefen „Ad familiares" 5, 12 steht

> epistula non erubescit
> *ein Brief errötet nicht,*

dafür häufig

> Literae non erubescunt

oder

> Charta non erubescit.

Wir sagen danach

> *Papier ist geduldig.*

> Imperium et libertas
> *Herrschaft und Freiheit*

steht in der Form „de imperio ac libertate" am Ende
der 4. catilinarischen Rede Ciceros. Vergleiche Schiller,
Prolog zu Wallensteins Lager „Wo um der Menschheit
große Gegenstände, um Herrschaft und um Freiheit
wird gerungen".

> Ut sementem feceris, ita metes
> *Wie die Saat, so die Ernte*

des M. PINARIUS RUFUS steht bei Cicero „De oratore",
2, 65, 261.
Aus Cicero „De legibus" (III 3, 8) stammt

> salus populi suprema lex
> *das Wohl des Volkes oberstes Gesetz.*

Nach seiner Erzählung (in „Tusculanae" III 15, 31) von
Xanthippe, der Frau des Sokrates, die ihres Mannes
Gleichmut rühmte, sagen wir

> semper idem
> *immer derselbe*

und nach „De officiis" (I 39, 139) sprechen wir von

> homo novus
> *neuer (unbekannter) Mann.*

So hieß in Rom ein Mann, der als erster seiner Familie zu den hohen Staatsämtern und damit in die Nobilität, den Amtsadel, gelangte. Mit „Laelius" (15, 54) sagt man

> Fortuna caeca est
> *Das Glück ist blind.*

Aus Cicero „Philippica" (XII 2, 5) entnehmen wir

> Cuiusvis hominis est errare, nullius
> nisi insipientis in errore perseverare
> *Jeder Mensch kann irren! Unsinnige nur*
> *verharren im Irrtum.*

Abgekürzt sagen wir mit des älteren Seneca Formulierung (humanum est errare) danach

> Errare humanum est
> *Irren ist menschlich.*

Aus Cicero „De officiis" (II 21, 74) wird entnommen

> Necessitati parendum est
> *Der Notwendigkeit muß man gehorchen,*

abgekürzt als Sprichwort

> *Not kennt kein Gebot,*

oder nach Emanuel Geibels „Kriegslied" in seinen Juniusliedern „Und wenn die Not nicht Eisen bricht"

> *Not bricht Eisen.*

Auch heißt es schon in der „Antigone" des Sophokles (1106)

> *der Not gehorchend, laß ich ab vom Kampf*

und später mit Isabella in Schillers „Braut von Messina" (1, 1)

> *der Not gehorchend, nicht dem eignen Trieb.*

Auf Cicero „Pro Murena" (XX, 92) wird zurückgeführt

> Cui dolet, meminit
> *Wen es schmerzt, denkt daran,*

dazu das deutsche Sprichwort

Gebranntes Kind scheut das Feuer.

Aus Cicero „De fato" (IX, 7) kommt

Homini necesse est mori
Alle Menschen müssen sterben.

Bei Cicero „Pro Roscio Amerino" (29, 80) finden wir auch das Wort

Sectores collorum
Halsabschneider.

Ebenda (16, 47) die Stelle: „Homines notos sumere odiosum est, cum et illud incertum sit, velintne hi sese nominari" „Angesehene Leute nennen ist eine heikle Sache, da es zweifelhaft ist, ob sie genannt werden wollen." Daher stammt

Nomina sunt odiosa
Namen nennen ist peinlich

und in „Actio in Verrem" (57, 147) das stolze

Civis Romanus sum
Ich bin ein römischer Bürger,

sowie in „Pro Cluentio" (28, 76) die altrömische Richterformel

non liquet
die Sache ist nicht klar (noch nicht spruchreif),

und ebenda 36, 98

in integrum restituere
in den früheren Rechtszustand zurückversetzen.

Auch das

curriculum vitae
Lebenslauf

treffen wir zum ersten Male bei Cicero, „Pro C. Rabirio" (§ 30).

Als erster Anhaltspunkt dafür, daß das geflügelte Wort

Ex oriente lux
(ex sole oriente evenit lux)
Aus dem Osten kommt das Licht,

das dann auf das Christentum übertragen und schließlich seit der Romantik für die Anschauung, die gesamte menschliche Kultur stamme aus dem Osten, verwandt wurde, schon ein lateinisches Schlagwort war, kann eine Stelle in einem an den Cäsarmörder Gajus Cassius Longinus gerichteten Brief von Cicero (ad. fam. XII, 5) dienen, wo es heißt: „nunc autem opto, ut ab istis orientis partibus virtutis tuae lumen eluccat." In griechischer Form

ἐκ σκότους τὸ φῶς λάμψει
aus dem Dunkel wird das Licht leuchten

ist das Wort bezeugt durch den Kirchenschriftsteller Clemens von Alexandria († vor 216 n. Chr.), der darin eine Vorahnung und einen Beweis der neuen Lehre erblickte (Protreptikos Logos, cap. 114).

Aus einigen Hexametern JULIUS CAESARS († 44 v. Chr.) über Terenz, die in der Biographie des Terenz von Sueton (p. 294, 35, ed. Roth) enthalten sind, hat man auf Grund eines falsch gesetzten Kommas die Bezeichnung

vis comica
Kraft der Komik

herausgelesen. Die entsprechenden Verse heißen

Lenibus atque utinam scriptis adiuncta
Foret vis,
Comica ut aequato virtus polleret honore
Cum Graecis
(Gesellte sich doch zu der Gefälligkeit deiner
Dichtung Kraft, damit deine Komik in gleicher
Ehre stände wie die griechische);

es ist daher von einer „virtus comica", nicht aber von einer „vis comica" die Rede.

Aus SALLUST (86–35 v. Chr.) „Jugurtha" 10 ist

Concordia parvae res crescunt, discordia
maximae dilabuntur
Durch Eintracht wächst das Kleine,
durch Zwietracht zerfällt das Größte,

ebendaher (XXXV 7) auch

ex aequo et bono
nach Recht und Billigkeit.

Von VARRO (116–27 v. Chr.) führt Macrobius „Saturnalien" 1, 7 an

Nescis, quid serus vesper vehat
Du weißt nicht, was der späte Abend bringt.

Aus LIVIUS (59 v. Chr. bis 17 n. Chr.) 39, 26 wird popularis aura gewöhnlich zitiert in der Form

aura popularis
wandelbare Volksgunst.

Vgl. Horaz „Oden" 3, 2, 20 und Vergil „Aeneis" 6, 817,
sowie Cic. „Pro Cluentio" 47.
Von dem römischen Elegiendichter ALBIUS TIBULLUS (54
bis 19 v. Chr.) stammt II 5, 23

Roma aeterna
das ewige Rom,

und er (1, 7, 26) nennt Zeus auch

Juppiter pluvius
regenspendender Jupiter,

den Goethe wieder in „Wanderers Sturmlied" (1771)
und im 22. der Venetianischen Epigramme (1790) zitiert.
Tibull war ein Freund des auch heute noch am meisten
zitierten römischen Dichters QUINTUS HORATIUS FLAC-
CUS (65–8 v. Chr.). Er gab 24 oder 23 v. Chr. die drei
ersten Bücher seiner „Oden" heraus; aus diesen ist geläufig
B. I 1, 7:

Mobilium turba Quiritium
Die Menge der wankelmütigen Quiriten.

I 37, 37:

Nil mortalibus ardui est
Nichts ist Sterblichen allzu schwer.

I 4, 15:

> Vitae summa brevis spem nos vetat
> inchoare longam
> *Die kurze Spanne des Lebens verbietet uns*
> *auf weite Sicht zu hoffen.*

I 9, 13:

> Quid sit futurum cras, fuge quaerere
> *Was morgen sein wird, frage nicht.*

I 11, 8:

> Carpe diem
> *Genieße den Tag.*

I 16, 22:

> Compesce mentem.
> *Zügle dein Herz.*

I 22, 1:

> Integer vitae scelerisque purus
> *Wer im Wandel rein und frei von Schuld.*

I 24, 7:

> Nuda veritas
> *Die nackte Wahrheit.*
> *Die ungeschminkte Wahrheit.*

I 24, 9:

> Multis ille bonis flebilis occidit
> *Von vielen Guten beweint, starb er hin.*

I 28, 15:

> Omnes una manet nox
> *Auf alle harrt ein und dieselbe Nacht.*

I 32, 1:

> Poscimur
> *Wir werden vom Geist ergriffen.*

I 37, 1:

> Nunc est bibendum
> *Jetzt gilt es zu pokulieren!*

Dieser Jubelruf des Horaz nach dem Tod der Kleo-
patra geht zurück auf den Anfang des Freudengesangs
des Alkaios auf den Tod von Myrsilos, dem Tyrannen
von Lesbos (um 600 v. Chr.).

> Νῦν χϱὴ μεϑύσϑην ...
> *Jetzt gilt es zu zechen!*

B. II 3, 1:

> Aequam memento rebus in arduis
> Servare mentem
> *Vergiß nicht, im Unglück standhaften Sinn*
> *zu bewahren.*

II 3, 25:

> Omnes eodem cogimur
> *Wir müssen alle an denselben Ort.*
> (Ins Jenseits müssen wir alle)

II 6, 13:

> Ille terrarum mihi praeter omnes
> Angulus ridet
> *Jenes Plätzchen lächelt mir vor allen anderen*
> *auf der Erde zu.*

II 10, 5:

> Aurea mediocritas
> *Goldene Mitte.*

II 14, 1 und 2:

> Eheu fugaces, Postume, Postume,
> Labuntur anni ...
> *O weh, die Jahre, Postumus, Postumus,*
> *Entgleiten flüchtig ...*

II 16, 27:

> Nihil est ab omni
> Parte beatum
> *Es gibt kein vollkommenes Glück.*

B. III 1, 1:

> Odi profanum vulgus et arceo
> *Ich hasse und halte mir fern die uneingeweihte*
> *gemeine Menge,*

III 1, 2:

> Favete linguis
> *Hütet eure Zungen, schweigt!*

und III 1, 40:

> Post equitem sedet atra cura
> *Es sitzet hinter dem Reiter die bittre Sorge.*

III 2, 13:

> Dulce et decorum est pro patria mori
> *Süß und ehrenvoll ist's, fürs Vaterland*
> *zu sterben,*

dem das Wort von Augustin „dulce est bellum inexpertis" – „süß ist der Krieg für solche, die ihn noch nicht erlebt haben", gegenübersteht.

III 3, 1:

> Iustum et tenacem propositi virum
> *den Biedermann, der seinem Entschlusse treu.*

III 3, 7:

> Si fractus illabatur orbis,
> Impavidum ferient ruinae
> *Wenn das Weltall zusammenstürzt, die Trüm-*
> *mer werden auf einen Unerschrockenen fallen.*

III 4, 65:

> Vis consili expers mole ruit sua
> *Die Gewalt überstürzt sich sinnlos*
> *durch ihr eigenes Gewicht.*

III 16, 17:

> Crescentem sequitur cura pecuniam
> *Dem wachsenden Besitz folgt die Sorge.*

III 24, 6:

>   dira necessitas
>   *die furchtbare Notwendigkeit.*

III 29, 55:

>   Mea virtute me involvo
>   *Ich hülle mich in den eigenen Wert.*

III 30, 1:

>   Exegi monumentum aere perennius
>   *Ein Denkmal habe ich mir gesetzt,*
>   *dauernder als Erz.*

Oft wird nur allein zitiert:

>   *aere perennius*

III 30, 6:

>   Non omnis moriar
>   *Nicht ganz werde ich sterben.*

B. IV 1, 3:

>   Non sum qualis eram
>   *Nicht bin ich mehr, der ich war.*

7, 16:

>   Pulvis et umbra sumus
>   *Staub und Schatten sind wir.*

(vgl. Euripides „Meleagros", Frg. 536 und Sophokles „Electra" v. 1159.)

9, 45:

>   Non possidentem multa vocaveris
>   Recte beatum
>   *Nicht den, der viel besitzt, mag man mit Recht*
>   *glücklich nennen,*

daraus wird sich vielleicht das gegenteilige

>   Beati possidentes
>   *Glücklich die Besitzenden*

entwickelt haben, vgl. S. 346;

12, 28:

>Dulce est desipere in loco,
>*Herrlich ist's, zu rechter Zeit toll zu sein,*

was Seneca „De tranquillitate animi" 15, gegen Ende,
in der Form „aliquando et insanire iucundum est" auf
einen griechischen Dichter zurückführt.
Aus den „Epoden" des Horaz (um 30 v. Chr.) ist bekannt 2, 1

>Beatus ille qui procul negotiis
>*Glücklich, wer fern von den Geschäften*

(wie das alte Geschlecht der Menschen vom Vater er-
erbten Boden mit eigenen Rindern pflügt).
Der „Satiren" 1. Buch von Horaz (35 v. Chr.) liefert I
1, 24

>(Quamquam) ridentem dicere verum
>(Quid vetat?)
>(Doch) *lächelnd die Wahrheit sagen*
>(was hindert daran?),

welche Stelle häufiger in der umgeänderten Gestalt

>Ridendo dicere verum

angezogen wird;
I 3, 68:

>Vitiis nemo sine nascitur
>*Niemand wird ohne Fehler geboren.*

1, 69 und 70:

>Mutato nomine de te fabula narratur
>*Die Geschichte handelt von dir,*
>*nur der Name ist geändert.*

1, 106:

>Est modus in rebus, sunt certi denique fines
>*Es ist Maß und Ziel in den Dingen, es gibt*
>*schließlich bestimmte Grenzen.*

3, 6:

>ab ovo usque ad mala
>*vom Ei bis zu den Äpfeln,*

d. h. vom Anfang des Mahles, wo Eier gereicht wurden,
bis zum Ende desselben, wo man die Früchte auftrug,
bedeutet: „von Anfang bis zu Ende, ohne Unterbre-
chung"; siehe Horaz „Kunst zu dichten", v. 147, wo
Horaz sagt

> Nec gemino bellum Trojanum orditur ab ovo
> (Homer) *beginnt den Trojanischen Krieg nicht*
> *beim Zwillingsei* (der Leda, aus dem Helena
> hervorging).

Daher die Redensart

> ab ovo
> *vom Ei an,*

also von Uranfang an. Horaz fährt im folgenden Vers
fort, daß Homer gleich

> in medias res
> *mitten in die Dinge hinein*

führe. Aus Sat. 4, 34

> Dummodo risum
> excutiat sibi, non hic cuiquam parcet amico
> *Wenn er nur Lachen für sich erweckt,*
> *wird er keinen Freund verschonen*

scheint das schon bei M. F. Quintilian (35–95) „Institutio oratoria" 6, 3, 28 als sprichwörtlich angeführte

> Potius amicum quam dictum perendi
> *Lieber einen Freund verlieren als einen Witz*

entwickelt. Boileau, Sat. 9, 22 hat

> Mais c'est un jeune fou qui se croit tout permis,
> Et qui pour un bon mot va perdre vingt amis.

Quitard „Dictionnaire des proverbes", Paris 1842, p. 44,
führt auf „Il vaut mieux perdre un bon mot qu'un
ami".
4, 62 aus „invenias etiam disiecti membra poetae"
(nach Wieland: „Ihr werdet auch in den zerstückelten
Gliedern den Dichter wiederfinden")

> disiecta membra
> *zerstreute Glieder.*

4, 85:

> Hic niger est, hunc tu, Romane, caveto
> *Dieser ist ein Bösewicht;*
> *Vor ihm, o Römer, hüte dich.*

5, 100:

> Credat Iudaeus Apella
> *Das glaube der Jude Apella*

(d. h.: Glaube es, wer es will; ich glaube es nicht);
9, 59:

> Nil sine magno
> Vita labore dedit mortalibus
> *Nichts gab das Leben den Sterblichen*
> *ohne schwere Mühe.*

9, 71:

> – Unus multorum
> *Einer von vielen,*

woraus oft wird

> Unus pro multis
> *Einer für viele,*

und sich der Schweizerische Wahlspruch

> *Einer für alle, alle für einen*

entwickelte.
9, 78:

> Sic me servavit Apollo
> *So rettete mich Apollo.*

10, 27:

> Saepe stilum vertas
> *Oft wende den Griffel* (streich aus),

d. h.: „feile den Ausdruck" (indem du mit dem oberen breiteren Ende des Griffels verwischest, was du mit dem unteren spitzen in die Wachstafel gegraben hast).
Der „Satiren" 2. Buch (wahrscheinlich 30 v. Chr.) liefert
1, 27

> quot capitum vivunt,
> todidem studiorum milia,

daher mit Anlehnung an des Terenz (Phormio 2, 4):

> Quot homines, tot sententiae

unser

> Quot capita, tot sensus!
> *so viel Köpfe, so viel Meinungen.*

2, 17 und 18

> cum sale panis
> Latrantem stomachum
> bene leniet
> Brot wird den bellenden Magen mit
> Salz gut beruhigen,

danach:

> *Bellender* oder *knurrender Magen.*

2, 26:

> rara avis,
> *ein seltener Vogel,*

was auch Persius 1, 46 und Juvenal 6, 164 steht;
3, 243:

> par nobile fratrum
> *ein edles Brüderpaar.*

6, 1:

> Hoc erat in votis
> *Das hab ich mir gewünscht.*

Die „Episteln" des Horaz (1. Buch 20 oder 19 v. Chr.)
bieten I 1, 14

> iurare in verba magistri
> *auf des Meisters Worte schwören.*

I 1, 54:

> O cives, cives, quaerenda pecunia primum est;
> Virtus post nummos
> *O meine Mitbürger, zuerst muß man nach*
> *Reichtum streben;*
> *Manneswert kommt erst nach dem Geldwert.*

I 2, 14:

> Quidquid delirant reges, plectuntur Achivi
> *Wie auch immer die Könige* (Agamemnon und
> Achilles) *rasen, die Griechen müssen es büßen.*

I 2, 16:

> Iliacos intra muros peccatur et extra
> *Innerhalb der Mauern Trojas und draußen*
> *wird gefrevelt.*

I 2, 27:

> Nos numerus sumus et fruges consumere nati
> *Nullen sind wir, geboren,*
> *allein die Feldfrüchte zu essen.*

I 2, 40:

> Dimidium facti, qui coepit, habet
> *Wer nur begann, der hat schon halb vollendet,*

nach dem griechischen Sprichwort: ἡ ἀρχὴ ἥμισυ παντός
ARISTOTELES „Nikomachische Ethik", K. 7 und sonst
(vgl. S. 328), sagt, „daß der Anfang mehr als die Hälfte
des Ganzen sei". Ebenfalls Episteln I 40

> Sapere aude
> *Wage es, weise zu sein.*

I 2, 62:

> Ira furor brevis est
> *Der Zorn ist eine kurze Raserei.*

I 2, 69:

> Quo semel est imbuta recens, servabit odorem
> testa diu
> *Lange wird das Geschirr noch danach duften,*
> *womit es zuerst gefüllt wurde.*

I 6, 67 enthält

> Si quid novisti rectius istis,
> Candidus imperti; si non, his utere mecum
> *Wenn du etwas Richtigeres weißt als das hier*
> *Mitgeteilte, so gib mir unumwunden davon Kennt-*
> *nis; wenn nicht, so benutze dies mit mir,*

was an Isokrates (436–338 v. Chr.) erinnert, der (Ad. Nicod. § 39) sagt: χρῶ τοῖς εἰρημένοις ἢ ζήτει βελτίω τούτων – benutze das Gesagte oder suche etwas Besseres als dies.

I 10, 24:

> Naturam expellas furca; tamen usque recurret
> *Das Naturell magst du mit Gewalt verdrängen,*
> *doch wird es stets zurückkehren.*

I 11, 27:

> Caelum, non animum mutant,
> qui trans mare currunt
> *Das Klima, nicht den Charakter wechselt,*
> *wer über See fährt.*

I 11, 28:

> strenua ... inestia
> *geschäftiger Müßiggang,*

ebenso bei Phaedrus 2, 5 „occupata in otio" oder bei Seneca (über die Kürze des Lebens 11, g. E.) „desidiosa occupatio" Vgl. S. 98.

I 12, 19:

> Concordia discors
> *Zwieträchtige Eintracht.*

I 17, 35:

> Principibus placuisse viris non ultima laus est.
> *Wer den hervorragendsten Männern gefiel,*
> *des Ruhm ist nicht der letzte.*

I 17, 36:

> Non cuivis homini contingit adire Corinthum
> *Nicht jedem Menschen wird zuteil, nach Korinth*
> *zu gehen,*

(weil es nämlich zu kostspielig ist), die Horazische Übersetzung eines griechischen Sprichworts, dessen Entstehung man Gellius 1, 8, 4 nachlesen kann.

I 18, 15 und 16:

>Rixatur de lana caprina
>*Er streitet um Ziegenhaar.*

Wir sagen (s. a. S. 443)

>*Sich um des Kaisers Bart streiten.*

In Emanuel Geibels Gedicht „Von des Kaisers Bart"

>Zankt, wenn ihr sitzt beim Weine,
>Nicht um des Kaisers Bart.

I 18, 71:

>Et semel emissum volat irrevocabile verbum
>*Und das Wort, einmal ausgesprochen,*
>*fliegt unwiderruflich dahin.*

I 18, 84:

>Nam tua res agitur, paries cum proximus ardet
>*Denn es handelt sich um deine Habe,*
>*wenn das Haus des Nachbarn brennt.*

I 19, 19:

>O imitatores, servum pecus
>*O Nachahmer, sklavisches Gezücht.*

Aus dem 2. Buch, das in seinen letzten Lebensjahren erschien, stammt 2, 11

>Laudat venales, qui vult extrudere, merces
>*Wer die Ware losschlagen will, lobt sie*
>*Jeder Krämer lobt seine Ware*

und aus 2, 102

>Genus irritabile vatum
>*Das reizbare Geschlecht der Dichter.*

Aus der „Kunst zu dichten" des Horaz entlehnen wir V. 4:

>Desinit in piscem mulier formosa superne
>*Am Oberkörper ein schönes Weib,*
>*endigt sie in einen Fisch.*

V. 5:

      Risum teneatis, amici?
      Würdet ihr euch des Lachens erwehren, Freunde?

V. 9 u. 10:

      Pictoribus atque poëtis
      Quidlibet audendi
      semper fuit aequa potestas
      *Malern und Dichtern war stets gleichermaßen
      erlaubt, alles mögliche zu wagen.*

V. 11:

      Hanc veniam petimusque damusque vicissim
      *Um diese Erlaubnis bitten wir,
      und wir geben sie unsererseits;*

als Zitat wird es ganz allgemein von gegenseitigen Diensten gebraucht; Horaz bezieht es auf die dichterischen Freiheiten, die er anderen Poeten gestatten und sich selbst erlaubt wissen will.

V. 19:

      Non erat hic locus
      Dazu war hier der Platz nicht.

V. 25:

      Brevis esse laboro:
      Obscurus fio
      *Ich bemühe mich kurz zu sein
      und werde dunkel.*

V. 39:

      Versate diu, quid ferre recusent,
      Quid valeant humeri
      *Überleget lange, was die Schultern zu tragen
      verweigern und was sie vermögen.*

V. 78:

      Grammatici certant et adhuc sub iudice lis est
      *Da sind die Gelehrten nicht einig, und
      noch ist der Prozeß beim Gericht anhängig,*

woraus sich das Scherzwort entwickelt hat

      Darüber sind sich die Gelehrten noch nicht einig.

V. 97:

> Sesquipedalia verba.
> *Ellenlange Wörter.*

Bei der Schilderung des hohen Alters in Vers 173 nennt er den Greis

> Laudator temporis acti.
> *Lobredner der Vergangenheit.*

Aus V. 276: „Dicitur et plaustris vexisse poemata Thespis" (Man sagt, daß Thespis seine dramatischen Dichtungen auf Wagen umhergefahren habe) ist der

> *Thespiskarren*

entlehnt. V. 333 steht

> Aut prodesse volunt aut delectare poetae
> *Die Dichter wollen entweder nützen*
> *oder ergötzen.*

Aus V. 343

> Omne tulit punctum qui miscuit utile dulci
> *Allgemeinen Beifall erringt, wer das Nützliche*
> *mit dem Angenehmen mischt*

ist die Redensart entlehnt

> *das Angenehme mit dem Nützlichen verbinden.*

Von einer Schrift, zu deren Lektüre man gern zurückkehrt, zitiert man den Ausgang des 365. Verses

> Decies repetita (poësis) placebit
> *Zehnmal wiederholt, wird sie gefallen.*

Solche Schrift wird zu jenen gehören, deren Verfasser das berühmte

> nonumque prematur in annum
> *und bis ins neunte Jahr muß sie gefeilt werden,*

den Ausgang des 388. Verses, beherzigt haben.
Aus Vers 359

> Indignor, quandoque bonus dormitat Homerus
> Ich ärgere mich, wenn einmal auch dem
> wackeren Homer etwas Menschliches begegnet

wird zitiert

> Quandoque bonus dormitat Homerus
> *Ja zuweilen schlummert selbst der*
> *wackere Homer.*

In „Don Quijote" des Cervantes II 3 wird der Spruch mit „aliquando" statt „quandoque" angeführt.
Nach Horaz wird am meisten aus den Werken des klassischen römischen Epikers Publius Vergilius Maro (70 v. Chr. bis 19 n. Chr.), auch „Virgil" genannt, zitiert.

VERGIL bietet „Eklogen" 1, 6

> Deus nobis haec otia fecit
> *Ein Gott hat uns diese Muße geschaffen.*

2, 1:

> Formosum pastor Corydon ardebat Alexin
> *Für den schönen Alexis erglühte*
> *der Schäfer Corydon*

ist namentlich durch die verdrehte Übersetzung

> *Der Pastor Corydon briet einen*
> *wunderschönen Hering*

bekannt, die Christian Weise in seiner vom 27. Sept. 1692 datierten Vorrede zu Zincgrefs „Apophthegmata", Frankfurt und Leipzig 1693, erwähnt.
Bürger gebraucht in seinem Gedicht „Die Weiber von Weinsberg" (1775) nach Vergils Schäfer Corydon die Wendung

> *O weh mir armen Korydon*

nach der 2. Ekloge Vers 69

> Ah Corydon, Corydon, quae te dementia cepit
> *Ach Corydon, Corydon, welcher Wahn hat dich*
> *ergriffen.*

2, 65 sagt Corydon

> Trahit sua quemque voluptas
> *Es reißt einen jeden seine Leidenschaft hin.*

Der Wettgesang in Vergils 3. Ekloge 59 beginnt

>Ab Jove principium.
>*Mit Jupiter fangen wir an.*

3, 93 sagt Damoetas

>Latet anguis in herba
>*Die Schlange lauert im Grase,*

vgl. „Georgica" 4, 457–459. 3, 104 fordert Damoetas den Menalcas auf, ihm zu sagen, in welcher Gegend der Himmel nur drei Klafter breit sei, „und", fügt er hinzu, „wenn du darauf antworten kannst,

>eris mihi magnus Apollo
>*dann wirst du für mich groß wie Apoll sein".*

Danach pflegt man Fragen, deren Beantwortung man nicht erwartet, mit diesem Spruche zu begleiten. 3, 108 heißt es

>Non nostrum tantas componere lites
>*Nicht unseres Amtes ist es, solchen Streit*
>*beizulegen.*

3, 111:

>Claudite iam rivos, pueri; sat prata biberunt
>*Schließt nun die Rinnen, ihr Knechte!*
>*genugsam getränkt sind die Wiesen.*

10, 69:

>Omnia vincit Amor
>*Alles besiegt der Gott der Liebe.*

„Georgica" 1, 30 bietet die Bezeichnung eines weit entlegenen Eilandes

>Ultima Thule,
>*Die äußerste Thule,*

was auch in Tacitus „Agricola" 11 und in Seneca „Medea" Vers 382 vorkommt. Es heißt 1, 145:

>Labor (omnia vincit)
>Improbus
>*Unablässige Arbeit (besiegt alles).*

2, 490:

> Felix, qui potuit rerum cognoscere causas
> *Glücklich der, welcher die Gründe der Dinge*
> *zu erkennen vermocht hat.*

3, 284:

> Sed fugit interea, fugit irreparabile tempus
> *Aber unterdessen flieht, flieht die*
> *unwiederbringliche Zeit.*

4, 176:

> Si parva licet componere magnis
> *Wenn man Kleines mit Großem*
> *vergleichen darf.*

S. Ekloge 1, 24 u. vgl. OVIDS „Metam." 5, 416 u. 417

> – si componere magnis
> Parva mihi fas est
> *Wenn es mir erlaubt ist,*
> *Kleines mit Großem zu vergleichen.*

Vgl. S. 336.

> Tantaene animis caelestibus irae!
> *So viel Zorn in der Seele der Götter!*

ruft Vergil „Aeneïde" 1, 11 aus; nach 1, 26

> manet alta mente repostum
> *bleibt* (der Juno) *tief in die Seele gesenkt*

das Urteil des Paris, der ihr die Venus vorgezogen hatte.

1, 33 heißt es

> Tantae molis erat (Romanam condere gentem)
> *So schwer war es, (das römische Volk*
> *zu begründen).*

1, 118 heißt es

> (Apparent) rari nantes in gurgite vasto
> *Nur wenige (sieht man) in dem mächtigen*
> *Wogengewühl schwimmend.*

Neptun bringt die Winde mit

> Quos ego!
> *Euch werd ich!*

1, 135 zur Ruhe. Viel wird 1, 203

> Forsan et haec olim meminisse iuvabit
> *Vielleicht wird es einst eine Freude sein,*
> *auch dieser Dinge zu gedenken*

(eine Nachahmung von Homers Odyssee 12, 212) und 204:

> Per varios casus, per tot discrimina rerum
> *Durch mannigfache Geschicke,*
> *durch so viele Gefahren*

zitiert. Das Wort des Aeneas 2, 3

> Infandum, regina, iubes renovare dolorem

ist in der Schillerschen Übersetzung (Gedichte von Friedrich Schiller, 1. T., Leipz. Crusius 1800)

> *O Königin, du weckst der alten Wunde*
> *Unnennbar schmerzliches Gefühl*

ein geläufiges Zitat geworden.
Aus 2, 6 ist

> et quorum pars magna fui
> *und worin ich eine große Rolle spielte.*

Berühmt ist der Warnungsruf des Laokoon, 2, 49

> Quidquid id est, timeo Danaos et dona ferentes
> *Was es auch ist, ich fürchte die Griechen,*
> *selbst wenn sie Gaben bringen.*

Uns hat dieser Vers für eine verdächtige Gabe, die Vorteil verspricht und mit Nachteil droht, den Ausdruck

> *Danaergeschenk*

zugeführt. Auch der

> *Kassandraruf*

geht auf Vergils Aeneis 2, 49 zurück:

Tunc etiam fatis aperit Cassandra futuris
Ora dei cursu non unquam credita Teueris
Da tut auch Kassandra den Mund auf, Unheil
verkündend,
Die auf Apollos Geheiß nie Glauben gefunden
in Troja.

Es heißt 2, 274

Quantum mutatus ab illo
Wie sehr verändert.

2, 311:

Iam proximus ardet
Ucalegon
Schon brennt des Nachbarn Ucalegon Haus.

2, 325:

Fuimus Troes
Trojaner sind wir gewesen.

2, 354:

Una salus victis nullam sperare salutem
Eine Rettung bleibt den Besiegten,
keine Rettung zu hoffen.

2, 774 und 3, 48 steht

Obstupui, steteruntque comae, et vox
faucibus haesit
Ich stand wie betäubt, die Haare sträubten sich
mir, die Stimme stockte im Halse.

3, 57:

Auri sacra fames!
Oh, fluchwürdiger Hunger nach Gold!

4, 175:

Viresque acquirit eundo
Und Kräfte gewinnt sie (die Fama) *durchs*
Gehen.

Zu besserer Verständlichkeit wird der Ausdruck umgeändert in

>Fama crescit eundo
>*Das Gerücht wächst, indem es sich verbreitet.*

Verkürzt wird auch zitiert

>Crescit eundo.

4, 569 steht

>Varium et mutabile semper femina
>*Immer ist die Frau ein wankelmütiges*
>*und veränderliches Wesen.*

4, 625:

>Exoriare aliquis nostris ex ossibus ultor
>*Möge mir ein Rächer erstehen aus meinen*
>*Gebeinen.*

Diese Worte zitierte der große Kurfürst FRIEDRICH
WILHELM (1620–88) bei Unterzeichnung des ungün-
stigen Friedens von St. Germain (29. Juni 1679).
5, 320 heißt es bei der Schilderung eines Wettlaufspiels,
daß Nisus der erste war und ihm Salius

>longo sed proximus intervallo
>*als Nächster, doch in weitem Abstand*

folgte. Plinius der Jüngere wendet das Wort in den
„Briefen" (7, 20) auf seinen eigenen literarischen Wert
im Vergleich zu dem des Tacitus an. 6, 95 steht

>Tu ne cede malis, sed contra audentior ito
>*Weiche dem Unglück nicht, nein, gehe ihm noch*
>*mutiger entgegen.*

Des Aeneas Begleiter,

>fidus Achates
>*der getreue Achates,*

6, 158 und auch sonst erwähnt, ist Bezeichnung eines
treuen Freundes geworden.
6, 126 steht

>Facilis descensus Averno
>*Leicht ist das Hinabsteigen in die Unterwelt.*

Dieser Vers geht zurück auf den kynischen Philosophen BION (um 270 v. Chr.) nach Diogenes Laërtius IV, 49

εὔκολον τὴν εἰς Ἅιδου ὁδόν · καταμύοντας γοῦν κατιέναι

– Der Weg zum Hades ist leicht; man kommt ja mit geschlossenen Augen hinab.

6, 261 heißt es

> Nunc animis opus, Aenea, nunc pectore firmo
> *Jetzt bedarf es des Muts, Aeneas,*
> *jetzt einer festen Brust.*

Aus 6, 620 wird zitiert

> Discite iustitiam moniti, et non temnere divos
> *Lernet, gewarnt, recht tun und nicht mißachten*
> *die Götter.*

Aus 6, 727 ist

> Mens agitat molem
> *Der Geist bewegt die Materie,*

aus 6, 853:

> Parcere subiectis et debellare superbos
> *Die Unterworfenen schonen und die*
> *Hochmütigen besiegen,*

aus 7, 312:

> Flectere si nequeo superos, Acheronta movebo
> *Wenn ich die Götter im Himmel nicht erweichen*
> *kann, so werde ich die Hölle in Bewegung*
> *setzen,*

aus 8, 560:

> O mihi praeteritos referat si Juppiter annos!
> *O brächte mir Jupiter die früheren Jahre zurück!*

Die Tonmalerei in 8, 596

> Quadrupedante putrem sonitu quatit ungula
> campum
> *Mit vierfüßigem Stampfen erschüttern den*
> *lockeren Boden die Hufe*

wandelt der Dichter 11, 875 um, indem er „cursu" statt
„sonitu", „Lauf" statt „Schall" und „quadrupedoque"
statt „quadrupedante" setzt. Die Worte 9, 641

> Sic itur ad astra
> *So steigt man zu den Sternen*

werden oft als Devise verwendet. Aus 10, 63

> Quid me alta silentia cogis rumpere?
> *Warum zwingst du mich, das tiefe Schweigen*
> *zu brechen?*

ist entnommen

> altum silentium
> *tiefes Schweigen.*

10, 467 steht

> Stat sua cuique dies
> *Jedem steht sein Tag bevor.*

> Experto credite
> *Glaubt es dem, der es selbst erfahren hat*

steht 11, 283. Es ist auch in Ovid „Ars amandi" 3, 511
zu finden und, umgestellt in „crede experto", bei Silius
Italicus „Punica" 7, 395. Das Wort Vergils

> sic vos non vobis
> *so ihr nicht für euch*

ist uns vom jüngern Donatus „Leben des Vergil" 17
überliefert. Vergil habe einst anonym an das Tor des
Augustus ein für den Kaiser schmeichelhaftes Distichon
angeschrieben. Bathyll, ein schlechter Dichter, habe sich
für den Verfasser ausgegeben und sei deshalb von Augustus mit Ehren und Gaben bedacht worden. Um die
Blöße des unverschämten Poeten aufzudecken, schrieb
Vergil darauf den obigen Halbvers viermal untereinan-
der an das Tor. Augustus forderte die Ergänzung
dieses Versanfangs. Vergebens versuchten sich einige
daran. Da kam endlich Vergil, und nachdem er unter
das erst erwähnte Distichon die Worte gesetzt hatte:

„Hos ego versiculos feci, tulit alter honores" (Diese
Verslein schrieb ich; die Ehren trug ein anderer davon)
ergänzte er die Anfänge so

> Sic vos non vobis nidificatis aves,
> Sic vos non vobis vellera fertis oves,
> Sic vos non vobis mellificatis apes,
> Sic vos non vobis fertis aratra boves
> *So baut ihr Nester, o Vögel, nicht für euch,*
> *So tragt ihr Wolle, o Schafe, nicht für euch,*
> *So macht ihr Honig, o Bienen, nicht für euch,*
> *So zieht ihr Pflüge, o Rinder, nicht für euch.*

Von dem römischen Geschichtsschreiber TITUS LIVIUS
(59 v. Chr. bis 17 n. Chr.) stammen folgende Worte:
Aus V 51, 8

> Adversae res admonuerunt religionem
> *Das Unglück hat den Glauben wieder in*
> *Erinnerung gebracht,*

vgl. unser Sprichwort

> *Not lehrt beten*

und

> Duobus litigantibus tertius gaudet
> *Wenn zwei sich streiten, freut sich der Dritte,*

und daraus abgeleitet

> tertius gaudens
> *der lachende Dritte.*

Aus XXXI 7

> Dum Roma deliberat, Saguntum perit
> *Während Rom noch beratschlagt, fällt Sagunt.*

Aus XXXII 34, 3

> Apparet id etiam caeco
> *Das sieht sogar ein Blinder.*

Aus XXII 51, 4 nach der Niederlage der Römer bei
Cannae (216 v. Chr.) das Wort des Reiterführers Ma-
harbal, der rät, sofort auf Rom zu marschieren

> Vincere scis, Hannibal, victoria uti nescis
> *Zu siegen verstehst du, Hannibal, aber den Sieg*
> *zu nutzen verstehst du nicht.*

Aus XXXIX 26, 9

> Nondum omnium dierum sol occidit
> *Es ist noch nicht aller Tage Abend,*

und ebenso aus XLI 8, 6

> Quid vesper ferat, incertum est
> *Was der Abend bringt, ist ungewiß.*

Aus XXXVIII 25, 13 bildete sich das Wort

> Periculum in mora
> *Gefahr im Verzuge.*

Auch aus den Werken des römischen Dichters Publius
Ovidius Naso (43 v. Chr. bis 17/18 n. Chr.), der von
Augustus nach Tomi am Schwarzen Meer verbannt
wurde und dort starb, wird viel zitiert.
Bekannte Verse des OVID sind aus den „Metamorpho-
sen" 1, 7

> rudis indigestaque moles
> *eine rohe, ungeordnete Masse.*

2, 13 und 14 in der Schilderung der Nereiden

> Facies non omnibus una,
> Nec diversa tamen (qualem decet esse sororum)
> *Nicht alle hatten dasselbe Antlitz, und doch war*
> *es nicht verschieden (wie es bei Schwestern zu*
> *sein pflegt).*

2, 137:

> Medio tutissimus ibis
> *In der Mitte wirst du am sichersten gehen.*

3, 136 und 137:

> dicique beatus
> Ante obitum nemo supremaque funera debet
> *und vor dem Tode und der endlichen*
> *Bestattung darf niemand glücklich genannt*
> *werden,*

was an die Worte erinnert, die nach „Arrian" 7, 16 Solon an Krösus richtete (vgl. Herodot 1, 29–34) und die wir gewöhnlich lateinisch so zitieren

Nemo ante mortem beatus
Niemand (ist) vor dem Tode glücklich,

womit Jesus Sirach 11, 29 übereinstimmt: „Darum sollst du niemand rühmen vor seinem Ende."
6, 376 die das Quaken der Frösche malenden Worte

Quamvis sint sub aqua,
Sub aqua maledicere tentant
Obgleich unter dem Wasser, versuchen sie
unter dem Wasser zu schimpfen.

7, 20 und 21:

Video meliora proboque:
Deteriora sequor
Ich sehe das Bessere und billige es;
Dennoch tue ich das Schlechtere,

was Ovid aus des Euripides „Medea" 1078 und „Chrysippos" (ed. Nauck) frgm. 837 und 838 entnahm;
8, 172 berichtet Ovid (siehe auch „Heroiden" 10, 103 und „Fasti" 3, 462 sowie Hygin 42) von dem

Labyrinth,

aus dem Theseus nur mit dem Fadenknäuel der ihn liebenden Ariadne, dem

Ariadnefaden,

zurückfand. Danach unser Wort

Leitfaden,

der durch ein ganzes Wissensgebiet hindurchleitet.
Auf „Metamorphosen" 8, 183–235 mit der Erzählung vom Flug des Dädalus mit seinem Sohne Ikarus, der mit seinen wachsverklebten Flügeln der Sonne zu nahe kam und durch Schmelzen des Wachses abstürzte, geht das Wort vom

Ikarusflug

und

Ikaridenlos

zurück.

Aus 9, 711 ist entlehnt

> pia fraus
> *frommer Betrug.*

Aus Met. 11, 634 ff. stammt vom Sohn des Schlafgottes Somnus der Name

> *Morpheus,*

der der Traumgott ist und von dessen Namen die Bezeichnung „Morphium" abgeleitet ist. Daher

> *in Morpheus' Armen liegen.*

15, 234

> tempus edax rerum
> *die Zeit, welche die Dinge zernagt;*

auch in den „Epistolae ex Ponto" 4, 10, 7 wendet er „tempus edax" an.

In den „Metamorphosen" erzählt Ovid auch die Sage von

> *Philemon und Baucis,*

die nach ihrer Bewirtung des Jupiter und Merkur beim gleichzeitigen Tode, den sie erbeten hatten, in eine Eiche und in eine Linde verwandelt werden und als Vorbild für alte treue Ehepaare gelten. Vgl. auch Goethes „Faust" 2. Teil, 5. Akt.

Der 92. Vers der „Mittel gegen die Liebe" heißt

> Principiis obsta, (sero medicina paratur)
> *Widerstehe dem Anfang,*
> *(zu spät kommt die Kur).*

Aus den „Amores" des Ovid (III 8, 55) stammt

> Dat census honores
> *Das Einkommen verleiht die Ehren.*

Aus seiner „Kunst zu lieben" 1, 99 ist bekannt

> Spectatum veniunt,
> Veniunt spectentur ut ipsae
> *Zum Schauen kommen die Frauen, und kommen,*
> *um selbst geschaut zu werden.*

Ebenso aus der „Ars amandi" (I 669, 70) stammt

Oscula qui sumpsit, sed non et cetera sumet
Haec quoque, quae data sunt,
perdere dignus erit
Wer den Kuß sich genommen und nichts
anderes begehrt, der ist der erhaltenen
Gunst nicht wert.

Aus 2, 13 wird zitiert

parta tueri
das Erworbene zu wahren wissen.

Aus 2, 178 stammt das auch „Amores" 3, 11, 7 vorkommende

Perfer et obdura
Trage und dulde,

was schon vor Ovid Catull, c. 8 v. 11, in der Form

(sed obstinata mente) perfer, obdura

hat; in Horaz „Satiren" 2, 5, 39 lautet es

Persta atque obdura.

Aus den „Tristia" sind 1, 9, 5 und 6

Donec eris felix, multos numerabis amicos:
Tempora si fuerint nubila, solus eris
Solange du glücklich bist, wirst du viele Freunde
zählen,
Wenn Wolken heraufziehen, wirst du allein sein,

ferner 3, 4, 25 ein Spruch des Epikur

λάθε βιώσας,

von Ovid mit „bene qui latuit, bene vixit" übersetzt,
der gewöhnlich umgestaltet wird in

Bene vixit, qui bene latuit
Glücklich lebte, wer in glücklicher
Verborgenheit lebte.

4, 3, 37:

Est quaedam flere voluptas
Im Weinen liegt eine gewisse Wonne.

5, 10, 37:

>Barbarus hic ego sum, quia non intelligor ulli
>*Ein Barbar bin ich hier, weil mich ja niemand*
>*versteht,*

aus den „Amores" 3, 4, 17

>Nitimur in vetitum semper cupimusque negata
>*Wir streben immer nach dem Verbotenen und*
>*begehren das Versagte.*

Vielleicht hängt

>nomina sunt odiosa

auch mit dem in den „Heroiden", Brief 13, 54 vorkommenden

>Nomina sunt ipso paene timenda sono
>*Namen sind fast des Klanges wegen zu fürchten*

zusammen (vgl. S. 375).
In „Heroiden" Brief 16, 166 steht

>An nescis longas regibus esse manus?
>*Weißt du nicht, daß Könige lange Hände haben?*

Wir sagen

>lange Arme haben,

d. h. weit reichen, wirken können.
Aus den „Fasti" 1, 218 wird zitiert

>pauper ubique iacet
>*überall liegt der Arme am Boden*

und aus 6, 5

>Est deus in nobis, agitante calescimus illo
>*Ein Gott ist in uns, wir erglühen durch seinen*
>*Antrieb.*

In „Briefe aus dem Pontus" 3, 4, 79 steht

>Ut desint vires, tamen est laudanda voluntas
>*Mögen auch die Kräfte fehlen, doch der Wille*
>*ist zu loben.*

Ob das berühmte Distichon:

> Bella gerant alii, tu felix Austria nube!
> Nam quae Mars aliis, dat tibi regna Venus
> *Kriege laß andere führen!*
> *Du, glückliches Österreich, heirate!*
> Den andern gibt Mars, dir Venus
> die Mehrung des Reiches

auf Ovids Pentameter 13, 84 „Bella gerant alii! Protesilaus amet!" zurückgeht, bleibt offen. Es wird auch dem König von Ungarn Matthias I. Corvinus (1443 bis 1490) irrtümlich zugeschrieben.

In der 107. Fabel des HYGIN (geb. um 10 v. Chr.) lesen wir die Sage von Apollo, der in der Gestalt des Paris den Achilles an seiner einzig sterblichen Stelle, der Ferse, durch Pfeilschuß tötete. Daher sprechen wir von einer verwundbaren Stelle als

> *Achillesferse.*

In Hygins 168. Fabel steht die Sage von den 50 Töchtern des Danaos ausgenommen Hypermestra, die ihre Gatten ermordet hatten und zur Strafe in der Unterwelt Wasser in ein leckes Faß schöpfen mußten. Daher sprach Lukian (Timon 18) vom

> Δαναΐδων πίθος

> *Faß der Danaiden,*

das Schiller in der „Jungfrau von Orleans" (1, 4) zitierte. Aus solchen schon auf griechischen Vasenbildern des 6. Jh. v. Chr. dargestellten Szenen entwickelte sich das öfters erwähnte sprichwörtliche Bild für vergebliche Tätigkeit und nutzlose Verschwendung, z. B. Xenophon, Pikonomikos VII, 40, εἰς τὸν τετρημένον πίθον ἀντλεῖν — in das durchlöcherte Faß schöpfen.

Auch das Wort von der

> *Drachensaat*

(eigentlich Drachenzahnsaat) geht auf eine Fabel (178) von Hygin zurück, in der die Sage von Kadmus erzählt wird, der die Zähne des von ihm getöteten Drachen

aussäte; die Krieger, die daraus emporwuchsen, er-
schlugen einander. Daher gebräuchlich für Zwietracht-
stiften.

Das Wort

> *klassischer Zeuge*

geht auf VERRIUS FLACCUS (um Christi Geburt) zurück,
von dem der mittelalterliche Geschichtsschreiber Paulus
Diaconus († 797) den Satz überliefert: „classici testes
dicebantur, qui signandis testamentis adhibebantur" –
klassische Zeugen hießen, die an der Unterzeichnung
von Testamenten beteiligt wurden.

> *Das Wasser trüben*

und

> *kein Wässerchen trüben können*

beruht auf der Fabel des PHAEDRUS (unter Augustus
und Tiberius), B. 1 Fab. 1, wo der am oberen Lauf des
Baches stehende Wolf dem weiter unten stehenden
Lamme zuruft

> Cur, (inquit), turbulentam fecisti mihi
> Aquam bibenti?
> *Warum hast du mir, der ich trinke,*
> *das Wasser trübe gemacht?*

Die Verse bei Phaedrus I, 11

> Quicumque turpi fraude semel innotuit,
> Etiamsi verum dicit, amittit fidem

übersetzte L. H. v. Nicolay (1737–1820) in seinem Gedicht „Der Lügner":

> Man glaubet ihm selbst dann noch nicht,
> Wenn er einmal die Wahrheit spricht.

Danach sagen wir

> *Wer einmal lügt, dem glaubt man nicht,*
> *Und wenn er auch die Wahrheit spricht.*

Die Phaedrus-Fabel I 21 erzählt von dem Esel, der sah,
wie Eber und Stier den sterbenden Löwen ungestraft
mißhandelten, und der darauf diesem noch ein Loch in
den Kopf schlug. Daher die Bezeichnung

> *Eselstritt.*

Aus Fabel I 24 wird das Wort

    aufgeblasener Frosch

abgeleitet nach dem Frosch, der sich aus Neid über die Größe des Ochsen aufbläht und platzt. Daher auch

    vor Neid bersten oder platzen.

Vergleiche Martial IX, 98: rumpitur invidia.
Wenn der Liederkomponist August Schäffer († 1879) eins seiner munteren Lieder mit

    „Delectat variatio,
    Das steht schon im Horatio"

beginnt, so irrt er hinsichtlich des Autors, und auch, wie alle, welche

    variatio delectat

zitieren, in der Form, da aus Phaedrus, „Fabeln" B. 2 Prolog V. 10 sich nur

    varietas delectat
    Abwechslung (Wechsel) ergötzt

herleiten läßt. Valerius Maximus sagt 2, 10 von den dem Auslande entlehnten geschichtlichen Beispielen: „varietate delectant" (sie ergötzen durch Abwechslung). – (Plinius, „Briefe" IV 14). „Wechsel ergötzen, sagt Rothschild", übersetzt und erläutert ein Witzbold, und zu „Varinas delectat" (Varinas – Zigarrensorte – ergötzt) verstümmelt es ein Wortwitz.

Valerius Maximus (um 30 n. Chr.) spricht im Prologus von sich als

    mea parvitas

und Aulus Gellius (um 150 n. Chr.) von sich als

    mea tenuitas
    meine Wenigkeit.

Persius (34–62 n. Chr.) bietet in „Satire" 1, 1

    o quantum est in rebus inane
    oh, wie viel Leeres ist in der Welt,

in 1, 28:

> at pulchrum est digito monstrari et dicere:
> hic est
> *aber schön ist's, wenn die Leute mit Fingern auf*
> *jemand zeigen und sagen: dieser ist's,*

vgl. Horaz, Od. 4, 3, 22, Lucian, Herod. 2 und Hetärengespräche 6, 4.

Der römische Dichter Sextus Propertius (um 50 v. Chr. bis 15 n. Chr.) sagt in 3, 1, 7

> In magnis et voluisse sat est
> *In großen Dingen genügt es schon, gewollt*
> *zu haben,*

was an Tibull, Elegie 4, 1, 7 erinnert

> Est nobis voluisse satis
> *Uns genügt, gewollt zu haben.*

Im 6. Briefe des jüngeren Seneca, des römischen Stoikers und Tragödiendichters, der sich, wegen seiner Teilnahme an einer Verschwörung gegen Nero verurteilt, das Leben nahm (um 4 v. Chr. bis 65 n. Chr.), heißt es

> Longum iter est per praecepta, breve et
> efficax per exempla
> *Lang ist der Weg durch Lehren,*
> *kurz und wirksam der durch Beispiele.*

Auf der Stelle des 7. Briefes

> Homines dum docent discunt

beruht

> Docendo discitur, oder: Docendo discimus,
> *Durch Lehren lernen wir,*

vgl. Phaedrus, Fab. 2, 2, 2

> Exemplis discimus
> *An Beispielen lernen wir.*

Im 23. Briefe heißt es

> (Mihi crede), res severa est verum gaudium
> *(Glaube mir), wahre Freude ist eine ernste Sache.*

Aus dem 96. Brief, 5 stammt

> Vivere, mi Lucili, militare est
> *Leben, mein Lucilius, heißt kämpfen.*

Der 106. Brief schließt mit dem vorwurfsvollen: „Non vitae, sed scholae discimus" (leider lernen wir nicht für das Leben, sondern für die Schule). Wir stellen es um und zitieren

> Non scholae, sed vitae discimus
> *Nicht für die Schule, sondern für das Leben*
> *lernen wir.*

Im 107. Briefe wird uns ein griechisches Dichterwort in der Form mitgeteilt

> Ducunt volentem fata, nolentem trahunt
> *Den willig Folgenden führt das Geschick,*
> *den unwillig Folgenden schleppt es fort.*

Daher

> nolens volens
> *man mag wollen oder nicht,*

was dann auch bei Augustinus (354–430), Betracht. 1, 13, 15 vorkommt.

> Licentia poetica
> *Poetische Lizenz*

ist entlehnt aus Senecas „Naturales quaestiones" II 44, wo es heißt „poeticam istud licentiam decet". Dazu vgl. Cicero „De oratore" 3, 38, wo „poetarum licentiae" und Phaedrus 4, 25, wo „poetae more ... et licentia" steht.

Aus dem Vers 196 der „Medea" Senecas

> Iniqua nunquam regna perpetua manent
> *Widerrechtliche Herrschaft bleibt niemals lange*
> *bestehen*

soll unser Sprichwort herstammen

> *Gestrenge Herren regieren nicht lange.*

Audiatur et altera pars
Auch die andere Partei werde gehört

scheint aus Seneca „Medea" 2, 2, V. 199 und 200

Qui statuit aliquid, parte inaudita altera,
Aequum licet statuerit, haud aequus fuit
Wer etwas beschließt, ohne die andere Partei
gehört zu haben, handelt nicht billig, selbst
wenn er Billiges beschlossen hat

hergestellt, obwohl die Anschauung in der Form

μήτε δίκην δικάσῃς,
πρὶν ἀμφοῖν μῦθον ἀκούσῃς
Sprich kein Urteil aus, ehe du nicht die Rede
beider Parteien gehört hast

bei den Alten häufig zitiert wird.
Das sprichwörtliche

per aspera ad astra
über rauhe Pfade zu den Sternen

ist vielleicht eine Kürzung des 437. Verses aus Senecas
„rasendem Herkules"

Non est ad astra mollis e terris via
Der Weg von der Erde zu den Sternen
ist mühselig.

Aus Seneca „Troades" 3, 2 stammt

Quod non vetat lex, hoc vetat fieri pudor
Was das Gesetz nicht verbietet,
verbietet der Anstand zu tun.

Darauf geht auch zurück

Non omne licitum honestum
Nicht alles Erlaubte ist ehrenhaft.

Von dem Satiriker Petronius Arbiter († 66 n Chr.)
stammt

Pisces natare oportet
Fische müssen schwimmen.

Aus den „Satirae" 58 des Petronius auch

> Qualis dominus talis et servus
> *Wie der Herr, so der Knecht (so's Gescherr),*

und aus „Satirae" 45

> Qui asinum non potest, stratum caedit
> *Den Sack schlägt man, den Esel meint man,*

und aus „Satirae" 58

> Jam scies, patrem tuum mercedes perdidisse
> *Du wirst bald wissen, daß dein Vater*
> *das Lehrgeld verloren hat*

im Sinn der Redewendung

> *Du kannst dir dein Schulgeld wiedergeben*
> *lassen.*

Vielleicht geht auch das Sprichwort

> *Wer gut schmert (schmiert), der gut fährt*

auf des Petronius Vers zurück

> Quisquis habet nummos, secura navigat aura
> *Wer Geld hat, schifft unter sicherm Wind.*

Lucanus († 65 n. Chr.) „Pharsalia" 1, 128 bietet

> Victrix causa diis placuit, sed victa Catoni
> *Die siegreiche Sache gefiel den Göttern,*
> *aber die unterliegende dem Cato,*

und 1, 135

> Stat magni nominis umbra
> *Er steht da, der Schatten eines großen Namens,*

eigentlich von Pompeius gesagt, verkürzt in

> Stat nominis umbra
> *Er steht da, der Schatten eines Namens.*

In des älteren Gajus Plinius (24–79 n. Chr.) „Naturalis historia" in 37 Bänden, 7, 21, 85 steht: „Cicero berichtet von einer Pergamenthandschrift der homerischen Ilias, die in einer Nußschale Platz gehabt hat."

Danach

> in nuce
>
> *in einer Nuß, d. h. in gedrängter Form.*

18, 2 steht: „maiores fertilissimum in agro oculum domini esse dixerunt" – die Vorfahren sagten, am fruchtbarsten für den Acker sei

> *das Auge des Herrn.*

23, 8 heißt es in einem Gegengiftrezept: „addito salis grano" (unter Hinzufügung eines Salzkörnchens), was zitiert wird umgestaltet in

> *cum grano salis*

(mit einem Körnchen Salz, d. h. mit einem bißchen Witz).

Auf des jüngeren PLINIUS Ep. 5, 6, 46 geht mit seinem Ausdruck „venia sit dicto" die Redensart zurück

> sit venia verbo
>
> *wenn das Wort gestattet ist,*

das in „Wallensteins Lager" 7 bei Schiller lautet „mit Permiß zu sagen".

Ein Wort, das PLINIUS DER ÄLTERE häufig im Munde führte

> Nullus est liber tam malus, ut non aliqua parte prosit
>
> *Kein Buch ist so schlecht, daß es nicht in irgend-einer Beziehung nützen könnte*

wird vom jüngeren Gajus Plinius (um 61–113 n. Chr.) in Briefe 3 Ep. 5 mitgeteilt. Dieser schreibt in Ep. 7 „aiunt multum legendum esse, non multa". Daher

> multum, non multa
>
> *vieles, nicht vielerlei,*

oft umgestellt in

> non multa, sed multum.

Plinius meint wahrscheinlich die Stelle im Quintilian X 1, 59 „et multa magis quam multorum lectione for-manda mens" (Man sollte den Geist mehr durch gründ-liche als durch vielerlei Lektüre bilden).

Das Sprichwort

Ein Lügner muß ein gutes Gedächtnis haben

kommt von dem Rhetor M. F. QUINTILIAN (35–95) aus seiner „Institutio oratoria" (Lehrbuch der Beredsamkeit), die noch für Humanisten wegweisend war und wo es V. 2, 91 heißt

Mendacem memorem esse oportet

Ein Lügner muß Gedächtnis haben.

Ebendaher (VIII 5) kommt

Vestis virum reddit

Das Kleid macht den Mann,

was durch Logaus „Deutsche Sinn-Gedichte" (1654) dann die Form erhielt

Kleider machen Leute,

die der Schweizer Dichter Gottfried Keller (1819–90) als Titel für eine seiner berühmtesten Novellen verwandte.

Aus Inst. orat. X 7 stammt

Pectus est, quod disertos facit et vis mentis

Herz und Geisteskraft braucht der Redner,

aber auch

Das Herz macht beredt.

Vergleiche hierzu Goethes Faust (I, Nacht)

wenn es euch nicht von Herzen geht.

In Inst. orat. I 6 macht sich Quintilian über unmögliche Etymologien lustig: „Etiamne a contrariis aliqua sinemus trahi, ut lucus, qui umbra opacus parum luceat?" (Wollen wir denn zugeben, daß Wörter sogar von ihrem Gegenteil abgeleitet werden, wie z. B. der Wald von hell sein, weil er, von Schatten verdunkelt, zu wenig hell ist?)

Daher

lucus a non lucendo.

Für solche Etymologien gibt es ein Beispiel bei Varro (116–27 v. Chr.), der in „De lingua Latina" VII 32

sagt: „Canes, quod latratu signum dant, ut signa canunt, canes appellatae" (der Hund heißt so (canis), weil
er mit seinem Gebell ein Signal gibt, wie beim Heer die
Signale tönen (canunt). Daraus scherzhaft (nach lucus
a non lucendo):

> Canis a non canendo
> *Der Hund heißt Hund* („canis"), *weil*
> *er nicht singt* (non „canit").

Durch die Gedichte des Vergil, Horaz und Properz ist
der Name des römischen Ritters aus vornehmen etrus-
kischem Geschlecht und Freund des Augustus

> *Maecenas*

(† 8 v. Chr.) eine typische Bezeichnung eines Gönners
und Beschützers der Künste geworden, da er in seinem
Palast in Rom die begabtesten Dichter der Zeit um
sich versammelte; schon bei MARTIAL 8, 56 heißt es

> Sint Maecenates, non deerunt, Flacce, Marones
> *O Flaccus, wenn nur Menschen wie Maecenas*
> *da sind, dann werden Dichter wie* (P. Vergilius)
> *Maro nicht fehlen.*

Es heißt 12, 51

> Homo bonus semper tiro est
> *Ein guter Mensch bleibt immer ein Anfänger.*

Es wird auch zitiert

> Bonus vir semper tiro.

Aus „De spectaculis", 31

> Cedere maiori virtutis fama secunda est;
> Illa gravis palma est quam minor hostis habet

ist

> Cedo maiori
> *Vor dem Größeren trete ich zurück*

entlehnt.

> Maiori cedo

heißt es in den Sentenzen der unter dem Namen „Dionysius Cato" schon im 4. Jahrhundert bekannten
Spruchsammlung.

Aus den Satiren des römischen Dichters DECIMUS JUNIUS
JUVENAL(IS) (um 58–138) zitieren wir

1, 30:

> Difficile est saturam non scribere
> *Keine Satire zu schreiben ist schwer.*

1, 74:

> Probitas laudatur et alget
> *Die Rechtschaffenheit wird gepriesen,*
> *und friert dabei.*

1, 79:

> (Si natura negat), facit indignatio versum
> *Es bildet den Vers (d. i. den Dichter)*
> *die Entrüstung (wenn die Natur es versagt).*

1, 168:

> Inde irae et lacrimae
> *Daher Zorn und Tränen,*

was mit Anlehnung an Terenz, „Andria" 1, 1 „Hinc
illae lacrimae!" entstellt wird zu

> inde illae irae, oder hinc illae irae
> *(daher jener Zorn).*

2, 24:

> Quis tulerit Gracchos de seditione querentes?
> *Wer mag die Gracchen ertragen,*
> *die Klagen erheben um Aufruhr?*

d. h. wer hört auf den, der das, wogegen er eifert, selbst
tut?

2, 63:

> Dat veniam corvis, vexat censura columbas
> *Der Tadel gewährt den Raben Nachsicht,*
> *doch quält er die Tauben,*

das heißt

> *Die kleinen Diebe hängt man,*
> *die großen läßt man laufen.*

4, 91:

>Vitam impendere vero
>*Sein Leben opfern dem Wahren,*

dies war J. J. Rousseaus (1712–78) Wahlspruch;
6, 223:

>Hoc volo, sic iubeo: sit pro ratione voluntas
>*Ich will's; also befehl ich's;*
>*statt Grundes genüge mein Wille,*

oft wird „Sic volo" etc. zitiert; so von Luther 31, S. 150.
6, 242 und 243:

>Nulla fere causa est, in qua non femina litem
>moverit
>*Kaum gibt's einen Prozeß, wo den Streit nicht*
>*hätte begonnen eine der Frau'n*

ist die Grundlage für

>Cherchez la femme

oder

>Où est la femme?

Die Redewendungen wurden durch das Drama „Les
Mohicans de Paris" (1864) von Alexandre Dumas d. Ä.
(1803–70) populär (vgl. S. 281).
Aus Iuvenal 7, 154

>crambe repetita
>*aufgewärmter Kohl*

ist

>*Kohl*

für breites, langweiliges Gewäsch entstanden; δὶς κράμβη
θάνατος „zweimal hintereinander Kohl ist der Tod",
war sprichwörtlich; s. Basilius Magnus († 379), vol. 3
epist. 186 und 187 (ed. Hemsterhuys);
7, 202:

>corvus albus
>*ein weißer Rabe.*

8, 84:

> (Et) propter vitam vivendi perdere causas
> *Um des Lebens willen den Sinn des Lebens*
> *verlieren.*

10, 81:

> Panem et circenses
> *Brot und Spiele im Circus.*

10, 356:

> Mens sana in corpore sano
> *Gesunde Seele in gesundem Körper.*

14, 47:

> Maxima debetur puero reverentia
> *Die größte Rücksichtnahme sind wir dem*
> (zu erziehenden) *Knaben schuldig.*

> In flagranti
> *Auf frischer Tat ertappt*

ist verkürzt aus „in flagranti crimine" im „Codex Justinianeus", einem Teil des „Corpus iuris" (9, 13, 1 § 1):
„Ubi inventi fuerint in ipsa rapina et adhuc flagranti crimine (bei dem noch brennenden Verbrechen) comprehensi." (529 n. Chr.).

In den Digestiones (Pandekten) des „Corpus iuris" (XLVII 10, 1, 5) findet sich auch der Ausspruch des ULPIAN (um 170–228, Lib. 56 ad Edictum)

> Volenti non fit iniuria
> *Wer es so haben will, dem geschieht kein*
> *Unrecht.*

Von ALEXANDER SEVERUS, dem römischen Kaiser von 222–235 n. Chr., stammt

> Quod tibi fieri non vis, alteri ne feceris
> *Was du nicht willst, daß man dir tu,*
> *das füg auch keinem andern zu,*

doch vgl. auch S. 46.

Vers 258 des „Carmen heroicum" des Grammatikers TERENTIANUS MAURUS (Ende des 3. Jahrh. v. Chr.), einem Teile seines Gedichtes „De literis, syllabis et metris" lautet

> Pro captu lectoris habent sua fata libelli
> *Je nach der Fassungskraft des Lesers haben Bücher ihre eigenen Schicksale.*

Der Satz

> *wie ein Phönix aus der Asche erstehen*

geht wohl auf die Sage von dem Vogel Phönix zurück, der aus seiner Asche neu ersteht, nachdem er sich, alt geworden, selbst verbrannt hat. Eine erste Erwähnung dieser indischen Sage findet sich bei CLAUDIAN (4. Jahrh. n. Chr., 44, 102).

Der Anfang des Prozessionsliedes

> **Vexilla regis** prodeunt
> *Des Königs Banner rücken vor*

des Bischofs von Poitiers VENANTIUS FORTUNATUS († gegen 610) wurde von Bismarck in seiner großen Polenrede im Preußischen Landtage am 28. Januar 1886 zitiert.

> Sic transit gloria mundi
> *So vergeht der Ruhm der Welt*

wird bei der Krönungszeremonie des Papstes während des Zuges zum Hochaltar gesungen und geht zurück auf 1. Joh. 2, 17 mit dem Vulgata-Text: „Et mundus transit et concupiscentia eius."

Auch das von Bismarck in seiner Reichstagsrede vom 17. Sept. 1878 angewandte Wort

> in partibus infidelium
> *in den Gebieten der Ungläubigen*

geht auf die römische Kirche zurück, in der der Papst gemäß einem Konzilbeschluß von 692 fortfuhr, episcopi in partibus (sc. infidelium), Weihbischöfe ohne Sprengel in Gebieten zu ernennen, die an die ungläubigen Sarazenen verlorengegangen waren.

Ut, re, mi, fa, sol, la, si

die italienische Benennung der Töne der Tonleiter durch
Guido von Arezzo (11. Jahrh.), ist den Anfangssilben
der 7 ersten Verse des Hymnus von PAULUS DIACONUS
(† 797) an den heiligen Johannes:

> *Ut* queant laxis
> *Re*sonare fibris
> *Mi*ra gestorum
> *Fa*muli tuorum
> *Sol*ve polluti
> *La*bii reatum,
> Sancte *I*ohannes

entlehnt. Des Wohlklangs wegen ist *ut* weithin durch
do verdrängt.
Und aus der wahrscheinlich von Fra Jacopone da Todi
(um 1230–1306) gedichteten Sequenz „Stabat mater
dolorosa" stammt

> mater dolorosa
> *schmerzensreiche Mutter.*

Aus der 1177 verfaßten „Alexandrëis" des PHILIPPE
GUALTIER DE CHATILLON 5, 301 stammt

> Incidis in Scyllam, cupiens vitare Charybdim
> *Du stürzest in die Scylla, wenn du der*
> *Charybdis entgehen willst,*

einem griechischen Sprichworte bei Apostolius 16, 49
nach Homers „Odyssee" XII, 85–110 nachgebildet.
Aus dem Satze des TERTULLIAN (um 145–220 n. Chr.)
„Über das Fleisch Christi" 5: „Und gestorben ist Gottes Sohn; es ist ganz glaubwürdig, weil es ungereimt
ist. Und begraben, ist er auferstanden; es ist gewiß,
weil es unmöglich ist", hat sich entwickelt

> Credo, quia absurdum
> *Ich glaube es, weil es widersinnig ist.*

Zwar nicht dieser Satz, wie oft behauptet wird, geht
auf den Kirchenlehrer Aurelius Augustinus (354–430)

zurück, wohl aber nach Sermo 13, Nr. 10 im Streit um
Pelagius das Wort

> Roma locuta (est), causa finita (est)
> *Rom hat gesprochen, der Streit ist zu Ende*
> (die Sache ist erledigt).

Von seinem Zeitgenossen, dem Kirchenvater SOPHRO-
NIUS EUSEBIUS HIERONYMUS (um 340–420), der die lateinische Bibelübersetzung, die Vulgata, geschaffen hat,
stammt (Ep. ad. Eph. procem)

> Equi donati dentes non inspiciuntur
> *Die Zähne eines geschenkten Pferdes*
> *sieht man nicht nach,*

oder

> *Einem geschenkten Gaul sieht man nicht*
> *ins Maul,*

wie Christoph Lehmann in seinem „Politischen Blu-
mengarten" (1622) zum erstenmal formuliert hat.
Von AUGUSTINUS (354–430), „Confessiones" 3, 4, wo es
heißt: „Nomen Salvatoris in ipso adhuc lacte matris
cor suum praebiberat", leitet sich die Redensart

> *mit der Muttermilch eingesogen*

ab. Augustinus hatte vielleicht schon Cicero, Tusc.
Disp. III 1, 2, cum lacte nutricis suxisse (mit der Am-
menmilch eingesogen haben) im Gedächtnis.

> *Kollation*

womit im gemeinen Leben ein einfaches Mahl bezeichnet wird, ist der Klostersprache entlehnt, wo es das
Abendessen der Mönche an Fasttagen bedeutete, weil
dann vor dem Essen je ein Kapitel aus des Kirchen-
lehrers Johannes CASSIANUS (360–435) „Collationes
patrum Sceticorum" (d. h. geistliche Gespräche der
Mönche in der sketischen Wüste) vorgelesen wurde.
Von ANSELM, Erzbischof von Canterbury (1033–1109),
wird zitiert

> Credo ut intelligam
> *Ich begreife nicht, um zu glauben, sondern ich*
> *glaube, um zu begreifen.*

Der Anfang der Sequenz im Requiem von **Thomas von Celano** (1221 zu Mainz) nach Zephania 1, 5 wird oft zitiert

> Dies irae, dies illa, solvet saeclum in favilla
> *Tag des Zornes, Tag des Schreckens,*
> *wird die Welt in Asche wandeln.*

Im „Doctrinale altum seu liber parabolarum" des **Alanus ab Insulis** (12. Jahrh.) heißt es

> Gratior est solito post maxima nubila Phoebus
> *Lieblicher scheint als sonst nach mächtigen*
> *Wolken die Sonne.*

Daher das bekannte, schon in Sebast. Francks „Sprichwörter", 1543 II 104 a aufgenommene

> post nubila Phoebus
> *nach Wolken die Sonne.*

Auf den Gründer und 1. General des Jesuitenordens, den Spanier **Ignatius von Loyola** (1491–1556), geht das Wort vom

> *Kadavergehorsam*

zurück, nach seinen „Constitutiones Societatis Jesu" (1534) mit der Vorschrift an die Brüder, sich völlig der göttlichen Vorsehung zu überlassen und den Oberen willenlos zu gehorchen: „perinde ac si cadaver essent" (als wären sie ein Leichnam).
Von dem Jesuitenpater Hermann **Busenbaum** (1600 bis 1668) und aus seiner „Medulla theologiae moralis" (Von der Moraltheologie, 1650 Lib. IV Cap. III Dub. VII Art. II § 3): „Cum finis est licitus, etiam media sunt licita", „Wenn der Zweck erlaubt ist, sind auch die Mittel erlaubt" – freilich unter Ausschluß aller verwerflichen Mittel! – wird der Spruch abgeleitet

> *Der Zweck heiligt die Mittel.*

Man führt das Wort auch auf Pascal zurück, der (1656 „Les provinciales ou lettres . . ." 7. Brief) einen Jesuiten sagen läßt: „Nous corrigeons le vice du moyen par la pureté de la fin" (Wir verbessern die Lasterhaftigkeit des Mittels durch die Reinheit des Zwecks).

Und ebenso geht auf einen Jesuiten, Paul ABER (1656 bis 1727), das Wort vom

> Gradus ad Parnassum
> *Aufstieg zum Parnaß*

nach dem Titel seiner 1687 zu Köln veröffentlichten Anweisung zur Dichtkunst zurück.

Und schließlich soll der Jesuitengeneral Lorenzo RICCI (1703–75) um 1773 zum Papste Clemens XIV. anläßlich der Auflösung des Jesuitenordens gesagt haben

> Sint, ut sunt, aut non sint
> *Sie mögen bleiben, wie sie sind,*
> *oder (lieber) nicht sein.*

> Tres faciunt collegium
> *Drei machen ein Kollegium aus*

ist ein in den „Digesten" 87, „De verborum significatione" 50, 16 in der Form „NERATIUS PRISCUS tres facere existimat collegium –" (Neratius Priscus, um 100 nach Chr., meint, daß drei ein Kollegium ausmachen), vorkommender Rechtsspruch, der die Bedeutung hat, daß wenigstens drei Personen da sein müssen, um die Grundlage einer Art der juristischen Person, einen Verein zu bilden.

> Ultra posse nemo obligatur
> *Über sein Können hinaus ist niemand*
> *verpflichtet*

ist die Umformung von: „Impossibilium nulla obligatio est" in den Digesten 185, De regulis juris 50, 17, des Celsus. Die „Digesten" oder Pandekten des „Corpus iuris civilis", der Gesetzessammlung römisch-rechtlicher Normen, ließ Kaiser Justinian (527–565), der Erbauer der Hagia Sophia in Konstantinopel, zusammenstellen.

Der Römer Aulus GELLIUS (um 130 n. Chr.) schuf in seinen „noctes Atticae" mit „classicus adsiduusque scriptor, non proletarius" die Bezeichnung

> *klassischer Schriftsteller.*

Das kanonische Recht enthält im 6. Buch der „Decre-
talen" (B. 5 d Tit. 12 Reg. 43) den Grundsatz Boni-
facius' VIII. († 1303)

> Qui tacet, consentire videtur
> *Wer schweigt, von dem wird angenommen,*
> *daß er zustimmt.*

Es erinnert an Terenz, Eunuch 3, 2, wo Parmenio sagt:
Tacent: satis laudant. (Sie schweigen, das ist Lobes genug.)

> (O) si tacuisses, philosophus mansisses
> *Wenn du geschwiegen hättest, wärst du ein*
> *Philosoph geblieben*

erklärt sich aus Boëthius († 524 oder 526 n. Chr.)
„Trost der Philosophie" 2, 17: „Als jemand einen
Mann, der den falschen Namen eines Philosophen nicht
zum Vorteil wahrer Tugend, sondern aus hochmütiger
Eitelkeit führte, mit Schmähungen angegriffen und
hinzugefügt hatte, es werde sich bald herausstellen, ob
er wirklich ein Philosoph sei (wenn er nämlich die Be-
leidigungen sanft und geduldig hinnähme), da trug
jener einige Zeitlang Geduld zur Schau. Dann aber
fragte er: ‚Merkst du nun endlich, daß ich ein Philosoph bin?' Darauf sagte der andere recht beißend:
‚Intellexeram, si tacuisses' (Ich hätt's gemerkt, wenn
du geschwiegen hättest)." Mit anderen Worten: „Du
wärst ein Philosoph geblieben, wenn du geschwiegen
hättest."

> Deficiente pecu – deficit omne – nia
> *Mangelt im Beutel die Bar – mangelt's an*
> *jeglichem – schaft,*

heißt es bei Rabelais (1494–1553) „Gargantua und
Pantagruel" III 41 (1546).
Von Professor Taubmann in Wittenberg (1565–1613)
stammt der Vers

> Quando conveniunt Ancilla, Sibylla, Camilla,
> Garrire incipiunt et ab hoc et ab hac et ab illa.

> *Wenn Grete, Sibylla, Camilla sich sehen,*
> *Welch Schwatzen und Klatschen hört man dann*
> *entstehen.*

Von demselben Taubmann stammt sein Wahlspruch

> Medium tenuere beati
> *Die Mitte halten die Glücklichen inne.*

Von dem französischen Philosophen René DESCARTES (Renatus Cartesius, 1596–1650) stammt als Ausgangspunkt seines Denkens der berühmte Satz (vgl. S. 265)

> Cogito, ergo sum
> *Ich denke, also bin ich.*

Auf die Ethik des jüdisch-niederländischen Philosophen Baruch SPINOZA (1632–77) geht zurück

> sub specie aeternitatis
> *unter dem Gesichtspunkt der Ewigkeit.*

Aus seinem „Tractatus politicus" (1677) wird auch zitiert

> Sedulo curavi, humanas actiones non ridere, non lugere neque detestari, sed intelligere
> *Ich habe mich eifrig bemüht, das menschliche Tun weder zu verlachen noch zu beweinen, noch zu verabscheuen, sondern zu verstehen.*

Vademecum

(„Gehe mit mir") in der Bedeutung „Taschenbuch, Begleitbuch fürs Leben", ist der Titel des Buches des Johann Peter LOTICHIUS († 1669): „Vade mecum sive epigrammatum novorum centuriae duae", Frankfurt a. M. 1625 (Vademecum oder Zwei Hunderte neuer Epigramme). Das Wort war im Französischen früher da; in Rabelais' „Gargantua und Pantagruel" II 28 heißt es: „excepté une ferrière de cuir bouilly de Tours, que Panurge emplit pour soi, car il l'appelait son vademecum."

Pia desideria
Fromme Wünsche

ist der Titel einer Schrift des belgischen Jesuiten Hermann HUGO, Antwerpen 1627. Joh. Georg Albinus übertrug sie unter dem Titel „Himmelflammende Seelenlust. Oder Hermann Hugos Pia Desideria, d. i. Gottselige Begierden usw.", Frankfurt 1675. Der lateinische Titel wurde 1675 von Philipp Jakob Spener (1635–1705) für seine in der Geschichte der Religion bedeutende Schrift gewählt, in der er, der Verinnerlichung des Glaubens das Wort redend, der starren Orthodoxie gegenübertrat und „Vater des deutschen Pietismus" wurde. Von da datiert der Widerhall, den das Wort bekam.

Misera contribuens plebs
Das arme steuerzahlende Volk

steht in des magyarischen Juristen VERBÖCZI „Decretum tripartitum", 1514 (unter der Regierung Wladislaus' II.); („miserae plebi" [für das arme Volk] steht Horaz Sat. 1, 8, 10.).

De omni re scibili et quibusdam aliis
Über alles Wißbare und einiges andere

wird auf den italienischen Humanisten und Neuplatoniker Giovanni PICO DELLA MIRANDOLA (1443–94) zurückgeführt. In Rom machte er im Jahre 1486 900 Thesen bekannt, die er sich öffentlich zu verteidigen erbot; in der 11. rühmt er sich, vermittelst der Zahlen zur Entdeckung und zum Verständnis von allem zu gelangen, was man erfahren könne (ad omnis scibilis investigationem et intellectionem). Zitiert wird auch in der Form

De omnibus rebus et quibusdam aliis.

Herzog VON MONTAUSIER, von Ludwig XIV. 1668 zum Gouverneur des Dauphin ernannt, ließ durch Bossuet (1627–1704) und Huet (1630–1721) Ausgaben der alten Klassiker

in (ad) usum delphini
zum Gebrauch für den Dauphin

besorgen, worin die anstößigen Stellen aus dem Texte weggelassen und erst am Schlusse zusammengestellt sind.

Seit der Rechts- und Staatslehre des englischen Philosophen Thomas HOBBES (1588–1679), die die Allmacht des Staates und der Fürsten über Leben, Eigentum und Glauben der Untertanen vertritt, in „De cive", als Manuskript gedruckt 1642, in Amsterdam erschienen 1648, Kap. 1, 12 ist zum Zitat geworden: Es kann nicht geleugnet werden, daß der natürliche Zustand der Menschen, bevor die Gesellschaft gebildet wurde, der Krieg war, und zwar nicht einfach der Krieg, sondern der

Krieg aller gegen alle
bellum omnium in omnes.

In seinem „Leviathan", (englisch, London 1651; lateinisch, Amsterdam 1668) Kap. 18, wiederholt sich der Ausdruck in der Form

bellum omnium contra omnes.

Bei Plato „Gesetze", Seite 625 E, rügt Kleinias, daß die meisten es nicht einsehen, „daß stets durch das ganze Leben hindurch ein beständiger Krieg aller Staaten gegen alle Staaten sei"; Seite 626 A heißt es: „daß in der Tat der Natur nach immer alle Staaten mit allen Staaten in unvermittelbarem Kriege stehen. Und nicht bloß Staaten mit Staaten, sondern Ortschaften mit Ortschaften, Häuser mit Häusern, Menschen mit Menschen, ein jeder mit sich selbst", und Seite 626 D: „daß alle mit allen in Feindschaft sind." Lucilius (ed. Lachmann) v. 1020 hat

„insidias facere, ut hostes sint omnibus omnes".

Aus dem 1. Buch der „Astronomica" (um 9 n. Chr.) des MANILIUS wird V. 104 zitiert, in dem es von der menschlichen Vernunft heißt

eripuitque Jovi fulmen viresque tonandi
und selbst Zeus entriß sie den Blitz und die
Donnergewalten.

Friedrich VON DER TRENCK (1726–94) sagte am 9. Juli 1794 beim Verhöre vor den Richtern zu St. Lazare in Paris: „Von 1774 bis 1777 bereiste ich Frankreich und England. Hier machte ich die Bekanntschaft des großen Patrioten Franklin. Ich bin es, der den auf ihn gedichteten Vers verfaßt hat." (Georg Hiltl „Des Freiherrn von Trenck letzte Stunden. Nach den Akten des Droit public und archivalischen Mitteilungen", Gartenlaube 1863 Nr. 1). Der französische Philosoph und Mathematiker D'ALEMBERT (1717–83) empfing nämlich Benjamin Franklin (1706–90), den Erfinder des Blitzableiters und von 1778 bis 1785 Gesandter der USA in Paris, bei seiner Aufnahme in die Französische Akademie mit dem Hexameter

> Eripuit coelo fulmen sceptrumque tyrannis
> *Er entriß dem Himmel den Blitz und das Zepter den Tyrannen.*

HÉNAULT versah sein „Abrégé chronologique de l'histoire de France" (1744) mit dem Motto

> Indocti discant, et ament meminisse periti
> *Nichtgelehrte mögen hier lernen und Kenner sich der Erinnerung freuen.*

Als die 3. Auflage dieses Abrisses 1749 in Paris erschien, teilte der Verfasser mit, daß er diesen lateinischen Hexameter gemacht oder vielmehr damit die Verse 740 u. 741, des „Essay on Criticism" von POPE

> Content, if hence the unlearned their wants may view,
> The learn'd reflect on what before they knew

übertragen habe.

> In dulci jubilo
> *in süßem Jubel*

ist der Anfang eines halb lateinischen, halb deutschen Weihnachtsliedes, das aus einer das Leben des Suso († 1365) enthaltenden Handschrift des 14. Jahrh. stammt und im 17. dem Petrus Dresdensis ohne allen Beleg zugeschrieben wurde. „Ewig in dulci jubilo" lautet der Endvers des Liedes von Philipp NICOLAI († 1608)

Wachet auf, ruft uns die Stimme.

„In dulci jubilo" wurde später in Studentenliedern im Sinn von

in Saus und Braus

gebraucht.

Fiat iustitia, et pereat mundus

wird in den „Loci communes" (1563) des Joh. Manlius II Seite 290 als Wahlspruch Kaiser FERDINANDS I. (1503 bis 1564) angegeben. Zincgref „Apophthegmata", Straßburg 1626, S. 107, sagt von diesem Kaiser: „Es war ihm auch diese Rede sehr gemein: ‚Das Recht muß seinen Gang haben, und sollte die Welt darüber zugrunde gehen.'"

Viribus unitis
Mit vereinten Kräften

ist der von Kaiser FRANZ JOSEPH I. (1830–1916) durch „Allerhöchste Entschließung" vom 12. Februar 1848 angenommene Wahlspruch. Schöpfer desselben ist Ritter Josef v. BERGMANN, Lehrer der Söhne des Erzherzogs Karl. – Das vom Kaiser am 4. März 1849 von Olmütz aus erlassene Manifest, wodurch er die Auflösung des Reichstags von Kremsier verkündete, schließt: „Groß ist das Werk, aber gelingen wird es den vereinten Kräften." – Die Medaillen, welche am 1. März 1880 in Airolo zum Andenken an die Durchbohrung des Gotthardtunnels verteilt wurden, tragen die Wappen der beteiligten Staaten mit der Überschrift: Germania, Helvetia, Italia und darunter: Viribus unitis.

Aut Caesar aut nihil
Entweder Cäsar oder nichts

war die unter einem Kopfe des römischen Cäsar angebrachte Devise CESARE BORGIAS (1475–1507), des Urbildes von Macchiavellis „Principe" (1514 bzw. 1535), des klugen, zu allem fähigen, gewalttätigen Fürsten.

In necessariis unitas, in dubiis libertas,
in omnibus autem caritas
*In notwendigen Dingen Einheit, in zweifel-
haften Freiheit, in allen aber liebendes Dulden*

stellen die spanischen Augustinermönche, als wäre es ein
Spruch des Augustinus, als Motto vor ihre neugegrün-
dete „Revista Agostiniana" und ebenso die kathol. Stu-
dentenverbindungen Deutschlands vor ihr Verbindungs-
organ. Der Spruch kommt in der Form „si nos servare-
mus in necessariis unitatem, in non necessariis libertatem, in utrisque charitatem, optimo certe loco essent
res nostrae" in „Paraenesis votiva pro Pace Ecclesiae.
Ad Theologos Augustanae Confessionis. Auctore Ru-
perto Meldenio Theologo" vor. (Zwischen 1627 und
1635 erschienen); der Titelvignette nach ist sie in Frankfurt a. M. gedruckt. Ist nun RUPERTUS MELDENIUS der
Verfasser? Schon 1628 wird der Spruch in einer in
Frankfurt a. O. gedruckten Schrift eines Gregor Frank
in der Form angeführt: „servemus in necessariis unitatem, in non necessariis libertatem, in utrisque charitatem."

Fortiter in re, suaviter in modo
Stark in der Sache, milde in der Art

ist zurückzuführen auf den vierten Jesuitengeneral
AQUAVIVA (1543–1615), der in „Industriae ad curandos
animae morbos", Venedig 1606, sagt: „Daß die Art der
Regierung stark und mild sein muß, lehrt nicht allein
die sich gleichbleibende Autorität der heiligen Väter,
sondern das lehren auch in reichem Maße unsere Sat-
zungen"; er schließt nach weitläufiger Erörterung dieses
Grundsatzes: „Fortes in fine consequendo et suaves in
modo assequendi simus" (Stark wollen wir sein in der
Erreichung des Ziels und milde in der Art, es zu erreichen). Vielleicht ist die Quelle dazu des Rhetors
HIMERIOS (4. Jh. n. Chr.) Wort: πρᾷος τοὺς λόγους, ὀξὺς
τὰ πράγματα – mild im Reden, tatkräftig im Handeln.
Der Ausdruck

corpus delicti für *Tatbestand*

stammt von dem römischen Rechtsgelehrten Prosper
FARINATIUS (1544–1618), der (1581 Quaest. I, n. 6)
schrieb: „Primum inquicitionis requisitum est probatio
corporis delicti" (Das erste Erfordernis richterlicher
Untersuchung ist die Prüfung des Tatbestandes), wie
Berner im Lehrbuch des deutschen Strafrechts 1879 vermutet.

> Secunda Petri

oder

> Altera pars Petri

geht auf PETRUS LOMBARDUS († 1164) zurück, von dessen 4 Büchern Sententiarium das 2. den Titel „De
iudicio" (Über das Urteil) führt, und deswegen wird
Secunda Petri für Urteilsvermögen gebraucht.

> Et in Arcadia ego
> *Auch ich war in Arkadien*

setzte der Maler SCHIDONE († 1615) auf ein Gemälde
unter einen am Boden liegenden Totenkopf, auf den
zwei jugendliche Hirten ergriffen niederschauen. Nicolas Poussin (1593–1665) brachte diese Inschrift auf dem
Grabhügel eines Landschaftsgemäldes an.
Schillers Gedicht von 1786 „Resignation" beginnt

> Auch ich war in Arkadien geboren.

Der Ausdruck:

> In tristitia hilaris
> in hilaritate tristis
> *In Traurigkeit heiter,*
> *in Heiterkeit traurig*

den A. SCHOPENHAUER (1788–1860) in „Welt als Wille
und Vorstellung" (III, 31) zitiert, stammt von dem
italienischen Philosophen Giordano BRUNO (1548–1600).

> Pro nihilo
> *Für nichts*

ist der Titel einer Verteidigungsschrift für den von Bismarck angegriffenen und verurteilten Grafen Harry
von ARNIM (1824–81), (Zürich 1876), und zu einem ge-

flügelten Worte geworden. Ebenso der Anfang des Studentenliedes von Chr. Wilh. KINDLEBEN (Halle 1781)

> Gaudeamus igitur, juvenes dum sumus
> *Freuen wir uns, solange wir noch jung sind.*

Hier ist auch noch an das

> Nutrimentum spiritus
> *Nahrung des Geistes*

zu erinnern, das die von Friedrich d. Gr. erbaute Königliche Bibliothek in Berlin schmückte und auf des Königs Wort

> Nourriture de l'âme
> *Nahrung der Seele*

zurückgeht.

Woher der Ausspruch

> Sola bona quae honesta
> *Allein das Gute ist ehrenhaft*

stammt, der den Giebel des Herrenhauses vom neuen Park, dem sogenannten Sola-bona-Park, in Hamburg-Eidelstedt schmückt, ist noch unbekannt.

> Sunt pueri pueri, pueri puerilia tractant
> *Kinder (Knaben) sind Kinder, Kinder treiben Kindereien*

ist ein Schulvers nach 1. Kor. 13, 11 „Da ich ein Kind war, da redete ich wie ein Kind und hatte kindische Anschläge."

> Homo homini lupus
> *Der Mensch ist des Menschen Wolf*

stammt aus PLAUTUS' „Asinaria", Vers 495. Vermutlich geht das Zitat auf eine griechische Quelle zurück.

X

HISTORISCHE ZITATE

Unser zusammenhängendes Geschichtsbild beginnt im allgemeinen mit dem alten Hellas. Darum haben wir vom antiken Griechenland die ersten historischen Zitate erhalten. Auf PLUTARCH (45–125 n. Chr.) geht die Redensart

die Schiffe hinter sich verbrennen

zurück, denn er erzählt in der Schrift „Über die Tugenden der Frauen", im Kapitel „Trojanerinnen", wie nach Trojas Fall (12. Jahrh. v. Chr.) Flüchtlinge in die Tibergegend verschlagen und dort dadurch seßhaft wurden, daß ihre klugen Frauen die Schiffe verbrannten (κατέφλεξαν τὰ πλοῖα) Vergil erzählt in der „Äneis" (5, 605 ff. und 659 ff.; 793–795), daß die Trojanerinnen nach dem Fall von Troja und auf der Flucht nach Sizilien die Schiffe verbrannt hätten, um eine Rückkehr unmöglich zu machen. Da Vergil von 70 bis 19 v. Chr. lebte, kann Plutarchs Quelle die „Äneis" gewesen sein. Der Bericht, daß Fernando Cortez (1485 bis 1547) am 26. Juli 1519 in Mexiko bei Entdeckung einer Verschwörung die Schiffe zerstören ließ, um jede Verbindung nach draußen abzuschneiden, ist erfunden.
Wenn wir von

drakonischer Strenge

und von

drakonischen Gesetzen

sprechen, erinnern wir uns an den ältesten Gesetzgeber Athens, DRAKON im 7. Jh. v. Chr., von dem die erste Sammlung des geltenden Strafrechts und der grundlegenden Bestimmungen für das Sühne- und Prozeßrecht stammt; auf ihn geht auch die Unterscheidung zwischen Mord und Totschlag zurück. Die Härte seiner Gesetze, die schon für geringe Vergehen wie Diebstahl und Müßiggang die Todesstrafe einführten und darum als mit Blut geschrieben galten, war berüchtigt. Plutarch hat uns in seiner Biographie Solons (um 600–559 v. Chr.), des anderen athenischen Gesetzgebers, darüber berichtet, und Aristoteles (384–322 v. Chr.) bezeichnet sie in seiner „Politik" (2, 9. 9) und in seiner „Rhetorik" (1400 C, 21) als die Gesetze eines Drachen, nicht eines Menschen.

Aristoteles berichtet in seiner „Politik" (III 13) auch von dem

> ὀστρακισμός
> *Scherbengericht* (Ostrazismus),

das der Begründer der athenischen Demokratie KLEISTHENES (509 v. Chr.) einführte. Bei ihm mußten mindestens 6000 Bürger Athens auf Tonscherben den Namen des Mannes einkratzen, über dessen Verbannung auf zehn, später fünf Jahre abgestimmt wurde, und die Mehrheit entschied, ohne daß dies Urteil die Ehre des Verurteilten berührte.

Vom

> *heiligen Krieg*
> ὁ ἱερὸς καλούμενος πόλεμος

sprach man im alten Hellas mit Beziehung auf die Kämpfe um das delphische Heiligtum und um die Freiheit in den Jahren 594–590, 448 ff., 355–46. 339–38 v. Chr., worüber Thukydides (460–395 v. Chr.) uns (I 112) zum Teil berichtet hat. Der Dichter Theodor Körner (1791–1813) nahm in seinem Aufruf 1813 das Wort wieder auf: „Es ist ein Kreuzzug, 's ist ein heiliger Krieg!" Übrigens hat beim Siegeszug des Islam und der Behauptung der arabischen Eroberungen wie überhaupt in der mohammedanischen Welt der Begriff des Heiligen Krieges eine große Rolle gespielt.

Auf den athenischen Staatsmann und Feldherrn THEMISTOKLES (527–459 v. Chr.), der Athen durch seine Siege bei Artemision und Salamis (480 v. Chr.) zur herrschenden Seemacht erhob und befestigte, gehen nach Plutarch, Cicero und Valerius Maximus die Worte zurück

> *Der Sieg des Miltiades* (490 bei Marathon über die Perser) *läßt mich nicht schlafen.*

Auf Dionysios den Älteren, Tyrann von Syrakus (405 bis 367 v. Chr.), geht der von Cicero (Tusc. V, 63: utinam ego tertius vobis amicus adscriberer) und anderen römischen Schriftstellern überlieferte Spruch

> ἀξιῶσαι τρίτον αὐτὸν εἰς τὴν
> φιλίαν παραδέξασθαι

zurück, den Schiller in seiner Ballade „Die Bürgschaft" (nach Hygins Fabel 257) übersetzte

> *Ich sei, gewährt mir die Bitte,*
> *In euerm Bunde der Dritte,*

woher abgekürzt

> *der Dritte im Bunde,*
> *im Bunde der Dritte.*

Seitdem, wie Plutarch in der Biographie des Pyrrhos K. 21 berichtet, Pyrrhus, der König von Epirus (um 318–272 v. Chr.), nach seinem Sieg über die Römer bei Ausculum im Jahre 279 v. Chr. den Ausspruch getan haben soll: „Noch solch ein Sieg, und wir sind verloren", „Ἂ ἔτι μίαν μάχην Ῥωμαίους νικήσωμεν, ἀπολούμεθα παντελῶς" sprechen wir vom

> *Pyrrhussieg.*

Einen Leuchtturm nennen wir

> *Pharus*

nach der Insel an der Nordwestküste Ägyptens, wo (nach dem Bericht des griechischen Geographen Strabo, um 63 v. Chr. bis 20 n. Chr.) Sostratos von Knidos unter Ptolemaios I. von Ägypten († 268 v. Chr.) seinen angeblich 180 m, tatsächlich 100 m hohen Leuchtturm erbaut hat.

Auf den 240 v. Chr. gestorbenen König von Mazedonien Antigonos I. Gonatas geht nach dem von Plutarch berichteten Ausspruch (in Regum apophtegmata)

> οὐ ταῦτά μοι σύνοιδεν ὁ λασανοφόρος

(davon weiß mein Kammerdiener nichts), als er von Hermodotos in einem Gedicht „Sohn der Sonne" und

„Gott" genannt wurde, die bei uns gebräuchliche Redensart

Für einen Kammerdiener gibt es keinen Helden

zurück, auf deren Formung Montaigne in seinen „Essais" (1588) und der Marschall Catinat († 1718) (il faut être bien héros pour l'être aux yeux de son valet de chambre) eingewirkt haben und die dann bei Hegel (Phänomenologie 1807), Goethe (Wahlverwandtschaften 1809) und Kant sowie Schopenhauer (Welt als Wille und Vorstellung 1819) Verwendung fand.

Aus der Frühzeit der römischen Geschichte ist (nach Livius V 48, 9) der Ausruf des Gallierkönigs BRENNUS, der die Römer 390 v. Chr. an der Allia besiegte, über liefert

Vae victis

Wehe den Besiegten,

der auch im „Pseudolus" (V. 2, 19) des Plautus († 184 v. Chr.) steht. Er tat ihn, als er bei der Weigerung der Römer, die zu schweren Gewichte der Gallier beim Abwiegen der 1000 Pfund Gold Kriegskontribution anzuerkennen, sein Schwert noch höhnisch in die Waagschale warf. Daher noch heute

sein Schwert in die Waagschale werfen.

Auf eine andere römische Niederlage, nämlich im zweiten Samnitischen Krieg (327–304 v. Chr.), auf die Kapitulation eines römischen Heeres an den Kaudinischen Felsenpässen, bei der die Entwaffneten unter einem aus drei Spießen gebildeten Bogen hindurchgehen mußten, stammt das Wort

caudinisches Joch,

das eine demütigende Zwangslage bedeutet. (Livius 9, 2 ff. hat davon berichtet.)

LIVIUS (21, 18, 13) überliefert uns auch die Redensart

Krieg und Frieden in den Falten seiner Toga tragen,

nach dem Vorgang vor Eröffnung des zweiten Punischen Krieges im Jahre 218 v. Chr., als ein römischer Abgesandter bei der Verhandlung mit den Karthagern seine Toga aufbauschte und sagte: „Hierin tragen wir Krieg und Frieden für euch: nehmt, was ihr wollt." Auf ihre Antwort, er solle geben, was er wolle, gab er, die Toga auffaltend, den Krieg.

Bei Livius (23, 18) findet sich auch der Anlaß zu der Redensart

> *sein Capua finden,*

d. h. durch Schwelgerei zugrunde gehen, nach der Stadt Capua, in der Hannibals Truppen Quartier bezogen und durch Ausschweifung entnervt wurden (siehe auch Florus, Epitome II 6, 21: Capua Hannibali Cannae). Grillparzer (1791–1872) nannte in seinem Gedicht „Der Abschied von Wien" die Stadt

> *Du Capua der Geister.*

Der ÄLTERE CATO (234–149 v. Chr.) schloß seine Senatsreden stets: „Ceterum censeo, Carthaginem esse delendam" („Übrigens bin ich der Meinung, daß Karthago zerstört werden muß"). Danach unser

> ceterum censeo
> *übrigens bin ich der Meinung.*

Vom gleichen Cato berichtet Cicero (106–43 v. Chr.) (in „De divinatione" II 24, 51), daß nach seinem Wort ein Priester, ein Augur, der aus dem Vogelflug weissagte, das Lachen bezwingen müsse, wenn er einem anderen Priester begegne. Daher sprechen wir vom

> *Augurenlächeln*

als dem Lächeln des stillen gegenseitigen Einverständnisses. Auf Cato d. Ä. geht auch nach Sallust (86–35 v. Chr. in „De coniuratione Catilinae" 45, 5) das Wort zurück

> Cato esse, quam videri, bonus malebat
> *Cato wollte lieber gut sein als scheinen*

und ebenso die Redensart

> *streng wie Cato sein.*

Das Wort von den

Catilinarischen Existenzen

„die ein großes Interesse an Umwälzungen haben", das Bismarck in der Budgetkommission des preußischen Abgeordnetenhauses am 30. Sept. 1862 gebrauchte, geht auf den römischen Prätor Lucius Sergius Catilina (108–62 v. Chr.) zurück, der 63 v. Chr. Roms Senatsherrschaft mit der von Cicero als Konsul vereitelten

Catilinarischen Verschwörung

zu stürzen versuchte und als Mann gilt, der nichts zu verlieren hat und zu allem fähig ist.

Auf Sallusts „Catilina" (21, 1) geht auch das „alte gute politische Sprichwort", wie Bismarck am 14. April 1891 zu einer ihn in Friedrichsruh aufsuchenden Gruppe konservativer Politiker sagte, zurück

quieta non movere
was ruhig liegt, nicht stören.

Und wahrscheinlich überlieferte Sallust uns in seiner Biographie des numidischen, von den Römern besiegten und hingerichteten Königs Jugurtha (160–104 v. Chr.) (XXXV 7) noch das Wort

ex aequo et bono
nach Recht und Billigkeit.

Der Satz

Navigare necesse est, vivere non est necesse
Schiffahrt treiben ist notwendig,
leben ist nicht notwendig,

der als Inschrift das 1525 begründete Haus Seefahrt in Bremen schmückt, geht nach Plutarch auf den römischen Feldherrn und Triumvirn Gnäus Pompeius Magnus (106–48 v. Chr.) zurück, der ihn sprach, als sich die Schiffer in Afrika wegen des herrschenden Sturmes weigerten, die mit Getreide für Rom beladenen Schiffe zu besteigen.

Die Bezeichnung

Tusculum

für einen friedlichen Landsitz oder für ein zurückgezogenes stilles Leben im eigenen Wohnhaus geht auf Ciceros Landgut bei der Stadt Tusculum, dem heutigen Frascati in den Albanerbergen nördlich Rom, zurück. Die große Gestalt des Gründers des abendländischen Kaisertums GAJUS JULIUS CÄSAR (100–44 v. Chr.) lebt noch aus seinen eigenen Werken „De bello Gallico", „De bello civili" und Bruchstücken von Reden und Briefen mit vielen Aussprüchen fort. Plutarch berichtet (Romulus 17, 7) von ihm den Satz

> *Ich liebe den Verrat, aber ich hasse den Verräter.*

Das Wort Cäsars an den auf stürmischer See verzagenden Bootsmann im Bürgerkrieg gegen Pompeius (48 v. Chr.)

> *Du trägst den Cäsar und sein Glück*
> *Καίσαρα φέρεις καὶ τὴν Καίσαρος τύχην*

teilt Plutarch „Cäsar", 38 mit.

Plutarch „Leben Cäsars" Kap. 11 und „Aussprüche von Königen und Feldherren" hat das Wort aufbewahrt, das Cäsar beim Anblick eines elenden Alpenstädtchens seinen Begleitern zurief

> *Ἐγὼ μὲν ἐβουλόμην παρὰ τούτοις εἶναι μᾶλλον*
> *πρῶτος ἢ παρὰ Ῥωμαίοις δεύτερος*
> (Ich möchte) *lieber der Erste hier*
> *als der Zweite in Rom* (sein).

> *Den Rubikon überschreiten*

sagt man von einem gefahrdrohenden, entscheidenden Schritt, wie es der Übergang Cäsars 49 v. Chr. über den Rubikon war. Der Satz Cäsars

> Veni, vidi, vici
> *Ich kam, ich sah, ich siegte,*

mit dem er seinen bei Zela schnell errungenen Sieg (47 v. Chr.) brieflich seinem Freunde Amintius in Rom anzeigte, wird von Sueton (um 75–um 150 n. Chr.) „Julius Cäsar" K. 37, zwar nur als Inschrift auf einer in seinem Pontischen Triumphzuge einhergetragenen Tafel er-

wähnt; daß er jedoch auch wirklich so gelautet hat, ist
in Plutarchs „Aussprüchen von Königen und Feldherren" zu lesen und geht überdies aus Plutarchs „Cäsar"
K. 50 hervor.
Es wird bestritten, daß Julius Cäsar bei seiner Ermordung mit dem Ausrufe

Auch du, mein Brutus

zu Boden gesunken sei, mit dem auch Shakespeare „Julius Cäsar" 3, 1 ihn sterben läßt, und der in Schillers
„Räubern" 4, 5 im Römergesang, Strophe 4, benutzt
ist. Sueton „Julius Cäsar" K. 82, teilt mit, daß er bei
der ersten Wunde ein einziges Mal aufgeseufzt, aber
kein Wort geäußert habe. Freilich fügt er hinzu, daß
einige erzählen, er habe dem auf ihn eindringenden
Brutus auf griechisch zugerufen: „Auch du gehörst zu
jenen? auch du, mein Kind?" „καὶ σύ, τέκνον"; Cassius
Dio (um 155–230 n. Chr.), B. 44 K. 19, erzählt, Cäsar
hätte wegen der Menge der auf ihn Eindringenden
nichts sagen noch tun können, sondern habe sich verhüllt und sei durch viele Dolchstiche getötet worden.
Er fügt hinzu: „Das ist am verbürgtesten. Doch damals
sagten schon einige, daß er zu Brutus, der heftig auf ihn
losstieß, sprach: ‚Auch du, mein Kind?'"
Von Julius Cäsar stammt auch der

Julianische Kalender,

den er im Jahre 46 v. Chr. mit drei Gemeinjahren zu
365 Tagen und dem 4. Jahr als Schaltjahr mit 366 Tagen
sowie dem Jahresbeginn am 1. Januar einrichtete. Dieser julianische Kalender wurde dann von Papst Gregorius XIII. (1572–85) mit der Einführung des sogenannten „Gregorianischen Kalenders" im Jahre 1582 verbessert, der in den katholischen Ländern sofort, in den
evangelischen Staaten Deutschlands erst 1700 Eingang
fand. Rußland rechnete noch bis 1923 nach dem Julianischen Kalender.
Das Wort vom

Cäsarenwahnsinn

geht auf ein Werk „Les Césars" von CHAMPIGNY zurück, wo von einer „manie impériale" gesprochen wird.

Bei uns wurde der Ausdruck aber erst durch die Blücherbiographie (8. Buch 1. Kap.) von Johannes Scherr und durch „Die verlorene Handschrift" von Gustav Freytag populär (s. S. 223).

Aus Cäsars „De bello gallico" (III 18) stammt

> Libenter homines id, quod volunt, credunt
> *Die Menschen glauben gern, was sie wünschen,*

oder nach Shakespeare (vgl. S. 290):

> *Der Wunsch ist der Vater des Gedankens.*

Aus Suetons Biographie Cäsars entnehmen wir den

> Lapsus memoriae
> *Gedächtnisfehler,*

womit ein Irrtum des Gedächtnisses gemeint ist. Danach formte sich

> Lapsus calami
> *Schreibfehler*

und

> Lapsus linguae
> *Sprachfehler* oder *sprachliche Entgleisung.*

Sueton „Leben des Augustus", Kap. 87, erzählt, daß Kaiser AUGUSTUS (63 v. Chr. bis 14 n. Chr.) im täglichen Leben gewisse Worte oft wiederholt, z. B. von faulen Schuldnern häufig gesagt habe, sie würden

> ad Kalendas graecas
> *an den griechischen Kalenden,*

d. h. am Nimmerleinstag, bezahlen. Denn „Kalendae" hieß im römischen Kalender der erste Tag jedes Monats, ein Zahlungstermin der Römer, während die Griechen keine solche Kalendae hatten.

> Σπεῦδε βραδέως
> (Festina lente)
> *Eile mit Weile*

führte er oft im Munde. Ebenda Kap. 25.

Caesar Octavianus bekam im Jahre 27 v. Chr. zu seinem Namen Caesar den Titel Augustus mit der Bedeutung

„Majestät", der dann in der Geschichte seinen Namen verdrängt hat. Von ihm leitet man auch das Wort

> semper Augustus
> *allezeit Mehrer des Reiches*

ab, das besonders auch auf Rudolf von Habsburg (1283 bis 1291) angewandt wurde.

Von Augustus stammt auch das Wort bei der Nachricht von der verlorenen Schlacht im Teutoburger Walde (9 n. Chr.)

> Quintili Vare, legiones redde!
> *Varus, gib mir meine Legionen wieder!*

Sueton „Leben des Claudius", K. 21, teilt das Wort mit

> Ave, imperator, morituri te salutant
> *Heil dir, Kaiser! Die dem Tode Geweihten*
> *begrüßen dich.*

Als Kaiser Claudius (10 v. Chr. bis 54 n. Chr.) zur Feier der Vollendung des Abzugskanals aus dem Fucinersee ein blutiges Seegefecht gab, begrüßten ihn mit obigen Worten die Fechter. Des Kaisers Gegengruß „Seid gegrüßt" nahmen sie irrtümlich für die Erlaubnis, nicht zu kämpfen, so daß Claudius sie drohend und ermahnend zum Kampfe antreiben mußte. S. Cassius Dio, B. 60 K. 50.

Die dritte Frau des Kaisers Claudius war VALERIA MESSALINA († 48 n. Chr.). Nach ihrem lasterhaften Leben nennt man eine schamlose Frau

> *eine Messalina.*

Der Adoptivsohn und Nachfolger des Kaisers Claudius, CLAUDIUS DRUSUS NERO (37–68), der Juli 64 Rom in Brand steckte und die Christen verfolgte, ließ sich

> Divus Caesar
> *Göttlicher Kaiser*

nennen. Divus war in der Kaiserzeit die stehende Bezeichnung für die nach ihrem Tod vergötterten Kaiser.

Caecinus PAETUS (42 n. Chr.) wurde unter dem Verdacht der Verschwörung gegen Kaiser Claudius zum Tode verurteilt. Seine Gattin Arria stieß sich den Dolch

in die Brust, zog ihn wieder heraus und reichte ihn
Paetus mit dem Ruf, den der ältere Plinius „unsterblich" nannte:

> Paete, non dolet!
>
> *Paetus, es schmerzt nicht!*

Martial (1, 14) überlieferte ihn

> Non dolet, Paete!

Von Neros Nachfolger, dem KAISER VESPASIAN (reg. 69
bis 79) stammt nach Suetons „Vespasian" (23) und Cassius Dio das Wort

> Non olet
>
> *(Geld) stinkt nicht,*

nämlich das auf Bedürfnisanstalten erhobene Steuer-
geld. Sueton „Leben des Titus", Kap. 8, teilt das, wie er
sagt, „merkenswerte und mit Recht gelobte" Wort mit,
das Kaiser TITUS (39–81 n. Chr.), der Sohn des Vespasian, einst bei Tafel ausrief, als ihm einfiel, daß er an
jenem Tage noch keinem etwas Gutes getan habe

> (Amici,) diem perdidi
>
> (Freunde,) *ich habe einen Tag verloren.*

Nach Zincgref, Straßburg 1626, S. 137, führte Kurfürst
Friedrich der Weise von Sachsen (1463–1525) das deutsche Wort im Munde.

Durch den römischen Historiker CORNELIUS TACITUS
(45–120 n. Chr.) und seine Schrift „Germania" traten
die alten Germanen zum erstenmal in das Licht der Ge-
schichtsdarstellung. In seinen „Annalen" (I, 1) kommt
das Wort vor

> sine ira et studio
>
> *keinem zu Lieb' und keinem zu Leide*
>
> (ohne Zorn und ohne Vorliebe, d. h. un-
> parteiisch).

Ebenda (I, 7) steht auch

> Ruere in servitium
>
> *Sie wetteiferten, ihre Knechtschaft zu zeigen,*

d. h. man stürzte sich geradezu in die Untertänigkeit
(Sklaverei), nämlich in Rom bei der Thronbesteigung

des Tiberius, und (Ann. I 47) als ein Wort des Kaisers Tiberius, 14 n. Chr., als er sich weigerte, in die militärischen Aufstandsgebiete an den Niederrhein und nach Pannonien zu gehen

> Maior e longinquo reverentia
> *Größer ist die Ehrfurcht aus der Ferne.*

Die Redensart

> *auf den Schild erheben,*

d. h. ihn zum Anführer machen, geht auf die altgermanische Sitte zurück, den neuerwählten Herzog auf den Schild zu heben und ihn dreimal im Kreise des versammelten Volkes herumzutragen, das dann durch Beifallklatschen seine Zustimmung bekanntgab, wie Tacitus („Historiae" IV 5) berichtet.

Ebenso erzählt Tacitus (in „Germania" 6), daß die Germanen ihre Schilde unterschiedlich mit Farben bemalten; das hat sich dann bis zu den Abzeichen und Devisen der Ritter im Mittelalter fortentwickelt, woraus die Redensart entstand

> *etwas im Schilde führen,*

die jetzt gebraucht wird im Sinn von „etwas beabsichtigen". Auch die Schwurformel

> *bei meinem Barte*

wird auf die alten Germanen, die den Bart in hohen Ehren hielten, zurückgeführt. Die Mohammedaner sagten dann „Beim Barte des Propheten".

> *Den Bart abschneiden*

war eine Beschimpfung der Besiegten.

> *Laß dir keinen Bart darum wachsen*

für

> *Sei nicht betrübt*

verkündete 1541 Sebastian FRANCK (1499–1542) vielleicht noch in Erinnerung an die Redensart (s. a. S. 388)

> *Um des Kaisers Bart streiten,*

die auf KARL D. GR. (768–814) und Kaiser Friedrich I. (1152–90), gen. Rotbart oder BARBAROSSA, zurückgeht und soviel bedeutet wie „um etwas zwecklos streiten",

vielleicht aber auch mit dem lateinischen „de lana ca-
prina nixari" „um Ziegenwolle, um den Geißenbart
streiten" zusammenhängt. In unserer Zeit enden dann
die Redensarten mit dem Bart in den Bezeichnungen
des Vollbartes als „Fußsack", seines Trägers als „Rübe-
zahl" oder „Weihnachtsmann", seiner Verwendung in
der Charakterisierung eines uralten Witzes „ein Witz
mit Bart", einer alten Geschichte: „So'n Bart" oder
eines gescheiterten Unternehmens: „Der Bart ist ab!",
wobei auch der französische Ausdruck „La Barbe!" –
langweilige Geschichte! Schlüssel mit abgebrochenem
Bart – mitgewirkt haben kann.

Von dem römischen Kaiser KONSTANTIN I. (286–337),
der das Christentum zur Staatsreligion erhob und die
Residenz nach Konstantinopel verlegte, berichtet Eusebius Pamphili († um 1340) in seiner Biographie Konstantins (I, 28) das Wort

> In hoc signo vinces
> *In diesem Zeichen wirst du siegen.*

Daß die

> *Wandalen,*

die unter ihrem König Geiserich (um 390–477) zur Zeit
der Völkerwanderung 455 Rom plünderten und 468
Konstantinopel bedrohten, mit ihrer Zerstörungswut,
dem

> *Wandalismus,*

unsterblich wurden, verdanken sie Henri GRÉGOIRE, Bischof von Blois (1750–1831), der das Wort – „um die
Sache zu töten" – in einem Bericht an den Konvent vom
31. 8. 1794 verwandte. Ob mit Recht, ist umstritten!

Auf den römischen Kaiser FLAVIUS CLAUDIUS JULIANUS
(332–363 n. Chr.), der vom Christentum wieder ab-
trünnig wurde, geht die von der Kirche geschaffene Bezeichnung

> apostata
> *der Abtrünnige*

zurück.

Die Bezeichnung

das heilige römische Reich

ist seit Karl d. Gr. (768–814) gebräuchlich. Frosch fragt
in Goethes „Faust" (Vers 2090/91)

Das liebe heil'ge röm'sche Reich,
Wie hält's nur noch zusammen?

Der angeblich von Kaiser Lothar I. (840–855) stammende Vers

Tempora mutantur, nos et mutamur in illis
Die Zeiten ändern sich und wir uns in ihnen

ist überliefert bei Owen, Epigrammata, Leipzig 1615,
und zwar ursprünglich: „Omnia mutantur ...", „alles
ändert sich ..."
Kaiser FRIEDRICH I. Rotbart (1122–90) tat nach Zincgref (1591–1624 „Apophthegmata" 1, 24) den Ausspruch

Ein Kaiser sei niemand untertan
als Gott und der Gerechtigkeit.

Sein Enkel, Kaiser FRIEDRICH II. (1194–1250) tat im
Kampf mit den Päpsten und Gegenkönigen den zum
geflügelten Wort gewordenen Ausspruch

Noch bin ich Kaiser.

Der Landgraf Ludwig II. von Thüringen (1140–72)
ließ sich durch den Ruf des Schmiedes VON RUHLA

Landgraf, werde hart

zur Strenge gegen den Adel, der das Volk bedrückte,
antreiben.
Im Jahre 1140 ertönte angeblich in der Schlacht bei
Weinsberg der Parteiruf des Welfenherzogs HEINRICH
DES STOLZEN (1126–39) und des Hohenstaufenkönigs
KONRAD III. (1138–52)

Hie Welf, hie Waibling.

Aus der belagerten Stadt haben die Frauen als ihr kost-
barstes Gut ihre Männer herausgetragen, wie die Sage
berichtet, und König Konrad III. antwortete (nach

Zincgref „Apophthegmata" 1626, 29 und 30) auf den
Einspruch dagegen: „Ein Königswort darf nicht ge-
ändert werden", woraus Bürger in seiner Ballade „Die
Weiber von Weinsberg" (11, 3 und 4) gemacht hat

> *Ein Kaiserwort*
> *Soll man nicht drehn und deuteln.*

Auf Kaiser LUDWIG IV. den Bayer (1287–1347) nach der
Schlacht bei Mühldorf (28. Sept. 1322) soll (vgl. Uhlands Drama „Ludwig der Bayer" 3, 4) der Ausspruch,
der auch Schweppermanns Grabstein ziert, zurückgehen

> *Jedem Mann ein Ei,*
> *Dem frommen Schweppermann zwei.*

Francesco da Buti, einer der ältesten Erklärer Dantes,
erwähnt zu der Stelle des „Fegefeuers" XXIV 23 und
24, daß Papst MARTIN IV. († 1285), wenn er aus dem
Konsistorium kam, zu sagen pflegte: Wieviel haben wir
für die heilige Kirche Gottes gelitten!

> *ergo bibamus*
> *darum wollen wir einmal trinken.*

Das Wort ist als Titel des Goetheschen Liedes bekannt,
in welchem „Ergo bibamus" neunmal vorkommt.
Da nach Prosper Mérimées „Chronique du règne de
Charles IX", (1829) Vorr. S. 7, LUDWIG XI. (1423–1483)
„Diviser pour régner" sagte, so wird darauf zurückzu-
führen sein

> *Divide et impera*
> *(Trenne und herrsche).*

> O sancta simplicitas
> *O heilige Einfalt*

soll HUS (* 1369) 1415 (nach Zincgref-Weidner, Amsterdam 1653, 3. T. S. 383) auf dem Scheiterhaufen ausgerufen haben, als er sah, wie ein Bauer, (nach v. Loeper
„Faust", sowie nach Karl von Gebler „Nachklänge",
1880, 1. Bd. S. 182: „ein altes Mütterchen") in blindem
Glaubenseifer sein Stück Holz zu den Flammen herbei-
trug. Doch wird schon in der lateinischen Fortsetzung

der Kirchengeschichte des Eusebius († 340) durch Rufinus († 395) B. 10 K. 3 die „sancta simplicitas" erwähnt, mit welcher ein Bekenner auf dem ersten Konzil zu Nicäa einen bis dahin unüberwindlichen Philosophen zum Schweigen brachte und bekehrte.

Der deutsche Kaiser SIGISMUND (1361–1437), der 1415 die Mark Brandenburg an einen Hohenzollern übergab und Hus verbrennen ließ, tat den Ausspruch

> *Wer den Feind in die Flucht schlägt, hat genug gesiegt.*

Der Urheber des Ausspruchs

> *An nescis, mi fili, quantilla prudentia mundus regatur (oder regatur orbis)?*
> *Weißt du nicht, mein Sohn, mit wie geringem Verstande die Welt regiert wird?*

ist nicht, wie lange Zeit angenommen wurde, der schwedische Kanzler Axel OXENSTIERNA (1583–1654), sondern wahrscheinlich der Papst JULIUS III. (1550–55), von dem erzählt wird, er habe einem portugiesischen Mönche, der ihn bemitleidete, weil er mit der Herrschaft über die ganze Welt belastet sei, geantwortet: „Wenn Ihr wüßtet, mit wie wenig Aufwand von Verstand die Welt regiert wird, so würdet Ihr Euch wundern."

Bei der römischen Kaiserkrönung Friedrichs III. (1415 bis 1493) im Jahre 1452 wurde ein Dalberg zum Ritter geschlagen. Seitdem rief der kaiserliche Herold bei jeder Kaiserkrönung

> *Ist kein Dalberg da?*

Der Wahlspruch für Schleswig-Holstein

> *up ewig ungedeelt*

stammt aus der Handfeste des Königs CHRISTIAN I. von Dänemark (reg. 1448–81), die er nach seiner Wahl zum Herzog von Schleswig und Grafen von Holstein und Stormarn am 5. März 1460 zu Ripen als Grundlage der schleswig-holsteinischen Staatsrechte ausstellte.

> *Machet den Zaun nicht zu weit,*

d. h. mischt euch nicht in fremde Händel ein, hat Niklas VON DER FLÜE (1417–87) gesagt.

Die Redensart

> *den gestrigen Tag suchen*

hat nach Wolfgang Bütners „627 Historien von Claus
Narren" (Eisleben 1572, 21, 51) der Hofnarr CLAUS
(† im 16. Jh.) gegenüber dem Kurfürsten Johann Friedrich von Sachsen (1503–54) zum erstenmal angewandt.

> *Das tolle Jahr*

nannte Ludwig BECHSTEIN (1801–60) einen 1833 erschie-
nenen Roman, der die städtischen Unruhen Erfurts im
Jahre 1509 behandelt. Dieser Titel wird seither auf das
Jahr 1848 angewandt.

Ob die Redensart

> *wie Gott in Frankreich leben*

wirklich auf Kaiser Maximilian I. (1459–1519), von
dem die „Apophthegmata" Zincgrefs (Leipzig 1693
S. 10) ein ähnliches Wort berichten, zurückgeht, bleibt
nur Vermutung.

> *Tel est notre plaisir*

geht auf die Ordonnanz König Karls VIII. von Frankreich (1470–98) vom 12. März 1497 zurück und heißt
richtig

> *Tel est notre bon plaisir*
> *Dies ist unser gnädiger Wille.*

Es war der tapfere Pierre Seigneur DE BAYARD (1475 bis
1524), der wegen seines Heldenmutes in den italienischen Kriegen der Könige Karl XVIII. (1483–98), Ludwig XII. (1498–1515) und Franz I. (1515–47) den Beinamen

> *Chevalier sans peur et sans reproche*
> *Ritter ohne Furcht und Tadel*

erhielt.

In den italienischen Kriegen Frankreichs wurde König
FRANZ I. in der Schlacht bei Pavia (24. Februar 1525)
gefangengenommen und schrieb darüber nur an seine
Mutter

> *Tout est perdu, fors l'honneur*
> *Alles ist verloren, nur die Ehre nicht.*

Aus der Zeit des Papstes Alexander VI. Borgia (1430 bis 1503, reg. 1492–1503), des großen Förderers der Künste und des Vaters von Cesare und Lucrezia Borgia, stammt der Ausspruch

> Qui mange du pape, en meurt
>
> *Wer ißt, was vom Papste kommt, stirbt daran,*

weil der Papst ihm unbequeme Personen mit giftgemischtem Wein tötete.

In der Lutherzeit führt der Ablaßkrämer Johann Tetzel (1455–1519), dessen Wort: „Sobalde der pfennige ins becken geworffen und clänge, sobalde vüere die sele, dafür er geleget, gen Himmel" von Hans Sachs (1494 bis 1576) in „Die Wittenbergisch Nachtigall" (1523) in die Verse gebracht wurde

> Legt ein, gebt euwer hilff und stewr
>
> Und löst die seel auß dem Fegefewr.
>
> Bald der guldin im kasten klinget,
>
> Die Seel sich auff gen hymel schwinget.

Daraus wurde

> *Sobald das Geld im Kasten klingt,*
>
> *Die Seel aus dem Fegefeuer springt,*

oder

> *Sobald das Geld im Beutel klingt,*
>
> *Die Seele in den Himmel springt.*

Von Martin Luther (1483–1546) wird noch viel zitiert

> *Hier stehe ich! Ich kann nicht anders!*
>
> *Gott helfe mir! Amen.*

Er soll diese Worte am 18. April 1521 vor dem Reichstag in Worms gesprochen haben. Sie schmücken seit 1868 das Lutherdenkmal in Worms. In Wirklichkeit aber hat er nur die damals üblichen Worte: „Gott helfe mir! Amen" gesagt. Die Redensart

> *Wasch mir den Pelz,*
>
> *und mach mir ihn nicht naß*

wird von dem Biographen Luthers Johannes Mathesius (Nürnberg 1566) dem Herzog Georg zu Sachsen (1471 bis 1539) zugeschrieben, der sie Erasmus von Rotterdam (1466–1536) gesagt haben soll, als dieser „eine zweifelhafte und verdrehte Antwort gab".

Der Schweizer Reformator Ulrich ZWINGLI (1484–1531) hat 1529 gesagt:

> *Tut um Gottes Willen etwas Tapferes.*
>
> (Tund um gotz willen etwas dapferes.)

Dem Kaiser KARL V. (1500–58, reg. 1519–56) werden zwei Worte zugeschrieben

> *Ich führe Krieg mit den Lebendigen,*
> *nicht mit den Toten,*

als man ihm riet, Luthers Leiche an den Galgen zu hängen. Sowie

> *Die Sonne geht in meinem Reich nicht unter.*

Dieser Ausspruch stammt von dem italienischen Dichter Giovanni Battista GUARINI (1538–1612), der sie in einem Begrüßungsgedicht bei der Hochzeit des Herzogs Karl Emanuel von Savoyen (1562–1630) zuerst gebrauchte. Bei uns wurde der Ausspruch von Schiller König Philipp (in „Don Carlos" 1, 6) in den Mund gelegt und seitdem populär.

In die Zeit Karls V. gehört auch die Bezeichnung des deutschen Studenten

> *Bruder Studio,*

die der Gründer der Universität Jena, Kurfürst Johann FRIEDRICH DER GROSSMÜTIGE VON SACHSEN, am 24. September 1552 beim Einzug in seine neue Hochschule prägte, nachdem er aus der Gefangenschaft bei Kaiser Karl V. entlassen worden war.

Der Bruder Karls V., der Kaiser FERDINAND I. (1503 bis 1564, reg. 1556–64) hatte nach Joh. Manlius (Loci communes II 290 i. J. 1563) den Wahlspruch

> Fiat iustitia, et pereat mundus,

den Zincgref in seinen „Apophthegmata" 1626 dem Kaiser schon in deutschem Wortlaut zuschrieb

> *Das Recht muß seinen Gang haben, und sollte*
> *die Welt darüber zugrunde gehen.*

Papst GREGOR XIII. (1502–85, reg. 1572–85), der die Bartholomäusnacht 1572 durch Prozessionen und eine Denkmünze gefeiert hat, soll nach den „Canones et decreta oecumenici concilii Tridentini" (1545–63) zuerst den Spruch gesagt haben (was aber keineswegs gewiß ist)

ad maiorem Dei gloriam
zum größeren Ruhme Gottes.

Von König KARL IX. (reg. 1550–74) fiel anläßlich der Bartholomäusnacht mit der Niedermetzelung der Hugenotten der Ausspruch

Ein toter Feind ruht immer gut.

Dieser Ausspruch erinnert an das Wort des englischen Premierministers Winston CHURCHILL (geb. 1874) im Zweiten Weltkrieg

Der beste Deutsche ist ein toter Deutscher.

Der König herrscht, aber er regiert nicht

ist in der lateinischen Form

Rex regnat, sed non gubernat

von Jan ZAMOISKI († 1605) im polnischen Reichstage gesagt worden. Später sagte Hénault in seinen Mémoires, S. 161, von Madame des Ursins: „Elle gouvernait, mais elle ne régnait pas"; am bekanntesten wurde das Wort durch den französischen Staatsmann und Historiker Louis-Adolphe THIERS (1797–1877), der in den ersten Nummern der von ihm mit Armand Carrel und dem Buchhändler Sautelet gegründeten, zum ersten Male am 1. Juli 1830 erschienenen Zeitung „Le National" den Satz

Le roi règne et ne gouverne pas

aufstellte und entwickelte.

Die Holländer schlugen in Middelburg eine Dank- und Denkmünze auf die Vernichtung der gegen England gesandten Riesenflotte Philipps II. (1527–98), der

Armada,

durch die August- und Septemberstürme 1588, mit dem Bild der mit den Wogen kämpfenden Schiffe und der

Umschrift „Flavit Jehova et dissipati sunt" auf der einen Seite und mit dem Sinnbild des Protestantismus, einer auf meerumbrandeten Fels festgegründeten Kirche, darunter Moritz von Nassaus (1567–1625) Wappenschild und mit der Wortumrandung „Allidor, non laedor" (Mag ich angeprallt werden, ich werde nicht verletzt) auf der anderen Seite. Joseph ADDISON (1672 bis 1719) schrieb eine solche Denkmünze mit der Inschrift „Afflavit Deus et dissipantur" irrtümlich der Königin Elisabeth (1533–1603) zu, und Schiller machte den gleichen Irrtum in der Anmerkung zu seinem Gedicht „Die unüberwindliche Flotte" (1786) mit der Änderung in „Afflavit Deus et dissipati sunt" populär. Seine Übersetzung lautete

> Gott, der Allmächtige, blies,
> Und die Armada flog nach allen Winden.

Racines „Athalie" (1691) 5, 6, 3–4

> Comme le vent dans l'air dissipe la fumée,
> La voix du tout-puissant a chassé cette armée.

Und Martin Crugots „Der Christ in der Einsamkeit" (1756): „Der Allmächtige blies und zerstäubete die Unüberwindliche wie Spreu, welche der Wind zerstreuet." Die Bezeichnung

> alter Schwede

geht nach Treitschkes Vorlesung über die Geschichte des Preußischen Staates (1879) auf den GROSSEN KURFÜRSTEN Friedrich Wilhelm von Brandenburg (1620–88, reg. 1640–88) zurück, der alte schwedische Soldaten als Unteroffiziere zum Drillen von Rekruten in seine Dienste nahm. Der Ausdruck erhielt später die Bedeutung von „Mann von altem Schrot und Korn", und man sprach dann auch, bes. in Berlin, vom „gemütlichen Schweden".
Der Große Kurfürst machte auch durch seinen, vom Minister Otto von Schwerin († 1679) verfaßten Aufruf vom 4. April 1658 die Mahnung populär

> Gedenke, daß du ein Deutscher bist.

Der Ausdruck

>*Doktor Eisenbart*

und

>*Doktor-Eisenbart-Kur*

geht auf den niedersächsischen Arzt Johann Andreas EISENBART (1661–1727) zurück, von dem das zuerst 1818 gedruckte Spottlied sang

>*Ich bin der Doktor Eisenbart,*
>*Kurier die Leut' nach meiner Art*

und wird für Quacksalber gebraucht. Kuren nach seiner Art heißen auch

>*Roßkuren.*

Der Ausdruck

>*Staat im Staate*

stammt nach Büchmann, 29. Auflage, aus der zwischen 1610 und 1620 verfaßten Schrift „Du devoir des roys et des subjects" des Theodore Agrippa d'Aubigné (1552 bis 1630). Es wird aber auch Jean de Silhons Schrift „Ministre d'Etat" (Paris 1631, 2, 3, 1)) als Quelle zitiert. HEINRICH IV. von Frankreich (reg. 1589–1610) hat nach den der „Geschichte Heinrichs des Großen", 1681, von Hardouin de Péréfixe angehängten „Denkwürdigen Worten" einst zum Herzog von Savoyen gesagt: „– wenn Gott mir noch Leben schenkt, so will ich es so weit bringen, daß es keinen Bauer in meinem Königreiche gibt, der nicht im Stande sei, ein Huhn in seinem Topfe zu haben." Das ist erweitert worden zu:

>*Je veux que le dimanche chaque paysan ait*
>*sa poule au pot*
>*Ich wünsche, daß sonntags jeder Bauer sein*
>*Huhn im Topfe hat.*

Als Heinrich IV., so wird erzählt, von seinem Beichtvater wegen seiner vielen Liebschaften getadelt ward, ließ er demselben tagelang Rebhühner auftragen, bis dieser sich beschwerte, daß er

>*toujours perdrix*

essen müsse. Der König erwiderte, daß er ihm die Notwendigkeit der Abwechslung habe einleuchten machen wollen.

Das Wort LUDWIGS XIV. (reg. 1643–1715)

> L'Etat c'est moi
> *Der Staat bin ich*

ist unverbürgt, jedenfalls nicht im April 1655 vor dem Parlamente gesagt, wie erzählt wird. Chéruel (1855) „Administration monarchique en France", B. II S. 32 bis 34, sagt: „Hierher versetzt man nach einer verdächtigen Tradition die Erzählung von der Erscheinung Louis' XIV. im Parlament, im Jagdrock, eine Peitsche in der Hand, und hierhin verlegt man die berüchtigte Antwort auf die Bemerkung des ersten Präsidenten, der das Interesse des Staates hervorhob: ‚Ich bin der Staat.' Statt dieser dramatischen Szene zeigen uns die zuverlässigsten Dokumente den König, wie er allerdings dem Parlament Schweigen gebietet, aber ohne einen unverschämten Hochmut zur Schau zu tragen." Dulaure „Histoire de Paris", 1853 S. 387, behauptet freilich: „Er unterbrach einen Richter, der in einer Rede die Worte ‚der König und der Staat' gebrauchte, indem er mit Hoheit ausrief: ‚L'Etat c'est moi.'" Nach „Revue britannique", Mai 1851 S. 254 wäre Königin Elisabeth von England Urheberin des Wortes.

> *Petits-maîtres*

nannte man während der Zeit der Fronde gegen Mazarins Absolutismus 1648–53 eine politische Partei, an deren Spitze Condé, der Prinz von Conti und der Herzog von Longueville standen, weil sie die Herren (les maîtres) des Staates sein wollten; da diese jungen Leute sich einer großen Geckenhaftigkeit befleißigten, bezeichnete man in der Folge alle jungen Leute so, die sich durch dieselbe Eigenschaft bemerkbar machten. (Voltaire „Louis XIV" 4.)

> Tant de bruit pour une omelette (au lard)
> *So viel Lärm um einen Eierkuchen (mit Speck)*

führen französische Schriftsteller auf den Dichter DES-
BARREAUX († 1675) zurück. Er bestellte während eines
Ungewitters an einem Freitag, also einem Fasttage, einen
Eierkuchen mit Speck. Als der fromme Wirt diesen
widerstrebend auftrug, erfolgte ein heftiger Donner-
schlag, so daß der Auftragende vor Entsetzen in die
Knie sank. Da ergriff Desbarreaux seinen Eierkuchen
und warf ihn zur Beruhigung des Mannes mit obigen
Worten aus dem Fenster. („Œuvres de Voltaire", édit.
Beuchot, tome 43 p. 511.)
Der Zeit Ludwigs XV. (reg. 1715–74) gehört (nach
Hénault „Mémoires" S. 4) ein Wort des damals mit der
Bewachung des Buchhandels betrauten Grafen d'ARGEN-
TAL, Marquis von Argenson (1652–1721), an. Er hatte
den Literarkritiker und Voltairegegner P. F. G. Desfon-
taines (1685–1745) vor sich laden lassen, um ihm einen
Verweis wegen des Mißbrauchs seiner Feder zu erteilen.
Als Desfontaines sich folgendermaßen entschuldigte:
„Aber ich muß doch leben, Excellenz", antwortete
d'Argental

> Je n'en vois pas la nécessité
> *Ich sehe nicht ein, daß das nötig ist.*

Schiller notierte im Entwurfe zu einem Trauerspiele
„Die Polizei": „Die bekannte Replik: Ich muß aber ja
doch leben, sagt der Schriftsteller – Das seh ich nicht
ein, antwortet Argenson."

> Tempi passati
> *vergangene Zeiten*

geht auf Kaiser JOSEPH II. (1741–90) zurück. Archen-
holtz „England und Italien" (1785) erzählt im 2. Bande
(Italien) S. 46, bei Gelegenheit der Beschreibung des
Dogenpalastes in Venedig: „Unter andern ist hier die
außerordentliche Begebenheit vorgestellt, wie Kaiser
Friedrich I. 1177 vom Papst Alexander zu Venedig mit
großen Feierlichkeiten vom Bann losgesprochen wurde.
Der Kaiser liegt hier der Geschichte gemäß zu den
Füßen des Papstes und erhält die Absolution. Man er-
zählt, daß, als Kaiser Joseph II. diesen Palast besah,

man glaubte, aus Delikatesse ihm dieses Gemälde nicht zeigen zu dürfen; man bemühte sich daher, seine Aufmerksamkeit auf andere Gegenstände zu richten; allein vergebens. Der Kaiser ward es gewahr, man sagte ihm mit dem größten Glimpf, wovon die Rede sei, worauf er lächelnd versetzte: ‚Tempi passati!'" Das in Rede stehende Gemälde ist von Federigo Zuccaro († 1609) und hängt in dem Saale des großen Rats (sala del maggior consiglio).

Daß Galilei (1564–1642) die Abschwörung seiner Lehren mit dem halblaut gesprochenen Worte

> eppur si muove
> *und sie* (die Erde) *bewegt sich doch*

begleitet habe, ist eine Erfindung, die dem Abbé Augustin Simon TRAILH (1717–94) zugeschrieben wird.

Die Bezeichnung für die Türkei

> *Der kranke Mann am Bosporus*

wird auf ein Lied des Chorherrn zu Naumburg J. Albert POYSEL, „Der Türk ist krank", aus dem Jahre 1683 und auf die Krankheit des Sultans zurückgeführt und schon vom englischen Botschafter Sir Thomas Roe in Konstantinopel zu Ende des 17. Jahrhunderts auf das Osmanenreich angewandt.

König Friedrich Wilhelm I. (1688–1740, reg. 1713–40) setzte der Denkschrift des Grafen Karl Truchsess über eine Reform der Kriegsgefälle des platten Landes am 25. April 1716 das Wort entgegen: „Ich stabiliere die Souveränität und setze die Krone fest wie einen

> *rocher von bronze"*
> *Fels von Erz*

(Droysen „Geschichte der Preußischen Politik", Berlin 1855–1881 IV 2, 198).

Der Ausdruck

> *Küchendragoner*

geht auf den Fürsten LEOPOLD I. VON ANHALT-DESSAU, den „alten Dessauer", (1676–1747) zurück, der die Reiter des Kriegsministers König Friedrich Wilhelms I.

Friedrich Wilhelm von Grumbkow (1678–1739) „Hofstaats- und Küchendragoner" genannt hat. Heute für derbe Köchin.

> L'Italia farà da se
> *Italien wird ganz allein fertig werden,*

gewöhnlich als Devise des italienischen Freiheitskampfes von 1849 hingestellt, wurde nach Reuchlin, „Geschichte Italiens" II 1 S. 155, vom damaligen Minister des Auswärtigen in Piemont, PARETO, vielmehr den „Interventionsgelüsten der französischen Radikalen ins Gesicht geschleudert". v. Treitschke: „Bundesstaat und Einheitsstaat" nennt es den Wahlspruch des Grafen CESARE BALBO (1789–1853), des Vaters der bis 1930 geltenden italienischen Verfassung; nach Theodor Mundt, „Italienische Zustände" 1, 58 war diese Devise von KARL ALBERT König von Sardinien (1798–1849) und seinem Kaplan Vincenzo GIOBERTI (1801–52) zuerst ausgegangen.

Der Ausdruck

> *Lynch-Justiz*
> Lynch-Law

für eine gewalttätige, ungesetzliche Volksjustiz, seit Ende des 18. Jh. namentlich in den Südstaaten der USA geübt, wird auf einen historisch nicht näher festgestellten John LYNCH zurückgeführt, der gegen Ende des 17. Jahrhunderts sich von den Bewohnern Nordkarolinas, als die USA noch Kolonie waren, die unumschränkte Macht als Gesetzgeber, Richter und Vollstrecker geben ließ.

Die Devise

> Honny soit qui mal y pense
> *Schmach dem, der Arges dabei denkt*

ist der Wahlspruch des englischen Hosenbandordens, den König Eduard III. (1312–77) i. J. 1350 stiftete. Der Spruch wurde schon früher in Frankreich gebraucht.

> *Das Ei des Kolumbus*

stammt aus einer Erzählung von BENZONI („Historia del mondo nuovo", Ven. 1565), nach der Kolumbus auf einem ihm zu Ehren gegebenen Gastmahl des Kardinals Mendoza i. J. 1493 die von niemandem gelöste Aufgabe, ein Ei zum Stehen zu bringen, dadurch entschied, daß er es an der Spitze eindrückte, worauf es stand. Eine ähnliche Geschichte erzählt Giorgio Vasari (1511 bis 1574) in seinen berühmten Künstlerbiographien von dem florentinischen Baumeister Philippo Brunelleschi (1377–1446), der die gewaltige Kuppel des Domes in Florenz aus zwei Gewölbeschalen ohne Gerüst erbaut hat.

Sir Robert WALPOLE (1676–1745), dem englischen Regierungschef von 1721–42, wurde das Wort

> Every man has his price
> *Ein jeder Mensch hat seinen Preis*

zugeschrieben. Er hat aber nach Coxes „Memoirs of the life and administration of Sir Robert Walpole" IV 369 sich milder ausgedrückt: „Redefloskeln verachtete er. Die Auslassungen vorgeblicher Patrioten schrieb er ihren oder ihrer Angehörigen eigennützigen Absichten zu und sagte von ihnen: Alle diese Leute haben ihren Preis."

Robert Walpole war der bedeutendste Führer der einen Partei der alten Parlamentsaristokratie, der

> *Whigs,*

deren Name zuerst während der englischen Revolutionszeit seit 1679 für die schroffen Presbyterianer und später für die Vertreter des Widerstandsrechts des Volkes gegen die monarchische Willkür gebraucht wurde und die sich auf Großhandel und Großgrundbesitz stützte. Aus ihr entwickelte sich die moderne liberale Partei. Ihre Gegner waren die

> *Tories* (Einzahl: Tory),

deren Name aus dem irischen „toraidhe", „Verfolger", herkommen soll. Sie waren zuerst um 1679 die streng royalistisch-legitimistische Hofpartei; ihr Kern war der kleine Landadel, die „country gentlemen". Aus ihr wurde die moderne konservative Partei.

Ein hervorragender Führer der Whigs war William

Pitt d. Ältere (1708–78), der Friedrich d. Gr. im Siebenjährigen Krieg unterstützte. Sein Sohn William Pitt der Jüngere (1759–1806) wurde zum Führer der Tories zur Zeit der Französischen Revolution und Napoleons. Von ihm wurde das Wort

radikal

im politischen Sinne zum ersten Male 1798 im englischen Parlament gebraucht, dem er auch sagte

Sagt mir nicht, das Parlament sei ohnmächtig.

Pitts letzte Freude war Viscount Horatio Nelsons (1758–1805) Seesieg bei Trafalgar über die spanisch-französische Flotte am 21. Oktober 1805, für die Nelson den berühmten Tagesbefehl erließ

England expects that every man will
do his duty
England erwartet, daß jeder Mann
seine Pflicht tun wird.

Nelson selbst fiel in der Schlacht mit den viel zitierten Worten

Thank God, I have done my duty
Gott sei Dank, ich habe meine Pflicht getan.

Die Bezeichnung

Grog

für Rum mit Wasser gemischt geht auf den englischen Admiral Vernon zurück, der wegen des kamelhaarenen (grogram) Rockes, den er meist trug, bei seinen Leuten „Old Grog" genannt wurde. Als er nun 1740 anordnete, daß den Mannschaften der englischen Flotte statt ungemischten Rums eine Portion Rum mit Wasser gemischt verabfolgt werden sollte, erhielt das neue Getränk, das er erfunden hatte, seinen Spitznamen und ist seitdem beliebt geblieben.

Von Herzog Philipp von Orléans, „dem Regenten" (1634–1723), der ein zügelloses Genußleben führte und Frankreich durch die Aktienspekulationen des Schotten

John Law of Lauriston (1671–1729) 1720 in die erste Inflation stürzte, stammt der Ausdruck

> Roué,

eigentlich Geräderter, Galgenvogel, für einen Lebemann, der auch

> *mit allen Wassern gewaschen ist.*

Der Ausdruck

> Laissez faire, laissez passer
> *Laßt die Welt gehen, wie sie will*

wurde zuerst von den Physiokraten zur Zeit des Jean Baptiste Colbert (1619–83), der zwei Jahrzehnte lang Frankreichs Wirtschaftspolitik und innere Verwaltung leitete, gebraucht. Er wurde zum Wahlspruch der Merkantilisten, des Freihandels und der Gewerbefreiheit.

Von Madame DU DEFFAND (1697–1780), die einen berühmten Salon in Paris hatte und auch mit Horace Walpole (1717–97) befreundet war, stammt der Ausspruch

> Il n'y a que le premier pas qui coûte
> *Nur der erste Schritt kostet Überwindung*

als Antwort an den Kardinal Polignac (1661–1741). Dieser hatte auf die Länge des Weges hingewiesen, den der erste Bischof von Paris, der heilige Dionysius, vom Montmartre, wo er enthauptet wurde, bis nach Saint-Denis mit seinem Haupte in den Händen gegangen sein soll.

Nach Massari „La vita ed il regno di Vittorio-Emanuele II. di Savoia", Mailand 1878, sagte Minister Massimo d'Azeglio (1798–1866) zu VITTORE EMANUELE II. (1820 bis 1878) im Anfang seiner Regierung: „Die Geschichte zählt so wenig Könige, die Ehrenmänner sind, daß es eine schöne Aufgabe wäre, jetzt die Reihe zu beginnen." „Soll ich also dieser König-Ehrenmann sein?" fragte der König ihn lächelnd. Beim Jahresschluß wurde der König aufgefordert, seinen Namen in die Volkszählliste der Stadt Turin einzuzeichnen. Er schrieb in die Rubrik „Stand und Stellung":

Re galantuomo
König und Ehrenmann.

Chiesa libera in libero stato
Freie Kirche im freien Staat

war CAVOURS (1810–61) Grundsatz; es waren seine letzten vernehmlichen Worte, als er am 5. Juni 1861 starb. S. v. Treitschke „Cavour", Heidelberg 1869, in „Historische und politische Aufsätze", 4. Aufl., 2. Bd. Leipz. 1871, S. 244. MONTALEMBERT (1810–70) äußert denselben Grundsatz in der Vorrede zu seinen Werken, Paris 1860, I, S. XI: „mit einem Worte, die freie Kirche in einer freien Nation ist das Programm gewesen, das mich zu meinen ersten Anstrengungen angefeuert hat usw."

The right man in the right place
Der rechte Mann an der rechten Stelle

ist aus einer Rede A. H. LAYARDS (1817–94) entwickelt, die er am 15. Januar 1855 im Unterhause hielt, und worin er sagte: „Ich habe immer geglaubt, daß Erfolg das unvermeidliche Ergebnis sein werde, wenn man sowohl dem Landheere wie der Flotte freie Bewegung gönnte, und wenn wir den rechten Mann abordneten, um die rechte Stelle zu füllen."
Nach dem „Essai sur la marquise de Pompadour" in den Memoiren der Frau du Hausset (1824, S. 19), soll Frau VON POMPADOUR (1721–64) gesagt haben

Après nous le déluge
Nach uns die Sündflut,

d. h. „nach uns geschehe, was da will!" Das Wort ist ein modernisiertes Wort eines unbekannten griechischen Dichters, das von Cicero „de finibus" 3, 19, 64, von Seneca „de clementia" 2, 2, 2, von Stobäus „Ecl." 2, 6, 7 zitiert wird. Dio Cassius 48, 23 berichtet, Tiberius habe es häufig im Munde geführt, wogegen Sueton, Nero 38, mitteilt, daß, als es einst in Neros Gegenwart in seiner griechischen Form *ἐμοῦ θανόντος γαῖα μιχθήτω πυρί*

*Nach meinem Tode möge die Erde in Flammen
aufgehen*

angeführt wurde, der Kaiser auf griechisch hinzufügte
„Vielmehr schon während ich lebe", worauf er Rom in
Brand steckte. S. Zonaras 11, 3.

Le silence du peuple est la leçon des rois

*Das Schweigen des Volkes ist eine Lehre
für die Könige*

ist aus der am 27. Juli 1774 zu St. Denis für Ludwig XV. gehaltenen Leichenrede des Abbé DE BEAUVAIS,
Bischofs von Senez († 1790), hergestellt, in welcher es
heißt: „Le peuple n'a pas sans doute le droit de mur-
murer, mais sans doute aussi il a le droit de se taire, et
son silence est la leçon des rois." (Sermons, panégyri-
ques et oraisons funèbres de l'abbé de Beauvais, Paris
1807, 1. vol. p. 243.) Mirabeau wendete das Wort am
15. Juli 1789, dem Tage nach dem Fall der Bastille, in
der Nationalversammlung also an: „Le silence des
peuples est la leçon des rois."
Chamfort (1741–94) „Caractères et Anecdotes" (Œuvres choisies, éd. A. Houssaye, S. 80) gibt unbestimmt
einen geistreichen Mann als den Erfinder des Wortes an

La France est une monarchie absolue,
tempérée par des chansons

*Frankreich ist eine durch muntere Lieder
gemäßigte absolute Monarchie.*

Nach der Ermordung Pauls I. (* 1754), Kaisers von
Rußland, im Jahre 1801 sagte ein russischer Großer zu
Graf Münster, dem hannoverschen Gesandten

Le despotisme, tempéré par l'assassinat,
c'est notre Magna charta

*Der durch Meuchelmord gemäßigte
Despotismus ist unsere Magna charta*

und sagte einer der Mörder, Graf P. L. v. d. Pahlen (1745–1826),

> *Wenn man Eierkuchen backen will, muß man*
> *Eier zerschlagen.*

Von Lanfrey „Histoire de Napoléon I" Tom. **2** Kap. **6** gegen Ende, wird als geistreiches Wort Talleyrands bei dieser Gelegenheit angeführt: L'assassinat est le mode de destitution usité en Russie. (Der Meuchelmord ist die in Rußland übliche Art der Thronentsetzung.) Chamfort soll auch nach der „Notiz über das Leben Chamforts" von Ginguené (1796 S. 58) für die Revolutionssoldaten den Wahlspruch vorgeschlagen haben

> Guerre aux châteaux! Paix aux chaumières!
> *Krieg den Palästen! Friede den Hütten!*

Die Jakobiner hatten schon im Jahre zuvor auf dem Platz der Revolution am Fuß der Freiheitssäule den Schwur gebraucht

> *Tod den Tyrannen! Friede den Hütten!*

Der deutsche Dichter Georg BÜCHNER (1813–37) rief im November 1834 durch seinen „Hessischen Landboten" mit dem Motto

> *Friede den Hütten! Krieg den Palästen!*

die hessischen Bauern vergeblich zum Aufstand auf. Viele Aussprüche wurden zu seiner Zeit und später dem geistreichen, vielgewandten französischen Staatsmann Ch. M. DE PÉRIGORD-TALLEYRAND (1754–1838) zugeschrieben. So erzählt Bertram Barère (1755–1841) „Mémoires" (Paris 1842 T. 4 S. 447) unter „Talleyrand", daß dieser Staatsmann 1807 in einer Unterredung mit dem spanischen Gesandten Jzquierdo, der ihn an seine zu Gunsten Karls IV. (1748–1819) von Spanien gemachten Versprechungen erinnerte, gesagt habe

> La parole a été donnée à l'homme pour
> déguiser sa pensée
> *Die Sprache ist dem Menschen gegeben,*
> *um seine Gedanken zu verbergen.*

Hat Talleyrand dieses Wort gebraucht, so hat er es
doch nicht geschaffen; denn VOLTAIRE ließ Dialog 14
„Der Kapaun und das Masthuhn" den Kapaun sagen
„Die Menschen bedienen sich des Gedankens nur, um
ihre Ungerechtigkeiten zu begründen, und sie wenden
die Worte nur an, um ihre Gedanken zu verbergen."
Plutarch hatte in seiner Abhandlung „über das Hören",
K. 5, schon gesagt: „Die Reden der Menge und die Dis-
putationen der Sophisten bedienen sich der Worte als
Umhüllungen der Gedanken."
Talleyrand war erstaunt, in den Hundert-Tagen als Er-
finder der Redensart

> C'est le commencement de la fin
> *Das ist der Anfang vom Ende*

begrüßt zu werden (s. Fournier „l'Esprit dans l'histoire", Paris 1882 4. Aufl. S. 438). Wie sollte er nicht?
Der Prologus in SHAKESPEARES „Sommernachtstraum" 5,
1 hatte das Wort über zweihundert Jahre früher gesagt, vgl. S. 294.
Durch nichts ist bewiesen, daß Talleyrand, wie behauptet wird, gesagt habe

> *Der Kaffee muß heiß wie die Hölle, schwarz*
> *wie der Teufel, rein wie ein Engel, süß wie*
> *die Liebe sein.*

> Surtout pas de zèle
> *Vor allen Dingen keinen Eifer*

soll Talleyrand geläufig gewesen sein.

> Légitimité
> *Legitimität*

für: Recht der legitimen Fürsten ist nach Thiers „Consulat et Empire", t. XVIII p. 445, eine von Talleyrand
erfundene Bezeichnung.
Nach Barrau „Histoire de la révolution" (2. Ausg.
S. 134), hätte Abbé MAURY (1746–1817) in einer Rede in
der Constituante, von auf der Tribüne lärmenden Kerlen
unterbrochen, mit dem Ausrufe: „Monsieur le Président,

faites taire ces sansculottes" den Ausdruck

sans-culottes

geschaffen, der sich so erklärt, daß die Republikaner die
bis dahin getragene Kniehose (culotte) mit der bis zu
den Füßen reichenden (pantalon) vertauscht hatten.
Nach Bourloton et Robert „La commune", Paris 1872,
S. 169, hätte er es lärmenden Frauen auf der Tribüne
zugerufen.

Il est peu de distance de la roche Tarpéienne
au Capitole
Es ist nicht weit vom tarpejischen Felsen
bis zum Kapitol

sagte MIRABEAU (1749–91) in seiner Rede vom 22. Mai
1790. Im alten Rom wurden Schwerverbrecher vom
Tarpejischen Felsen hinabgestürzt.

C'est plus qu'un crime, c'est une faute
Das ist mehr als ein Verbrechen, das ist ein
Fehler

soll Polizeimeister FOUCHÉ (1763–1820), andere nennen
Talleyrand, über die Hinrichtung des Herzogs d'Eng-
hien (* 1772) durch Konsul Bonaparte (20./21. März
1804) gesagt haben.

Ils n'ont rien appris ni rien oublié
Sie haben nichts gelernt und nichts vergessen

schrieb 1796 der Konteradmiral Chevalier DE PANAT
(1762–1834) über die Royalisten in einem Briefe an
Mallet du Pan („Mémoires et Correspondance de Mallet du Pan, recueillis et mis en ordre" par M. A. Sayous,
T. II p. 197).

Du sublime au ridicule il n'y a qu'un pas
Vom Erhabnen zum Lächerlichen ist nur ein
Schritt

wendete NAPOLEON I. (1769–1821) auf seiner Flucht aus
Rußland im Gespräch mit seinem Gesandten de Pradt
in Warschau (Dez. 1812) fünf- bis sechsmal an. (S. de
Pradts „Histoire de l'ambassade dans le Grandduché

de Varsovie en 1812", Berlin 1816.) In den „Mémoires de Madame de Rémusat 1802–1808" (Paris 1880 III S. 55 und 56) heißt es: „Bonaparte hat oft gesagt, daß vom Erhabenen zum Lächerlichen nur ein Schritt sei."

Die männliche Jugend von Paris, die sich nach dem 9. Thermidor zum Vorkämpfer der Gegenrevolution aufwarf, soll den Namen

> Jeunesse dorée
>
> *Goldjugend, goldene Jugend*
>
> (reiche junge Leute)

als Spitznamen geführt haben. Adolf Schmidt „Pariser Zustände während der Revolutionszeit von 1789 bis 1800", Jena 1874 Teil I Nr. 12: „Die Mythe von der Jeunesse dorée" weist nach, daß der Ausdruck nur einmal von dem Romanschreiber PAGÈS im 2., Anfang 1797 erschienenen Teile seiner „Geheimen Geschichte der Französischen Revolution" in der Form: „die Pariser Jugend, welche man auch la jeunesse dorée nannte", gebraucht wurde, ohne je weiter vorzukommen, bis im Jahre 1824, gleichsam mit einem Schlage, die Taufe der Pariser Jugend der Restaurationszeit als „Jeunesse dorée" durch Mignet, Thiers, Thibaudeau und Prudhomme vollzogen ward. Heute wendet man den Ausdruck allgemein auf die vergnügungssüchtige Großstadtjugend an.

> Ça ira
>
> *'s wird schon gehen,*

pflegte Benjamin FRANKLIN in Paris zu antworten, wenn man sich bei ihm nach den Fortschritten der Revolution in Amerika erkundigte. In der Französischen Revolution wurde das Wort populär als Anfang und Kehrreim eines vielgesungenen Liedes. Matthisson in „Briefe von Friedrich Matthisson", Zürich 1802 S. 146, erzählt im 15. Briefe, Nismes, 22. März 1792: „Der allgemeine Nationalgruß ist jetzt: ‚Ça ira!', worauf ‚Cela va!' (es geht schon) erwidert wird."

> Sans phrase
>
> *Ohne Redensarten*

ist verkürzt aus „La mort sans phrase", was bei der Abstimmung über die Art der Behandlung Ludwigs XVI. (1754–92) in der Konventsitzung vom 17. Januar 1793 E. J. SIEYÈS (1748–1836) gesagt haben soll, aber nicht gesagt hat, wie aus „Le Moniteur", 20. Jan. 1793, hervorgeht. Sieyès stimmte mit: „La mort." Auch sagte er

> Ils veulent être libres et ne savent pas être justes
> *Sie wollen frei sein, und sie verstehen nicht gerecht zu sein.*

Ebenfalls soll er zuerst im Jahre 1793 das später von Napoleon III. aufgenommene Wort

> *natürliche Grenzen*

auf den Rhein angewendet haben. (Ludwig Häußer, „Deutsche Geschichte" 3. Aufl. Bd. 2 S. 19.) Der Gedanke kommt schon 1444 in einem Manifeste des Dauphin, später Ludwig XI. (1423–83), vor, und wurde Gegenstand einer lebhaften literarischen Fehde am Ende des 15. und Anfange des 16. Jahrhunderts.
Bertrand BARÈRE (1755–1841), der „Anakreon der Guillotine", sagte 1794 im Konvent „Wenn im vergangenen Jahre den englischen Soldaten der Pardon, um den sie kniefällig baten, verweigert worden wäre; wenn unsere Truppen sie samt und sonders vernichtet hätten, anstatt zu erlauben, daß sie unsere Festungen durch ihre Nähe beunruhigen, so hätte die englische Regierung ihren Angriff auf unsere Grenzen dieses Jahr nicht erneuert;

> Il n'y a que les morts qui ne reviennent pas
> *Nur die Toten kehren nicht zurück.*

1797 wendete General BONAPARTE

> la grande nation
> *die große Nation*

in der Proklamation an, die er beim Verlassen Italiens an die Italiener richtete. Er wiederholte das Wort oft und hat noch auf St. Helena vor Las Cases (1766–1842), dem Verfasser des „Mémorial de Sainte Hélène" (unterm 31. Oktober 1816) behauptet, er habe es geprägt. Dabei ist es aber von Matthisson in seinen „Darstellungen aus Frankreich" schon für 1791 bezeugt und von Goethe in den „Unterhaltungen deutscher Ausgewanderter" (1793 und 1795) gebraucht. Vor der Schlacht bei den Pyramiden soll Bonaparte am 21. Juli 1798 gesagt haben

> Du haut de ces pyramides quarante siècles
> vous contemplent
> *Von den Höhen dieser Pyramiden schauen*
> *vierzig Jahrhunderte auf euch,*

ohne daß mit Sicherheit festzustellen ist, ob Bonaparte diese Worte, wie er in seinen Memoiren nach der „Histoire de Napoléon" eines Ungenannten aus dem Jahre 1803 behauptet, wirklich gesprochen hat.
Napoleon empfing am 2. Oktober 1808 Goethe in Erfurt, wie der Dichter erzählt, mit den Worten

> Voilà un homme!
> *Das ist ein Mensch!*

In Wirklichkeit scheint Napoleon Goethe mit den Worten begrüßt zu haben

> Vous êtes un homme!
> *Sie sind ein Mensch!*

Zu Goethe sagte Napoleon auch

> *Die Politik ist das Schicksal.*

Als am 7. Sept. 1812 an der Moskwa die Sonne aufging, rief Napoleon I. seinen Offizieren mit

> Voilà le soleil d'Austerlitz
> *Das ist die Sonne von Austerlitz*

die siegreiche Schlacht bei Austerlitz am 2. Dez. 1805 ins Gedächtnis zurück.
Las Cases „Mémorial de Sainte Hélène", Paris 1823/24, 8. April 1816, teilt folgendes Wort mit, das Napoleon ihm gegenüber ausgesprochen hat

Bei dem gegenwärtigen Zustande der Dinge
kann ganz *Europa binnen zehn Jahren kosakisch
sein oder* ganz *republikanisch*
(toute en républiques).

Das Napoleon zugeschriebene Wort

Tout soldat français porte dans sa giberne le
bâton de maréchal de France
*Jeder französische Soldat trägt den
Marschallstab in seiner Patronentasche,*

gewöhnlich zitiert

im Tornister,

steht in „La vie militaire sous l'Empire" par E. Blaze,
Paris 1837, 1, S. 5 und wird S. 394 in der Form wiederholt „Nous avons tous un brevet de maréchal de France
dans notre giberne."
Aus dem 1804 erlassenen Gesetzbuch, dem „Code Napoléon" (Artikel 340), wurde zum Zitat

La recherche de la paternité est interdite
Die Suche nach der Vaterschaft ist verboten.

1808 erklärte der spanische Feldherr Palufox bei der
Belagerung von Saragossa auf die Aufforderung der
Franzosen zur Übergabe

Krieg bis aufs Messer.

In der Schlacht bei Leipzig 1813 sagte Napoleon I., als
er das Zurückweichen der Russen bemerkte

Le monde tourne encore pour nous
Die Welt dreht sich noch für uns.

Als er 1811 mit seinem neugeborenen Sohn, dem Herzog von Reichstadt († 1832), in den Armen auf den
Balkon des Louvre trat, sagte er

L'avenir est à moi
Die Zukunft gehört mir.

Daraus ist wahrscheinlich entstanden

Wer die Jugend hat, hat die Zukunft.

Napoleon hat auch gesagt

> *Ich will, oder ich will nicht – das ist meine*
> *Politik.*

Auf St. Helena sagte Napoleon

> A la longue le sabre est toujours battu par
> l'esprit
> *Rohe Gewalt muß auf die Dauer stets dem*
> *Geiste weichen.*

Das Wort, welches General Cambronne (1770–1842) in
der Schlacht bei Waterloo am 18. Juni 1815 gesagt
haben soll

> La garde meurt et ne se rend pas
> *Die Garde stirbt und ergibt sich nicht,*

hat er selbst, der bei Waterloo nicht starb, sondern sich
ergab, stets auf das entschiedenste in Abrede gestellt.
Trotzdem hat man die Statue, welche ihm in seiner
Geburtsstadt Nantes errichtet wurde, mit dem Ausspruch geziert. Nach Fournier, „l'Esprit dans l'histoire", 2. Ausg. Paris 1860 S. 361, ist der Journalist
ROUGEMONT der Erfinder dieses Wortes, das er am
Tage nach der Schlacht im „L'Indépendant" abdrucken
ließ. Beim

> *mot de Cambronne*

denkt man in Frankreich an Cambronnes Fluch „merde"
(Scheiße), mit dem er nach Victor Hugos (1802–85) Darstellung in „Les Misérables" vom Schlachtfeld in Waterloo weggeritten sein soll.
Man nennt das napoleonische Zwischenreich von 1815

> les Cent Jours
> *die Hundert Tage,*

obgleich es über diese Zeit hinausging. Die Schuld trägt
der Seinepräfekt, der LUDWIG XVIII. (reg. 1814–24),
welcher am 19. März 1815 verschwunden war, bei seinem Wiedereinzuge am 8. Juli als schlechter Rechner
in seiner Anrede „hundert Tage" aus Paris abwesend

sein ließ. Derselbe Monarch nannte die zweite Kammer bald nach dem Einzuge in Dankbarkeit für ihre Haltung

> Chambre introuvable
> *eine Kammer, wie sie sich so leicht nicht wieder-*
> *findet.*

Später wurde sie ihm durch ihren Fanatismus unbequem. Der Hohn eignete sich den Ausdruck für jede Kammer an, die monarchischer sein will als der Monarch.
Nach „Souvenirs de J. Laffitte", (Paris 1844) I 150 führte Ludwig XVIII. den Ausspruch

> L'exactitude est la politesse des rois
> *Pünktlichkeit ist die Höflichkeit der Könige*

im Munde.
Karl Joseph Fürst von Ligne († 1814) sagte vom Wiener Kongresse

> Le congrès ne marche pas; il danse
> *Der Kongreß tanzt wohl, aber kommt nicht vom*
> *Fleck.*

In dem Briefe J. Grimms an W. Grimm, Wien 23. Nov. 1813 (Briefwechsel der Brüder, Weimar 1881, S. 386) steht: „Le congrès danse beaucoup, mais il ne marche pas." Man ließ den Grafen von Artois, später Karl X. (1757–1836, reg. 1824–30) in der „Restauration" im Moniteur mit einem Programme debütieren, das gewöhnlich umgestaltet wird zu

> Il n'y a rien de changé en France, il n'y a
> qu'un Français de plus
> *Es ist nichts in Frankreich geändert, es ist nur*
> *ein Franzose mehr vorhanden.*

Es ist dem Grafen von Artois nach „Revue contemporaine", 15. Febr. 1854 S. 53, untergeschoben. In Wirklichkeit hat Beugnot, der interimistische, mit der Leitung der offiziellen Presse beauftragte Minister des Innern, das Wort auf Veranlassung von Talleyrand am 11. April 1814 verfaßt.

> Elle est grande dans son genre, mais son genre
> est petit
> *Sie ist groß in ihrem Gebiete, aber ihr Gebiet*
> *ist klein,*

sagte die Sängerin Angelica CATALANI (1780–1849) von der deutschen Sängerin Henriette Sonntag (1806–54) an der Tafel des Beerschen Hauses in Berlin (Holteis „Vierzig Jahre" IV Berlin 1843/44 S. 33).

Den Sturz der bourbonischen Herrschaft kündigte ein prophetisches Wort SALVANDYS (1795–1856) an. Dieser, damals französischer Gesandter in Neapel, nahm an einem Balle teil, den der Herzog von Orleans (Ludwig Philipp) am 5. Juni 1830 im Palais Royal zu Ehren seines Schwagers, des in Paris anwesenden Königs von Neapel, gab. Salvandy hat diesen Ball im „Livre des Cent-et-un", B. 1, beschrieben. „Als ich", erzählte er, „am Herzog von Orleans vorbeiging, dem man von allen Seiten Komplimente über die Pracht seines Festes machte, sagte ich jenes Wort zu ihm, das die Zeitungen am folgenden Tage wiederholten: ,Das ist ein ganz neapolitanisches Fest, mein Prinz,

> nous dansons sur un volcan'
> *wir tanzen auf einem Vulkan."*

Robespierre (1758–94) hatte schon 1794 gesagt: „Nous marchons sur le volcan."

> Une tempête dans un verre d'eau
> *Sturm im Wasserglas*

wurde durch den Verfasser der „Lettres Persanes" (1721) und „De l'esprit des lois" („Geist der Gesetze", 1748) dem Baron Charles DE MONTESQUIEU (1689 bis 1755) zum geflügelten Wort, war aber bereits im Lateinischen sprichwörtlich, wie aus Cicero „De legibus" 3, 16 „Excitabat enim fluctus in simpulo, ut dicitur, Gratidius" (Gratidius erregte nämlich Wellen im Schöpflöffel, wie man sagt), erhellt. Im Athenaeus, Anfang des 3. Jahrh. n. Chr., „Deipnosophisten", 8 p. 388 A, verspottet der Flötenspieler Dorion die Tonmalerei des Zitherspielers Timotheos, der auf seinem

Instrumente einen Seesturm darstellen wollte, mit den Worten, er habe in einem siedenden Kochtopf schon einen größeren Seesturm gehört.

> La France marche à la tête de la civilisation
> *Frankreich schreitet an der Spitze*
> *der Zivilisation*

ist die Umwandlung eines Ausspruches des französischen Staatsmannes Guillaume GUIZOT (1787–1874) in seinen Vorlesungen über „Geschichte der Zivilisation in Europa", Paris 1845, beim Anfange der 1. Vorlesung „Es hieße zu weit gehen, wollte man behaupten, daß Frankreich immer und in allen Richtungen an der Spitze der Zivilisation geschritten sei." Er sagte weiter: „Geisteshelle, Geselligkeit und sympathisches Wesen sind Frankreichs Grundeigenschaften und die seiner Zivilisation; und diese Eigenschaften machen es vor allem geeignet, an der Spitze der europäischen Zivilisation zu marschieren" („à marcher à la tête de la civilisation européenne").

Als Guizot der Kammer angehörte, hatte er als Führer seiner Fraktion einen Herrn Royerbollard, der nur

> *doctrinaire*

hieß, weil er an einer Lehranstalt der „Prêtres de la doctrine chrétienne", kurz „doctrinaires" genannt, erzogen war und von einem Mitglied der Rechten mit „Voilà bien les doctrinaires!" begrüßt worden war.

Der Herzog von Orleans, der spätere König LOUIS PHILIPPE (1773–1850, reg. 1830–48) endigte seine erste Proklamation als General-Statthalter des Königreichs mit der Phrase

> Une charte sera désormais une vérité.

Der Moniteur vom 3. August 1830 brachte statt dessen

> La charte sera désormais une vérité
> *Die Verfassung wird künftighin eine*
> *Wahrheit sein.*

Als einige Tage vor der Einsetzung des Juli-Königtums die Frage erhoben wurde, ob der neue König den Na-

men „Philipp der Siebente" annehmen sollte, erklärte
DUPIN DER ÄLTERE (1783–1865), der Herzog von
Orleans sei auf den Thron berufen worden,

> non parce que, mais quoique
> *nicht weil, sondern obgleich*

er ein Bourbon sei.
Die Regierungsmethode des „Bürgerkönigs" Louis Philippe nannte man

> juste milieu
> *richtige Mitte.*

Das Wort kommt zuerst bei Blaise PASCAL (1623–1662)
„Pensées sur la religion" 3, 3 Amsterdam 1692, vor.
Mit

> L'ordre règne à Varsovie
> *Die Ordnung herrscht in Warschau*

zeigte der französische Minister Graf Horace SEBA-
STIANI (1775–1851) am 16. Sept. 1831 den französischen
Abgeordneten die blutige Einnahme Warschaus an.

> Entente cordiale
> *Herzliches Einverständnis,*

ein Ausdruck zur Bezeichnung des Verhältnisses zwischen England und Frankreich, datiert nach Littré aus
der Adresse der französischen Deputiertenkammer von
1840/41. Auch König Louis Philippe gebrauchte den
Ausdruck in seiner Thronrede vom 27. 12. 1843. Das
Wort wurde zur Zeit Kaiser Wilhelms II. für das eng-
lisch-französische Bündnis wieder gebräuchlich.

Louis Napoleon, der spätere Kaiser der Franzosen
NAPOLEON III. (1808–73, reg. als Präsident der franz.
Republik 1848–52, als Kaiser 1852–70) hielt als Prinz-
präsident auf seiner Rundreise durch Frankreich bei
einem Bankett, das ihm die Handelskammer von Bordeaux am 9. Oktober 1852 gab, eine Rede, in welcher

> L'empire, c'est la paix
> *Das Kaiserreich ist der Friede*

vorkam. Der „Kladderadatsch" vom 7. Nov. 1852 formte es um in

> L'empire c'est l'épée
> *Das Kaiserreich ist das Schwert.*

Dieses Wort wurde 1933 von Gegnern des Nationalsozialismus wieder aufgegriffen und in der Form „Hitler ist der Krieg" populär.

Der in Camille JORDANS „Vrai sens du vote national sur le consulat à vie", 1802 S. 46, enthaltene Ausdruck

> le couronnement de l'édifice
> *Krönung des Gebäudes*

ist durch Napoleon III. zum Schlagwort geworden, der es in einem Schreiben an Staatsminister Eugène Rouher (1814–84) anwendete, womit er sein Dekret über vorzunehmende Reformen vom 20. Januar 1867 begleitete.

Auf eine Interpellation des Staatsmannes und Historikers L. A. Thiers (1797–1877), der ein Gegner Napoleons III. war, am 14. April 1867 im gesetzgebenden Körper über die auswärtigen Beziehungen antwortete ROUHER, der auch „der Vizekaiser" genannt wurde, am 16. unter anderem „Der Tag vom 3. Juli (Schlacht bei Königgrätz) war schwer für die Männer, die die Geschicke dieses Landes leiten. Sowohl das Militär wie die öffentliche Meinung hatte geglaubt, Preußen werde seinen kühnen Versuch teuer bezahlen müssen; man hielt es für gewiß, daß es eine Schlappe erleiden werde. Seinem Erfolge, diesem unvorhergesehenen Ereignisse gegenüber, fühlten wir

> angoisses patriotiques
> *patriotische Beklemmungen.*"

Im September 1867 sagte Napoleon III. in Lille: „In den letzten vierzehn Jahren, seit ich zum ersten Male die Norddepartements besuchte, sind sehr viele meiner Hoffnungen in Erfüllung gegangen und große Fortschritte gemacht worden; allein auch

> *schwarze Punkte*

oder

> *dunkle Punkte*
> points noirs

haben unsern Horizont umwölkt." Rouher sagte im
Juli 1870 im Corps Législatif: „Die Expedition nach
Mexiko ist der einzige dunkle Punkt in dem glänzen-
den Bilde." Der französ. Marschall MAC MAHON (1808
bis 1893) schrieb am 9. Sept. 1855 im Krimkriege auf
dem erstürmten Fort Malakoff der Festung Sewasto-
pol, als ihm vom Oberbefehlshaber durch einen Adju-
tanten mitgeteilt wurde, die Russen hätten Vorberei-
tungen getroffen, das Fort in die Luft zu sprengen, mit
Bleistift auf ein Stückchen Papier an den Oberbefehlshaber

> J'y suis, et j'y reste.
> *Ich bin da, und ich bleibe da.*

Der Beiname des Prinzen Jérôme Napoléon (1822–91),
des Sohnes des Königs von Westfalen Jérôme Bonaparte
(1784–1860),

> Plonplon

wird von einem Leser der Nationalzeitung (Morgen-
ausgabe, 11. Juli 1879 2. Beiblatt) also erklärt „Der
verstorbene Staatsminister von Neurath erzählte uns,
als zufällig über Tisch die Rede auf den fraglichen
Helden und den Namen Plonplon kam, der letztere
rühre aus dem Stuttgarter Schlosse her. Jérôme Napoléon sei als kleines Kind hierher gekommen. Der
verstorbene König Wilhelm habe denselben viel und
gern um sich gehabt; wenn er ihn um seinen Namen
gefragt habe, so habe der Kleine, der noch nicht deutlich sprechen konnte, immer zur Antwort gegeben
Plon statt Napoléon. Der König habe ihn selbst oft
so gerufen, und so sei der Name allmählich unter die
Leute gekommen und ihm geblieben."
Von dem italienischen Ministerpräsidenten Camillo
CONTE DI CAVOUR (1810–61), der die nationale Einigung Italiens herbeiführte, stammt das Wort

Mit dem Belagerungszustand kann jeder Esel regieren.

Cri de douleur
Schmerzensschrei

ist seit und durch Cavour ein geflügeltes Wort geworden, der es 1856 auf dem Friedenskongreß in Paris anwendete, als er daselbst Beschwerde über den Druck erhob, den Österreich auf Italien ausübte. Auch sagte Victor Emanuel in der Thronrede von 1859: „Den Verträgen treu, bin ich doch nicht taub gegen den Schmerzensschrei, der aus allen Teilen Italiens zu mir dringt."

Finis Poloniae
Das Ende Polens

ist Thadeusz KOSCIUSZKO (1746–1817) in Nr. 24 der amtlichen „Südpreußischen Zeitung" vom 25. Oktober 1794 in den Mund gelegt. Kosciuszko sei in der Schlacht bei Maciejowice am 10. Oktober 1794 auf der Flucht in einem Sandhügel steckengeblieben; dort hätten ihm die Kosaken das Pferd unter dem Leibe erschossen und, als er herabsprang, den Hinterkopf verwundet. Auf vier Stangen sei er darauf ins Lager gebracht worden, wo er seinen Säbel abgeliefert und dabei gerufen hätte: „Finis regni Poloniae." In einem vom 12. Nov. 1803 datierten Briefe an Louis Philippe Ségur, der diesen Ruf in sein „Tableau historique et politique de l'Europe de 1786 à 1796, contenant l'histoire de Frédéric-Guillaume II, Par. 1800" aufgenommen hatte, leugnet der polnische Held den Ausspruch ab.
Die Polen antworteten auf den untergeschobenen Weheruf mit dem Dombrowski-Marsch eines unbekannten Verfassers

Jeszcze Polska nie zginela usw.,

dessen Übersetzung

Noch ist Polen nicht verloren

selbst für uns Deutsche ein Alltagswort geworden ist. Dieser Marsch wurde zuerst von der polnischen Legion

gesungen, welche Dombrowski (1755–1818) 1796 unter
Bonaparte in Italien sammelte. („Vorlesungen über sla-
wische Literatur und Zustände" von Adam Mickiewicz.
Deutsche Ausgabe Leipzig 1843 T. II S. 258, 269, 324.)
FRIEDRICH DER GROSSE (II.; 1712–86, reg. 1740–86),

> *der Philosoph von Sanssouci,*

wie er sich in der ersten Sammlung seiner Werke
(„Œuvres du Philosophe de Sanssouci. Au Donjon du
château. Avec privilège d'Apollon") im Jahre 1752
selbst nannte,

> *der Salomon des Nordens,*

wie ihn VOLTAIRE zuerst in „Ode an die Preußen bei
der Thronbesteigung Friedrichs (1740)" und später sehr
häufig in seiner Korrespondenz nannte, hat

> *Der Fürst ist der erste Diener seines Staats*

in seinen Werken sechsmal wiederholt, und zwar stets
in französischer Sprache. So heißt es in Friedrichs
„Mémoires de Brandebourg", T. 1 p. 123 der Ausg. der
Werke Friedrichs durch Preuß: „Un prince est le
premier serviteur et le premier magistrat de l'Etat",
und es wiederholt sich in verschiedenen Wendungen,
bei denen einmal das Wort „domestique", einmal das
Wort „premier ministre" gebraucht wird, und kommt
außerdem im eigenhändigen „Testament politique" des
Königs vor. Hettner „Geschichte der deutschen Literatur im 18. Jahrh. 2. Buch. Das Zeitalter Friedrichs des
Großen", 3. Aufl. Braunschweig 1879 S. 14, glaubt das
Wort auf J. B. MASSILLON (1663–1742), den Hofpredi-
ger Ludwigs XIV. zurückführen zu dürfen, „welcher
die Knaben- und Jünglingsjahre Friedrichs aufs tiefste
beschäftigte".
In den berühmten Fasten-Predigten (Petit-Carême),
die Massillon auf Befehl des Regenten dem 9jährigen
König Ludwig XV. (im Jahre 1717) hielt, steht nämlich: „Sire, die Freiheit, welche die Fürsten ihren Völkern schuldig sind, ist die Freiheit der Gesetze; Ihr seid
nur der Diener und Vollstrecker des Gesetzes." (Vous
n'en êtes que le ministre et le premier dépositaire.)

Schon in Calderon „Das Leben ein Traum" (zuerst gedruckt 1635) Akt I steht: „Der Spanier Seneca sagte, daß ein König der demütige Sklave seines Staates wäre." Seneca war in Cordoba in Spanien geboren. Es ist die Stelle aus „De clementia" I 19 gemeint: „(rex) probavit, non rem publicam suam esse, sed se rei publicae."

Am 23. Sept. 1757 schrieb Friedrich II. aus Erfurt an Marquis d'Argens (1704–71) einen Brief, worin er den Vorsatz, seinem Leben ein Ende zu machen, deutlich ausspricht. Voltaire, dem dieser Brief zu Gesicht gekommen war, schrieb unmittelbar darauf an den König zwei Briefe, um ihn zu bitten, daß er noch länger leben möchte. In der Antwort des Königs vom 9. Okt. kommt vor

> Pour moi, menacé de naufrage,
> Je dois, en affrontant l'orage
> Penser, vivre et mourir en Roi.

In Schubarts „Sämtliche Gedichte", Stuttgart 1786 II S. 406, steht ein Hymnus „Friedrich der Große, März 1786", an dessen Ende es heißt

> *Du schwurst im Drange der größten Gefahr,*
> *Als König zu denken, zu leben, zu sterben.*

Dieser Hymnus wurde in Berlin nachgedruckt; am Tage der Ausgabe wurden 7000 Exemplare verkauft; eine Wache vor dem Hause mußte dem Andrange wehren. (Journal von und für Deutschland 1786. 2, 165.)

VOLTAIRE (1694–1778) nannte die Kaiserin Katharina II. (1729–96, reg. 1762–96) (Strauß „Voltaire", 1. Aufl. S. 294) die

> *Semiramis des Nordens.*

Friedrich der Große schenkte 1745 sein von Antoine Pesne (1683–1757) gemaltes Bild der Kaiserin Elisabeth von Rußland (1709–62); im Begleitschreiben nannte er seine spätere Gegnerin im Siebenjährigen Kriege ebenfalls: Semiramis des Nordens.

Auf den Günstling Katharinas II., den Fürsten G. A. POTEMKIN (1739–91) und seinen Scheinbau von Dörfern, um die Kaiserin auf ihrer Inspektionsreise über den wahren Zustand zu täuschen, geht der Ausdruck für „Blendwerk", „Vorspiegelung falscher Tatsachen"

Potemkinsche Dörfer

zurück.

Bald nach dem Antritte der Regierung Friedrichs d. Gr. am 22. Juni 1740 berichteten Staatsminister von Brand und Konsistorialpräsident von Reichenbach an ihn, daß wegen der römisch-katholischen Soldatenkinder, besonders zu Berlin, römisch-katholische Schulen angelegt wären, die zu allerlei Inkonvenienzen, namentlich aber dazu Gelegenheit gegeben hätten, daß wider des Königs ausdrücklichen Befehl aus Protestanten römisch-katholische Glaubensgenossen gemacht worden wären. Dieses habe der Generalfiskal berichtet. Sie fragten nun an, ob die römisch-katholischen Schulen bleiben, oder welche andere Antwort sie dem Generalfiskal geben sollten. Der König schrieb an den Rand: „Die Religionen Müsen alle Tolleriret werden und Mus der Fiscal nuhr das Auge darauf haben, das keine der andern abrug Tuhe, den hier mus ein jeder nach seiner Fasson Selich werden" (Büsching, „Charakter Friedrichs II., Königs von Preußen"). Danach zitiert man als Wort des Königs

In meinem Staate kann jeder nach seiner Fasson selig werden.

Das Wort Friedrichs II.

Gazetten müssen nicht geniert werden

ist einem Briefe vom 5. Juni 1740 des Kabinettsministers Grafen Podewils an Minister von Thulmeyer entlehnt. Graf Podewils teilt dem letzteren darin den Willen des Königs mit, dem Redakteur der Berliner Zeitung unbeschränkte Freiheit zu lassen, in dem Artikel „Berlin" von demjenigen, „was anitzo hier vorgeht", zu schreiben, was er will, ohne daß er zensiert werde. „Ich nahm mir zwar die Freiheit", fährt Podewils fort, „darauf zu regerieren, daß der ***sche Hof über dieses Sujet sehr pointilleux sei. Se. Majestät erwiderten aber, daß Gazetten, wenn sie interessant sein sollten, nicht geniert werden müßten" (J. D. E. Preuß, „Friedrich der Große. Eine Lebensgeschichte." B. 3 S. 251).

Der Architekt Georg Wenzeslaus von Knobelsdorff (1699–1753), der Erbauer von Schloß Sanssouci, des Berliner Opernhauses, des neuen Schlosses in Charlottenburg, umgab den „großen Stern", einen Platz im Tiergarten, in den ersten Regierungsjahren Friedrichs des Großen mit französischen Hecken und stellte neben den einmündenden Alleen mythologische Statuen auf. Der Platz bekam im Munde des Volks deswegen den Namen „Die Puppen". Da er nach damaligen Begriffen einer der entlegensten Spaziergänge war, so gewann der Ausdruck

bis in die Puppen

dadurch die Bedeutung „zu weit".

Kaiser Wilhelm II. (1859–1941, reg. 1888–1918) ließ Ende des 19. Jahrhunderts im Tiergarten eine Querallee mit den Statuen aller Hohenzollern schmücken. Die Berliner nannten diese Allee die

Puppenallee.

Daß Friedrich d. Gr. auf seinem Sterbelager am 16. August 1786 das Wort gesprochen hat

Ich bin es müde, über Sklaven zu herrschen,

konnte nie bewiesen werden. Vielleicht hat es sich aus einem Brief des Königs an den Kammergerichtspräsidenten Freiherrn von der Goltz in Königsberg vom 1. April 1786 entwickelt, in dem es heißt: „Die Bauern, welche da angesetzt werden, müssen ihre Güter alle eigentümlich haben, weil sie keine Sklaven sein sollen." – Das Wort

Bald werde ich dir näher sein

stammt von Daniel CHODOWIECKI (1726–1808), der den König auf der Freitreppe von Sanssouci sitzend mit dem Blick zur Sonne im April 1786 gemalt hat.

Die Randschrift des Königs zu einer Anfrage des Ministeriums hinsichtlich der Instandsetzung der schadhaft gewordenen Langen Brücke in Berlin vom 18. Dez. 1766 „Buchholtz hat kein Geld dazu" ist in der Form

Dazu hat Buchholtz kein Geld

bis heute im Munde des Volks. Buchholtz (1706–98) wurde 1753 Hof-Etats-Rentmeister, dann Kriegs- und Domänenrat sowie Königlicher Trésorier. Nach dem gleichen Buchholtz entwickelte sich die Redensart

Da kennen sie Buchholtzen schlecht.

Friedrichs Reitergeneral Joachim Hans von Zieten (1699 bis 1786) erwarb sich den Namen

Zieten aus dem Busch

schon 1744 durch die dem Feinde sehr unbequeme und den bedrängten Waffengefährten höchst erfreuliche Plötzlichkeit seines Erscheinens. Als der alte Husarengeneral einst an der Tafel des Königs eingeschlafen war, verhinderte Friedrich d. Gr. ihn zu wecken mit den Worten

Laßt ihn schlafen, er hat oft für uns gewacht.

In „Die Tänzerin Barbarina" von Louis Schneider („Der Bär", Berlin 10. Jan. 1880 S. 25) wird erzählt, daß, als Graf Dohna für die Bemühungen seines Haushofmeisters C. L. Mayer bei der Überführung der Tänzerin nach Berlin im Jahre 1744 eine besondere Belohnung für diesen wünschte, der König geantwortet habe: „Kriegt nichts! hat nur seine

verfluchte Schuldigkeit

getan." Hat der König dieses Wort zuerst gebraucht? oder ist es schon vorher angewendet worden? Gewöhnlich sagt man

verfluchte (verdammte) Pflicht und Schuldigkeit.

Der Philosoph K. J. Weber (1767–1832) berichtet in seinem „Demokritos" (1832–40), daß ein württembergischer Soldat diesen Ausdruck gegenüber Napoleon

gebraucht habe, wie aus einem historischen Kupferstich
hervorgehe. – Das Wort

> *Gott ist immer mit den stärksten Bataillonen*

geht auf Friedrich d. Gr. zurück, der am 8. Mai 1760
an die Herzogin Luise Dorothea von Gotha geschrieben hat: „Dieu est pour les gros escadres." – Den Ausdruck

> *niedriger hängen,*

den wir jetzt im Sinne von: „In der Beurteilung niedriger einschätzen" anwenden, geht auf einen Ausspruch Friedrichs d. Gr. im Jahre 1781 zurück. Als er
auf dem Werderschen Markt in Berlin die Menge eine
zu hoch hängende Karikatur auf ihn selbst umdrängen
sah, sagte er, unter dem Jubel der Menge, zu seiner
Begleitung: „Hängt es doch niedriger, daß die Leute
sich nicht den Hals ausrecken." Friedrich d. Gr. soll
auch zu einem Leutnant, der zur Tafel befohlen war,
gesagt haben

> *Wo Er sitzt, ist immer unten.*

Bismarck hat daraus gemacht

> *Wo ich sitze, ist immer oben.*

Friedrich d. Gr. hat auch gesagt

> *Alle Kultur kommt aus dem Magen*

und in einem Briefe

> *Der Papst, aus Rom vertrieben, kehrt stets*
> *nach Rom zurück*

sowie

> *Durch Arbeit lernt man arbeiten.*

Ebenso hat Beziehung auf Friedrich d. Gr. der Ausspruch

> travailler pour le roi de Prusse
> *für den König von Preußen arbeiten*
> (d. h. umsonst)

nach einem Spottgedicht auf den Prinzen von Rohan-
Soubise (1715–87), den Friedrich d. Gr. 1757 bei Roß-

bach besiegte. Von Friedrich d. Gr. stammt auch das Wort

> *Krieg ist Geißel.*

Der Nachfolger Friedrichs d. Gr., König FRIEDRICH WILHELM II. (1744–97, reg. 1786–97), erbaute das Königliche Schauspielhaus in Potsdam mit der Inschrift

> *Dem (Zum) Vergnügen der Einwohner.*

Von demselben König stammt auch aus seinem Zensur- und Religionsedikt von 1788 das Wort

> *Preßfreiheit,*

während zu gleicher Zeit der österreichische Kanzler W. A. Fürst VON KAUNITZ (1711–94) zu Kaiser Joseph II. (1741–90, reg. 1765–90) das Wort brauchte

> *„Ein ganzes Volk in Waffen*

ist an Majestät dem Kaiser ebenbürtig“. A. W. Schlegel gebrauchte es in seiner Shakespeare-Übersetzung von 1800 („Heinrich IV“ II 2, 3). Napoleon, Gneisenau usw. verwandten es 1813, als Theodor Körner dichtete

> *Das Volk steht auf, der Sturm bricht los.*

Die Pariser Nationalversammlung hatte in ihrer Erklärung der Menschenrechte am 27. August 1789 auf Antrag Lafayettes (1757–1834) gesagt: „Le principe de toute souveraineté réside essentiellement dans la nation.“ Seitdem sprach man von der

> *Volkssouveränität,*

oder auch von der

> *Majestät des Volkes*

wie es Chr. M. WIELAND (1733–1813) 1789 zum ersten Male („Werke“ bei Hempel 34, 20) tat.

Damals kam auch die Bezeichnung für einen reichen Mann

> *ein Rothschild*

auf, nach dem Gründer des Frankfurter Bankhauses Mayer-Amschel Rothschild (1743–1812), dessen Söhne die Firma in Frankfurt, London, Paris, Wien, Neapel zur führenden Geldmacht Europas erhoben.

Nach H. A. O. Reichardts Selbstbiographie überarbeitet und herausg. von Hermann Uhde, Stuttgart 1877, war

Schwefelbande

im Jahre 1770 der Name einer als roh berüchtigten studentischen Verbindung in Jena.

Ruhe ist die erste Bürgerpflicht

ist einem öffentlichen Anschlagzettel auf blaßrotem Papier mit deutschen Lettern entlehnt, den der Minister Friedrich Wilhelm Graf VON DER SCHULENBURG-KEHNERT (1742–1815) am Montag nach der Schlacht bei Jena an die Straßenecken Berlins heften ließ und der lautet: „Der König hat eine Bataille verloren. Jetzt ist Ruhe die erste Bürgerpflicht. Ich fordere die Einwohner Berlins dazu auf. Der König und seine Brüder leben! Berlin, den 17. Oktober 1806. Graf v. d. Schulenburg."

Lieber ein Ende mit Schrecken als ein Schrecken ohne Ende

(Erweiterung des Ausdrucks in Psalm 73, 19: „ein Ende mit Schrecken nehmen") rief Ferd. v. SCHILL (1776–1809) am 12. Mai 1809 der begeisterten Schar, die ihm von Berlin aus nachgezogen war, auf dem Marktplatz zu Arneburg an der Elbe zu. Haken „Ferdinand von Schill", Leipz. 1824, Bd. 2 S. 88, setzt hinzu: „Dieser Ausdruck war seiner Vorstellung so geläufig, daß er sich desselben zum öfteren bediente." (Vielleicht hat Schill den Ausruf aus der Fabel Aesops [Halm 237] „Die Hasen und die Frösche" gekannt: βέλτιον θανεῖν ἅπαξ ἢ διὰ βίου τρέμειν – Besser auf einmal sterben, als sein Leben lang in Schrecken sein.") Den Namen „Schar der Rache" gab Major von Lützow (1782–1834) im Freiheitskriege der von ihm gesammelten Freischar, auch „Schwarze Schar" genannt. Gewöhnlich wird zitiert

Korps der Rache.

Geflügelte Worte wurden die Titel der Schriften des

Philosophen J. G. FICHTE (1762–1814):

> *Die Bestimmung des Menschen* (1800)

und

> *Reden an die deutsche Nation* (1807/08).

Theodor KÖRNER (1791–1813) sagte in seinem „Aufruf" 1813

> *Der Freiheit eine Gasse.*

Arnold von Winkelried soll den Ausspruch auch getan haben, als er in der Schlacht bei Sempach (9. Juli 1386) den Einbruch der Eidgenossen in die feindliche Schlachtordnung und den Sieg über Herzog Leopold III. von Österreich (1351–86) ermöglichte, indem er die feindlichen Spieße zusammenraffte und auf seine Brust richtete. Georg Herwegh (1817–75) dichtete ein Lied mit gleichem Titel.

Friedrich Ludwig JAHN (1778–1852) begründete das deutsche Turnwesen und war von 1809 ab in Berlin der

> *Turnvater Jahn.*

Er führte den Turnerwahlspruch

> *Frisch, frei, fromm, froh*

ein, nach einem Lied des Oswalt von Wolkenstein (um 1377–1445).

König FRIEDRICH WILHELM III. (1770–1840, reg. 1797 bis 1840) bestimmte als Devise des Landwehrkreuzes

> *Mit Gott für König und Vaterland;*

„Pro deo, rege et patria" (Für Gott, König und Vaterland) war nach der Berliner Zeitschrift „der Bär" (1879, Nr. 16) schon 1701 der Wahlspruch einer Landmiliz zu Bernau bei Berlin. Daraus entstand 1871

> *Mit Gott für Kaiser und Reich.*

Der Aufruf, den Friedrich Wilhelm III. 1813

> *An mein Volk*

erließ, war von Theodor Gottlieb VON HIPPEL (1775 bis 1843) verfaßt. 1813 wurde auch der seit 1778 nachweisbare Ausdruck

> *Altar des Vaterlandes*

auf den man alle Opfer des Patriotismus niederlegt, populär.

> *So fluscht et bäter* oder *Dat fluscht bäter*
> (So geht es besser voran)

rief in der Schlacht bei Großbeeren, am 23. Aug. 1813, die pommersche Landwehr, die bei triefendem Regen unbrauchbaren Flinten umkehrend und mit Kolbenschlägen über die Schädel der Feinde einhauend.
Nach von Treitschke „Deutsche Geschichte im 19. Jahrh.", Leipz. 1879, 1. B. S. 504, wurde Gebhard Leberecht VON BLÜCHER (1742–1819) am 19. Okt. 1813, während er die Russen gegen das Gerbertor in Leipzig führte, zum ersten Male von den Kosaken mit dem Ehrennamen begrüßt

> *Marschall Vorwärts.*

Nach seinem Wort „Drauf!" zu seinen Soldaten im Gegensatz zu dem

> *immer langsam voran*

nach einem österreichischen Landwehrlied von 1813 sagt man

> *Mancher geht drauf los wie Blücher*

und

> *drauf wie Blücher.*

Von Blücher stammt auch nach der Schlacht von Waterloo 1815, die er durch seinen Gewaltmarsch entschied, der Ausspruch

> *Mögen die Federn der Diplomaten nicht wieder*
> *verderben, was das Volk mit so großen An-*
> *strengungen errungen hat.*

Den Ausdruck

> *sich rückwärts konzentrieren*

gebrauchte zuerst 1813 Oberst v. MÜFFLING († 1851) in einem Briefe an den General v. d. Knesebeck.
Derselbe Oberst Karl Frhr. v. Müffling prägte auch in

seinem Generalstabsbericht vom 19. Okt. 1813 über die
Schlacht bei Leipzig den Ausdruck

Völkerschlacht.

1811 verteidigte der österreichische Finanzminister
Graf WALLIS in Wien eine Verfügung, durch die er die
Reduzierung der Banknoten auf ein Fünftel ihres
Nennwertes anordnete, im Ministerrate Metternich ge-
genüber unter anderem mit den Worten

Was gemacht werden kann, wird gemacht.

Der englische General Sir Arthur Wellesley, Herzog
VON WELLINGTON (1769–1852), der 1815 mit Blücher
und Gneisenau die Schlacht von Waterloo gewann und
dadurch Napoleons Abdankung erzwang, sagte, als die
Schlacht unentschieden hin und her wogte

*Ich wollte, es würde Nacht, oder die Preußen
kämen!*

J. Heinrich PESTALOZZI (1746–1827) sagte 1815 in „An
die Unschuld, den Ernst und den Edelmut meines Zeit-
alters und meines Vaterlandes"

Laßt uns Menschen werden,
damit wir wieder Bürger, damit wir wieder
Staaten werden können,

und sprach oft von dem

Heiligtum der Wohnstube.

1836 schrieb Turnvater Fr. L. Jahn seinen ersten

offenen Brief.

Der Ausdruck wurde besonders in der Politik, aber
auch sonst üblich, seit der dänische König Christian VIII.
(1786–1848) mit seinem „Offenen Brief" und der darin
erfolgten Verbindlichkeitserklärung der weiblichen Erb-
folge auch für Schleswig-Holstein große Entrüstung
hervorrief und das Signal zum Kampf um die beiden
Länder gab. – Viel zitiert wurde, besonders in unserem
Jahrhundert,

Der Krieg ist die Fortsetzung der Politik
mit anderen Mitteln,

in Abänderung der Worte von Karl v. CLAUSEWITZ (1780–1831), in dessen weltberühmten Buch „Vom Kriege", das aber erst nach seinem Tode i. J. 1832 erschien, es heißt: „Der Krieg ist nichts als die Fortsetzung des politischen Verkehrs mit Einmischung anderer Mittel."

1849 sprach der Reichsminister und hannoversche Bundestagsgesandte Joh. Herm. DETMOLD (1807–56), ein Freund Heinrich Heines, in einer Satire von der

brutalen Soldateska,

die er in der Frankfurter Nationalversammlung zur

vertierten Soldateska

machte.

Bei dem Festschmause in Halle im Jahre 1834 aus Anlaß der Vollendung des neuen Universitätsgebäudes erhielt der Oberleiter des Baues, Oberbaurat MATTHIAS, seinen Toast. Kurz darauf erhebt er sich und beginnt „Meine Herren:

unvorbereitet wie ich bin – –

hm! hm! – – Unvorbereitet wie ich bin – – hm! hm!" – Weiter geht es nicht, und er zieht harmlos aus seiner Brusttasche ein fertiges Manuskript hervor, welches er in aller Gemütsruhe herunterliest. Das erregte viel Heiterkeit, und das Wort ist in Halle zuerst zum geflügelten geworden. Gutzkow „Rückblicke auf mein Leben", Berlin 1875 S. 242 führt die Redensart auf Fr. L. Schmidt, Direktor des Hamburger Stadttheaters, zurück, der bei seinem 25jährigen Direktionsjubiläum 1840 ganz wie Oberbaurat Matthias 1834 verfahren sein soll. Hermann Uhde, Herausgeber der „Denkwürdigkeiten von Fr. L. Schmidt", Jena 1875, nennt in „Das Stadttheater in Hamburg", 1879 S. 132 und 133, die Gutzkowsche Anekdote einen bedauerlichen Irrtum. Die Wendung wird scherzhaft umgestaltet zu

unvorbereitet wie ich mich habe.

Der Geschichtsschreiber Professor Heinrich LEO (1799

bis 1878) gebrauchte wiederholt die Kraftausdrücke

> *der frische fröhliche Krieg*

und

> *skrophuloses Gesindel,*

z. B. im Geschichtlichen Monatsbericht vom Juni, „Volksblatt für Stadt und Land", 1853 Nr. 61, wo es heißt „Gott erlöse uns von der europäischen Völkerfäulnis und schenke uns einen frischen, fröhlichen Krieg, der Europa durchtobt, die Bevölkerung sichtet und das skrophulose Gesindel zertritt, was jetzt den Raum zu eng macht, um noch ein ordentliches Menschenleben in der Stickluft führen zu können."

> *Aufkläricht*

stammt ebenfalls von Professor Leo. (Vgl. Wilhelm Harnisch „Briefe an seine Tochter" Essen 1841 S. 11, 12, 19, 20, 27, 29, 50, 113, 202.)

> *Der beschränkte Untertanenverstand*

entstand folgendermaßen: 1837 hob König Ernst August von Hannover (1771–1851, reg. 1837–51) die Verfassung seines Landes auf. Sieben Göttinger Professoren protestierten dagegen, unter ihnen ein Elbinger, Professor Albrecht. Aus ganz Deutschland erhielten diese Professoren beistimmende Adressen; auch wurde eine, die von Prince-Smith verfaßt war, von Einwohnern Elbings an Albrecht gerichtet. Jakob van Riesen in Elbing sandte dem preußischen Minister des Innern von Rochow (1792 bis 1847) eine Abschrift davon ein, wonach eine Antwort erfolgte, in der es heißt: „Es ziemt dem Untertanen, seinem Könige und Landesherrn schuldigen Gehorsam zu leisten und sich bei Befolgung der an ihn ergehenden Befehle mit der Verantwortlichkeit zu beruhigen, welche die von Gott eingesetzte Obrigkeit dafür übernimmt; aber es ziemt ihm nicht, die Handlungen des Staatsoberhauptes an den Maßstab seiner beschränkten Einsicht anzulegen und sich in dünkelhaftem Übermute ein öffentliches Urteil über die Rechtmäßigkeit derselben anzumaßen. Berlin, den 15. Januar 1838. Der Minister des Innern und der Polizei. Von Rochow." Der Brief wurde noch im Januar 1838 in der „Hamburger Börsenhalle" veröffentlicht und machte schnell die Runde durch ganz Deutschland, obwohl er in Preußen nicht veröffentlicht werden durfte und nur in Privatabschriften umlief.

HEINRICH LXXII., Fürst Reuss zu Lobenstein und Ebersdorf († 1854) war berühmt wegen seiner Erlasse. Mit Schmunzeln druckte die „Vossische Zeitung" am 18. Sept. 1845 andern Zeitungsveröffentlichungen folgendes Elaborat nach: „Ich befehle hiermit Folgendes in's Ordrebuch und in die Spezial-Ordrebücher zu bringen. Seit 20 Jahren *reite Ich auf einem Prinzip herum*, d. h. Ich verlange, daß ein Jeglicher bei seinem Titel genannt wird. Das geschieht stets nicht. Ich will also hiermit ausnahmsweise eine Geldstrafe von 1 Thlr. festsetzen für Jeden, der in Meinem Dienste ist, und einen Andern, der in Meinem Dienste ist, nicht bei seinem Titel oder Charge nennt. Schloß Ebersdorf, den 12. Oktober 1844. Heinrich LXXII." Seitdem wurde populär

auf einem Prinzip herumreiten

und

Prinzipienreiter.

FRIEDRICH WILHELM IV. (1795–1861, reg. 1840–57) empfing 1842 den jugendlichen Dichter Herwegh mit den Worten

Ich liebe eine gesinnungsvolle Opposition.

Er sagte in der am 11. April 1847 vor dem Vereinigten Landtage gehaltenen Thronrede „Möchte doch das Beispiel des einen glücklichen Landes, dessen Verfassung die Jahrhunderte und eine

Erbweisheit

ohnegleichen, aber kein Stück Papier gemacht haben, für uns unverloren sein und die Achtung finden, die es verdient." Am 15. April zitierte Georg Frhr. v. Vincke (1811–75) das Wort mit dem Zusatz „Erbweisheit der Engländer". Eberty „Geschichte des preußischen Staats", VII S. 265 sagt: „Von den Eingeweihten aber erfuhr

man nachträglich, daß Mecklenburg gemeint war."
Als der belesene Fürst dem Landtage zurief

> *Zwischen uns sei Wahrheit,*

zitierte er Worte des Orest an seine Schwester in Goethes „Iphigenie" 3, 1. In derselben Rede sagte der König: „Ich gedenke der Worte eines königlichen Freundes

> *Vertrauen erweckt Vertrauen"*

und verschaffte so diesen Worten des Königs FRIEDRICH AUGUST II. VON SACHSEN (1797–1854, reg. 1836–54) den weitesten Widerhall. Dieser hatte als Mitregent am 20. September 1830 zu den Anführern der Dresdner Kommunalgarde gesagt: „Vertrauen erregt wieder Vertrauen, darum vertrauen Sie auch mir." Der König hatte seinen Ausspruch der Predigt des Pastors Schmaltz am 12. September 1830 in der Kirche zu Dresden-Neustadt, die er sich hatte geben lassen, entnommen, darin gesagt war: „Vertrauen erweckt Vertrauen." Dies Wort geht auf P. Scipio zurück (Livius XXII, 12, 14), der im Jahre 217 v. Chr. zum Präfekten Bostar von Sagunt gesagt hatte: „Habita fides ipsam plerumque obligat fidem" („gehegtes Vertrauen verpflichtet meistens das Vertrauen selbst"). Daraus hatte Lehmann in seinem „Florilegium politic. auct." 1622 gemacht: „Fides facit fidem" und dies Krummacher in seiner 43. Parabel „Das Rotkehlchen" (1805) übersetzt: „Freundliches Zutrauen erweckt Zutrauen."

> *Zwischen mich und mein Volk soll sich kein*
> *Blatt Papier drängen*

ist umgestaltet aus den Worten Friedrich Wilhelms IV. in derselben Rede: „Es drängt mich zu der feierlichen Erklärung ..., daß ich nun und nimmermehr zugeben werde, daß sich zwischen unsern Herr Gott im Himmel und dieses Land ein beschriebenes Blatt, gleichsam als eine zweite Vorsehung eindränge ..."

> *Rechtsboden*

ist auf diejenige Stelle derselben Thronrede zurückzuführen, an der der König den Landtag anruft, ihm zu

helfen, „den Boden des Rechts (den wahren Acker der
Könige) immer mehr zu befestigen und zu befruchten".
Der Ausdruck „Rechtsboden" oder „Auf dem Boden
des Rechts" als Verdeutschung des lat. „fundamentum
iuris" wurde zuerst von dem Historiker, Naturrechtler,
Staatswissenschaftler und freisinnigen Politiker Karl
VON ROTTECK (1775–1840) gebraucht. Er war es auch,
der Karl Mathys „Vorschläge über die Einführung einer
Vermögenssteuer in Baden" (1831) als

> schätzbares Material

bezeichnete, was fortan zum geflügelten Wort wurde.
Die Bezeichnung

> Baedeker

für Reisehandbücher stammt von dem Koblenzer Buchhändler Karl BAEDEKER (1801–59), der im Jahre 1836
Prof. J. A. Kleins „Rheinreise von Mainz bis Köln,
Handbuch für Schnellreisende" neubearbeitet herausgab und damit den Typus seiner Baedekerschen Reisehandbücher schuf, die seine Söhne nach seinem Tode
fortsetzten und die heute in der ganzen Welt berühmt
sind.

Der 1839 in Königsberg verstorbene alte, überstudierte
Kandidat Johann Wilhelm Fischer wollte sich nicht

> Guten Morgen, Herr Fischer

grüßen lassen. Aber weder die Polizei noch der König
konnten etwas dagegen tun, daß der Gruß zum geflügelten Wort für verschlafene Gesellen wurde.
In der am 21. März 1848 erschienenen Proklamation des
Königs Friedrich Wilhelm IV. „An mein Volk, an die
deutsche Nation" kommen die Worte vor

> Preußen geht fortan in Deutschland auf!

> Auf den breitesten Grundlagen

steht zuerst in einer am 22. März 1848 einer Deputation
der Städte Breslau und Liegnitz erteilten Antwort des
Königs, deren Beginn lautet: „Nachdem ich eine konsti-
tutionelle Verfassung auf den breitesten Grundlagen

verheißen habe..." Das Wort wurde in dem königlichen Propositionsdekret vom 2. April an den Vereinigten Landtag wiederholt. Es findet sich in dem Manifeste, datiert Schönbrunn, 6. Okt. 1848, wieder, wodurch Kaiser Ferdinand I. (1793–1875, reg. 1835–48) seine zweite Abreise von Wien ankündigte. Friedrich Wilhelm IV. führte den Ausdruck

Racker von Staat

oft im Munde. („Briefe von Alexander von Humboldt an Varnhagen von Ense", Leipz. 1840 S. 274. W. Hoffmann „Deutschland einst und jetzt im Lichte des Reiches Gottes", Berlin 1868 S. 299.)

Rühmlichst abwesend

nannte die amtliche Zeitung den Prinzen Waldemar von Preußen, der, in Ostindien weilend, dem Begräbnis seiner Mutter in Berlin am 18. April 1846 nicht beiwohnen konnte (Varnhagen: Tagebücher, III. Bd., unterm 18. April 1846). Unter dem 22. April sagte Varnhagen, der Verfasser jener amtlichen Anzeige sei der Geschichtsforscher und Archivdirektor Georg Wilhelm von RAUMER (1800–56). In einer Sitzung vom 5. Juni 1847 der Kurie der drei Stände des Vereinigten Landtags von 1847 („Der erste Preußische Landtag in Berlin", Berlin 1847 2. Abteil. 10. Heft S. 1387) sprach der Politiker Hermann v. BECKERATH (1801–70) das oft zitierte Wort aus

Meine Wiege stand am Webstuhl meines Vaters.

Am 8. Juni 1847 sagte ebenda David HANSEMANN (s. die soeben zitierte Sammlung, 2. Abteil. 13. Heft S. 1507)

Bei Geldfragen hört die Gemütlichkeit auf,

was gewöhnlich in der Form zitiert wird

In Geldsachen hört die Gemütlichkeit auf.

Auf einer Äußerung Kl. L. W. Fürst v. METTERNICHS (1773–1859), die sich in: „Aus dem Nachlasse des Grafen Prokesch-Osten. Briefwechsel mit Herrn von Gentz und Fürsten Metternich", Wien 1881 Bd. II S. 343 in einem

Briefe Metternichs an Prokesch, Brüssel 19. Nov. 1849, befindet, beruhen

> *Italien ein geographischer Begriff*

und

> *Deutschland ein geographischer Begriff.*

Metternich sagt daselbst: „Ich habe in meiner Kontroverse mit Lord Palmerston in den italienischen Fragen im Sommer 1847 den Ausspruch gefällt, daß der nationale Begriff Italien ein geographischer sei, und mein Ausspruch ‚l'Italie est un nom géographique‘, welcher Palmerston giftig ärgerte, hat sich das Bürgerrecht erworben. Mehr oder weniger – wie dies auf alle Vergleiche paßt – gilt derselbe Begriff für das Deutschland, welches bei der Menge in der zweiten Linie der Gefühle und der Strebungen steht, während es von reinen oder berechnenden Phantasten (also von ehrlichen und kniffigen) auf die oberste Stelle erhoben wird.“

In der 1. Sitzung des Vereinigten Landtags von 1848 am 2. April sprach Graf Adolf v. Arnim-Boitzenburg (1803–68) in der Debatte über die Adresse an den Thron ein in verschiedenen Fassungen, z. B. in dieser

> *Die Regierung muß den Ereignissen stets*
> *einen Schritt voraus sein*

oft zitiertes Wort in folgendem Zusammenhang aus: „Das Ministerium hat sich ferner gesagt, daß in einer Zeit, wie die seines Eintritts, es nicht ratsam sei, hinter den Erfahrungen der drei letzten Wochen und deren Ergebnissen in den übrigen deutschen Staaten zurückzubleiben, sondern daß es besser sei, den Ereignissen um einen Schritt voranzugehen, damit nicht erst durch einzelne Konzessionen Einzelnes gegeben und immer wieder von dem Strom der Zeit überflutet werde, sondern damit das, was gewährt werden könne, auf einmal gegeben, Geltung und Dauer gewinne.“

Die gemütliche Anrede

> *An meine lieben Berliner*

geht nach Hertslet „Treppenwitz der Weltgeschichte“ (7. Aufl. von Helmoldt) auf folgenden Vorgang zurück,

den der württembergische Historiker Wilhelm Zimmermann (1878) in seiner „Deutschen Revolution" (2. Aufl.
1851) erzählt: Beim Aufstande in Berlin am 18. März
1848 sei in der Breiten Straße eine Kanonenkugel mit
der Umschrift „An meine lieben Berliner" eingeschla-
gen, die am andern Tage von vielen Tausenden gelesen
wurde. Am andern Tage ist aber die Proklamation mit
dem Datum: „in der Nacht zwischen dem 18. und
19. März" erschienen, die mit „An meine lieben Berliner" begann. Diese Worte hat dann ein Witzbold an
die Mauer über die eingeschlagene Kanonenkugel geschrieben.
Das Wort

europäisches Konzert

wurde durch Berthold Auerbach (1812–82) im Jahre
1848 („Ges. Schriften" 1857, 18, 288) populär, obwohl
es nach Ladendorfs „Schlagwörterbuch" (S. 76) im Vertrag von Chaumont vom 1. März 1814 für das Zusam-
menwirken der Mächte aufgekommen war.
Der preußische Politiker und Demokrat Dr. Johann
Jacoby (1805–77) bemerkte am 5. Juni 1848 in einer
Rede vor Berliner Wahlmännern, daß der irische Politiker Daniel O'CONNELL (1775–1847) sich einst den

bestverleumdeten Mann

der drei Königreiche genannt habe. Das Wort ist vielfach auf andere übertragen worden. Bismarck wandelte
es in seiner Rede im preußischen Landtage vom 16. Januar 1874 in „die am besten gehaßte Persönlichkeit",
die er von der Garonne bis zur Weichsel, vom Belt bis
zum Tiber und an Oder und Rhein wäre. Daher dann
der gebräuchliche Ausdruck

bestgehaßter Mann.

Von Treitschke „Historische und politische Aufsätze",
4. Aufl. Leipz. 1871, 1. Bd. S. 429, im Aufsatze „F. C.
Dahlmann", Freiburg 1864, sagt: „Kein geringerer
Mann als Dahlmann hat das unselige Wort

rettende Tat

erfunden." Der Historiker und liberale Politiker Friedrich Christoph DAHLMANN (1785–1860), einer der 1837 ihres Amtes enthobenen „Göttinger Sieben", verlangte sie gegen die drohende Reaktion.

Aus der deutschen konstituierenden Nationalversammlung ist ein Wort des Präsidenten Heinrich VON GAGERN (1799–1885) in der 23. Sitzung am 24. Juli 1848,

> *der kühne Griff,*

tief ins Volk gedrungen. Er sprach: „Wer soll die Zentralgewalt schaffen? Meine Herren! ich habe diese Frage von dem Standpunkt des Rechtes und von dem Standpunkt der Zweckmäßigkeit vielfach beurteilen hören; ich würde bedauern, wenn es als ein Prinzip gälte, daß die Regierungen in dieser Sache gar nichts sollten zu sagen haben; aber vom Standpunkte der Zweckmäßigkeit ist meine Ansicht bei weiterer Überlegung wesentlich eine andere, als die der Majorität im Ausschuß ... Meine Herren! Ich tue einen kühnen Griff und ich sage Ihnen: wir müssen die provisorische Zentralgewalt selbst schaffen." Der stürmische Jubelruf, mit dem Gagerns Wort aufgenommen wurde, verschaffte diesem seinen Widerhall, und doch hatte Gagern nur ein Wort seines Vorredners KARL MATHY (1807–1868) wiederholt, der, von der Ansicht ausgehend, daß auch die Einzelstaaten bei Begründung einer deutschen Zentralgewalt gehört werden müßten, gesagt hatte: „... sollten die Regierungen einzelner Staaten unterlassen, dem Beispiele zu folgen, dem Beispiele treuer Pflichterfüllung gegen das gesamte Vaterland, welches die Versammlung, wie ich nicht zweifle, geben wird, dann, meine Herren, ja dann wäre uns ein kühner Griff nach der Allgewalt nicht nur erlaubt, sondern durch die Not geboten."

> *Das ist das Unglück der Könige, daß sie*
> *die Wahrheit nicht hören wollen,*

sagte Johann JACOBY am 2. November 1848 als Mitglied der von Friedrich Wilhelm IV. empfangenen Deputation der Berliner Nationalversammlung.

In der Nacht vom 9. zum 10. November 1848, als die

Bürgerwehr und die Gewerke Berlins der Nationalversammlung bewaffneten Schutz anboten, sprach der damalige Präsident der Versammlung, Hans Victor von
Unruh (1806–86): „Ich wäre entschieden der Meinung,
daß hier nur

> *passiver Widerstand*

geleistet werden könne und daß die wahre Entscheidung über die schwere Krisis, welche durch die jetzigen
Ratgeber der Krone hereingebrochen ist, in der Hand
des Landes liege." Im weiteren Verlauf seiner Rede
wiederholte er: „Wir dürfen, wenn wir den Boden im
Lande nicht verlieren wollen, den Gewaltschritten der
Krone nur passiven Widerstand entgegensetzen." Der
Ausdruck „passiver Widerstand" wurde für die Politik
des Reichskanzlers Wilhelm Cuno (1876–1933) gegen
die Ruhrbesetzung durch Raymond Poincaré (1860 bis
1934) im Jahre 1923 angewandt.

Der Dichter Ludwig Uhland (1787–1862) schloß am
22. Jan. 1849 im Frankfurter Parlament seine Rede gegen die Erblichkeit der Kaiserwürde und den Ausschluß
Österreichs mit den Worten: „Glauben Sie, meine Herren, es wird kein Haupt über Deutschland leuchten,
das nicht mit einem vollen

> *Tropfen demokratischen Öls*

gesalbt ist."

Der Ausdruck

> *Bassermannsche Gestalten*

zur Bezeichnung fragwürdiger Erscheinungen entstand
auf Grund des am 18. Nov. 1848 vom Abgeordneten
Friedrich Daniel Bassermann (1811–55) erstatteten Be-
richts über Berliner Zustände: „Spät kam ich (in Berlin)
an, durchwanderte aber noch die Straßen und muß ge-
stehen, daß mich die Bevölkerung, welche ich auf denselben, namentlich in der Nähe des Sitzungslokals der
Stände, erblickte, erschreckte. Ich sah hier Gestalten die
Straße bevölkern, die ich nicht schildern will."

> *Der Mensch fängt erst beim Baron an,*

sagte der österreichische Feldmarschall Fürst zu WIN-
DISCH-GRÄTZ (1787–1862), als er am 31. Okt. 1848 das
aufständische Wien erstürmt hatte.

Gegen Demokraten helfen nur Soldaten

betitelte 1848 ein Oberst GRIESHEIM eine Schrift. Der
Freund Theodor Fontanes, der Kammergerichtsrat Wilhelm v. Merckel (1803–61), dessen Nachlaß Fontane
1863 herausgab, gebrauchte das Wort

Die fünfte Zunft.

Der Rechtsphilosoph und Führer der Konservativen
Partei Friedrich Julius STAHL (1802–61), für den sich
Staat und Recht auf göttlichen Ursprung aufbauen,
faßte am 11. April 1850 in der 11. Sitzung des Volks-
hauses des Erfurter Parlaments seine Betrachtungen
zusammen

Autorität, nicht Majorität.

Das Wort

Fanatismus der Ruhe

geht auf eine öffentliche Erklärung des Landtagsabge-
ordneten von THADDEN-TRIEGLAFF am 13. April 1848
zurück. – Seit dem Kommunistischen Manifest von Karl
MARX (1818–83) und Friedrich ENGELS (1820–95) von
1848 erklingen seine Schlußworte in der ganzen Welt

Proletarier aller Länder, vereinigt euch.

Das Wort

Rassenkampf

taucht zum ersten Male im „Tagebuch aus Wien" (1849)
von Berthold AUERBACH (1812–82) auf und wurde durch
den „Essai sur l'inégalité des races humaines" (1853)
von J. A. Graf v. Gobineau (1816–82), dem Verfasser
der „Historischen Szenen" und „Renaissance", verbreitet.
Heinrich LAUBE (1806–84) gebrauchte in seinem Werk
„Das deutsche Parlament" (1849, 3, 134) zum ersten
Male in politischer Hinsicht den Ausdruck

brennende Frage.

Und Joseph Görres (1776–1848) sprach 1822 (Gesammelte Schriften 5, 41) zum ersten Male von der

> *Kamarilla*

an den Höfen und in den Regierungen sowie Parteien. Auf die Schrift „Grundsätze der

> *Realpolitik*

angewandt auf die staatlichen Zustände Deutschlands" i. J. 1853 von Gustav Diezel geht dies seitdem allgemein gebräuchliche Wort zurück.

> *Die Politik der freien Hand*

wurde 1859 vom preußischen Minister Graf von Schleinitz (1807–55) geprägt und seit dem „Kladderadatsch" 1861 (101) und Bismarcks Rede im Preußischen Abgeordnetenhaus am 22. Januar 1864 üblich.
Vorher, 1846, hatte Theodor Mundt (1808–61) in seiner „Geschichte der Gesellschaft" bei der Schilderung des Begräbnisses des Grafen Claude Henri Saint-Simon (1760–1825), des ersten christlichen Sozialisten, auf diesen den Ausdruck für die Proletarier als

> *enterbte Söhne der europäischen Gesellschaft*

zurückgeführt.
1863 erklärte der Vorkämpfer des deutschen Genossenschaftswesens Hermann Schulze-Delitzsch (1808–83) auf einer freien Versammlung deutscher Abgeordneter in Frankfurt a. M.: „Der

> *preußische Großmachtkitzel,*

die Konstituierung einer preußischen Großmacht ohne

> *deutschen Hintergedanken*

taugt nichts."
Der deutsche Sozialdemokrat Ferdinand Lassalle (1825 bis 1864), seit 1863 Präsident des „Allgemeinen Deutschen Arbeitervereins", prägte am 17. Mai 1863 den Ausdruck

> *verdammte Bedürfnislosigkeit,*

ferner

> *menschenwürdiges Dasein*

und 1864

> *Arbeiterbataillone.*

Von Lassalle stammt auch das Wort, daß das allgemeine Wahlrecht eine

> *Magenfrage*

sei.

Damals entstand auch nach der 1864 in London gegründeten „The working men's international association" die

> *Internationale,*

auch

> *rote Internationale,*

der man dann „schwarze Internationale" usw. anglich, bis Ende 1864 die erste

> *kommunistische Internationale*

geschaffen wurde.

Der Abgeordnete Julius KELL sagte in der Sitzung der Sächsischen Zweiten Kammer am 15. Febr. 1849

> *Die Gründe der Regierung kenne ich nicht;*
> *aber ich muß sie mißbilligen.*

Der Minister des Auswärtigen, Freiherr VON MANTEUFFEL (1805–82), äußerte in der 8. Sitzung der Preußischen Zweiten Kammer vom 3. Dez. 1850 das zum Zitat gewordene Wort

> *Der Starke weicht einen Schritt zurück*

in diesem Zusammenhange: „Das Mißlingen eines Planes hat immer etwas Schmerzliches; es wirkt aber verschieden auf den Starken und den Schwachen. Der Schwache gelangt dadurch in eine Gereiztheit; der Starke tritt wohl einen Schritt zurück, behält aber das Ziel fest im Auge und sieht, auf welchem andern Wege er es erreichen kann." Derselbe Minister hat unsere Sprache am 8. Januar 1851 in der 8. Sitzung der Ersten Kammer mit den

> *Revolutionären in Schlafrock und Pantoffeln*

bereichert. Doch sagte schon Ludwig BÖRNE „Briefe aus Paris", 4. Nov. 1831, (Ausg. 1833, 9, 83): „Salvandy ist einer von den bequemen Carlisten, die in Pantoffeln und im Schlafrock die Rückkehr Heinrichs V. abwarten."

Für die von dem Bildhauer Peter Clodt Baron von Jürgensburg (1805–67) geschaffenen Rossebändiger vor dem königlichen Schlosse in Berlin, Geschenk Kaiser Nicolaus I., i. J. 1842, setzte Oberlehrer Dr. Julius BARTSCH († 1867) in Berlin nach 1850 die Bezeichnung

> *der gehemmte Fortschritt und der beförderte Rückschritt*

in Umlauf. Daß er (nicht der Volkswitz, wie behauptet worden ist) der Urheber dieser Bezeichnung ist, weiß Büchmann aus seinem eigenen Munde, und es ist ihm vom Geheimen Regierungsrat Bormann bestätigt worden.

Nach der Entlassung des Ministeriums von der Pfordten hatten die Gemeindebevollmächtigten der Stadt Würzburg die Absicht, den königlichen Professor an der Universität Würzburg und Appellationsgerichtsrat Dr. Weis, mit dem die Regierung bisher im Kampfe gelegen hatte, zum rechtskundigen Bürgermeister zu wählen. Staatsminister von Neumayr berichtete darüber an König MAXIMILIAN II. VON BAYERN (1811–64, reg. 1848 bis 1864) und erhielt darauf folgende in Nr. 137 der „Neuen Münchener Zeitung" von 1859 abgedruckte Entscheidung des Monarchen zur Antwort: „Den politischen Kampf gegen Dr. Weis in irgendwelcher Form fortzuführen, halte ich für durchaus nicht mehr geeignet;

> *ich will Frieden haben mit meinem Volke*

und den Kammern; deshalb habe ich das Ministerium gewechselt, und es ist infolgedessen auch die Weissche Frage in das Stadium des Vergessens von meiner Seite eingetreten."

Der Prinz-Regent von Preußen, der spätere Kaiser WILHELM I. (1797–1888, reg. 1861–88), hielt am 8. Nov.

1858 eine Ansprache an das am 5. von ihm gebildete
Ministerium, in der vorkam (Nationalzeitung vom
25. November 1858, Abendausgabe): „In Deutschland
muß Preußen

moralische Eroberungen

machen durch eine weise Gesetzgebung bei sich."
Nach der „Hannoverschen Tagespost" wiederholte er
als König am 30. August 1866 das Wort beim Empfange
einer Deputation aus Hannover. Das Wort findet sich
aber schon in den seit 1840 erscheinenden Schriften des
preußischen Generals Wilhelm von Willisen (1790–1879),
von dem es Kaiser Wilhelm I. gewiß übernommen hat.

Der österreichische Minister Johann Bernhard Graf von
Rechberg (1806–99) schrieb 1861 in seiner Antwort-
depesche nach Berlin hinsichtlich der Anerkennung Italiens

Garantien, die das Papier nicht wert sind,
auf dem sie geschrieben stehen.

Georg V., der letzte König von Hannover (1819–78,
reg. 1851–66), sagte in einer Proklamation von 1865
aus Anlaß des 50jährigen Besitzes von Ostfriesland

bis ans Ende aller Dinge.

„Das Ende aller Dinge" steht 1. Petri 4, 7.
Aus authentischer Quelle kann Büchmann versichern,
daß Feldmarschall Edwin Freiherr von Manteuffel (1809
bis 1885) als preußischer Gouverneur von Schleswig im
Okt. 1865 das ihm von antipreußischen Zeitschriften
zugeschriebene Wort

Wir haben heidenmäßig viel Geld

nicht gebraucht hat.

Der preußische Schulmeister hat die Schlacht
bei Sadowa (Königgrätz) *gewonnen*

ist die Umformung eines Ausspruchs des Geheimrats
Dr. Peschel, Professor der Erdkunde in Leipzig, welcher in einem Aufsatze des von ihm redigierten „Aus-
lands", Nr. 29, 17. Juli 1866, „Die Lehren der jüngsten
Kriegsgeschichte", S. 695 Spalte 1 schrieb: „Wir sagten

eben, daß selbst der Volksunterricht die Entscheidung der Kriege herbeiführe; wir wollen jetzt zeigen, daß wenn die Preußen die Österreicher schlugen, es ein Sieg der preußischen Schulmeister über die österreichischen Schulmeister gewesen sei"; und Spalte 2: „Die Mathematik ist der Wetzstein, und in diesem Sinne darf man wohl sagen, die preußischen Schulmeister haben in dem ersten Abschnitt des böhmischen Feldzuges über die österreichischen gesiegt."

Revanche pour Sadowa

(für Königgrätz) rief der französische Politiker Léon GAMBETTA (1838–82) nach 1866 über den Rhein und knüpfte damit an den Nebentitel

Revanche pour Pavia

des Lustspiels „Die Erzählungen der Königin von Navarra" (1851) von Scribe und Legouvé an. Vielleicht aber auch an das

Revanche pour Speierbach,

das der Marschall Tallard, der als Feldherr der Franzosen am 13. August 1704 die Schlacht bei Höchstedt (Blenheim) verloren hatte und gefangen worden war, vom Erbprinzen von Hessen hören mußte, der die Schlacht am Speierbach am 14. Nov. 1703 verloren hatte. „Revanche für Speierbach" sagt man heute noch in Hessen und Westfalen.

Angenehme Temperatur

ist aus dem Munde des Kriegsministers Graf Albrecht VON ROON (1803–79). Er begleitete in der Sitzung des preußischen Herrenhauses am 23. Januar 1862 die Einbringung des Gesetzentwurfs wegen Abänderung des Gesetzes über die Verpflichtung zum Kriegsdienst vom 3. Sept. 1814 mit den Worten: „Ich habe über die Bedeutung dieses Gesetzentwurfes mich an diesem Orte eigentlich nicht näher auszusprechen: sein Zusammenhang mit der Organisation des königlichen Heeres ist unverkennbar, und da ich bereits zweimal Gelegenheit gehabt habe, die angenehme Temperatur, welche in

diesem Hause in Betreff jener großen Maßregel herrscht,
zu fühlen, so wäre es eine Art von Undankbarkeit,
wenn ich die Herren mit einer weitläufigen Ausein-
andersetzung der Notwendigkeit und Nützlichkeit des
fraglichen Gesetzentwurfes ermüden wollte."
Auf Otto von BISMARCK (1815–98) geht wohl der Ausdruck

> die Logik der Tatsachen

zurück, von der Unterstaatssekretär Gruner am 5. Mai
1861 in einem Brief an Bismarck spricht.

> Die großen Städte müssen vom Erdboden
> vertilgt werden

hat Bismarck nicht gesagt. Er äußerte in der 46. Plenar-
sitzung der Zweiten Kammer vom 20. März 1852 in
Erwiderung gegen den Abgeordneten Harkort: „Wenn
der Herr Abgeordnete auch die Äußerung hier wiederholt hat, daß die Regierung dem Volke mißtraue, so
kann ich ihm sagen, daß auch ich allerdings der Bevölkerung der großen Städte mißtraue, solange sie sich
von ehrgeizigen und lügenhaften Demagogen leiten
läßt, daß ich aber dort das wahre preußische Volk nicht
finde. Letzteres wird vielmehr, wenn die großen Städte
sich wieder einmal erheben sollten, sie zum Gehorsam
zu bringen wissen, und sollte es sie vom Erdboden
tilgen."
Bismarck schrieb 1853 (ohne Datum) seiner Schwester
vom Frankfurter Bundestage: „Ich gewöhne mich daran, im Gefühle gähnender Unschuld alle Symptome
von Kälte zu ertragen und die Stimmung

> gänzliche(r) Wurschtigkeit

in mir vorherrschend werden zu lassen, nachdem ich den
Bund allmählich mit Erfolg zum Bewußtsein des durch-
bohrenden Gefühls seines Nichts zu bringen nicht un-
erheblich beigetragen zu haben mir schmeicheln darf."
An seinen Bruder schrieb er in jener Zeit (1. August
1855):

> „Das Leben ist wie ein geschicktes Zahnausziehn.

Man denkt immer, das Eigentliche solle erst kommen, bis man plötzlich sieht, daß alles vorbei ist."
In einer Abendsitzung der Budgetkommission des preußischen Abgeordnetenhauses, 30. Sept. 1862, sagte Bismarck, es gäbe zuviel

> *katilinarische Existenzen,*

die ein Interesse an Umwälzungen haben. In derselben Sitzung fügte Bismarck hinzu: „Nicht durch Reden und Majoritätsbeschlüsse werden die großen Fragen der Zeit entschieden – das ist der Fehler von 1848 und 1849 gewesen –, sondern durch

> *Eisen und Blut."*

Auch dies Wort ist erst durch ihn ein geflügeltes Wort geworden, während es längst vorher gebraucht worden war; in Quintilians „Declamationes", 350 (ex recensione Burmanniana, cui novas lectiones et notas adjecit Dussault) heißt es: „caedes videtur significare sanguinem et ferrum"; in dem Gedichte aus dem Jahre 1800 von Arndt „Lehre an den Menschen", Strophe 5

> Zwar der Tapfere nennt sich Herr der Länder
> Durch sein Eisen, durch sein Blut

(Gedichte von Ernst Moritz Arndt, Greifswald 1811, S. 39–41); in von Schenkendorfs Gedichte „Das eiserne Kreuz"

> Denn nur Eisen kann uns retten,
> Und erlösen kann nur Blut.

> *Macht geht vor Recht*

hat Bismarck nie gesagt. Am 13. März 1863 erwiderte im Abgeordnetenhaus auf eine Rede Bismarcks Maximilian Graf von SCHWERIN u. a.: „... Deshalb aber erkläre ich hier, daß ich den Satz, in dem die Rede des Herrn Minister-Präsidenten kulminierte: ‚Macht geht vor Recht' ... nicht für einen Satz halte, der die Dynastie in Preußen auf die Dauer stützen kann ..., daß dieser vielmehr umgekehrt lautet

> *Recht geht vor Macht* usw."

Bismarck, der während dieser Rede seines Gegners nicht anwesend war und erst später, wieder in den Saal eingetreten, vernommen hatte, daß man ihm den Ausspruch „Macht geht vor Recht" unterlegt habe, verwahrte sich dagegen, worauf Graf Schwerin erwiderte, er erinnere sich nicht gesagt zu haben, der Minister-Präsident habe diese Worte gebraucht, sondern nur, daß dessen Rede in diesem Satze kulminiere. Bismarck wehrte sich immer wieder dagegen, daß er das Wort „Macht geht vor Recht" gesagt habe, so am 1. Februar 1868 im Abgeordnetenhause, am 13. März 1870 im Norddeutschen Reichstag, am 14. April 1875 im Preußischen Herrenhause. Trotzdem wird ihm der Satz immer wieder vorgeworfen. In einer Auslegung Luthers zu Habakuk 1, 3 heißt es „Es geht Gewalt über Recht." Spinoza (Tract. Polit. 2, 8) sagt „quia unusquisque tantum iuris habet, quantum potentia valet" (weil jeder nur soviel Recht hat, als er Macht besitzt). Und Adelbert von Chamisso (1781–1838) sagte in „Die Giftmischerin" „Hast du die Macht, du hast das Recht auf Erden."
Schon 1847 hatte Bismarck ja, was sich nicht mit dem „Macht vor Recht" vereinbaren läßt, den

Begriff des christlichen Staates

geprägt.
Im Sommer 1864 sagte Bismarck zu dem Diplomaten Robert von Keudell (1824–1903), seinem Begleiter ins Hauptquartier 1864, 1866 und 1870/71: „Mut auf dem Schlachtfelde ist bei uns Gemeingut, aber Sie werden nicht selten finden, daß es ganz achtbaren Leuten an

Zivilcourage

fehlt." – Womit Bismarck am 11. März 1867 im Norddeutschen Reichstage eine Rede schloß

... arbeiten wir rasch! Setzen wir Deutschland, sozusagen, in den Sattel! Reiten wird es schon können,

das soll er nach der Spenerschen Zeitung vom 28. März

1874 in einem Gespräche mit zwei Abgeordneten selbst
als geflügeltes Wort bezeichnet haben.

Imponderabilien

für „Unwägbarkeiten" in der Politik brauchte Bismarck
zuerst im Abgeordnetenhaus am 1. Februar 1868. Im
Zoll-Parlament sagte er am 18. Mai 1868 „Dem Herrn
Vorredner gebe ich zu bedenken, daß

> *ein Appell an die Furcht im deutschen Herzen*
> *niemals ein Echo findet."*

Als es sich im Anfange des Jahres 1869 darum handelte,
das in Preußen noch vorhandene Vermögen des Kurfürsten von Hessen mit Beschlag zu belegen, wurde Bismarck, dem damaligen Minister-Präsidenten, der Vor-
halt gemacht, er werde die ihm schon zur Verfügung
stehenden geheimen Fonds, um unbekannte Summen
vermehrt, zur Korruption der Presse und anderen sich
der Aufsicht entziehenden Zwecken verwenden. Es handelte sich nämlich nicht bloß um die verhältnismäßig
kleinen Einkünfte aus dem mit Beschlag belegten Vermögen des Kurfürsten, sondern auch um die Zinsen
der 16 Millionen Taler, welche dem König von Hannover erst bewilligt und dann einbehalten waren, und mit
deren Verwendung das Abgeordnetenhaus sich erst am
Tage vorher beschäftigt hatte. Darauf antwortete Bismarck am 30. Jan. 1869: „Ich bin nicht zum Spion geboren meiner ganzen Natur nach; aber ich glaube, wir
verdienen Ihren Dank, wenn wir uns dazu hergeben,
bösartige Reptilien zu verfolgen bis in ihre Höhlen
hinein, um zu beobachten, was sie treiben. Damit ist
nicht gesagt, daß wir eine halbe Million geheimer Fonds
brauchen können; ich hätte keine Verwendung dafür
und möchte die Verwendung für solche Summen nicht
übernehmen." Auf Grund dieser Äußerung nannte man
die einbehaltenen Gelder den

Reptilienfonds.

Später nannte man dann

Reptil

jeden Mann der Presse, der Beziehungen zu Behörden
hat. Bismarck sagte darüber im Reichstage, 9. Februar
1876: „Blätter, die einmal zu solchen Mitteilungen
(Mitteilungen der Regierung) gebraucht worden sind,
werden gewöhnlich als subventioniert bezeichnet, und
man wendet auf sie das Wort ‚Reptil‘ an. Die häufige
Anwendung dieses Wortes kommt mir allmählich vor,
wie wenn die Leute, die mit den Gesetzen in Konflikt
leben, besonders gern auf die Gesetze und die Polizei
schimpfen. Wie entstand das Wort Reptil? Ich nannte
Reptile die Leute, die im Verborgenen gegen unsere
Politik, gegen die Politik des Staates intrigieren. Und
nun hat man das Wort umgewendet und nennt Reptile
gerade diejenigen, die das aussprechen, was die Regierung will.“

Schon Edmund BURKE (1729-97) hatte das Wort Reptilien im Unterhaus für die Magistrate von Middlesex
verwendet (Lord Mahon, VII 13), und der Major Scott,
Hastings Organ, nannte Burke selbst „jenes Reptil, Herr
Burke“ (Macaulay „Warren Hastings“).

Am 13. Febr. 1869 sagte Bismarck im Herrenhause „Es
wird vielleicht auch dahin kommen zu sagen

> *Er lügt wie telegraphiert.*“

Die Redensart

> *Er lügt wie gedruckt*

gehört zu den alten sprichwörtlichen Redensarten ebenso wie

> *Er lügt, daß sich die Balken biegen.*

Schon bei Napoleons I. offiziellen Schlachtenberichten
lief das Wort um „Lügen wie ein Bulletin“. Bei Hitlers
Wehrmachtsberichten und Goebbels’ Pressearbeit kam
dann wieder der Lügenvorwurf auf.

Aus einem Telegramm Bismarcks vom 28. Juli 1870
stammt das Wort

> *dilatorische Behandlung*
> *hinhaltende Behandlung.*

Am 14. Mai 1872 sagte Bismarck im Deutschen Reichstage

Nach Canossa gehen wir nicht.

Bismarck spielte damit auf den Bußgang Kaiser Heinrichs IV. (1050–1106) an, der zur Lösung vom päpstlichen Banne nach Canossa zu Papst Gregor VII. 1077 gehen mußte, und wollte damit sagen, daß er im „Kulturkampf" nicht vor der Kirche kapitulieren werde. Im Reichstage sagte er am 19. Febr. 1878: „Die Vermittelung des Friedens denke ich mir nicht so, daß wir nun bei divergierenden Ansichten den Schiedsrichter spielen und sagen: so soll es sein, und dahinter steht die Macht des Deutschen Reichs, sondern ich denke sie mir bescheidener, ja – ohne Vergleich im übrigen stehe ich nicht an, Ihnen etwas aus dem gemeinen Leben zu zitieren – mehr die eines

ehrlichen Maklers,

der das Geschäft wirklich zustande bringen will."
Den Ausdruck

Luxus der eigenen Meinung

gebrauchte Bismarck öfter, z. B. im Abgeordnetenhaus am 17. Dezember 1873.
Am 5. Dez. 1876 sagte er im Reichstag: „Ich werde zu irgendwelcher aktiven Beteiligung Deutschlands an diesen (den orientalischen) Dingen nicht raten, solange ich in dem Ganzen für Deutschland kein Interesse sehe, welches auch nur

die gesunden Knochen eines einzigen pommerschen Musketiers

wert wäre."
Die Wendungen

Do, ut des

Ich gebe, damit du gibst

und die

Do-ut-des-Politik,

d. h. die Politik des gegenseitigen Entgegenkommens wurde durch Bismarcks Worte im Reichstag am 17. Sept.

1878 populär: „In allen politischen Verhandlungen ist
das do-ut-des eine Sache, die im Hintergrund steht,
auch wenn man anstandshalber nicht davon spricht." –
Das Wort

>*lästiger Kostgänger*

wurde durch Bismarcks Reichstagsrede über die Steuer-
verwaltung vom 2. Mai 1879 bekannt: das Reich sei
„ein lästiger Kostgänger bei den Einzelstaaten".
Seinen Rücktritt wies Bismarck am 4. Februar 1881 mit
den Worten zurück

>*Ein braves Pferd stirbt in den Sielen.*

Die bei den Wahlen vorkommenden Lügen und Fäl-
schungen bezeichnete Bismarck am 24. Januar 1882
zweimal in seiner Reichstagsrede als

>*politische Brunnenvergiftung.*

In seiner berühmten Reichstagsrede vom 6. Februar
1888 erklärte Bismarck

>*Jedes Land ist für die Fenster verantwortlich,*
>*die seine Presse einschlägt*

und mit Bezug auf Rußlands drohende Haltung: Wir
können durch Liebe und Wohlwollen leicht bestochen
werden – vielleicht zu leicht – aber durch Drohungen
ganz gewiß nicht!

>*Wir Deutsche fürchten Gott, aber sonst nichts in*
>*der Welt. Und die Gottesfurcht ist es, die uns*
>*den Frieden lieben und pflegen läßt.*

Schon 1862 hatte Bismarck zum österreichischen Gesandten gesagt

>*Wo das Müssen anfängt,*
>*hört das Fürchten auf.*

Gegen den ihm zugeschriebenen Ausspruch, er werde
die Nationalliberalen

>*an die Wand drücken, daß sie quietschen,*

hat sich Bismarck am 11. Juli 1890 in Friedrichsruh
gegenüber dem Herausgeber des „Frankfurter Jour-
nals", Julius Rittershaus, ganz entschieden verwahrt.

Dagegen wurde nach einem Interview für die „Neue
Freie Presse" in Wien über das deutsch-russische Verhältnis am 23. Juni 1891 mit Bismarcks Worten „Der
Draht ist abgerissen, welcher uns mit Rußland verbun-
den hat", der Ausdruck

der Draht mit Rußland

populär. Ebenso nach der Erklärung bei der Huldigung
der Südwestdeutschen am 24. Juni 1892: „Man mag mir
den Mund verbieten, wie man will, ich werde ihn nicht
halten", der Satz

Ich lasse mir nicht den Mund verbieten.

Über den Afrikaforscher Hermann von Wissmann (1853
bis 1905) sagte Bismarck (nach Hans Blum „Ein Tag in
Varzin beim Fürsten Bismarck", Leipzig 1892) im Oktober 1892 „Er ist mit einer vollständig tadellosen

reinen Weste

aus Afrika zurückgekommen."
Am 26. August 1893 gebrauchte Bismarck in einer Un-
terredung mit dem württembergischen Staatsminister
Frhr. v. Mittnacht (1825–1909) den Ausdruck

Ruck nach links (oder rechts),

der seitdem für politische Veränderungen durch Wahl-
vorgänge üblich geworden ist. Schon am 11. August
1867 hatte Bismarck zu einem Journalisten gesagt: „Die
Politik ist die Lehre vom Möglichen." Daher sagt man

Politik ist die Kunst des Möglichen,

wie Bismarck vorher, am 13. Dez. 1863, auch im Herrenhause gesagt hatte.

Die Politik ist keine exakte Wissenschaft,

was Bismarck am 15. März 1884 in etwas erweiterter
Form wiederholte

Die Politik ist keine Wissenschaft, wie viele von
den Herren Professoren sich einbilden, *sondern
eine Kunst.*

Bismarck bekannte auch bei anderen Gelegenheiten

Es ist in der Politik niemals möglich,
mathematische Beweise zu geben

und

Je länger ich in der Politik arbeite, desto
geringer wird mein Glaube an menschliches
Rechnen.

Schon am 6. September 1849 erklärte er im Preußischen Landtag

Preußen sind wir, Preußen wollen wir bleiben.

Am 17. April 1850 sprach Bismarck im Deutschen Parlament vom

Eisen der Reaktion

und vom

Blasebalg der Demokratie,

am 14. Febr. 1851 im Preußischen Landtage von der Idee

geheimrätlicher Allgewalt und dünkelhafter
Professorenweisheit hinter dem grünen Tisch,

sowie von der

Politik der Mißtrauensvoten.

Dazu sagte Bismarck noch 1863 im Preußischen Landtag

eine politische Krankheitsform, deren geogra-
phische Verbreitung sich auf Deutschland be-
schränkt.

Und in der Anleihekommission des Preußischen Landtages 1864 sprach er vom

Glashaus des deutschen Staatswesens,

das von der Gesamtkraft Preußens und Österreichs vor europäischer Zugluft zu schützen sei. Am 24. Sept. 1867 führte Bismarck im Norddeutschen Reichstage aus

Eine siegreiche feindliche Armee an der Grenze
wird nicht durch die Macht der Beredsamkeit
aufgehalten.

Die Ausdrücke

> *der arme Mann*

und

> *das Pfeifchen des armen Mannes*

gehen auf die Äußerung Bismarcks im Norddeutschen Reichstag vom 21. Mai 1869 über Steuerpolitik zurück: „Und wenn ich mich darauf einlassen wollte, dem armen Mann sein Pfeifchen Tabak oder den stärkenden Trunk zu verkümmern ...“
Der spätere Reichstagspräsident und Zentrumsführer Franz Xaver Graf VON BALLESTREM (1834–1910) machte 1879 im Reichstag daraus

> *der sogenannte arme Mann.*

Am 3. April 1868 sagte Bismarck im Norddeutschen Reichstag

> *eine Blume der Popularität pflücken*

und ebenda am 21. Mai 1869

> *Wer den Daumen auf dem Beutel hat, hat die Macht*

und am selben Tage

> *Ich hasse die großen Worte, am meisten in Geldsachen.*

Schon am 10. Dezember 1858 hatte Bismarck in einem Brief an seine Schwester den Ausdruck

> *kaltstellen*

gebraucht. Am 30. Januar 1869 sagte Bismarck im Preußischen Abgeordnetenhaus: Überall, wo Fäulnis ist, stellt sich ein Leben ein, welches man nicht

> *mit reinen Glacéhandschuhen anfassen*

kann.
Aus einer Rede vom 4. Dezember 1874 stammt das Wort vom

> *kalten Wasserstrahl,*

der „ein eminent friedfertiges, abkühlendes Element

ist". Am 9. Februar 1875 nahm Bismarck auf einen
Artikel der „Post" vom 8. Februar mit dem Titel

> *Krieg in Sicht*

das Wort. Am 4. März 1881 prägte Bismarck im Deutschen Reichstag den Ausdruck

> *Klinke zur Gesetzgebung.*

Und am 12. Juni 1882 ebenda

> *Eine Majorität hat viele Herzen, aber ein Herz*
> *hat sie nicht*

und ebenda am 14. Juni 1882

> *Mantel der gekränkten Unschuld,*

in den man sich hüllt, „wenn man sachlich nichts zu
sagen weiß". Am 12. Februar 1885 nannte Bismarck im
Reichstag Berlin eine

> *Wüste von Mauersteinen und Pflastersteinen*
> *und Zeitungen.*

Am 18. Mai 1889 brauchte er ebenda den Ausdruck von
der

> *Kirchturmspolitik.*

Nach dem Buch von Moritz BUSCH (1821–99) „Graf
Bismarck und seine Leute während des Krieges mit
Frankreich" (2. Bd. 1878) wurde zum geflügelten Wort

> *Bismarck und seine Leute.*

Der sozialdemokratische Politiker Ignaz AUER (1846
bis 1907) prägte 1884 im Reichstag den Satz

> *Dem eisernen Kanzler muß man stählernen*
> *Widerstand entgegensetzen.*

Bismarck hatte 1878 im Reichstag gesagt

> *Der Fortschritt ist die Vorfrucht des Sozialismus.*

Und sein Gegner, der Zentrumsführer Ludwig WINDT-
HORST (1812–91), den Bismarck 1872 „die Perle von

Meppen" (nach seinem Wahlkreis) getauft hatte, hatte im „Kulturkampf" erklärt

> *Der Deutsche läßt sich nicht ungestraft vom Deutschen treten.*

Bismarck wußte freilich, wie er 1875 im Reichstag sagte

> *die richtigen Personen an der richtigen Stelle*

und meinte einmal, ebenda 1881, boshaft

> *die Partei, für die ich immer den Namen vergesse.*

Und 1880 im Reichstage

> *Gegen die Regierung mit allen Mitteln zu kämpfen, ist ja ein Grundrecht und Sport eines jeden Deutschen,*

wogegen der sozialdemokratische Reichstagsabgeordnete Wilhelm LIEBKNECHT (1826–1900) sagte

> *Fürst Bismarck glaubt uns zu haben, aber wir haben ihn.*

Er hatte auch in seiner Schrift von 1872 gesagt

> *Wissen ist Macht – Macht ist Wissen*

nach Lord Francis BACON VON VERULAMS (1561–1626) Essay von 1595. – Bismarck wußte mit Gustav Freytag (1816–95) „Grundlage des konstitutionellen Lebensprozesses ist überall Kompromiß" oder als geflügeltes Wort

> *Grundlage der Politik ist der Kompromiß.*

Bismarck kannte, wie er 1888 nach einem Worte Professor LEOS über Napoleon III. sagte, den

> *Hecht im Karpfenteich.*

Er wußte

> *Je größer das Land, desto schwerer die Pflicht.*

Er kannte mit dem Reichstagsabgeordneten LENTZ (i. J. 1884) die

> *Politik der Nadelstiche.*

Er wußte, wie Bernhard BRIGL im Gründungsprospekt

der Berliner Zeitung „Tägliche Rundschau" 1881 schrieb

Die Politik verdirbt den Charakter.

Als Menschenkenner hatte er schon 1848 lächelnd bekannt

Rotwein von Bordeaux, das naturgemäße
Getränk der Norddeutschen,

das Wilhelm BUSCH (1832–1908) dann in seinen „Abenteuern eines Junggesellen" (1875) in die Form brachte

Rotwein ist für alte Knaben
Eine von den besten Gaben.

Damals entstand auch in den Münchener „Fliegenden Blättern" durch den Grafen Franz VON POCCI (1807 bis 1876) die Bezeichnung

Staatshämorrhoidarius.

Bismarck war freilich, wie er 1866 sagte, immer der

Sündenbock der öffentlichen Meinung,

der 1865 schon gesagt hatte

Wenn man versprechen kann, kann man auch
gewählt werden.

Auf dem Kothurne sitzen bleiben

ist den Worten VON LUDWIGS im Abgeordnetenhause, 20. Sitzung, 14. Febr. 1877, entlehnt.

An der Spitze des Morgenblattes der Wiener Zeitung „Die Presse" vom 18. Juni 1866 steht „Wien, 17. Juni. Die bis heute abend eingetroffenen Nachrichten entsprechen nicht der Wichtigkeit des Moments. Die militärische Situation betrachten wir in einem unten folgenden Artikel. Hier konstatieren wir bloß, daß nach eingetroffenen Nachrichten die Preußen viele Teile Sachsens besetzt haben und daß preußische Truppen nicht bloß in Hannover und Kurhessen, sondern auch in Darmstadt eingerückt wären. Die Preußen entwickeln überhaupt eine

affenähnliche Beweglichkeit."

Das Wort ist umgestaltet worden in

> *affenartige Beweglichkeit,*
> *affenmäßige Geschwindigkeit* usw.

Der Verfasser des Artikels ist der damalige Mitarbeiter der „Presse" August KRAWANI.
General Eugen Anton Theophil VON PODBIELSKI (1814 bis 1879) meldete in seinen Kriegsberichten aus Ferrières vom 23. Sept. und 18. Okt. 1870 am Anfang und vom 25. Sept. 1870 sowie aus Versailles vom 8. und 11. Okt. 1870 und 26. Jan. 1871

> *Vor Paris nichts Neues.*

Daraus wurde dann im Ersten Weltkrieg und seinen Heeresberichten

> *Im Westen nichts Neues.*

Dies Wort wurde populär durch den 1928 erschienenen und seither in Millionen von Exemplaren in der ganzen Welt verbreiteten Kriegsroman Erich Maria Remarques (geb. 1898).
Der Pariser „Figaro" vom 5. September 1870 sprach in Mißverstehen des deutschen Wortes „Generalstab" vom

> *General Staff,*

der zum geflügelten Wort wurde.
Der Historiker Heinrich VON TREITSCHKE (1834–96) gebrauchte in „Historische und politische Aufsätze", 4. Aufl. Leipz. 1871 S. 120, in dem Aufsatz „Fichte und die nationale Idee", „Brustton der tiefsten Überzeugung", was viel zitiert wird als

> *Brustton der Überzeugung.*

> *Die soziale Frage*

ist, wie Treitschke in einer Vorlesung „Über den Sozialismus" am 5. März 1879 lehrte, ein auf Napoleon I. zurückgehendes Wort.
In seiner „Deutschen Geschichte im 19. Jahrhundert" (Bd. I 1879) prägte Treitschke die Redewendung

> *Männer machen die Geschichte.*

Kulturkampf

wurde von dem deutschen Pathologen Rudolf VIRCHOW (1821–1902) in einem von ihm 1873 verfaßten Wahlprogramme der Fortschrittspartei angewendet. In diesem Programm heißt es: „Aber obwohl sie (die Fortschrittspartei) dabei nur zu oft unterlegen ist, so hat sie es doch als eine Notwendigkeit erkannt, im Verein mit den liberalen Parteien die Regierung in einem Kampfe zu unterstützen, der mit jedem Tage mehr den Charakter eines großen Kulturkampfes der Menschheit annimmt." Virchow sagte am 16. Okt. 1876 in Magdeburg: „M. H., bei der vorigen Wahl hat die Fortschrittspartei ein Wahlmanifest erlassen, in dem zuerst das Wort Kulturkampf gebraucht worden ist. Vielleicht wissen Sie nicht, daß ich der Erfinder dieses Wortes bin. Ich habe es zuerst in dieses Manifest, das ich verfaßt hatte, hineingeschrieben, und zwar mit vollem Bewußtsein; denn ich wollte damals den Wählern gegenüber konstatieren, daß es sich nicht um einen religiösen Kampf handle, nicht um einen konfessionellen Kampf, sondern daß hier ein höherer, die ganze Kultur betreffender Kampf vorliege, ein Kampf, der von diesem Standpunkte aus weiter zu führen sei." Vor Virchow hatte jedoch Ferdinand LASSALLE in „Demokratische Studien", Hamburg 1861, herausg. von L. Walesrode, einen im November 1858 geschriebenen Aufsatz „Gotthold Ephraim Lessing" veröffentlicht, an dessen Ende er „Kulturkampf" anwendet.

Anläßlich des Kulturkampfes sprach Martin KONRAD, der Bischof von Paderborn (1812–79), der dabei zu Gefängnis verurteilt und für abgesetzt erklärt wurde, von einer

diokletianischen Verfolgung

nach Art der Christenverfolgung des römischen Kaisers Diokletian (248–305) i. J. 303.

Die Erklärung des Vatikanischen Konzils am 18. Juli 1870 unter dem Pontifikat von Papst Pius IX. (1846 bis 1878), die den Entscheidungen des Papstes, wenn er von seinem Lehrstuhl (ex cathedra) aus spricht, d. h. wenn er in Ausübung seines Amtes als Hirte und Lehrer aller Christen, kraft seiner höchsten apostolischen Gewalt, eine von der gesamten Kirche festzuhaltende, den Glauben oder die Sitten betreffende Lehre entscheidet,

> *Unfehlbarkeit*

zuerkannte, trug psychologisch auch zum „Kulturkampf" bei. Georg Herbert Graf zu MÜNSTER (1820 bis 1902), der dem Reichstag von 1867–73 angehörte, ehe er von 1873–1900 Botschafter in London und Paris wurde, sprach im Kulturkampf 1872 vom

> *Kampf gegen Rom.*

Dies Wort wurde später oft verwechselt mit dem Titel des Romanes

> *Ein Kampf um Rom*

(1876) von Felix DAHN (1834–1912), vielleicht weil Dahn auch antikatholische Tendenzen verfolgte.
Damals kam auch nach einer Schrift von H. B. OPPENHEIM (1819–80), dem früheren Revolutionär und späteren nationalliberalen Reichstagsabgeordneten, der die sozialpolitische Richtung der deutschen Volkswirtschaftslehre bekämpfte, im Jahre 1872 das Wort

> *Kathedersozialismus*

in Gebrauch.
Großherzog FRIEDRICH VON BADEN (1826–1907), ein Vorkämpfer für die nationale Einigung unter preußischer Führung, hat gesagt

> *Einigkeit macht stark, und da wir stark sein müssen, so müssen wir auch einig sein.*

Seit dem Deutschen Reichstag 1871 wurde für die Gruppenabstimmung, bei der die „Ja"- und „Nein"-Stimmenden je durch eine besondere Türe hereinkommen, der Ausdruck

> *Hammelsprung*

üblich, dessen Herkunft unbekannt ist.
Eine Äußerung des ungarischen Staatsmannes Julius Graf ANDRASSY (1823–90) gegenüber der Delegation,

daß in Berlin anläßlich der Verhandlungen über das Berliner Memorandum nichts Bindendes in betreff der Orientpolitik entschieden worden sei, sondern daß die Mächte ganz einfach beschlossen hätten, sich über ihre Haltung gegenüber den einzelnen Phasen der Orientereignisse von Fall zu Fall zu verständigen, ist von Oppositionsblättern dahin generalisiert worden, als hätte er überhaupt die

Politik von Fall zu Fall

als den Grundsatz seiner Staatskunst ausgesprochen. Er hat später selbst gegen diese Auffassung Widerspruch erhoben.

Revolver-Journalist

für „Erpresser" hat F. T. Masaidek, Hauptmitarbeiter des Wiener „Figaro", zuerst in Nr. 21 des „Figaro" vom 6. Mai 1871 gebraucht. Allgemein gebräuchlich wurde es, als er in Nr. 39 des „Figaro" vom 20. Aug. 1873 (Beilage) folgendes schrieb: „Neuer Journalistenverein. Die hiesigen Revolver-Journalisten wollen in Gemeinschaft mit den Ohrfeigen-Journalisten einen Neuen Freien-Kikeriki-Journalisten-Verein zur Wahrung der Standesverunehrung gründen. Zum Präsidenten ist Herr … ausersehen." Herr …, Redakteur des „Neuen Freien Kikeriki", strengte wegen dieser Notiz eine Ehrenbeleidigungsklage gegen Masaidek an, der am 28. Nov. 1873 in der Schlußverhandlung von den Geschworenen einstimmig freigesprochen wurde.

Fred Graf Frankenberg (1835–97) sagte in der Reichstagssitzung vom 25. 1. 1876: „Der Palazzo Caffarelli ist der Sammelpunkt der deutschen Gesellschaft in Rom

vom Vornehmsten herab bis zum Künstler.

Der deutsche Ingenieur und Begründer der wissenschaftlichen Maschinenlehre Professor Franz Reuleaux (1829–1905) bezeichnete die in der Weltausstellung zu Philadelphia gezeigten deutschen Massenartikel in seinen „Briefen aus Philadelphia" (1876) als

billig und schlecht.

Er erwähnte im Vorwort seiner „Philadelphia-Briefe"
(1876), daß eine sächsische Handels- und Gewerbekam-
mer, die öffentlich sehr stark gegen den ersten Brief
aufgetreten sei, in ihrem vorletzten Jahresberichte
selbst empfohlen habe, daß der vielfach noch hervor-
tretende Grundsatz „nur billig, wenn auch gering" verlassen werden möge. Der Abgeordnete Zimmermann
behauptete am 10. August 1879 im Reichstag, Reuleaux
habe seinen Ausdruck einer amerikanischen Zeitung
entnommen, die über die deutsche Ausstellung in Philadelphia die Worte „ugly and cheap" (häßlich und
billig) als Leitspruch vorgeschlagen habe.

> (Königliche Hoheit)
> *kommen Sie 'rein in die gute Stube*

redete im Sept. 1876, als Wilhelm I. Leipzig besuchte,
eine Leipziger Dame den ihrem Hause als Gast zuge-
wiesenen Prinzen Friedrich Karl von Preußen (1828 bis
1885) an.
In der Sitzung des Preußischen Abgeordnetenhauses
vom 12. Nov. 1879 hielt Minister A. v. MAYBACH (1822
bis 1904) eine Rede, in der nach dem stenographischen
Berichte vorkam

> Ich glaube, daß die *Börse* hier als *ein Giftbaum*
> wirkt.

> *Würdige Zurückhaltung*

vom Feste der Vollendung des Kölner Doms im Jahre
1880 empfahl der Rechtsanwalt und Zentrumsabgeord-
nete sowie Publizist Julius BACHEM (1845–1918) im Kölnischen Stadtrat. Julius Bachem sagte auch am 6. Dez.
1882 im Preußischen Abgeordnetenhause mit seiner Stellungnahme gegen die Zentralisation des öffentlichen
und wissenschaftlichen Lebens: „Wir haben alle Veranlassung, zu verhüten, daß

> *Berlin sich nicht zum Wasserkopf der Monarchie*

ausbilde." In „Der Bär", 1879 Nr. 10, wird auf S. 104
Sp. 2 unten angegeben, daß der Oberzeremonienmeister

Graf STILLFRIED der Urheber des Wortes

> *vom Fels zum Meer*

sei. – Bismarcks großer Helfer bei der Reichsgründung, der Chef des preußisch-deutschen Generalstabes, Generalfeldmarschall Graf Helmuth VON MOLTKE (1800–91), hieß im Volksmund

> *der große Schweiger.*

Zu der Emser Depesche und ihrer Redaktion durch Bismarck sagte er, wie dieser in den „Gedanken und Erinnerungen" erzählt „So hat es einen anderen Klang,

> *vorher klang es wie Chamade, jetzt wie eine Fanfare*

in Antwort auf eine Herausforderung" (Chamade ist das Signal, das anzeigt, daß man verhandeln oder sich ergeben will, Fanfare ist das Signal zum Angriff).

Das Fazit seiner Strategie wurde vom Volke mit dem Wort gezogen, ohne daß Moltke es gebraucht hat

> *Getrennt marschieren, vereint schlagen.*

In einem Briefe schrieb Moltke 1880

> *Ein Krieg, selbst der siegreichste,*
> *ist ein nationales Unglück.*

Sein Wahlspruch war

> *Erst wägen, dann wagen.*

Am 1. März 1880 sagte Moltke im Deutschen Reichstag

> *In der eigenen Kraft ruht das Schicksal jeder Nation.*

Von Moltke stammt auch das Wort

> *Kriegführen ist keine Wissenschaft, sondern eine Kunst*

und in seiner „Strategie"

> *Glück hat auf die Dauer zumeist wohl nur der Tüchtige.*

Kaiser WILHELM I. (1797–1888) telegraphierte noch als König an die Königin Augusta nach der Kapitulation

Napoleons III. und der französischen Armee: „Vor Sedan, 2. September (1870) 1/2 2 Uhr nachmittags:

> *Welch eine Wendung durch Gottes Fügung."*

Als Prinzregent gebrauchte er 1860 den Ausdruck

> *Das preußische (deutsche) Heer ist das Volk in Waffen.*

Von ihm stammt aus dem Jahre 1860

> *Vermächtnis einer großen Zeit.*

In den Patenten der Annexion von Hannover, Kurhessen, Nassau und Frankfurt a. M. durch Preußen am 3. Okt. 1866 sprach König Wilhelm I. von den

> *berechtigten Eigentümlichkeiten.*

Auf seinem Sterbelager, am 8. März 1888, soll Kaiser Wilhelm I. gesagt haben

> *Ich habe jetzt keine Zeit, müde zu sein.*

Ein halbes Jahr vorher, am 6. Nov. 1887, hatte Kaiser Wilhelm I. in die Altarbibel der evangelischen Siegesdankkirche zu Altwasser die schnell populär gewordenen Worte geschrieben

> *Dem Volke muß die Religion erhalten bleiben,*

im Gegensatz zu dem Ausspruch von Karl MARX (1818 bis 1883):

> *Religion ist Opium für das Volk*

und Arthur Schopenhauer (1788–1860) in seinen „Parerga und Paralipomena" (2, 22: Selbstdenken § 269)

> *Die Religion ist eine Krücke für schlechte Staatsverfassungen.*

Die Redensart

> *Das läßt tief blicken, (sagt Sabor)*

stammt aus einer Reichstagsrede des Abgeordneten Adolf SABOR (1841–1907) am 17. Dezember 1884, als es um den Vorschlag einer Abänderung des Reichstagswahlrechts ging. Von ihm haben wir auch aus der Reichstagssitzung vom 13. März 1889, als über Regierungsmaßnahmen gegen die Sozialdemokratie beraten wurde, den hübschen Ausspruch

Etwas geht vor, man weiß aber nicht recht, was.

Schon älter ist die Redewendung

Mein Name ist Hase, ich weiß von nichts.

Sie geht auf einen Studenten zurück, dem Viktor HASE († 1860, siehe K. A. v. Hase, „Unsere Familienchronik", Leipzig 1898) seine Papiere geliehen hatte und der dem Universitätsrichter in Heidelberg auf alle Fragen so antwortete. Der Ausdruck

konventionelle Lüge

wurde zum geflügelten Wort durch das 1883 erschienene Buch „Die konventionellen Lügen der Kulturmenschheit", das große Verbreitung fand, von Max NORDAU (eigentl. Südfeld, 1849–1923), der mit Th. Herzl (1860 bis 1904) den Zionismus begründete und seit 1880 in Paris lebte. Das Wort

Lockspitzel

für „agent provocateur" hat der Dichter Karl HENCKELL (1864–1929) durch ein am 2. Februar 1888 in der „Züricher Post" gedrucktes Bänkellied populär gemacht. Der freisinnige Reichstagsabgeordnete Eugen RICHTER (1838–1906) sagte 1887 im Reichstag

Wozu noch diskutieren, stimmen wir ab

und sagte ebenda am 9. März 1887 „Die Mehrheit dieses Reichstages ist ein

Angstprodukt

der Wähler."
Von Kaiser FRIEDRICH III. (1831–88) hat sich vom Mai 1888 erhalten

Lerne leiden, ohne zu klagen.

Aus den vielen Reden Kaiser WILHELMS II. (1859–1941, reg. 1888–1918) haben sich viele geflügelte Worte erhalten.

Nach dem Rücktritt Bismarcks am 18. März 1890 telegraphierte er an den Grafen Görtz in Weimar: „Das Amt des wachhabenden Offiziers ist mir zugefallen. Der Kurs bleibt der alte, und nun Volldampf voraus." Daher kam für die Bismarcksche Ära

> *der alte Kurs,*

für die wilhelminische Ära

> *der neue Kurs*

als Bezeichnung auf.

Eine von dem Kasseler Kunstakademieprofessor Hermann Knackfuß (1848–1915) nach einem Entwurf Wilhelms II. ausgeführte allegorische Zeichnung trägt die Unterschrift

> *Völker Europas, wahrt eure heiligsten Güter!*

Das alte Sprichwort

> *Blut ist dicker als Wasser*

wandte Wilhelm II. seit 1896 öfter an. Am 15. Dezember 1897 gebrauchte der Kaiser in seiner Abschiedsrede an Prinz Heinrich den Ausdruck

> *mit gepanzerter Faust.*

Seit 1896 sprach man nach einem Wort des kanadischen Ministerpräsidenten Laurier (1841–1919) von der Bündnislosigkeit Englands als von der

> *splendid isolation*
> *glänzendes Alleinsein.*

> *Unsere Zukunft liegt auf dem Wasser*

sagte der Kaiser am 23. Sept. 1898 bei der Einweihung des neuen Hafens in Stettin.

In der Antwort auf eine Ansprache des Bürgermeisters von Wien, Dr. Neumeyer, am 7. Mai 1908 fiel der Ausspruch

> *in schirmender Wehr*
> (Nicht: „schimmernder" Wehr).

Auch das Wort

> *Schwarzseher dulde ich nicht*

wurde populär. Am meisten verbreitet aber wurden die Worte, die er am 31. Juli 1914 vom Balkon des Berliner Schlosses zur Volksmenge gesprochen hatte und in seiner Thronrede am 4. August 1914 im Reichstag wiederholte

> *Ich kenne keine Parteien mehr, ich kenne nur Deutsche.*

Am 6. August 1914 erließ der Kaiser dann einen Aufruf „An das deutsche Volk", in dem der Satz steht

> *Noch nie ward Deutschland überwunden, wenn es einig war.*

Zur neuen Dramatik meinte der Berliner Polizeipräsident Bernhard Frhr. v. RICHTHOFEN (1836–95) am 23. Oktober 1890 zu Oskar Blumenthal (1852–1917), als dieser als Leiter des Lessingtheaters wegen des Aufführungsverbots von Hermann Sudermanns (1857 bis 1928) Stück „Sodoms Ende" mit ihm sprach

> *Die janze Richtung paßt uns nicht.*

Ein anderer Berliner Polizeipräsident, Traugott VON JAGOW (1865—1938), prägte am 13. Februar 1910 in einem Aufruf aus Anlaß einer bevorstehenden sozialdemokratischen Wahlrechtsdemonstration die bald geflügelten Worte

> *Das Recht auf die Straße*

und

> *Ich warne Neugierige.*

Seitdem Maximilian HARDEN (eigentlich Witkowski, 1861–1927), der Herausgeber der „Zukunft" seit 1892, in seinem Essay „Apostata" (1891) den Ausdruck

> *Tintenkuli*

gebraucht hatte, verschwand dieser ebensowenig wieder wie des Reichskanzlers (von 1890–94) Grafen Leo VON CAPRIVI (1831–99) Ausspruch vom 17. Februar 1893, er sei kein Agrarier, er besitze kein Ar und keinen Strohhalm, worauf man ihn als

> *Mann ohne Ar und Halm*

verspottete, der am 27. Nov. 1891 im Reichstag davon sprechen mußte, daß ein

Beunruhigungsbazillus,

der epidemisch geworden sei, in der Luft läge.

Die Flucht in die Öffentlichkeit

drohte der Staatssekretär des Auswärtigen Amtes, Adolf Frhr. Marschall v. BIEBERSTEIN (1842–1912), an, wenn der Kommissar der politischen Polizei das Auswärtige Amt oder hohe Beamte angreife.
Nach dem Kommerzienrat Karl Frhr. v. STUMM-HALBERG (1836–1901) und seiner Äußerung i. J. 1895 über die

Scharfmacher

sprach man damals von einer

Ära Stumm.

Eine Los-von-Rom-Bewegung

– das Wort: Los von Rom! kommt zum ersten Male bei Robert HAMERLING (1830–89) in den „Stationen meiner Lebenspilgerschaft" (S. 155) vor – kam zuerst durch den österreichischen Abgeordneten Georg Ritter v. Schönerer (1842–1921), der den bedingungslosen Antisemitismus bejahte, Ende des vorigen Jahrhunderts in der Donaumonarchie auf und griff dann auch auf Deutschland über, besonders als Paul Graf von Hoensbroech (1852–1923) als ehemaliger Jesuit seit 1898 dafür eintrat.
Reichskanzler Fürst Bernhard VON BÜLOW (1849–1929) versprach drei Jahre vor seinem Amtsantritt in der Reichstagssitzung vom 6. Dezember 1897 Deutschland einen

Platz an der Sonne.

Die militärische Lage führte dann dazu, daß der englische Befehlshaber der Chinaexpedition gegen den Boxeraufstand, Lord Edward Hobart SEYMOUR (1840 bis 1929), befahl

The Germans to the front
Die Deutschen an die Front.

In Deutschland herrschte damals Interesse für die Vorträge

  Babel und Bibel

des Assyriologen Friedrich DELITZSCH (1850–1922) oder gar eine wirkliche

  Reichsverdrossenheit,

von der der bayerische Ministerialrat und stellvertretende Bevollmächtigte zum Bundesrat Ritter v. BURKHARD am 3. Mai 1904 zum ersten Male gesprochen hatte. Auch Kaiser Wilhelm II. nahm dies Wort auf. Bülows Nachfolger als Reichskanzler, seit 1909 (bis 1917), Theobald von Bethmann-Hollweg (1856–1921), bezog sich am 10. Februar 1910 im Abgeordnetenhause auf die von Bismarck geprägten „gottgegebenen Abhängigkeiten". Daraus entstanden

  gottgewollte Abhängigkeiten.

Leider ließ sich BETHMANN-HOLLWEG in seiner letzten Unterredung mit dem englischen Botschafter Sir Edward Goschen (1847–1924) am 4. August 1914 zu dem Satz hinreißen, „im Vergleich zu dem furchtbaren Ereignis eines deutsch-englischen Krieges sei der Vertrag über die Neutralität Belgiens

  ein Fetzen Papier."

Die antideutsche Propaganda bemächtigte sich dieses Wortes sofort und behauptete, für Deutschland seien feierlich eingegangene Verpflichtungen nur ein Fetzen Papier. Am 4. August sagte Bethmann-Hollweg dann im Reichstag

  Not kennt kein Gebot,

womit er aber nur ein altes Sprichwort benutzte, das von den Feinden auch zum Bösen verdreht wurde, obwohl es doch ein Rechtssprichwort ist

  Notwehr ist erlaubt.

Bethmann-Hollweg wies in der Reichstagssitzung am

28. September 1916 einen Weg in die Zukunft mit den
Worten

> *Freie Bahn für alle Tüchtigen.*

Für den Chef des deutschen Generalstabes Generalfeldmarschall Graf Alfred VON SCHLIEFFEN (1833–1913) galt
der Grundsatz

> *Mehr sein als scheinen*

gemäß seiner Rede am 1. April 1903 aus Anlaß seines
fünfzigjährigen Dienstjubiläums.

> *Macht mir den rechten Flügel stark*

forderte er in seiner „Denkschrift über die Offensiv-
maßnahmen eines Krieges gegen das mit England ver-
bündete Frankreich" vom Dez. 1905, dem sogenannten
Schlieffenplan.
Generalfeldmarschall VON HINDENBURG (1847–1934) erklärte einem Wiener Journalisten im November 1914,
daß

> *der Krieg eine Nervenfrage*

wäre und Deutschland und Österreich-Ungarn die stär-
keren Nerven haben und

> *durchhalten*

müßten. England setzte nach einem Wort des englischen Schatzministers David LLOYD GEORGE (1863 bis
1945) am 8. September 1914

> *silberne Kugeln,*

sein Geld, ein, um den Weltkrieg wie früher den Krieg
mit Napoleon zu gewinnen. Und sicherte mit Hilfe
der USA, die 1902 Ludwig Max GOLDBERGER (1848 bis
1913)

> *das Land der unbegrenzten Möglichkeiten*

genannt hatte, den Sieg. Der damalige englische Ma-
rineminister und spätere Ministerpräsident Winston
CHURCHILL (geb. 1874) sagte am 9. November 1914:
„Der Grundsatz des britischen Volkes ist: ‚Das Ge-

schäftsleben geht ruhig weiter, mag sich die Landkarte von Europa auch noch so viel verändern.'" Daher der Ausdruck

business as usual
Geschäfte wie üblich.

Der Nachfolger Bethmann-Hollwegs, Reichskanzler Georg MICHAELIS (1857–1936), sprach im Reichstag, Juli 1917, von der Friedensresolution des Reichstags

wie ich sie auffasse.

Das Buch des deutschen Geschichtsphilosophen Oswald SPENGLER (1880–1936) mit dem Titel

Der Untergang des Abendlandes

(der „Geschichte des Unterganges der antiken Welt", 1895–1920, von Otto Seeck, 1850–1921 nachgebildet) verlieh der Stimmung nach 1918 Ausdruck.
Der sozialdemokratische Politiker und Reichskanzler von 1919 Philipp SCHEIDEMANN (1865–1939) sagte zum Versailler Friedensvertrag vom 12. Mai 1919 in der Nationalversammlung: „Wer kann als ehrlicher Mann, ich will gar nicht sagen als Deutscher, nur als ehrlicher vertragstreuer Mann solche Bedingungen eingehen?

Welche Hand müßte nicht verdorren,

die sich und uns in solche Fesseln legt?" (Ph. Scheidemann, „Der Zusammenbruch", 1921 S. 250.)
Der sozialdemokratische Parteivorsitzende und nachmalige Reichspräsident Friedrich EBERT (1871–1925) hatte bei der Eröffnung der Weimarer Nationalversammlung am 6. Febr. 1919 den

Geist von Weimar,

den Geist der großen Philosophen und Dichter, aufgerufen, der „wieder unser Leben erfüllen" müsse.
Doch man mußte noch weiter auf den

Silberstreifen am Horizont

warten, den der Reichskanzler Gustav STRESEMANN (1878–1929), der 1926 zusammen mit Aristide Briand (1862–1932) und Sir Austen Chamberlain (1863–1937)

für seine Verständigungsbemühungen den Friedensnobel-
preis erhielt, am 17. Febr. 1924 auf dem Parteitage der
Deutschen Volkspartei in Elberfeld nach dem Ausspruch
des Staatssekretärs Carl Bergmann (1873–1934) auf-
leuchten sah.

> *Paneuropa,*

das R. N. Graf von COUDENHOVE-KALERGI (1894–1972)
seit seinem ersten Artikel in der „Vossischen Zeitung"
i. J. 1922 propagierte, wollte nicht kommen.

> *Das Dritte Reich*

erhielt seinen Namen nach dem Titel des 1923 erschienenen Buches von Arthur MOELLER VAN DEN BRUCK
(1876–1925).
Dann aber ging Hitlers

> *tausendjähriges Reich*

nach der

> *totalen Mobilmachung,*

wie eine 1931 publizierte Schrift von Ernst Jünger
(geb. 1895) hieß, in

> *Blut, Schweiß und Tränen*

unter, die Winston Churchill am 13. Mai 1940 vor dem
Unterhaus bei der Regierungsübernahme im Zweiten
Weltkrieg seinem Volke für den Krieg in Aussicht stel-
len mußte. Der Ausdruck

> *fünfte Kolonne,*

der häufig gebraucht wird, geht auf Francos General
Emilio MOLA im spanischen Bürgerkrieg im Jahre 1938
zurück und meint die Anhänger des Feindes im eigenen
Lande. Die USA erfanden dann 1942 noch eine sechste
Kolonne (streikende oder sabotierende Arbeiter der
Kriegsproduktion).
Nach dem Ersten wie nach dem Zweiten Weltkriege
sprach man viel von der

> *Methode Coué*

und ihrem Satz

> *Es geht mir von Tag zu Tag besser*

nach der Autosuggestionsmethode des französischen
Apothekers Emil Coué (1857–1926).
Seit 1945 haben sich viele amerikanische Ausdrücke bei
uns zu geflügelten Worten entwickelt. Man spricht
zwar nicht mehr, nach dem Worte von George Washington (1732–99) als Oberbefehlshaber der Revolu-
tionsarmee i. J. 1775 über seinen Freund, den Gouverneur von Connecticut Jonathan Trumbull d. Ä. (1710
bis 1785), vom

> *Bruder Jonathan*

oder nach Samuel Wilson aus New York (gegen Ende
des 18. Jh.) von

> Uncle Sam
> *Onkel Sam,*

aber vom

> *Ami,*

der Abkürzung von „Amerikaner".
Nach dem Buch des Nobelpreisträgers Alexis Carrel
(1873–1945) aus dem Jahre 1935 zitiert man

> Man – the unknown being
> *Der Mensch – das unbekannte Wesen.*

Amerikanische Ausdrücke von „okay" bis „team-work"
zu übernehmen sieht man gern als

> *le dernier cri,*

als letzten Schrei der Mode an und bringt damit jenes
seit dem Vatikanischen Konzil von 1869/70 vielzitierte

> sacrifizio dell'intelletto
> sacrificium intellectus
> *Opfer des Verstandes.*

Viele geflügelte Worte früherer Generationen gehen
schnell wieder verloren. Wer zitiert heute noch das
Wort

> *frei bis zur Adria,*

das Napoleon III. 1859 in seinem Kriegsmanifest vom
3. Mai anführte und Gustav Rasch 1860 als Titel für

eine „Österreichische Regierungsgeschichte in Italien" benutzte. Oder des französischen Kriegsministers Edmond LEBOEUF (1809–88) Erklärung i. J. 1870

> Nous sommes archiprêts
> *Wir sind erzbereit.*

Oder des französischen Politikers Leon GAMBETTA (1838–82) Worte

> Le cléricalisme, c'est l'ennemi
> *Der Klerikalismus ist der Feind*

und am 18. November 1871

> toujours y penser, jamais en parler
> *niemals davon sprechen, immer daran denken.*

Und ist das Wort vom

> sacro egoismo
> *heiligen Egoismus,*

das der italienische Ministerpräsident Antonio SALANDRA (1853–1931) während des Ersten Weltkrieges sprach, heute noch geläufig?
Als die

> *russische Dampfwalze*
> Russian steamroller

bezeichnete Oberst REPINGTON am 14. August 1914 in der „Times" die russische Militärmacht.
Es entwickelte sich nach der Worterfindung

> *Nihilist*

durch den Russen NADESHDIN im Jahre 1829 und die Verbreitung des Ausdrucks durch den russischen Dichter Iwan TURGENJEW (1818–83) in seinem Roman „Väter und Söhne", dessen Held Basarow sich einen Nihilisten nennt (1862), das Wort

> *Nihilismus;*

zuerst für die russische Literatur des 19. Jh. gebraucht, in der es den Skeptizismus ohne leitende Grundsätze, ohne Autoritäten und mit Verneinung der bestehenden Staats- und Gesellschaftsordnung bezeichnete. Es

wurde dann bald für alle revolutionären und terroristischen Parteien in Rußland, besonders die „Narodnaja Wolja" (= Volkswillen oder Volksfreiheit), die Agrarsozialisten, zu Anfang des 20. Jh. angewandt. In Deutschland sprach Nietzsche in „Der Wille zur Macht" (1885/86) vom „europäischen Nihilismus", der nach den beiden Weltkriegen als antimetaphysische Lebensanschauung sehr verbreitet war und in Gottfried Benn (1886–1956) 1931 mit „Nach dem Nihilismus" den ersten Kritiker fand.
Der erste Präsident der Bundesrepublik Professor Dr. Theodor HEUSS (1884–1963) sagte uns

> *Politik kann nie Kultur –*
> *Kultur wohl aber Politik bestimmen.*

Vom ersten Bundeskanzler Dr. Konrad ADENAUER (geb. 1876) wird berichtet

> *Gott hat der menschlichen Einsicht Grenzen*
> *gesetzt – warum aber nicht der menschlichen*
> *Dummheit?*

Die Bezeichnung

> *eiserner Vorhang*

stammt von Winston Churchill, der am 5. März 1946 im Westminster College, Fulton (USA), sagte „An iron curtain has descended across the continent" – Ein eiserner Vorhang ist quer durch den Kontinent gefallen.
Nach dem Titel des Buches des deutschen Schriftstellers Dr. Robert JUNGK (geb. 1913) sagen wir seit dem Erscheinen im Jahre 1951

> *Die Zukunft hat schon begonnen.*

Man spricht jetzt auch vom

> *Ende der Neuzeit*

nach dem also betitelten Buche (1950) von Romano GUARDINI (geb. 1885), und von der

> *Lust am Untergang*

nach dem gleichnamigen Buche (1953) von Friedrich
SIEBURG (geb. 1893) sowie vom

>   *Verlust der Mitte*

nach dem so genannten Buche (1951) von Hans SEDL-
MAYR (geb. 1896), ferner vom

>   *Zeitalter der Angst*

nach dem gleichnamigen Epos des jetzt in Amerika
lebenden englischen Dichters H. W. AUDEN (geb. 1907)
oder auch vom

>   *Atomzeitalter,*

von dem der Schriftsteller A. E. ZISCHKA (geb. 1909)
zum ersten Male gesprochen haben soll, ohne daß sich
dies bisher mit Sicherheit feststellen ließ.

ZITATENVERZEICHNIS

Französische Zitate

Englische Zitate

Italienische Zitate

Spanische Zitate

Griechische Zitate

Lateinische Zitate

STICHWORTVERZEICHNIS

I

INHALT